TGCR

"十三五"国家重点出版物出版规划项目

长江三峡工程
文物保护项目 报告 乙种 第三十九号

重庆市文物局 重庆市水利局 主编

丰都庙背后与木屑溪炼锌遗址

河南省文物考古研究院 编著

科学出版社

内 容 简 介

丰都庙背后、木屑溪等炼锌遗址的发掘，从考古实物上完整地反映了我国古代发明创造的具有中国特色的"下火上凝法"的炼锌工艺，填补了中国古代冶金史中的有关空白，是三峡库区文物考古中一项独特的重大成果，被评为重庆三峡库区2003年度十项重要考古发现之一。庙背后遗址和木屑溪遗址除了主体为炼锌遗存外，还发现了少量晚期巴文化、汉代至南朝时期、唐代遗存，以及丰富的宋代和明清时期遗存，为研究这一区域古代社会的发展状况以及重庆地区的考古学文化的发展序列提供了重要的考古资料。

本书可供从事文物考古、历史学、冶金史、材料学及相关学科的研究者和大专院校相关专业师生阅读参考。

图书在版编目（CIP）数据

丰都庙背后与木屑溪炼锌遗址 / 河南省文物考古研究院编著. —北京：科学出版社，2023.10
（长江三峡工程文物保护项目报告. 乙种第三十九号）
"十三五"国家重点出版物出版规划项目
ISBN 978-7-03-074235-3

Ⅰ.①丰…　Ⅱ.①河…　Ⅲ.①炼锌–冶铸遗址–发掘报告–丰都县　Ⅳ.①K878.55

中国版本图书馆CIP数据核字（2022）第237916号

责任编辑：闫广宇 / 责任校对：王晓茜
责任印制：肖　兴 / 封面设计：陈　敬

科 学 出 版 社 出版
北京东黄城根北街 16 号
邮政编码：100717
http://www.sciencep.com
北京中科印刷有限公司 印刷
科学出版社发行　各地新华书店经销
*
2023年10月第 一 版　开本：880×1230　1/16
2023年10月第一次印刷　印张：17 3/4　插页：70
字数：730 000
定价：368.00元

"13th Five-Year Plan" National Key Publications Publishing and Planning Project

Reports on the Cultural Relics Conservation
in the Three Gorges Dam Project
B(site report) Vol.39

Cultural Relics and Heritage Bureau of Chongqing
Chongqing Water Resources Bureau

TGCR

Zinc Smelting Sites in Miaobeihou
and Muxiexi, Fengdu County

Henan Provincial Institute of Cultural Heritage and Archaeology

Science Press

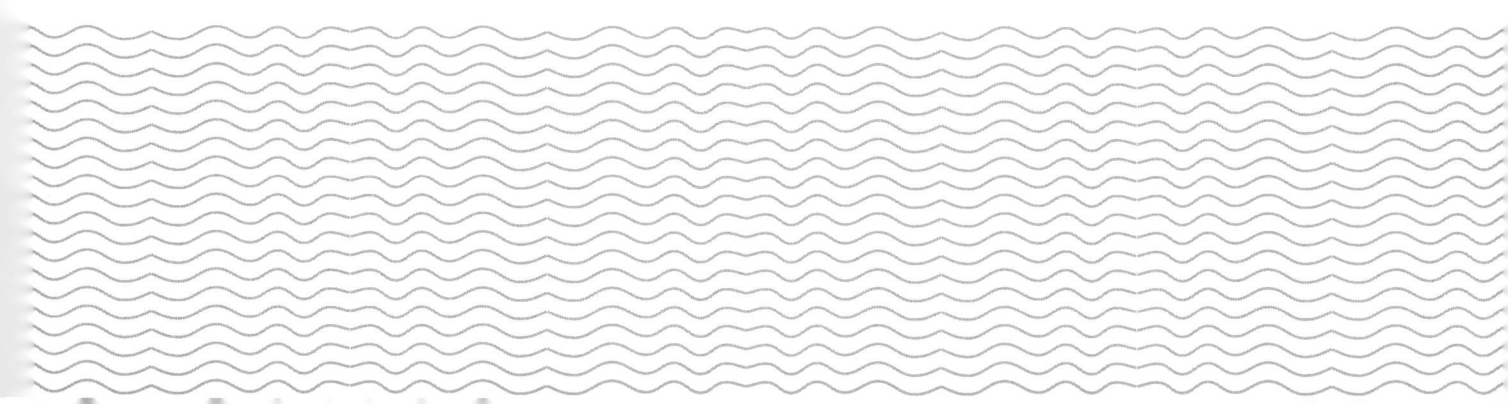

长江三峡工程文物保护项目报告

重 庆 库 区 编 委 会

冉华章　江　夏　幸　军　任丽娟　王川平　程武彦　刘豫川

重庆市人民政府三峡文物保护专家顾问组

张　柏　谢辰生　吕济民　黄景略　黄克忠　苏东海　徐光冀

刘曙光　夏正楷　庄孔韶　王川平　李　季　张　威　高　星

长江三峡工程文物保护项目报告
乙种第三十九号

河南省文物考古研究院田野考古报告
甲种第67号

《丰都庙背后与木屑溪炼锌遗址》

主　编

刘海旺

副　主　编

孙　凯　王瑞雪　朱汝生

项目承担单位

河南省文物考古研究院

丰都县文物管理所

目　　录

插 图 目 录

图 版 目 录

第一章　前　言

在配合三峡工程建设的抢救性文物考古发掘工作中，根据重庆市文化局的工作安排，在2002年9月至2005年1月期间，原河南省文物考古研究所（今河南省文物考古研究院）先后承担了重庆市丰都县庙背后和木屑溪冶炼遗址的考古勘探与发掘工作。其中，庙背后冶炼遗址发掘面积4175平方米，木屑溪冶炼遗址发掘面积1200平方米，期间，在庙背后遗址东北相邻的铺子河冶炼遗址区域内进行了小面积的发掘，面积700平方米。此外，在研究确定庙背后遗址为古代炼锌遗址的性质后，受重庆市文化局的委托，河南省文物考古研究院在当时还对丰都县境内沿江两岸进行了初步的冶炼遗址专题调查。经过实地踏查，新发现与确认了其他近20处性质相同的冶炼遗址，这是目前我国首次经考古调查和发掘确认的最早的炼锌遗址群。本报告是河南省文物考古研究院发掘的三处炼锌遗址的总结研究报告。

第一节　地理位置与历史沿革

庙背后冶炼遗址位于重庆市丰都县兴义镇杨柳寺村六组庙背后自然村，西南距今丰都县城（三合镇）约8千米，东北距兴义镇约3千米（图一）。地理坐标为：东经107°47′48″，北纬29°55′42″，海拔156～158米。木屑溪遗址位于今重庆市丰都县兴义镇长江村一社（原属长江村三社），地处长江右岸（此处长江呈西南至东北向），西南与兴义镇隔木屑溪相望，因遗址紧邻木屑溪，故名。其地理坐标为：东经107°49′22.97″，北纬29°57′29.58″，海拔153～155米。铺子河炼锌遗址位于重庆市丰都县兴义镇杨柳寺村一组铺子河自然村，与庙背后遗址东西相接。其地理坐标为：东经107°48′54.84″，北纬29°56′46.91″，海拔167～171米。

三处遗址所在的丰都县位于重庆市中部，介于东经107°28′03″～108°12′37″，北纬29°33′18″～30°16′25″之间。东邻石柱，南接武隆、彭水，西靠涪陵，北毗垫江、忠县。

丰都县在先秦时期境属巴国，曾建"巴子别都"。秦属巴郡枳县（今涪陵）；西汉属益州巴郡枳县。东汉和帝永元二年（90年），分枳县地置平都县，治所倚平都山（今名山），故名。是为丰都建县之始。初置隶益州巴郡；汉献帝初平元年（190年）至建安五年（200年），隶益州永宁郡。

三国蜀汉延熙十七年（254年），平都县并入临江县（今忠县），属梁州巴郡。南朝宋初，属益州巴郡。齐，属巴州巴郡。东晋、梁，属楚州临江郡。北朝北周时期，属临州临江郡。

隋开皇三年（583年），境属临州临江县；大业三年（607年），属巴东郡临江县。恭帝义宁二年（618年），自临江县分出置丰都县，隶临州，治所丰民洲，在平都山下。

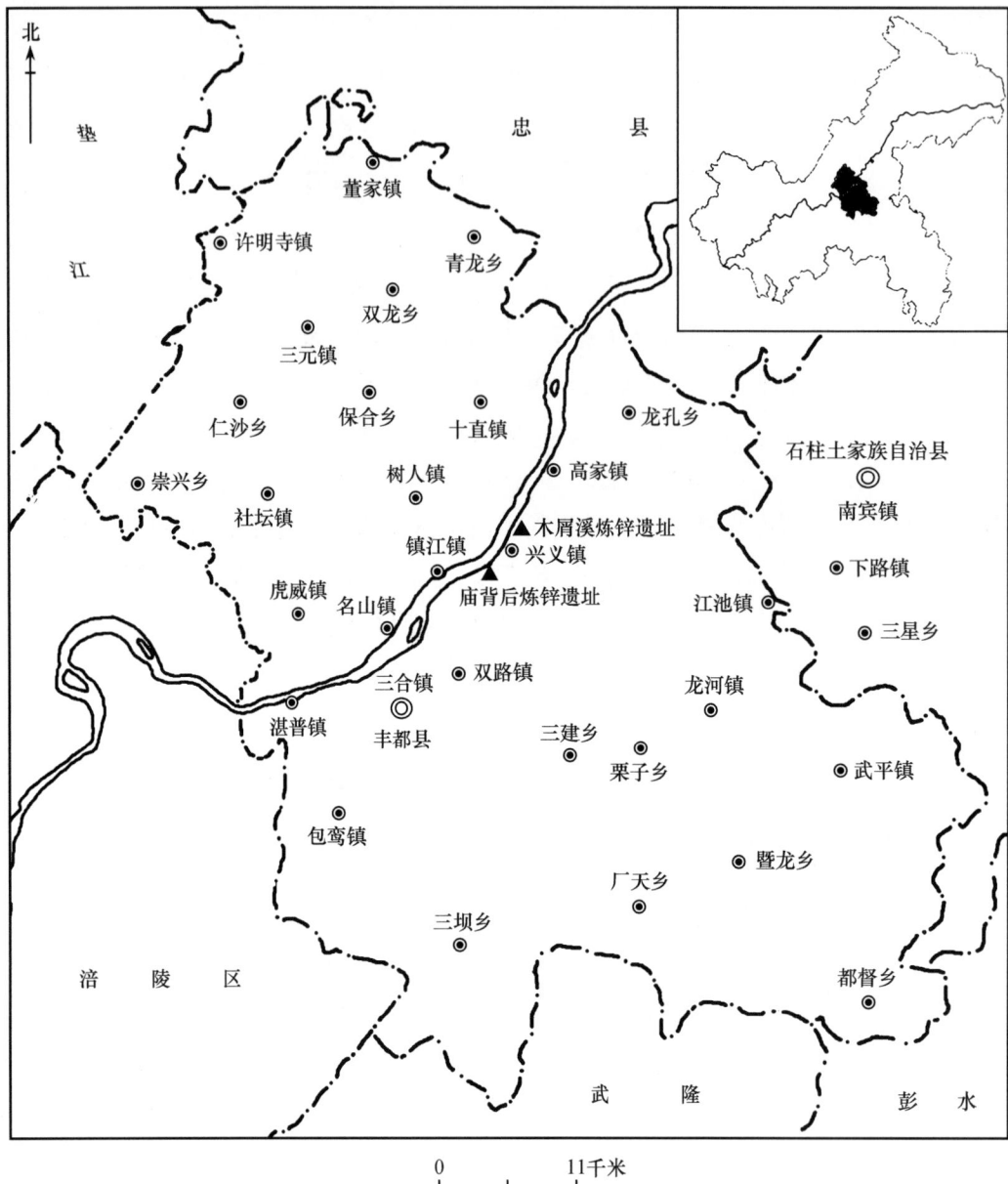

图一　庙背后、木屑溪炼锌遗址位置示意图

　　唐贞观八年（634年），隶山南道忠州；天宝元年（742年），隶山南东道南宾郡；乾元元年（758年），隶山南东道忠州；至五代前蜀、后蜀，隶忠州。

　　北宋真宗年间，隶夔州路忠州南宾郡。徽宗政和元年（1111年），复并入临江县。南宋高宗绍兴元年（1131年），豐都县复置。度宗咸淳元年（1265年），隶夔州路咸淳府。

　　元代，隶四川行省重庆路忠州；至元二十一年（1284年），垫江县并入豐都县；至正二十二年（1362年），明玉珍大夏政权时，垫江分出。

　　明洪武十年（1377年），豐都县并入涪州，属四川承宣布政使司重庆府。十三年（1380年），自涪州分出复置县，改名酆都，隶重庆府忠州。

　　清康熙十三年（1674年），酆都县为吴三桂军所占领。十九年（1680年），清军收复。雍正十二年（1734年），隶忠州直隶州。嘉庆七年（1802年），隶川东道忠州。

　　中华民国元年（1912年），隶四川省忠州；民国二年（1913年），隶四川行政公署川东道；民国三年（1914年），隶四川巡按使公署东川道；民国十七年（1928年），直隶四川省；民国二十四年（1935年），隶四川省第八行政督察区。

　　中华人民共和国建立后，1950年，隶西南区川东行署区涪陵专区；1952年9月，隶四川省涪陵专区；1958年县名酆都改为丰都；1968～1995年，丰都县隶四川省涪陵地区；1996年设立四川省地级涪陵市，丰都隶属涪陵市。1997年12月，丰都县正式由重庆直辖市管辖[①]。

　　庙背后遗址所属的兴义镇因旧时境内帮会大兴义举而得名，地处丰都县中部，东接高家镇，南依龙河镇，西靠双路镇，北滨长江，距丰都县政府驻地13千米。1949年，兴义镇境域为兴义乡。1958年6月，兴义乡改为兴义公社。1983年，兴义公社改为兴义乡。1992年8月，撤乡设兴义镇。

第二节　自然环境与锌矿资源分布

　　丰都县境属亚热带湿润季风气候，全年气候温和，雨量充沛，四季分明，热量丰富，立体气候较明显，年均气温18.3℃，降水量1087.1毫米，日照1311.8小时，无霜期318天。灾害性气候为春旱冷暖多变，夏热多伏旱，秋凉多绵雨。

　　县境为一系列褶皱山系构成，长江横贯中部，流程47千米。江以南有七曜山脉和方斗山脉，江以北有蒋家山、黄草山，形成南高北低，"四山"夹"三槽"的地形。海拔118.5～2000米。在全县面积中，丘陵占31.7%，低山占39.4%，中山占28.9%。矿产以沉积矿为主，主要有煤、天然气、铁、铝、黄铁矿、长石石英砂岩、白云石、石灰石、石膏、重晶石、银、铜、铅、锌、沙金等[②]。

　　经调查，在丰都县境内丰都县城以东沿长江两岸分布有数十处古代炼锌遗址（图二），这与当时丰都县境内及其附近蕴藏有丰富的锌矿资源有关，丰都县与石柱县交界的七曜山区分布有较多的铅锌矿和煤炭资源，其中大部分为氧化矿。从文献记载来看，至晚在明正统（1436～1449年）之前已经开始采铅，此时完全有可能已开始炼锌。《明史》载：成化十八年（1482年），四川巡抚孙仁奏："石砫岁办铅课五千一百三十斤，正统后停之。邻境军民假以征课，乘机窃取，酿成祸阶。请除其课，闭其洞。"[③]时至清代，文献记载更加详细，清乾隆四十年（1775年）《石砫厅志》和道光二十三年（1843年）《补辑石砫厅新志》对当时石柱县

　　①　（清）田秀栗、徐濬镛修，徐昌绪纂，蒋履泰续纂：《酆都县志》，光绪十九年（1893年）刻本；四川省丰都县地方志编纂委员会编：《丰都县志》，四川科学技术出版社，1991年；丰都县地方志编纂委员会编纂：《丰都县志（1986～2005）》，电子科技大学出版社，2014年。

　　②　四川省丰都县地方志编纂委员会编：《丰都县志》，四川科学技术出版社，1991年。

　　③　（清）张廷玉等：《明史》卷三一二，《列传》第二〇〇，《四川土司二·石砫宣抚司》，中华书局，1974年。

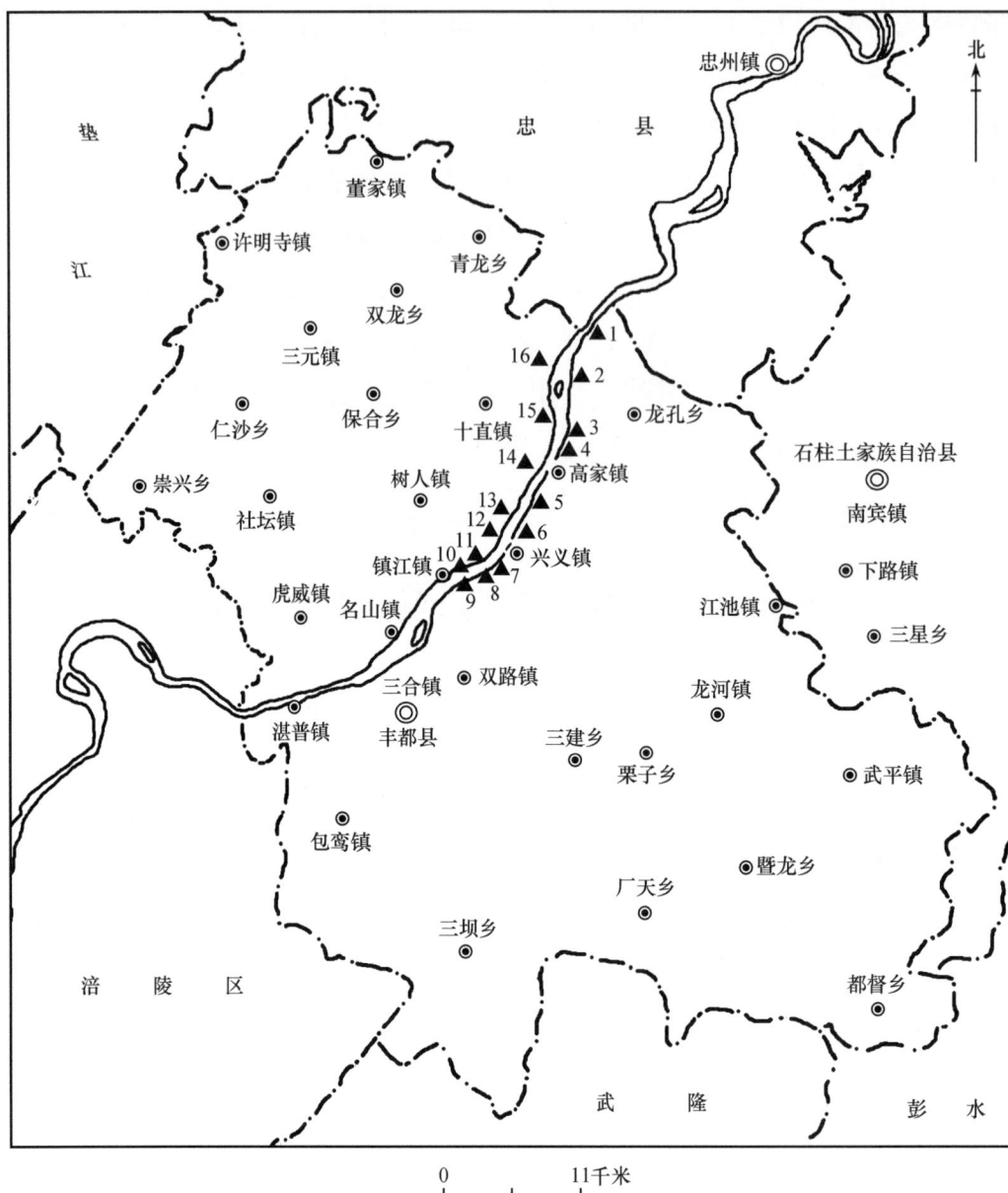

图二　丰都县古代炼锌遗址分布示意图

1. 凤凰嘴遗址　2. 何家坝遗址　3. 庙包遗址　4. 金刚背遗址　5. 沙溪嘴遗址　6. 木屑溪遗址　7. 铺子河遗址　8. 庙背后遗址
9. 刀刘子遗址　10. 九道拐遗址　11. 郎溪遗址　12. 赤溪遗址　13. 清泉遗址　14. 丁溪遗址　15. 糖房遗址　16. 小双溪遗址

境内炼锌情况记载颇详，并有白铅、黑铅之别，其中白铅即单质锌。丰都与石柱接壤，现将上述志书相关记载迻录如下，以窥其一斑。

清乾隆四十年（1775年）《石砫厅志·物产》载：

"铜、铅用以供铸。乾隆三十三年委官开采。……白沙岭白铅于三十五年报有成效，岁额十三余万斤解省局。其矿需煤火熔成。矿煤二峒相去百三十里，且羊肠鸟道，往返三日乃达。运邮不赀，初报时商价尤昂。同知德明详议，除课铅外，官买白铅百斤，给价银一两八钱半，任商买以盈补绌。厥后，黔铅贩川，商价渐减。近且减价亦不得售，炉户煎铅止供岁课及官买之额。煎铅百斤亏折本银至八九钱一两不等，渐积拖欠，官民交累，非别有变通之策，炉户将迁散一空矣。花椒园黑铅厂，前代取竭，入峒皆空。三十八年春，同知王蒙绪详请封闭，而黑白二铅，其性相通，且白沙岭与花椒园相去仅十余里，故白铅矿内间有夹产黑铅，而为数不多，亦时有时无。厂民零星煎烧，铅斤分买银星，抽课随其多寡，岁无定额，亦议章程在案也。尖山子铜厂自三十三年试采至今，厂地屡易。岁官买铜数千斤，斤给价银九分，皆引矿所煎，未有成效。缘铜价官商皆昂，厂民虽日久拮据，犹竭力攻取。何时铜得大塘，以铜厂商人之利救白铅炉户之害，抽有余补不足，庶为白铅厂变通之策耳！且白铅镕于煤，黑铅与铜皆镕于柴。厅山树木虽广，而流寓日多。刊树种包谷者，丁丁相闻。久而山童近地乏柴，又于白铅困于煤无殊，亦恐贻将来之害矣！司事者，不得不早为计之。"①

道光二十三年（1843年）《补辑石砫厅新志·赋役志》"税课"条载：

"黑铅：厂在花椒园，乾隆三十三年试采。后解局验看，系响镰，不堪鼓铸，亦经前代采竭，旋请封闭。白铅：厂在白沙岭，乾隆三十三年开采。三十五年报有成效，税额三十余万斤。四十年同知王蒙绪修志时已称煎铅百斤亏折本银七八九钱一两不等，渐积拖欠，官民交累。后因山水骤发，冲塌旧峒，屡移擂鼓台、冷水溪、黑田池、深溪沟、大富坪、鹿子坪、大火田等处，今厂又在中溪沟矣。盖白铅以煤火镕成，物有限而用无穷，既困于矿，尤困于煤。在昔已然，于今为甚。厂之迁徙无常，两因水患，余皆移炉就煤计也。四十八年，酌减税额，报解铅九万五千六百斤零。后复历年递增，至道光十八年，报解至十二万七千五百余斤，同知荣庆禀请减额。十九年，报解铅六万余斤。盖厅地产铅，本属不多。从前历年尽采尽解定例，比较三届，有盈无绌，实则煎少报多，积欠巨亿。旧商既多亏欠，新商鲜克承充。前同知刘大经②时，改商煎为官煎，为一时之权宜，然尚有铅也。今则峒老山空，任其事者均系采买他处，所领本银又于市价不敷，类皆捐廉填补。现拟禀请上宪，核实另办。庶不至公私交困，得尽心于抚字矣。"③

据现场踏查，丰都与石柱交界区域的七曜山区，特别是石柱境内清代炼锌遗址密布，炼渣堆积如山，冶炼罐残片随处可见，遗址所在区域附近山岭至今仍然大面积树木非常稀疏，应当与当时大规模冶炼砍伐烧制木炭有关。七曜山区的炼锌遗址集中分布在石柱县境内的三星乡、

① （清）王蒙绪：《石砫厅志》，乾隆四十年（1775年）刻本。
② 刘大经，陕西长安人，嘉庆五年署，六年去。八年再署，九年卒于官。详（清）王槐龄：《补辑石砫厅新志·职官志》，"同知"条，道光二十三年（1843年）刻本。
③ （清）王槐龄：《补辑石砫厅新志》，道光二十三年（1843年）刻本。

龙潭乡及丰都县武平镇，沿七曜山山脉呈东北—西南向分布，这与其充足的煤炭、锌矿资源密切相关。时至今日，仍有氧化锌冶炼厂正在生产（详见本书附录三《石柱矿区调查记》）。

第三节　考古工作概况

一、既往工作与保存现状

庙背后冶炼遗址周边早年经过调查。1958年秋，长江考古队在丰都县兴义张家坪村（今杨柳寺村）一带发现大量冶炼罐、烧土、炭渣等遗物，将其定为宋代冶炼遗址[1]。约在1984年冬，村民张学民建房，请人帮忙开挖房基，位置在今庙背后冶炼遗址Ⅱ区西部，海拔在160~170米之间的台地上开挖坡脚时，在土内的一块石板上（疑为一个特制的土龛）发现十余块金属块，其中三块为长方形，形体较大，其余金属块较小，底面平齐，上呈弧形（图版九）。除了上交县文化馆的一块外，发现的其他十余块金属块今已散失。1987年文物普查时发现了庙背后（柑子树河坪）和铺子河遗址[2]。1992~1994年，三峡库区文物调查时再次确认[3]。四川省文物考古研究所于1994年对该遗址进行过小面积的试掘，当时调查面积约9万平方米，并在现在的Ⅱ区开挖4米×2米探沟一条，探沟深7米。地层堆积可分为两层，其中第2层为冶炼堆积，厚达6~7米，出土有冶炼罐、炉渣、炉灰、影青瓷片等。调查中还发现冶炼堆积及窑炉多处，冶炼堆积多为漏斗形，堆满炉灰、烧结炉渣、砂渣和冶炼罐残片。窑炉为椭圆形，包含大量硬陶残片及窑具，时代推测为宋代[4]。

庙背后冶炼遗址地处长江南岸的一级台地上，沿长江大致呈西南—东北走向，台地上部为斜坡状，被开辟为多级梯田。临江部分台地坡降平缓，与长江滩地高程相差20余米，悬崖壁立。遗址的西部为曹溪谷地，东部与铺子河冶炼遗址相接。遗址台地东西长有1000余米，被四条小冲沟切割为五个小台地，据此，我们发掘时将该遗址分为五个区域，由西向东分别编号Ⅰ、Ⅱ、Ⅲ、Ⅳ、Ⅴ区（图三；图版一~图版三）。在遗址台地下的长江滩地上，有多处较大面积的冶炼遗物堆积区，遗物主要为冶炼罐残片、炉壁残块、炼渣等，这应是早年遗址台地崖壁向长江内坍塌，并经丰水时的江水水流冲刷而成。此外，我们在发掘时得知，近二十余年来，此处的江岸已向长江滩地坍塌大约有30米，如今，部分崖壁仍不断崩塌（图版四）。

木屑溪遗址位于木屑溪与长江交汇处东南角的一级台地上，冶炼遗存集中分布在相邻的两

① 四川省博物馆：《四川省长江三峡水库考古调查简报》，《考古》1959年第8期。
② 国务院三峡工程建设委员会办公室、国家文物局编：《长江三峡工程淹没及迁建区文物古迹保护规划报告·重庆卷》（下册），中国三峡出版社，2010年，第601页。
③ 四川省文物考古研究所：《丰都县三峡工程淹没区调查报告》，《四川考古报告集》，文物出版社，1998年，第282~350页。
④ 四川省文物考古研究所：《四川考古报告集》，文物出版社，1998年；四川省文物考古研究所：《丰都县三峡工程淹没区调查报告》，《三峡考古之发现（二）》，湖北科学技术出版社，2000年，第3~57页。

个小台地上，西部为黄临嘴，编号为Ⅰ区，东部为敖叫院子，编号为Ⅱ区（图四）。木屑溪遗址地势情况与庙背后遗址大体相似，从地形上则显得相对较为独立，其中Ⅰ区冶炼遗迹所处的小台地顶部较为平坦，中部较高，台地东南部及地势更高的台地被较宽的浅沟分开，浅沟则是由于现代烧窑取土形成。该遗址下部的江滩上分布有大面积的冶炼遗物，主要为冶炼罐残片、炉壁残块和炼渣等。其形成原因以及坍塌情况和庙背后遗址一样，且部分崖壁在2004年9月长江秋汛中崩塌严重，导致部分临江冶炼灰渣堆积区所剩无几，而Ⅱ区的敖叫院子台地的拟发掘区则已全部坍塌。

二、发掘概况

根据与重庆市文化局签订的有关三峡工程淹没及迁建区考古发掘项目协议书的规定，河南省文物考古研究所（今河南省文物考古研究院）组成三峡考古工作队，在重庆市丰都县文物管理所的协助下，分别于2002年9～12月和2004年2～4月，对位于重庆市丰都县兴义镇杨柳寺村的庙背后冶炼遗址进行了考古勘探和发掘，总发掘面积4025平方米。经过两次考古发掘，经北京科技大学、北京大学以及河南省文物考古研究所等高校、科研单位的冶金史研究领域专家到现场共同确认（图版五～图版八），获得了可以填补中国古代冶金史空白的重大考古发现，首次发现了迄今为止我国古代最早的炼锌遗址。因此，庙背后炼锌遗址的发掘，也被评为2003年度三峡库区十项重要考古发现之一。2004年9月至2005年1月，作为丰都古代炼锌遗址群综合研究项目课题组参与单位，河南省文物考古研究所（今河南省文物考古研究院）除了继续对庙背后炼锌遗址进行补充发掘之外，又对铺子河炼锌遗址、木屑溪炼锌遗址进行了考古发掘，发掘面积2150平方米。发掘过程中已开始整理、修复出土文物，发掘结束后全部出土资料已移交当地文物部门。现把这三次考古发掘的情况概要介绍如下。

（一）第一次考古发掘

2002年9～12月，首次对庙背后冶炼遗址进行正式的考古发掘。本次工作开始于2002年9月6日，进驻工地后，首先对遗址进行了测绘、勘探。根据遗址的地貌特征，将遗址由西向东分为5个发掘区，分别编号为：Ⅰ区、Ⅱ区、Ⅲ区、Ⅳ区、Ⅴ区。根据勘探结果，确定重点发掘区域和面积发掘工作主要集中在Ⅴ区，第一次考古发掘面积共计2000平方米。该区共发现与冶炼相关的圆形遗迹2处，较大面积的冶炼遗物堆积遗存3处，还有南宋时期的灰坑4座，以及其他遗迹。

发掘期间，北京科技大学冶金史研究专家应邀来发掘现场观察出土遗迹和遗物，并提取了一部分分析标本。但本次发掘对冶炼遗迹的性质的认识尚未十分清楚，而对冶炼标本的技术分析工作也因2003年"非典"陷于停顿状态。2004年1月10日，在北京科技大学冶金与材料史研究所，柯俊院士、韩汝玢教授、李延祥教授、陈建立博士和庙背后遗址考古发掘项目负责人刘海旺共同对遗址出土的冶炼标本进行了分析讨论，柯俊先生指出，该遗址应为炼锌遗址，要进一步发掘确认。

（二）第二次考古发掘

2004年2～4月，第二次对庙背后遗址进行了考古发掘，主要集中在Ⅱ区和Ⅳ区，并对Ⅴ区做了补充发掘，第二次考古发掘面积共计2025平方米。本次发掘清理出部分冶炼遗物堆积坑、整煤池、炼炉等，出土了一些冶炼遗物标本、冶炼用工具、锌块等，也在冶炼遗迹内伴出有极少量青花瓷器残片。

发掘期间，北京科技大学和北京大学的冶金史研究专家再次应邀来发掘现场工作了一段时间，经过仔细探查和辨认，最后断定这是一处炼锌遗址。至此，庙背后冶炼遗址的性质得以确定。2004年4月，该遗址发掘的阶段性重要成果和炼锌性质引起了重庆市文化局文物主管领导的高度重视。根据重庆市文化局三峡文物保护工作领导小组办公室的工作安排，我们以过去三峡库区丰都境内的文物普查结果为线索，于2004年4月2～23日对丰都境内沿江两岸进行了有针对性的、较为细致的实地徒步调查，新发现并确认了同类冶炼遗址近20处，这些遗址均位于丰都县的长江两岸一级台地上。随后，成立了由重庆市文物考古所、河南省文物考古研究所（今河南省文物考古研究院）、北京科技大学和北京大学组成的丰都古代炼锌遗址群综合研究课题组，对以后的工作要点进行了探讨。同时，重庆市文化（文物）局成立了该研究项目的领导小组。由于课题组取得了丰硕的成果，2004年6月初，我院冶金考古专家李京华先生亲自莅临发掘现场进行指导。

（三）第三次考古发掘

2004年9月至2005年1月，除了继续对庙背后炼锌遗址Ⅱ区进行必要的补充发掘外，主要对木屑溪炼锌遗址进行发掘，也对铺子河炼锌遗址（属庙背后遗址Ⅴ区东部）的一处特殊遗迹进行了清理，第三次考古发掘面积共计2150平方米。在木屑溪遗址清理出两座槽形炼炉基础和大范围的冶炼遗物堆积区。相邻的铺子河遗址区域则主要清理了一处与其他冶炼遗址明显有别，且大范围分布的与冶炼有关的遗迹，遗迹内堆积的冶炼遗物绝大部分成红色，而不是呈黑灰色。根据研究项目领导小组的要求，北京科技大学和北京大学的有关专家参与了本次发掘。

三、各遗址概况

庙背后遗址：根据该遗址的自然地形和地貌，将其分为五个区域。各区布方均采用象限布方法，将拟发掘探方纳入同一象限内，确定布方基点后，设置一虚拟零点。探方的大小一般为5×5平方米，正方向。遗址代号为"CFXYM"，其中"C"代表重庆市，"F"代表丰都县，"X"代表兴义镇，"Y"代表杨柳寺村，"M"代表庙背后冶炼遗址，"Ⅱ"表示区号，探方号四位数顺序统编，编号前冠以发掘年度和所在区域，如"2002CFXYMⅡT0805"。

Ⅰ区：该区发现两处文化堆积区。一处为煤渣、煤灰堆积区，面积约1500平方米。有当地群众反映，该堆积可能是民国时当地居民熬糖遗存。在该堆积区的渣层内发现有青花瓷碗残

图四 木屑溪遗址地形及探方位置示意图

片。另一处为面积15平方米的灰坑。另外，该区属于张家坪古墓葬区的范围，故未进行考古发掘。

Ⅱ区：该区内发现有两处较大面积的文化层堆积区，一处位于该区的东段，东西长65米，南北宽47米，面积3055平方米，一般厚度在1.5米左右，包含物主要为炼渣、石灰、青瓷片、陶片等。另一处位于该区的东段中部靠江岸部分，这里较其他部分地势稍低，形成一簸箕状洼地，面积约1000平方米；这里的淤沙层较深，文化层厚度一般在3米左右；在江岸崖壁的剖面上有十分明显的炼渣堆积层，该堆积层自东向西向下倾斜，层面距现地表深1.5～4.8米。2002年9～12月，在Ⅱ区布挖5×5平方米探方17个，发掘面积425平方米。2004年2～3月，对Ⅱ区进行第二期考古发掘，布挖5×5平方米探方7个，发掘面积175平方米。2004年9月，对Ⅱ区进行第三次考古发掘，布挖5×5平方米探方7个，发掘面积175平方米。

Ⅲ区：该区原地名称为大殷坝，是五个小台地中地势最为平缓的一个，且面积最大。据闻，Ⅲ区南部较高的位置，曾建有庙宇，地称"庙脊脊"，后因长江洪水冲毁，故在Ⅱ区台地的东部，临江重建。在该区南部稍高一级的台地上，现在仍然堆积有极为丰富的釉陶器等陶器碎片，裸露在地表的大量支座等窑具也表明，这里是一处古代陶窑作坊区。在临江的较为平坦的台地地表上，发现有较多的陶器残片。经勘探，整个台地都存在古代文化层。2002年9～12月，对Ⅲ区进行第一期考古发掘，布挖5×5平方米探方28个，发掘面积700平方米。2004年2～3月，对Ⅲ区进行第二期考古发掘，布挖5×5平方米探方43个，发掘面积1075平方米。

　　Ⅳ区：在临江台地的靠南部分发现有文化层。2004年2～3月，对Ⅳ区进行考古发掘，布挖5×5平方米探方12个，发掘面积300平方米。

　　Ⅴ区：该区台地分属现杨柳寺村一组和六组，西半部属六组，即庙背后遗址的范围；东半部属一组，即铺子河遗址。在东半部河岸处的崖壁上沿，发现有大面积的炼渣堆积坑，在这一部分区域，山西省文物考古研究所于2001年下半年曾经进行过考古发掘[①]。在属于六组的西部区域，经勘探发现有较大面积的炼渣堆积层。2002年9～12月，对Ⅴ区进行第一期考古发掘，布挖5×5平方米探方30个。本次发掘出于优先对可能存在的炼炉遗存进行发掘的考虑，除集中布挖探方外，还单独布挖了一个10×10平方米探方1个，因该探方地处一隅，与本次在Ⅴ区所布的其他探方相距甚远，有独立性，所以将该探方编号为T1。为解决冶炼操作区完整性问题，在T1的西侧又布挖5×5平方米探方1个，编号T2。本次发掘面积875平方米。2004年2～3月，对Ⅴ区进行第二期考古发掘，布挖5×5平方米探方19个，发掘面积475平方米。

　　铺子河遗址：即庙背后遗址Ⅴ区东半部，该遗址的代号为"CFXYP"，其中"C"代表重庆市，"F"代表丰都县，"X"代表兴义镇，"Y"代表杨柳寺村，"P"代表铺子河冶炼遗址，探方号四位数顺序统编，编号前冠以发掘年度，如"2004CFXYPT1"。2004年9月至2005年1月，在铺子河遗址布挖5×20平方米探方2个，10×15平方米探方2个，10×20平方米探方1个，发掘面积700平方米。

　　木屑溪遗址：该遗址分为Ⅰ区和Ⅱ区，仅对Ⅰ区进行了发掘。遗址代号为"CFXCMⅠ"，其中第一个"C"代表重庆市，"F"代表丰都县，"X"代表兴义镇，第二个"C"代表长江村，"M"代表木屑溪冶炼遗址，"Ⅰ"表示区号，探方号四位数顺序统编，编号前冠以发掘年度和所在区域，如"2004CFXCMⅠT1808"。2004年10～11月，对木屑溪遗址进行发掘，布挖5×5平方米探方51个，发掘面积1275平方米。

第四节　报告体例

　　本报告编写体例采用分区叙述的方式，按照遗迹与遗物分述的原则，先介绍该区典型探方的地层堆积情况，再按类别分述遗迹概况，最后详述出土遗物。出土遗物的叙述方式则按照地

　　① 山西省考古研究所、重庆市文物局：《丰都铺子河遗址考古发掘报告》，《重庆库区考古报告集（2001卷）》（下），科学出版社，2008年，第1705～1770页；重庆市文物局、重庆市移民局编：《重庆市丰都县铺子河遗址考古发掘报告》，《重庆炼锌遗址群》，科学出版社，2018年，第32～48页。

层和单元遗迹分述的原则，公布出土遗物时按照不同的质地依次描述。若同类遗物标本较多，仅挑选典型的、较为完整的、具有代表性的进行介绍。鉴于各区在2002年和2004年经过一到两次的发掘，对于多次发掘的区域，在出土遗物前冠以发掘年份和区号，仅发掘一次者则不再赘注年份。公布遗迹和遗物顺序则按照发掘年份、地层和遗迹编号的先后顺序进行。遗物则按照质地分类介绍，如陶器、瓷器、金属器、石器等。为突出遗址的特征，其中有关冶炼遗物则单独叙述。调查采集的遗物也择其要者在地层和单元遗迹出土遗物之后单独介绍。特别需要说明的是，各个发掘区出土的遗物时代包含了先秦、汉代、唐宋和明清等多个时期，尤其是各时期地层出土遗物的时代较为杂乱，加之部分遗物的时代特征不明显，难以准确地归入某个时期。因此，我们未按时代进行分别叙述，而是按地层、按单元遗迹将出土遗物一并公布。

　　本报告主要介绍庙背后和木屑溪两处遗址的发掘情况，铺子河遗址（庙背后遗址 V 区东区）虽然早在2001年经过发掘，相关发掘资料也已经公布，但本次发掘实际上是针对炼锌遗存进行补充发掘，仍有不少重要发现，本报告也按既定体例进行报道。

第二章　庙背后遗址Ⅱ区

庙背后冶炼遗址Ⅱ区在2002年至2004年共进行三次发掘。布挖5×5平方米探方31个，总发掘面积775平方米（图五；图版一〇～图版一五）。2002年第一期考古发掘，布挖探方17个，分别为2002CFXYMⅡT0606、T0607、T0805、T0806、T0807、T0808、T0809、T1002～T1009、T1011、T0911（图六）。2004年第二期考古发掘，布挖探方7个，分别为2004CFXYMⅡT3、T4、T5、T6、T7、T8、T9（图七）。2004年第三期考古发掘，布挖探方7个，分别为2004CFXYMⅡT0815、T0816、T0817、T0915、T0916、T0917、T1015（图八）。

第一节　地层堆积

庙背后遗址Ⅱ区2002年发掘区地层堆积情况以2002 CFXYMⅡT1002～T1009为例进行介绍（图九）。根据土质、土色、结构及包含物特征可以分为四层，其中第2层又可以分为三种不同的堆积，第3层可分为四种不同的堆积。各探方地层堆积均由东南向西北倾斜，并逐渐加厚。详述如下。

第1层：现代耕土层，土色深灰，土质软，含沙量大，结构极疏松。含有大量植物根系。本层厚0.2～0.4米，全区分布。

第2a层：明清时期文化层。土色浅黄，土质较硬，结构较致密。无包含物。厚0～0.25米。主要分布在T1005中西部和T1004、T1003、T1002内。

第2b层：明清时期文化层。灰白色淤土，土质较软，结构疏松。无包含物。厚0～0.4米。主要分布在T1005中西部、T1004东部和西部，以及T1003东部。

第2c层：明清时期文化层。土色深褐，土质较硬，结构致密。出土有青花瓷片。厚0～0.15米。主要分布在T1007、T1006、T1005内。

第3a层：明清时期文化层。土色浅褐，土质较硬，结构较致密。包含有少量炭屑和红烧土颗粒。出土有少量釉陶片、青花瓷片和石块。厚0～0.5米。本层分布于除T1009东部之外的其他区域。

第3b层：明清时期文化层。土色浅灰，土质较硬，结构较致密。含有炭屑和红烧土颗粒。出土少量青花瓷片和石块。厚0～0.55米。本层分布不均，除T1007西部、T1006西部、T1005东部、T1004西部和T1003东部未分布外，其余探方均有分布。

第3c层：明清时期文化层。土色灰黄，土质较软，结构较疏松。含有红烧土颗粒，出土有釉陶片、青花瓷片和泥质灰陶残片。厚0～0.65米。除T1007西部、T1006中东部、T1005中东部、T1003中西部和T1002未分布外，其余探方均有分布。

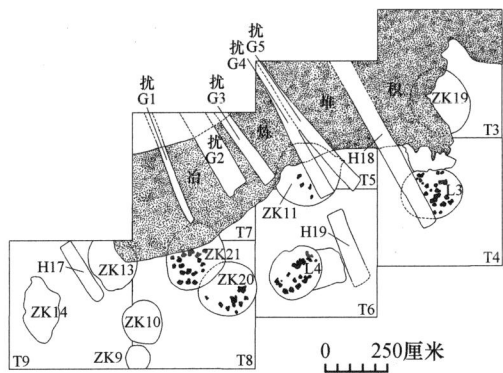

图五　2002年、2004年庙背后遗址Ⅱ区探方分布图

北←┼

T1011	T0911

T0809	T0808	T0807	T0806	T0805

T1009	T1008	T1007	T1006	T1005	T1004	T1003	T1002

T0607	T0606

0　　　　　　　　　10米

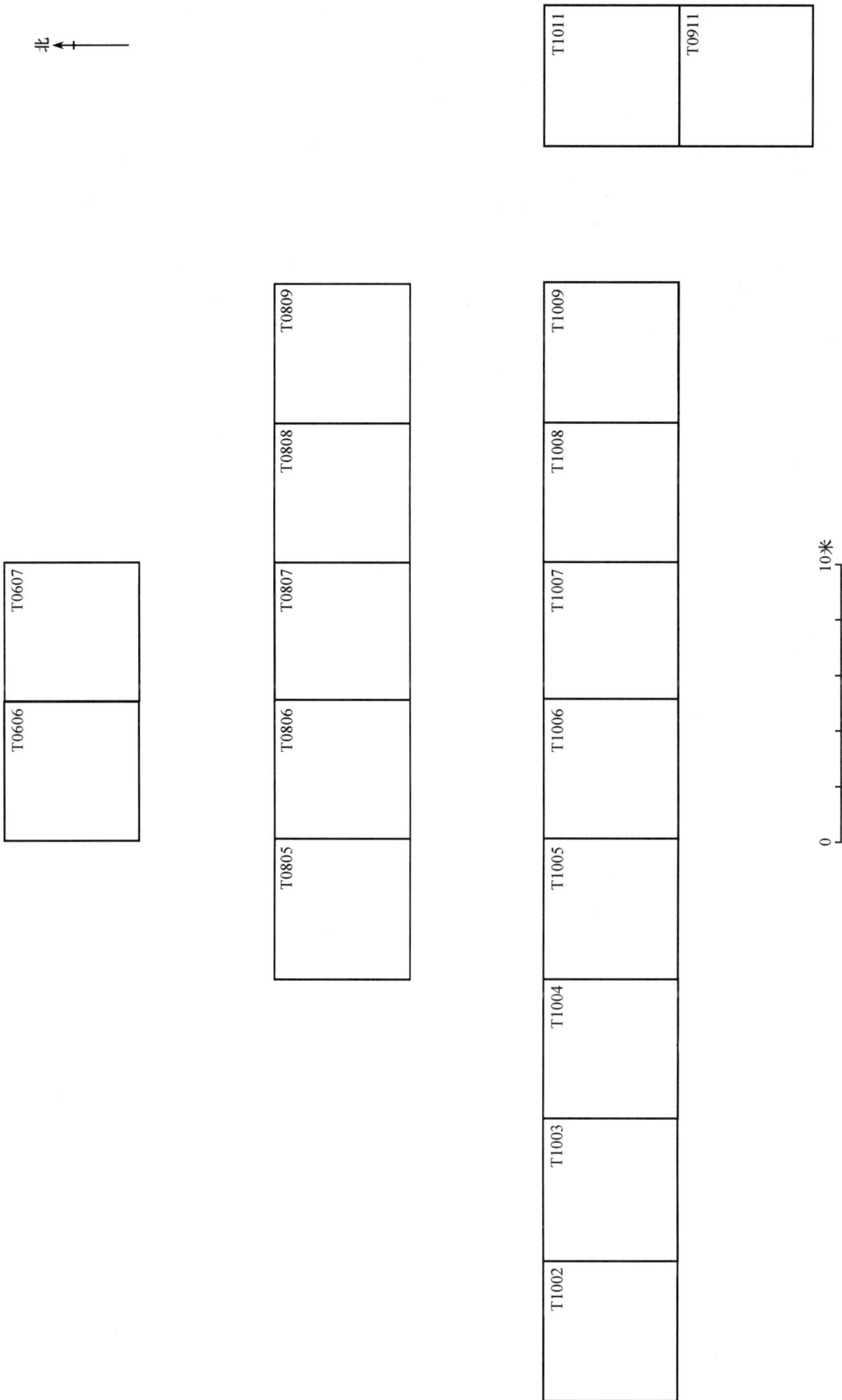

图六　2002年庙背后遗址Ⅱ区第一次发掘总平面图

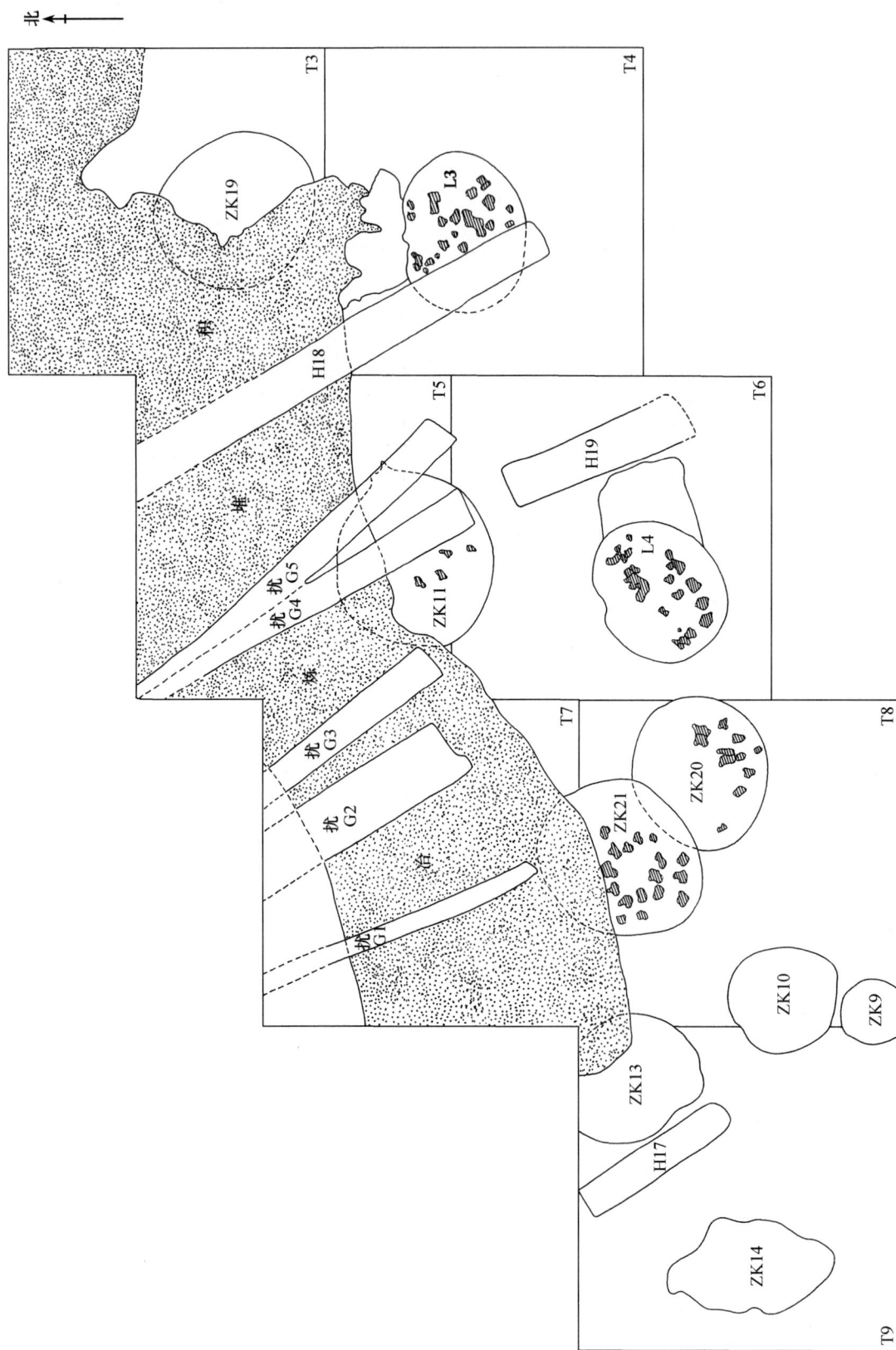

图七　2004年庙背后遗址Ⅱ区第二次发掘总平面图

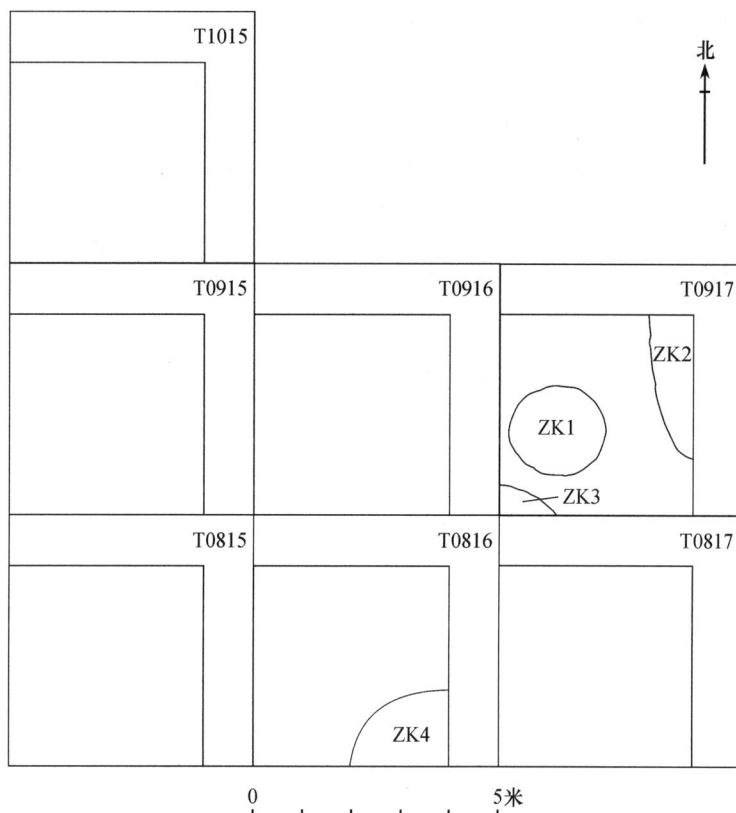

图八 2004年庙背后遗址Ⅱ区第三次发掘总平面图

第3d层：明清时期文化层。土色红褐，土质较硬，结构较致密。含有少量炭屑。出土少量青花瓷片。厚0～0.65米。除T1007西部、T1006中东部、T1005中东部、T1003中西部和T1002未分布外，其余探方均有分布。

第4层：宋代文化层。土色深灰，土质较软，结构疏松。包含有大量炭屑和红烧土颗粒，出土有大量釉陶器，可辨器形有壶、罐、盆等，另有汉代筒瓦、板瓦残片和条砖残块等。厚0.15～2米。除T1003中西部和T1002未分布外，其余探方均有分布。

第4层以下为生土层，含沙量较大，土色黄，土质较硬，较纯净。

2004年该区第二期发掘探方地层堆积情况以2004 CFXYMⅡT8、T9北壁为例进行介绍（图一〇）。根据土质、土色、结构及包含物特征可以分为三层，其中第2层又可以分为五种不同的堆积。详述如下。

第1层：现代耕土层。土色深灰，土质较软，结构疏松。含有大量的植物根系，出土少量的青花瓷片、砖、瓦残件等近现代文化遗物。厚0.12～0.2米。全区分布。

第2a层：明清时期文化层。土色灰，略泛黄，土质较硬，结构较致密。含少量炭屑和红烧土颗粒，出土有硬陶和瓷片，其中硬陶分为釉陶和素面两类，可辨器形有罐、支圈、盆等，另有少量冶炼罐残片，冶炼罐残片可分为使用过的和未经使用两类；瓷片多为青花瓷，另有少量青瓷和黑瓷，瓷片残碎较甚，可辨器形有碗、盘等。厚0.15～0.2米。发掘区大部分区域均有分布。

第2b层：明清时期文化层。土色灰，略泛白，土质软，结构疏松。出土有硬陶和瓷片，其中硬陶残片数量较少，均为素面，可辨器形为罐；瓷片均为青花瓷，数量较少，且残碎较甚，可辨器形为碗。厚0.1～0.35厘米。发掘区局部分布。

第2c层：明清时期文化层。土色浅灰，土质较硬，结构较致密。包含有炭屑，出土有瓷片和硬陶残片，硬陶残片极少，不辨器形。瓷片可分为青瓷、白瓷、青花瓷三类，且残碎较甚，可辨器形有碗、盏等，其中碗类数量较多，且釉色发亮。厚0.12～0.3米。全区分布。

第2d层：明清时期文化层。土色浅黄，土质较硬，结构较致密。出土物有硬陶、瓷片和冶炼罐残片三类，其中硬陶有素面和釉陶两种，残片较少，可辨器形有碗、罐等；瓷片有青花瓷、青瓷两类，残碎较甚，可辨器形有碗、盏等几种常见器形；冶炼罐残片陶色可分为灰陶和红陶两种，残碎较甚，仅有腹部，可区分使用过和未经使用两类。厚0～0.45米。主要分布于发掘区中部。

第2e层：明清时期文化层。土色浅褐，土质较软，结构较疏松。出土有少量青瓷和白瓷残片。可辨器形为碗。厚0.1～0.2米。主要分布于发掘区东部。

第3层：宋代文化层。土色浅灰，略泛黄，土质较硬，结构较致密。包含大量炭屑和少量红烧土颗粒。出土有青瓷、白瓷和硬陶残片，瓷片残碎较甚，不辨器形，硬陶为红褐色，可辨器形为碗、盆。厚0.25～0.75米。全区分布。

第3层以下为生土层，土色黄，土质坚硬，结构致密。

2004年该区第三期发掘探方地层堆积情况较为简单，以2004ⅡT0917、T0817东壁为例进行介绍（图一一）。根据土质、土色、结构及包含物特征可以分为三层。详述如下。

第1层：现代耕土层。土色灰褐，土质较软，结构疏松。包含炭粒及植物根系，出土少量陶瓷片。厚0.2～0.25米。全区分布。

第2层：明清时期文化层。土色浅灰，土质较硬，结构较致密。包含炭粒及红烧土颗粒，出土有少量陶瓷片，可辨器形有盆、罐、板瓦等。厚0.15～0.4米。除T0817东南部未发现之外，其余均有分布。

第3层：宋代文化层。土色浅黄，土质较硬，结构较致密。包含有炭粒及红烧土颗粒。出土有少量陶瓷片，可辨器形有盆、瓮等。厚0.3～0.5米。全区分布。

第3层以下为生土层，土色黄，土质坚硬，结构致密。

第二节　遗迹概况

2002年第一期发掘时未发现遗迹。2004年第二期发掘时发现有扰沟、灰坑、渣坑、炼炉等遗迹，编号前均冠以"2004Ⅱ"。其中第2a层下发现扰沟5条，编号2004Ⅱ扰G1～G5。第2b层下发现灰坑1个，编号2004ⅡH18。第2c层下发现灰坑2个，编号2004ⅡH17、H19；冶炼渣坑6个，编号2004ⅡZK9、ZK10、ZK13、ZK14、ZK20、ZK21；冶炼炼炉遗存1个，编号2004ⅡL3。另外于ⅡT7西北部发现红烧土堆积1处，于发掘区东北部清理出冶炼堆积1处。第2d层下发现渣坑1个，编号2004ⅡZK11；冶炼炼炉遗存1个，编号2004ⅡL4。第2e层下发现渣坑1个，编号2004ⅡZK19。2004年第三期发掘共发现遗迹4处，均为渣坑，编号2004ⅡZK1、ZK2、ZK3、ZK4，均开口于第2层下。

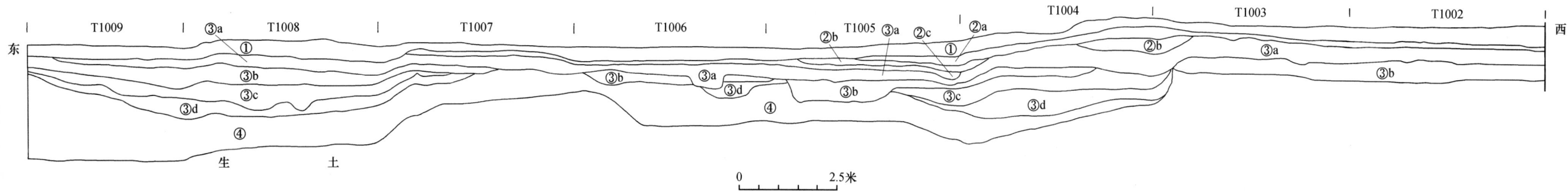

东

西

T1009　　　　T1008　③a　①　　　T1007　　　　　T1006　　　　　②b T1005 ③a ②c ②a　　　T1004　　　　T1003　　　　　T1002

③b　　　　　　　　　　　　　　　　　　　　　　　　　①　　　　　　　②b　　　　　　③a

③c　　　　③b　　　　③a　　　　　　　　　　　　　　　　　③b

③d　　　　　　　　　③d　　　　③b　　　　③c

④　　　　　④　　　　　③c　　　③d

生　　　土

0　　　　　2.5米

图九　2002年庙背后遗址Ⅱ区第一次发掘探方T1002～T1009南壁剖面图

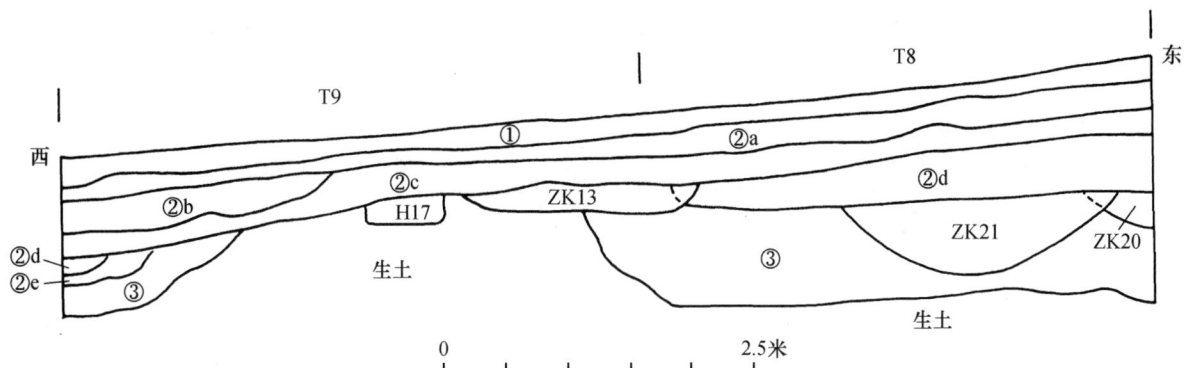

图一〇 2004年庙背后遗址 II 区第二次发掘T8、T9北壁剖面图

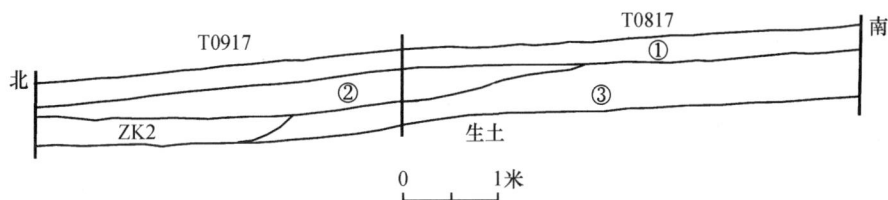

图一一 2004年庙背后遗址 II 区第三次发掘T0917、T0817东壁剖面图

一、扰 沟

2004 II 扰G1～G3主要分布于探方 II T7内，其打破该探方内西北部及其中部的红烧土堆积和冶炼堆积。2004 II 扰G4、扰G5主要分布于探方 II T5内，共同打破2004 II ZK11。5条扰沟平面形状均呈长条形，斜壁，平底。填土呈黄褐色，土质较硬，结构较致密。包含少量炭屑，出土有少量的青花瓷片，可辨器形为碗。

二、灰 坑

共发现3个，口部平面形状均为长方形。

2004 II H17 位于 II T9东北部，打破生土层。斜弧壁、平底。口部长2.64、宽0.5米，深0.22米（图一二）。填土呈灰色，土质较软，结构疏松。包含有大量的炭屑和红烧土块，底部含有少量冶炼残渣。该坑内出土泥质陶片一块，残碎较甚，器形不可辨识。

2004 II H18 位于 II T4西北部，打破L3。直壁、平底。长4、宽0.72米，深0.4米（图一三）。填土呈灰色，土质较硬，结构较致密。包含有大量炭屑，出土少量青花瓷片、坩锅残片和炉壁残块，其中瓷片可辨器形为碗。

2004 II H19 位于 II T6东北部。直壁、平底。长2.5、宽0.7米，深0.4米（图一四）。填土呈灰褐色，土质较硬，结构致密。包含有炭屑和红烧土块，出土有青花瓷片、泥质釉陶残片，其中瓷片可辨器形为碗。

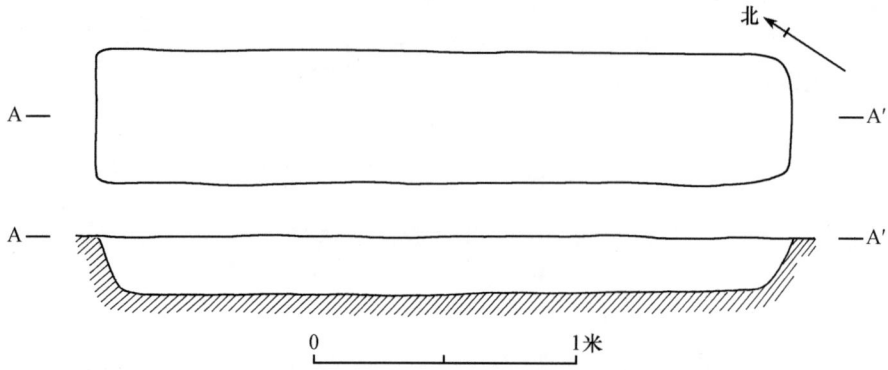

图一二　庙背后遗址Ⅱ区H17平剖图

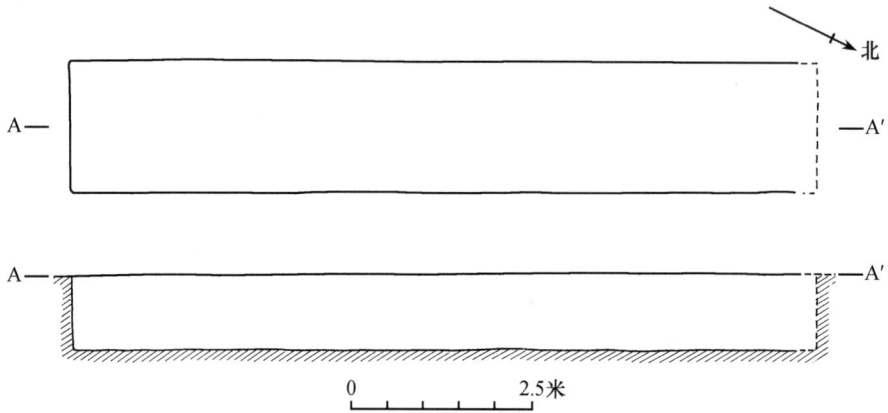

图一三　庙背后遗址Ⅱ区H18平剖图

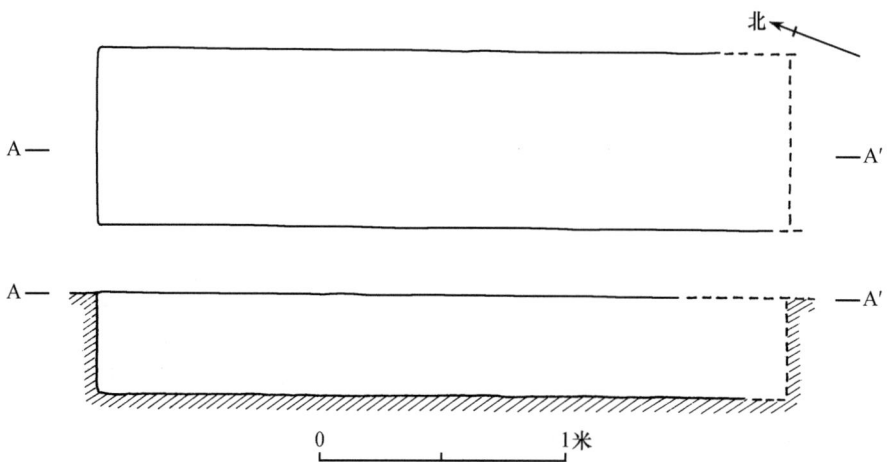

图一四　庙背后遗址Ⅱ区H19平剖图

三、渣　坑

共发现12个，其中圆形或略呈圆形4个，椭圆形4个，不规则形1个，形状不明者3个。

（一）圆形

均为弧壁、圜底。

ZK1　位于2004ⅡT0917中西部，平面形状基本呈圆形，弧壁，圜底。直径1.8～2.0米，最深0.15米（图一五）。填土无明显分层，应为煤灰，呈深黑色，土质较软，结构较致密。出土有较多的冶炼罐残片，完整者极少。另有少量炉壁残块、煤矸石等。

ZK9　位于2004ⅡT8西南部，部分位于ⅡT9东隔梁下。直径1.05米，最深0.24米（图一六）。堆积为冶炼残余遗物，包含大量的煤炭颗粒、坩锅残片，出土青花瓷碗残片1件。

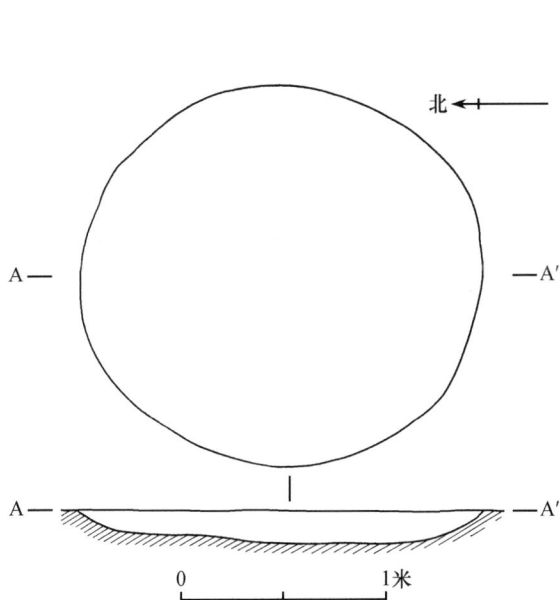

图一五　庙背后遗址Ⅱ区ZK1平剖图

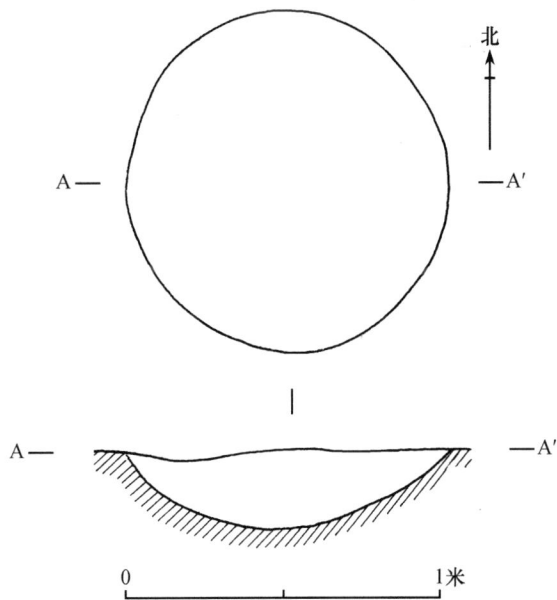

图一六　庙背后遗址Ⅱ区ZK9平剖图

ZK10　位于2004ⅡT8西南部，部分位于ⅡT9东隔梁下。直径1.7米，最深0.5米（图一七）。坑内堆积为冶炼残余遗物，可分为四层。第1层：炼渣堆积层，呈黑灰色，含有大量煤炭残渣、煤矸石、炉壁残块和坩锅残片，另有少量动物骨骼。出土少量青花瓷片，残碎较甚，不辨器形。厚0.1米。第2层：煤炭层，呈黑色，均为煤炭颗粒，无其他遗物。厚0.1米。第3层：淤土层，呈黄色，局部有黑色斑块，为煤炭残渣，无其他文化遗物。厚0.12米。第4层：炼渣堆积层，呈黑灰色，含有大量的坩锅残片、炉壁残块、煤炭颗粒和煤矸石等，出土少量泥质陶片，残碎较甚，不辨器形。厚0.18米。

ZK21　位于2004ⅡT7南部和ⅡT8北部，打破ZK20。直径2.5米，最深0.65米（图一八）。填土呈黑色，壁面有一层厚0.03～0.05米坚硬的煤炭颗粒层，应是有意加工所致。填土无明显分层，包含有大量炉壁残块、坩锅残片和煤炭颗粒，出土少量泥质灰陶布纹板瓦残片和泥质红

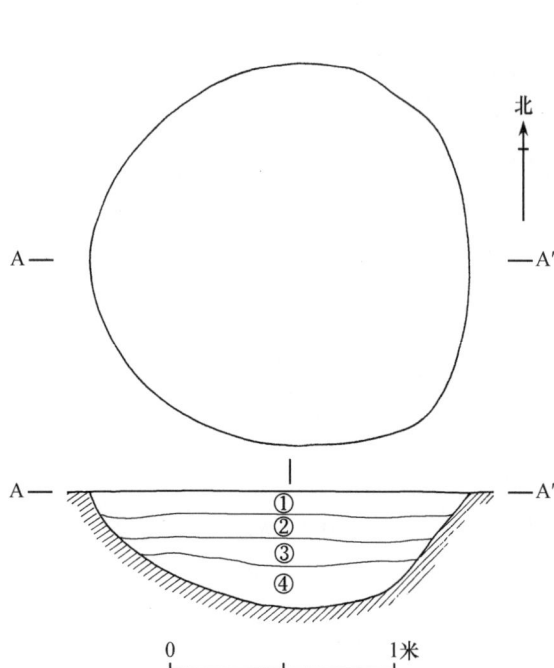

图一七　庙背后遗址Ⅱ区ZK10平剖图

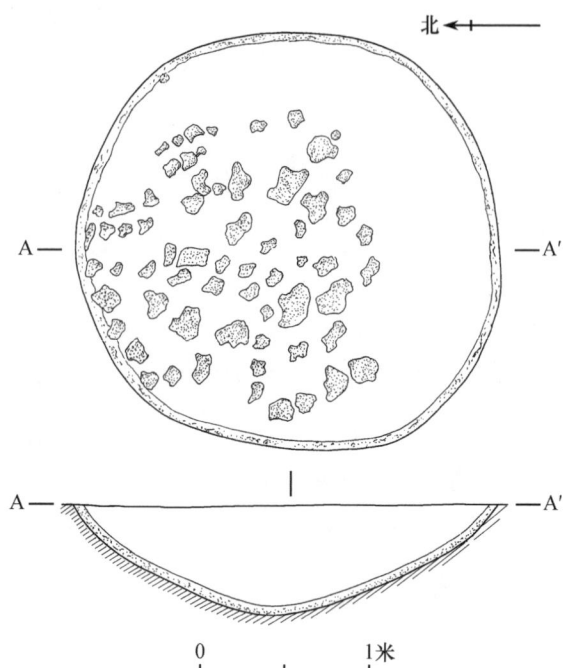

图一八　庙背后遗址Ⅱ区ZK21平剖图

陶片。红陶片可辨器形为碗、盆。另有红色陶砖两块，均残，砖体正、反面均施印粗绳纹。此外，还出土青釉瓷片1件，不辨器形。

（二）椭圆形

均为弧壁、圜底。

ZK11　位于2004ⅡT5南部，部分位于ⅡT6北隔梁下。长径2.9、短径2.42米，最深0.45米（图一九）。壁面有一层厚0.03～0.05米坚硬的煤炭颗粒层，应是有意加工所致。坑内堆积可分为两层。第1层：呈黑灰色，黏性较大，含大量的炉壁残块、煤炭颗粒、坩埚残片和残碎砖块。砖块为泥质红陶，砖体正、反面均为粗绳纹。此外还出土青花瓷碗底1件。厚0.2米。第2层：大体呈深黄色，是炉壁混合原材料，含大量的白色粉末颗粒和粗砂粒。厚0.2米。

ZK13　位于2004ⅡT9东北部，部分位于ⅡT8西北部。长径2.28、短径1.93米，最深0.26米（图二○）。坑内堆积均为煤炭，含有少量的冶炼残渣和矿石，未发现其他文化遗物。

ZK19　位于2004ⅡT3东南部。长径2.6、短径2.24米，最深0.76米（图二一；图版一八）。壁面有一层厚0.03～0.05米坚硬的煤炭颗粒层，应是有意加工所致。坑内堆积可分为3层。第1层：呈灰色，土质较硬，性黏，含有煤炭颗粒、木炭块、煤矸石和坩埚残片。厚0.2米。第2层：炼渣堆积层，呈灰色，均为冶炼残余遗物，含有大量的炉壁残块、炼渣、煤矸石和冶炼罐残片。厚0.4米。第3层：淤土层，呈黑灰色，土质较硬，性黏。出土有较为完整的冶炼罐、铁质工具和青花瓷碗残片等。厚0.1米。

ZK20　位于2004ⅡT8东北部。长径2.5、短径2.12米，最深0.62米（图二二）。壁面有一层厚0.02～0.04米坚硬的煤炭颗粒层，应是有意加工所致。坑内堆积无明显分层，填土呈黑灰色，含有大量的坩埚残片和炉壁残块。厚0.6米。

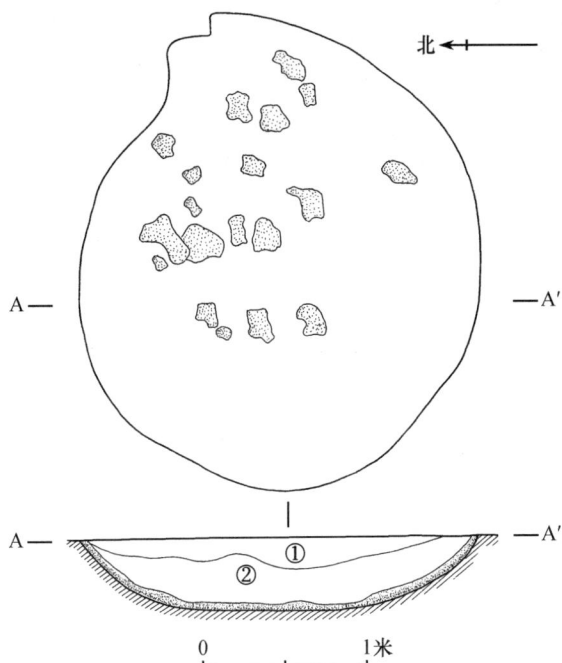

图一九 庙背后遗址Ⅱ区ZK11平剖图

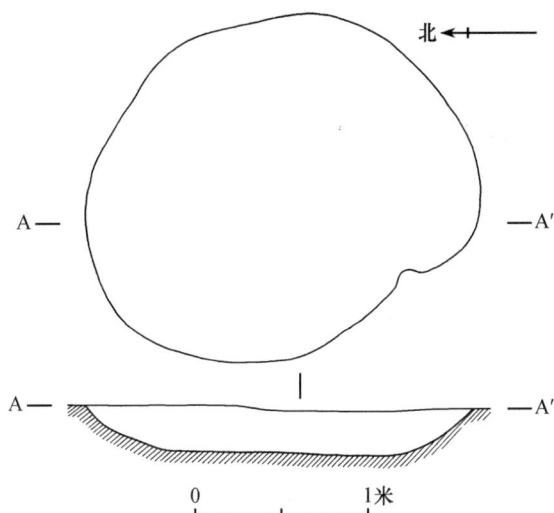

图二〇 庙背后遗址Ⅱ区ZK13平剖图

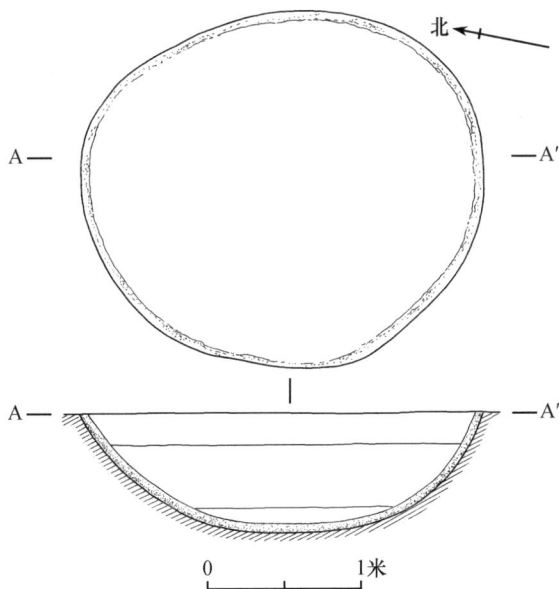

图二一 庙背后遗址Ⅱ区ZK19平剖图

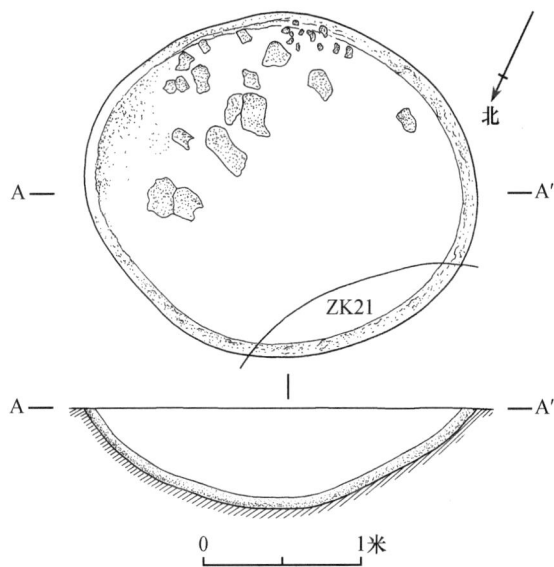

图二二 庙背后遗址Ⅱ区ZK20平剖图

（三）不规则形

ZK14 位于2004ⅡT9西部。斜壁，底部不规整。坑口最长2.65、最短1.52米，最深0.27米（图二三）。填土呈灰色，无明显分层，含有大的坩锅残片、炉壁残块、煤炭屑和少量煤矸石。此外还出土青花瓷片1件，残碎较甚，不辨器形。坑底部有一层形状不规则的硬面，呈浅黄色，平均厚度约0.06米。

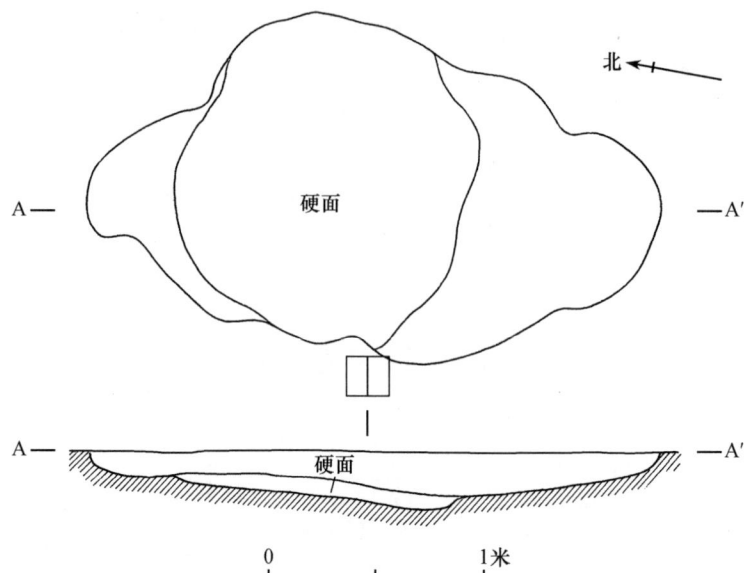

图二三　庙背后遗址Ⅱ区ZK14平剖图

（四）形状不明者

均未发掘完整，皆弧壁。填土无明显分层，呈深灰色，土质较软，结构较疏松，渣坑内出土有较多的冶炼罐残片，另有少量炉壁残块、煤矸石等。

ZK2　位于2004ⅡT0917东北部，东部和北部进入隔梁下。发掘部分口部最长2.8米，最宽0.9米，最深0.3米（图二四）。

ZK3　位于2004ⅡT0917西南部，发掘部分口部最长1.24米，最宽0.6米，最深0.4米（图二五）。

ZK4　位于2004ⅡT0816东南部，发掘部分口部最长2米，最宽1.5米，最深0.3米（图二六）。

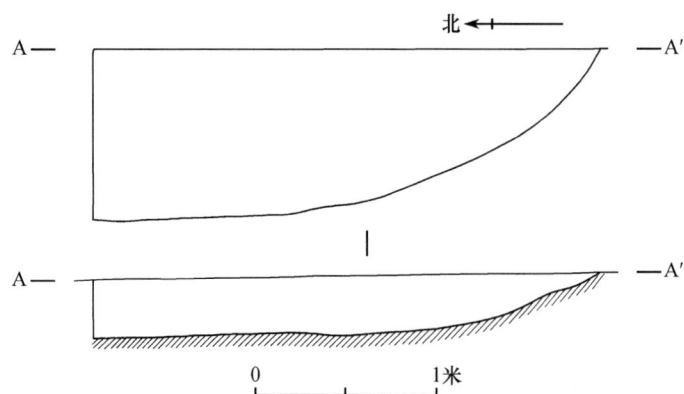

图二四　庙背后遗址Ⅱ区ZK2平剖图

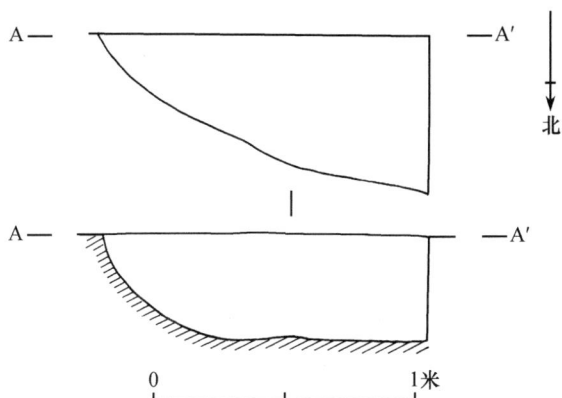

图二五　庙背后遗址Ⅱ区ZK3平剖图

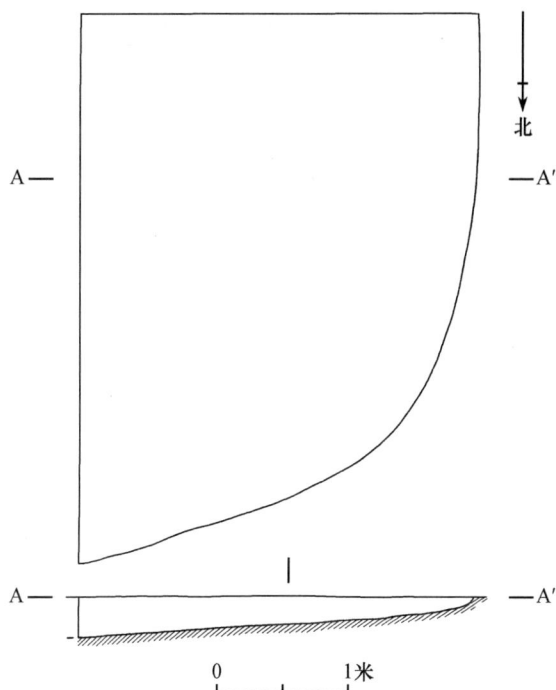

图二六　庙背后遗址Ⅱ区ZK4平剖图

四、炼　炉

共发现2座，皆弧壁，圜底。底部均有厚0.03~0.05米的煤炭屑硬面，应是有意为之，可能为促燃生温。

L3　位于2004ⅡT4北部，平面呈不规则形，发掘部分最长2.1、最短1.42米，最深0.28米（图二七）。北部为灰黄土堆积，推测为L3辐射面，底部剖面呈不规则形，最深0.38米。炉内填土呈灰色，土质较软，结构疏松，性黏，含有大量炉壁残块和少量坩锅（图版一六），以及子母砖残块（图二八）和青花瓷碗残片各1件。

L4　位于2004ⅡT6西南部。平面大体呈椭圆形，长径2.16、短径1.9米，最深0.28米（图二九；图版一七）。东北部为灰黄土堆积，推测为L4辐射面，底部剖面基本呈圜底，局部不甚规整，最深0.2米。炉内填土呈灰色，土质较软，结构疏松，性黏，含有炉壁残块和少量坩锅残片。

五、红烧土堆积

位于2004ⅡT7西北部。土质较软，结构较疏松，无包含物。结合江滩断崖剖面推测，此处红烧土堆积应是一个冶炼炉的辐射面。厚0.45米。根据其厚度，并结合2002年发掘经验确认，该冶炼炉使用时间较长，炼炉部分已被江水冲毁。

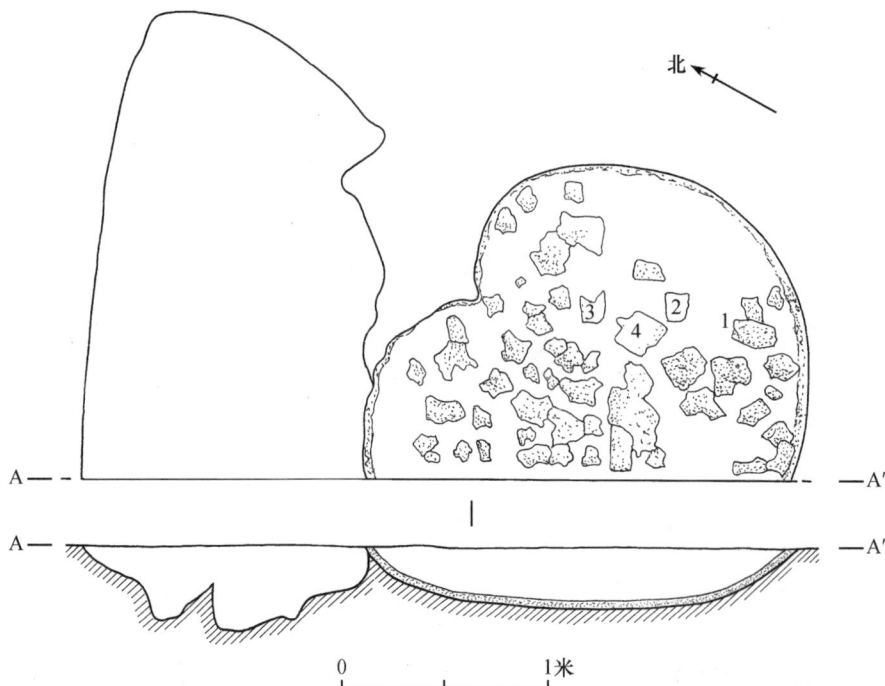

图二七　庙背后遗址Ⅱ区L3平剖图
1.冶炼罐　2~4.砖

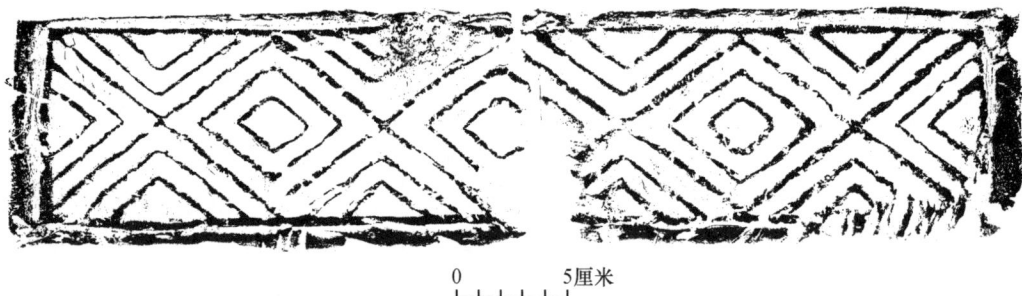

图二八　庙背后遗址Ⅱ区L3出土炉砖纹饰拓片（L3：2）

六、冶炼堆积

　　位于第二期发掘区的北部，跨越2004ⅡT3、T5、T7和T6。通过解剖，堆积可分为七层。第1层：填土呈米黄色，应是炉壁原生材料。厚0.06米。第2层：为坚硬的黑色煤炭颗粒层。厚0.06米。第3层：填土为淤积土，呈褐色，含有少量煤炭残渣。厚0.11米。第4层：为坚硬的黑色煤炭颗粒层。厚0.07米。第5层：为黑灰色冶炼堆积，含有大量坩锅残片、炼渣、煤矸石。厚0.25米。第6层：填土呈深灰色，含有大量的炉灰。厚0.065米。第7层：为黑色煤炭屑硬面，厚0.015~0.025米，出土少量青花瓷片和釉陶，残碎较甚，不辨器形。

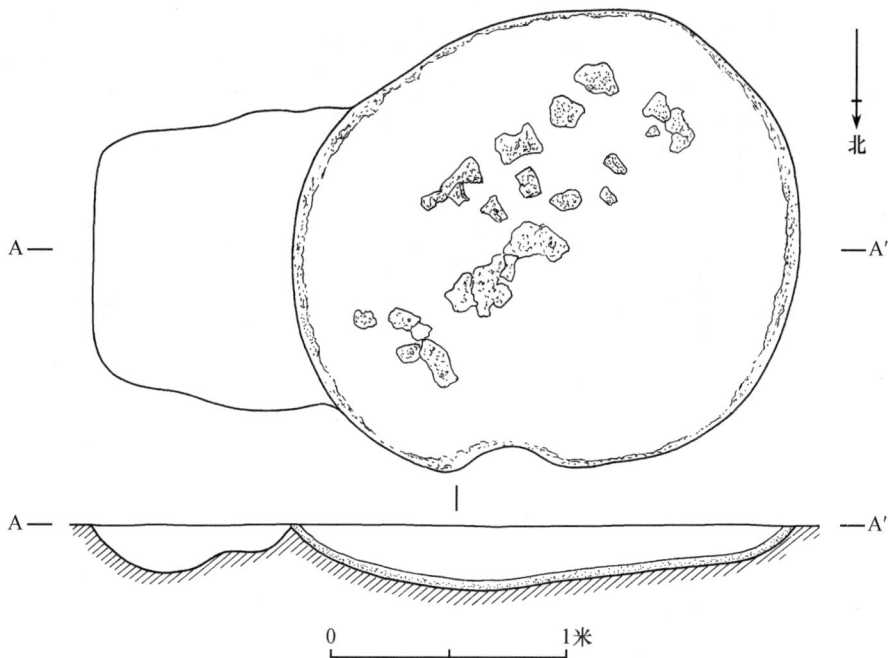

图二九　庙背后遗址Ⅱ区L4平剖图

第三节　出土遗物

一、第2层出土遗物

有陶器、瓷器和金属器三类。其中瓷器均为青花瓷器残片，出土量较大，可辨器形多为碗、盘之类，图案不一（图版一九，1~4），均为普通瓷器，不再赘述。

（一）陶器

网坠　1件。2004ⅡT8②c：2，泥质灰陶。管状，中有圆形穿孔，孔内填有渣灰，长5.6、最大径1.7、孔径0.5厘米（图三〇，1）。

（二）金属器

5件。有铜、锌、铁三类。

铜钱　2枚，圆形方孔。2004ⅡT8②c：1，正面钱文为"崇祯通宝"，背面钱文为"一文"。直径2.3、穿边长0.55厘米（图三〇，4）。

铜簪　1件。2004ⅡT6②d：1，扁平体，上下两面有棱，一端稍宽，宽端微上翘。残长6.2、宽0.14厘米。

锌块　1件。2004ⅡT7②c：2，形状呈不规则形，可能是回炉合铸时融化残块。残长10、宽1.5~3、厚0.5~1.2厘米（图三〇，3）。

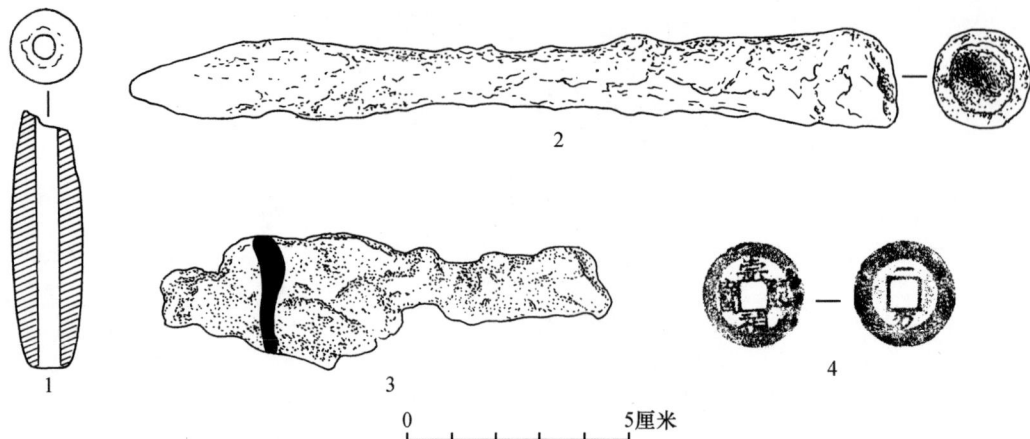

图三〇　庙背后遗址Ⅱ区出土遗物（一）

1. 网坠（2004ⅡT8②c：2）　2. 铁矛（2004ⅡT7②c：1）　3. 锌块（2004ⅡT7②c：2）　4. 铜钱（2004ⅡT8②c：1）

铁矛　1件。2004ⅡT7②c：1，锈蚀严重，尖部呈三角形，下端有圆形銎孔。残长17、尖部长4.5、最宽1.8、銎孔直径1.5厘米（图三〇，2）。

二、第3层出土遗物

有陶器、瓷器两类。

（一）陶器

陶器残片　1件。2002ⅡT1006③：2，不辨器形，陶质较硬，胎呈灰褐色。外壁施酱黄釉，并模印同心圆圈纹，外圈有放射状齿纹。

（二）瓷器

出土数量较多，均为青花瓷片，残碎较甚，可辨器形均为碗，现择要介绍如下。

口沿残片　2002ⅡT1006③：1，胎呈灰白色，釉色玻璃感强，有明显开片，外壁绘人物画像（图版二〇，2）。

碗底残片　胎呈白色，高圈足。2002ⅡT0809③：1，内底写"寿"字，并点刻"可"字（图版二〇，1）。2002ⅡT1011③：1，内底随意绘出图案，并点刻"仁字"二字（图版二〇，3）。

三、第4层出土遗物

分为陶器和瓷器两类。

（一）陶器

分为素烧陶器和釉陶器两种，皆为硬陶。

1. 素烧陶器

碗 1件。2002ⅡT1009④：19，敞口，尖圆唇，浅腹，小平底。口径16、底径13、高3厘米（图三一，1）。

罐 3件。其中两件带流。2002ⅡT1006④：3，直口，方圆唇，短直颈，流斜向上，胎壁较薄，厚约0.2厘米（图三一，2）。2002ⅡT1006④：4，口微敛，方圆唇，短颈，流口残（图三一，3）。2002ⅡT1009④：16，夹砂灰褐陶，胎芯呈蓝灰色。侈口，卷沿，微有折意，方唇，束颈，颈部以下残。口径33、残高4.5厘米（图三一，4）。

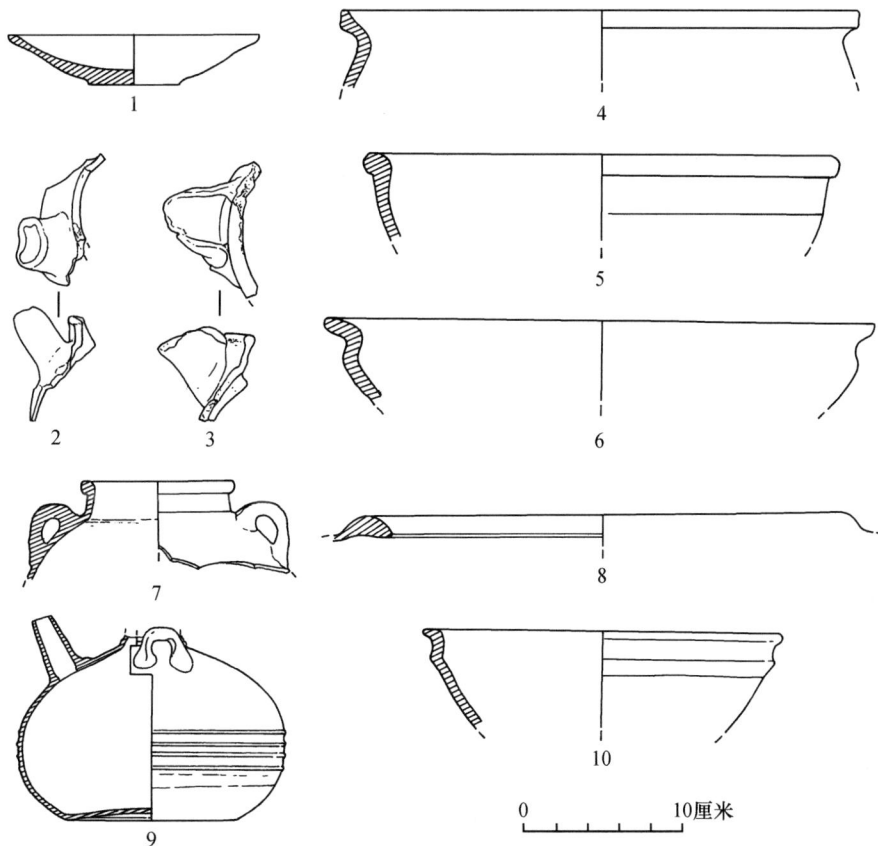

图三一 庙背后遗址Ⅱ区出土遗物（二）

1. 陶碗（2002ⅡT1009④：19） 2~4. 陶罐（2002ⅡT1006④：3、4，2002ⅡT1009④：16） 5、6、10. 釉陶盆（2002ⅡT1009④：13、14、15） 7. 釉陶罐（2002ⅡT1009④：7） 8. 釉陶瓮（2002ⅡT1009④：18） 9. 釉陶壶（2002ⅡT1009④：1）

2. 釉陶器

罐　5件。均残存口部。2002ⅡT1009④：7，胎呈灰褐色。直口，方圆唇，短直颈，溜肩，肩部以下残。肩部有两个对称桥形耳。残存部分外壁及内壁近口部皆施灰黄色釉。口径9.6、残高5.7厘米（图三一，7）。2002ⅡT1009④：8，胎呈红褐色。直口，圆唇，唇面下耷，形成一道凸棱，微束颈，溜肩，鼓腹，中腹以下残。近口部有两个对称的桥形耳。残存部分外壁施土黄色釉，内壁近口部亦施黄釉，但釉色泛绿。口径13.8、残高17厘米（图三二，5）。2002ⅡT1009④：9，胎呈暗灰色。敛口，尖圆唇，短颈，溜肩，肩部以下残。近口部有两个对称的桥形耳。外壁及近口部施土黄色釉。口径10.6、残高5.5厘米（图三二，4）。2002ⅡT1009④：10，胎呈暗红褐色。敛口，方圆唇，溜肩，鼓腹。上腹外壁及内壁近口部施黑灰色釉，内壁有流釉现象。口径18.8、残高17.5厘米（图三二，8）。2002ⅡT1009④：11，胎呈红褐色。直口，方唇，唇向内外皆勾，口下有一道凸棱，微束颈，溜肩，鼓腹，中腹以下残。近口部有两个对称的桥形耳。外壁上腹及近口部施黑灰色釉，内外壁皆有流釉现象。口径16、残高11.2厘米（图三二，7）。

盆　3件。均为红褐色胎，敞口，圆唇。2002ⅡT1009④：13，唇较厚，直接贴于外壁，弧腹，中腹以下残，内壁施黄釉，外壁素胎无釉。口径30.4、残高5.3厘米（图三一，5）。2002ⅡT1009④：15，束口，近口部形成一道凸棱，凸棱以下斜腹内收，内壁及外壁近口部施黄釉，内壁有流釉现象（图三一，10）。2002ⅡT1009④：14，卷沿，宽沿外撇，束口，斜腹内收。外壁施黑灰色釉，内壁素胎无釉。口径35、残高5.2厘米（图三一，6）。

壶　1件。2002ⅡT1009④：1，胎呈红褐色。口残，溜肩，鼓腹，平底微凹。肩部有对称的桥形耳，一侧有筒状直流，中下腹饰四周凸弦纹，器身外壁施黄釉，并有流釉现象，下腹及底素胎无釉。高12.6、口径3.4、底径10.6厘米（图三一，9；图版一九，5）。

瓮　2件。仅存口部。2002ⅡT1009④：18，器形较大，胎呈红褐色。敛口，厚圆唇。外壁及口皆施黄绿釉。口径26.5厘米（图三一，8）。2002ⅡT1009④：12，胎呈灰褐色。直口，厚方唇。残存部分内外壁皆施黄釉，内壁呈浅黄色，外壁呈较脏的土黄色。口径17.8、残高8厘米（图三二，6）。

（二）瓷器

碗　1件。2002ⅡT1009④：3，口残，仅存下腹及圈足，斜腹至底。胎呈灰白色，较细腻，器壁较薄。内壁及外壁中腹以上施较薄的青绿釉，下腹及底素面无釉，圈足外底有刀削痕迹。残高4、残口径16、底径6.4厘米（图三二，1）。

盘　1件。2002ⅡT1009④：2，胎浅灰白色。敞口，尖圆唇，腹较深，平底，高圈足。内外壁皆施釉，釉色青亮，芒口，圈足外底中部剔釉，呈粉红色。高6.4、口径22、底径15.2厘米（图三二，2；图版二〇，4）。

盏　1件。2002ⅡT1009④：6，口残，仅存下腹及圈足。胎呈灰白色，较细腻，器壁较薄。内壁施青灰釉，残存部分外壁及底素胎无釉。残高2.5、底径4.8厘米（图三二，3）。

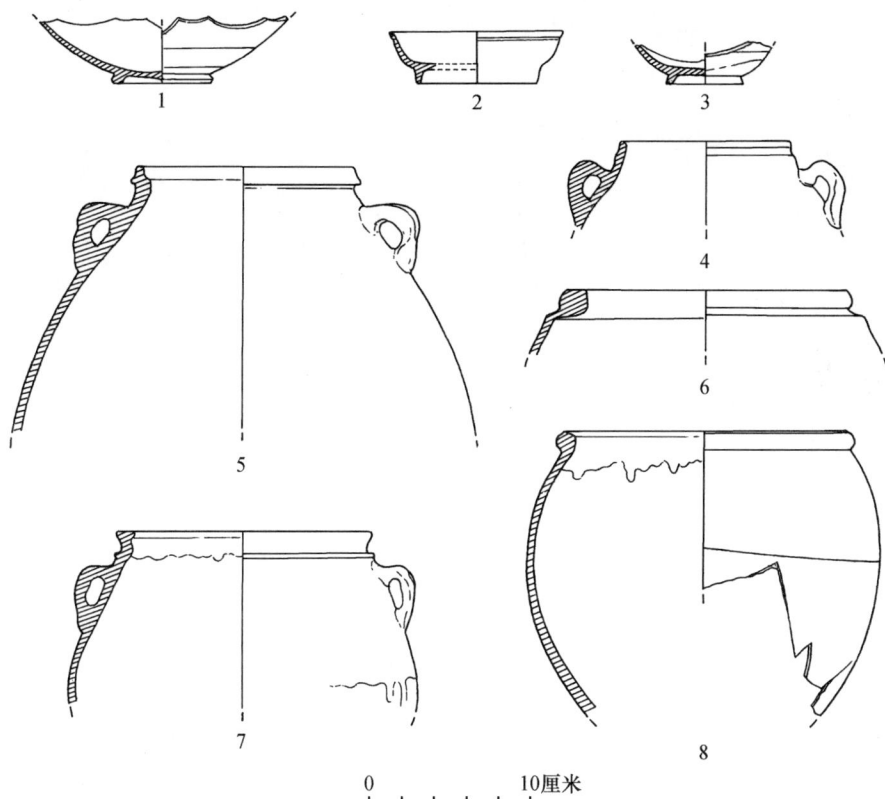

图三二　庙背后遗址Ⅱ区出土遗物（三）

1.瓷碗（2002ⅡT1009④：3）　2.瓷盘（2002ⅡT1009④：2）　3.瓷盏（2002ⅡT1009④：6）　4、5、7、8.釉陶罐
（2002ⅡT1009④：9、8、11、10）　6.釉陶瓮（2002ⅡT1009④：12）

四、渣坑出土遗物

（一）2004ⅡZK3出土遗物

冶炼罐　1件。ZK3：1，夹细石英砂硬陶，陶色一半呈蓝灰色，一半呈黄红褐色。敛口，口部变形严重，方圆唇，筒腹，中腹微鼓，最大腹径靠上，平底。器表及器内轮制弦纹痕迹较明显。外口径7.9～9.8、内口径6～8、底径8.8、高27，最大腹径14厘米（图三三，1；图版二〇，5、6）。

（二）2004ⅡZK19出土遗物

均为冶炼遗物，可分为陶器和金属器两类。

1.陶器

冶炼罐　5件。均为夹粗砂硬陶，敛口，方圆唇，筒腹，中腹微鼓。器表及器内轮制弦纹痕迹较明显。ZK19：1，呈灰褐色。口部变形，平底。外口径7.8～11、内口径8.5～10、底径8.5～8.7、高26.1厘米（图三三，2）。ZK19：2，呈暗红褐色。平底，底部有较模糊的手抹痕

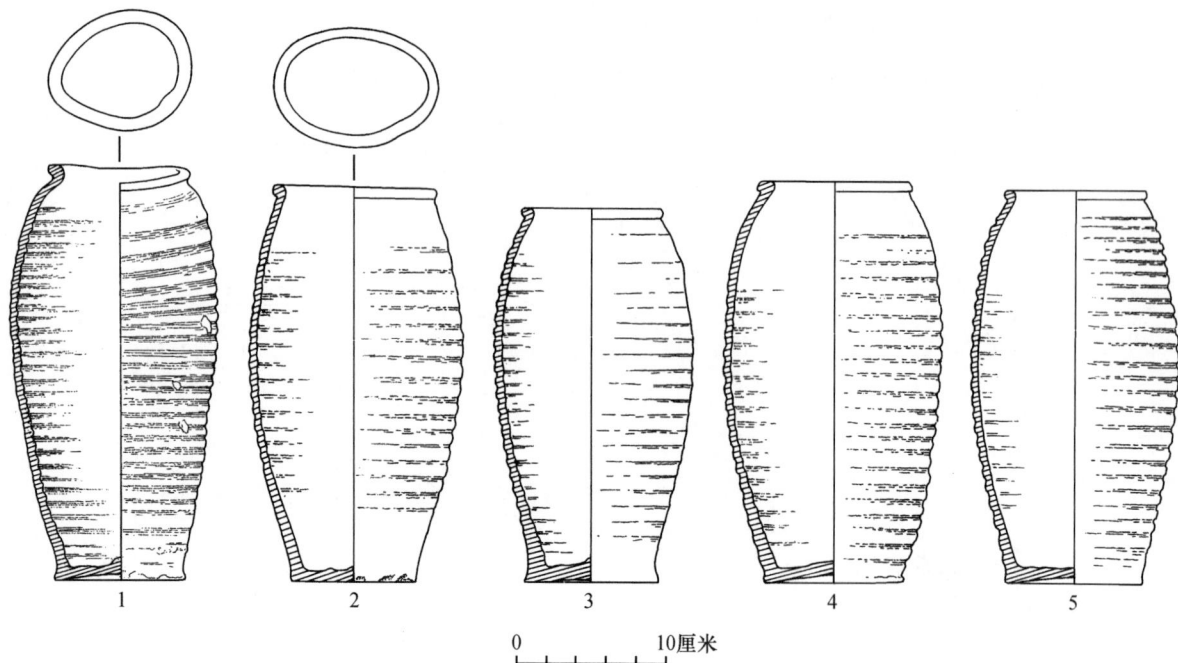

图三三　庙背后遗址Ⅱ区出土遗物（四）

1~5.冶炼罐（ZK3∶1，ZK19∶1、2、4、5）

迹。外口径9.5、内口径8、底径9、高24.7厘米（图三三，3）。ZK19∶4，呈灰褐色。近口沿处刻划有一"十"字形符号，平底微凹，底部有较模糊的手抹痕迹。外口径10、内口径8.2、底径9、高26.6厘米（图三三，4）。ZK19∶5，呈灰褐色。平底微凹，底部有较模糊的手抹痕迹。外口径9.4、内口径8.1、底径9、高25厘米（图三三，5）。ZK19∶6，已冶炼使用过，火候较高，烧结较严重。因通体裹泥，外部略呈柱状，下部裹泥较多。外口径12.3、内口径7~8、底径10、高27.9厘米。外部裹泥厚1.1~2厘米（图三四，3）。

2. 金属器

铁工具　1件。ZK19∶3，一端为扁平内弧刃铲状，一端为矛头形，铲状一端黏有白灰状物质，疑为氧化锌。长47厘米，铲状一端长约6、宽3.2~4.2、厚0.2~0.4厘米；矛形一端长约27、直径1.2厘米（图三四，1）。

五、2004ⅡL3出土遗物

冶炼罐　1件。L3∶1，夹粗砂硬陶，呈蓝灰色。敛口，方圆唇，筒腹，中腹微鼓。器表及器内轮制弦纹痕迹较明显。外口径7~8、内口径5~6.2、底径8.2、高22.1厘米（图三四，2）。

六、采集冶炼遗物

Ⅱ区江滩采集不少冶炼遗物（图版二一、图版二二），冶炼罐与出土同类遗物形制一致。

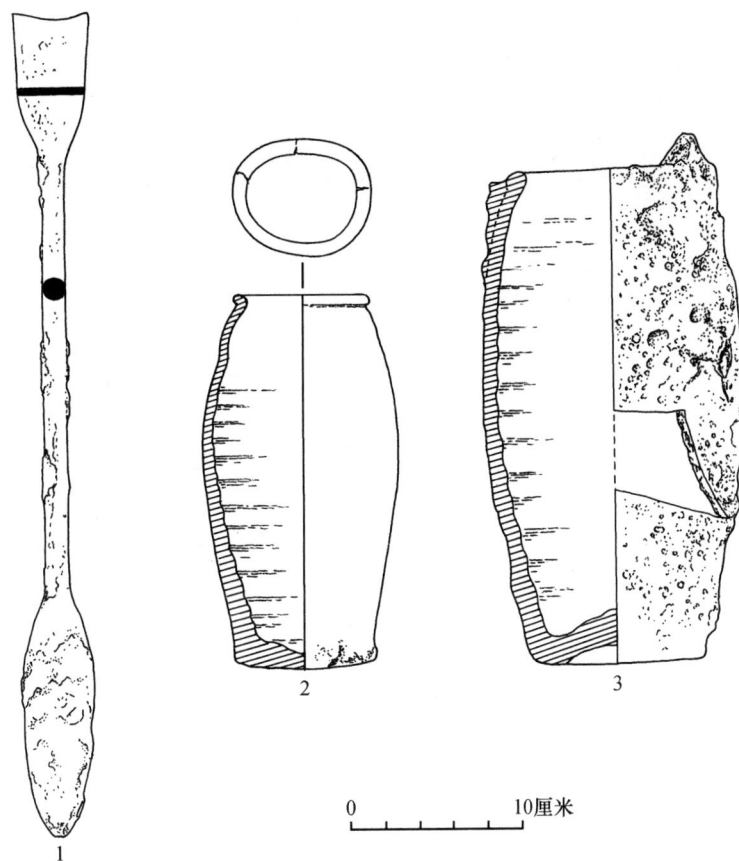

0　　　　　　　　10厘米

图三四　庙背后遗址Ⅱ区出土遗物（五）

1.铁工具（ZK19：3）　2、3.冶炼罐（L3：1、ZK19：6）

现就两个比较典型的冷凝区介绍如下。

江采：4，冷凝窝内底存有白色氧化锌，残高9.2厘米（图三五，1；图版二二，1）。江采：6，冷凝区周壁用粘土糊实，兜底用纯净细砂质土捣制，因受温较低，仍呈原姜黄土色。口径11.8、残高15厘米（图三五，2；图版二二，2）。

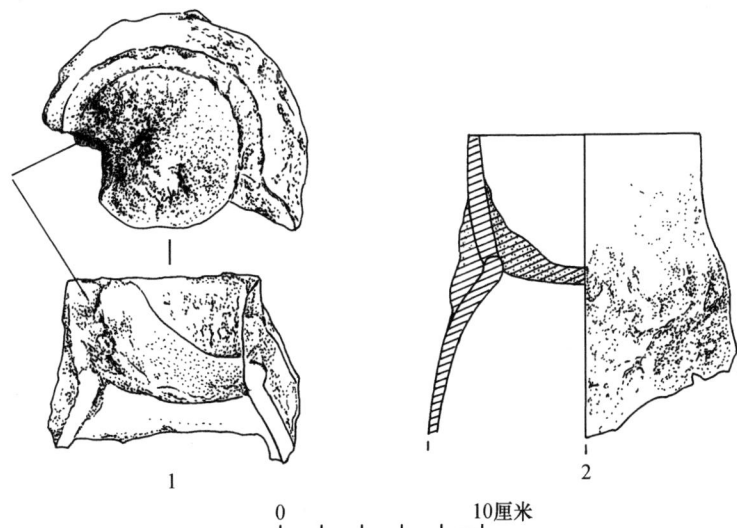

0　　　　　　　　10厘米

图三五　庙背后遗址Ⅱ区江滩采集遗物

1、2.（江采：4、6）

第三章　庙背后遗址Ⅲ区

第一节　地层堆积

庙背后冶炼遗址Ⅲ区在2002年至2004年共进行两次发掘（图版二三、图版二四）。2002年第一次发掘共布挖探方28个，分为三纵排。分别为2002CFXYMⅢT1709～T2409、T1610～T2510、T1611～T2511。2004年第二次发掘共布挖探方43个，分别为2004CFXYMⅢT0815、T0816、T0915、T0916、T1015、T1016、T1115、T1116、T1215、T1216、T1309～T1322、T1408～T1422、T1515、T1516、T1615、T1616（图三六）。

2002年发掘探方地层堆积情况以2002 CFXYMⅢT1610～T2510东壁为例进行介绍。根据土质、土色、结构及包含物特征可以分为四层，其中第2层和第3层分别可以分为三种和两种不同的堆积（图三七）。详述如下。

第1层：现代耕土层。土色深灰，土质较软，结构疏松。含有大量的植物根系及现代砖、瓦残块。厚0.1～0.25米。本层均有分布。

第2a层：明清时期文化层。土色浅黄，土质较软，结构较疏松，含有少量炭屑和红烧土颗粒，出土少量青花瓷片，可辨器形有碗、盏等。厚0～0.25米。主要分布在T2210、T2310、T2410，以及T2510中北部。

第2b层：明清时期文化层。土色灰白，土质较软，结构较疏松。含有少量炭屑和红烧土颗粒。厚0～0.35米。除T2010中南部、T2110、T2210北部未分布外，其余均有分布。

第2c层：明清时期文化层。土色浅灰，土质较硬，结构较致密。含有少量炭屑和红烧土颗粒，出土少量瓷片，有青釉、黑釉两类，兼有少量青花瓷，可辨器形有碗等。厚0～0.8米。除T1910南部和2010北部，以及T2510南部未分布外，其余均有分布。

第3a层：唐宋时期文化层。土色深灰，局部呈黑色，土质较硬，结构致密。包含有炭屑和红烧土颗粒，出土少量灰陶和硬陶残片。厚0.05～0.4米。除T2410和T2510未分布外，其余均有分布。

第3b层：唐宋时期文化层。土色灰褐，土质较硬，结构较致密。含有大量炭屑和红烧土块，出土大量陶器残片，有泥质、夹砂两种，陶色以灰陶为主，红褐陶次之，可辨器形有瓮、盆、罐、碗、纺轮等。厚0～0.9米。主要分布在T1610、T1710、T1810，以及T1910中北部。

第4层：汉代至南朝时期文化层。土色黄褐，土质硬，结构致密，包含少量红烧土颗粒，出土有少量陶片，有泥质、夹砂两种。厚0.15～0.75米。除T2410和T2510未分布外，其余均有分布。

第4层下为生土层，土色黄，土质硬，结构致密，含有少量的料姜石颗粒。

2004年发掘探方地层堆积情况以2004 CFXYMⅢT1408～T1414北壁为例进行介绍。根据土质、土色、结构及包含物特征可以分为四层，其中第2层和第3层分别可以分为三种不同的堆积（图三八；图版二五，1）。详述如下。

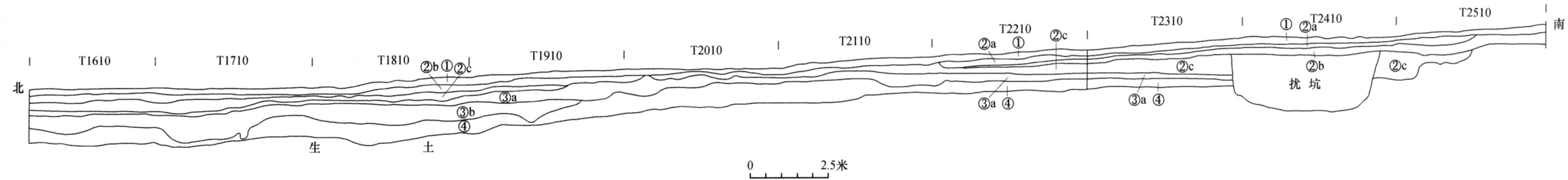

图三七　庙背后遗址Ⅲ区2002年发掘T1610～T2510东壁剖面图

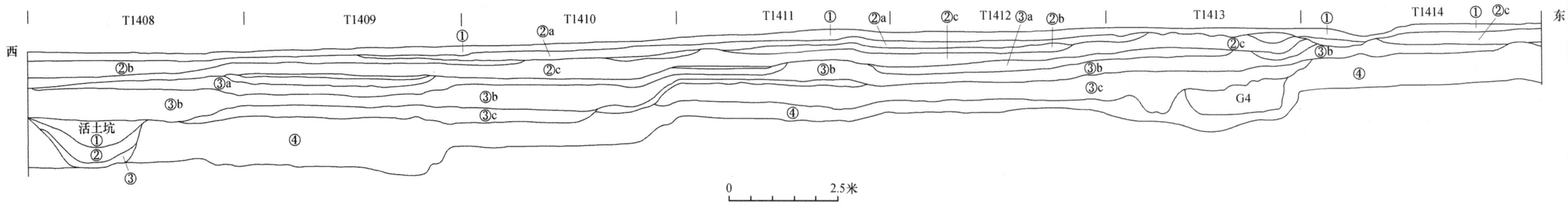

西

T1408　　　　　　T1409　　　　　　　T1410　　　　　　　T1411　　①　②a｜　②c　T1412 ③a ②b　　　　T1413　　　①　　T1414　①②c　东

①　　　②a

②b

②c

②b

③a　　　　　　　②c　　　　　　　　　③b　　　　　　　③b　　②c

③b　　　　　　③b　　　③b　　　　　　　　　　　　　　　　　　③c

活土坑　　　　　③c　　　　　　④　　　　　　　　　　　　　　G4

①　　　　　④　　　　　　　　　　　　　　　　　　　　　　　④

②

③

0　　　　2.5米

图三八　庙背后遗址Ⅲ区2004年发掘T1408～T1414北壁剖面图

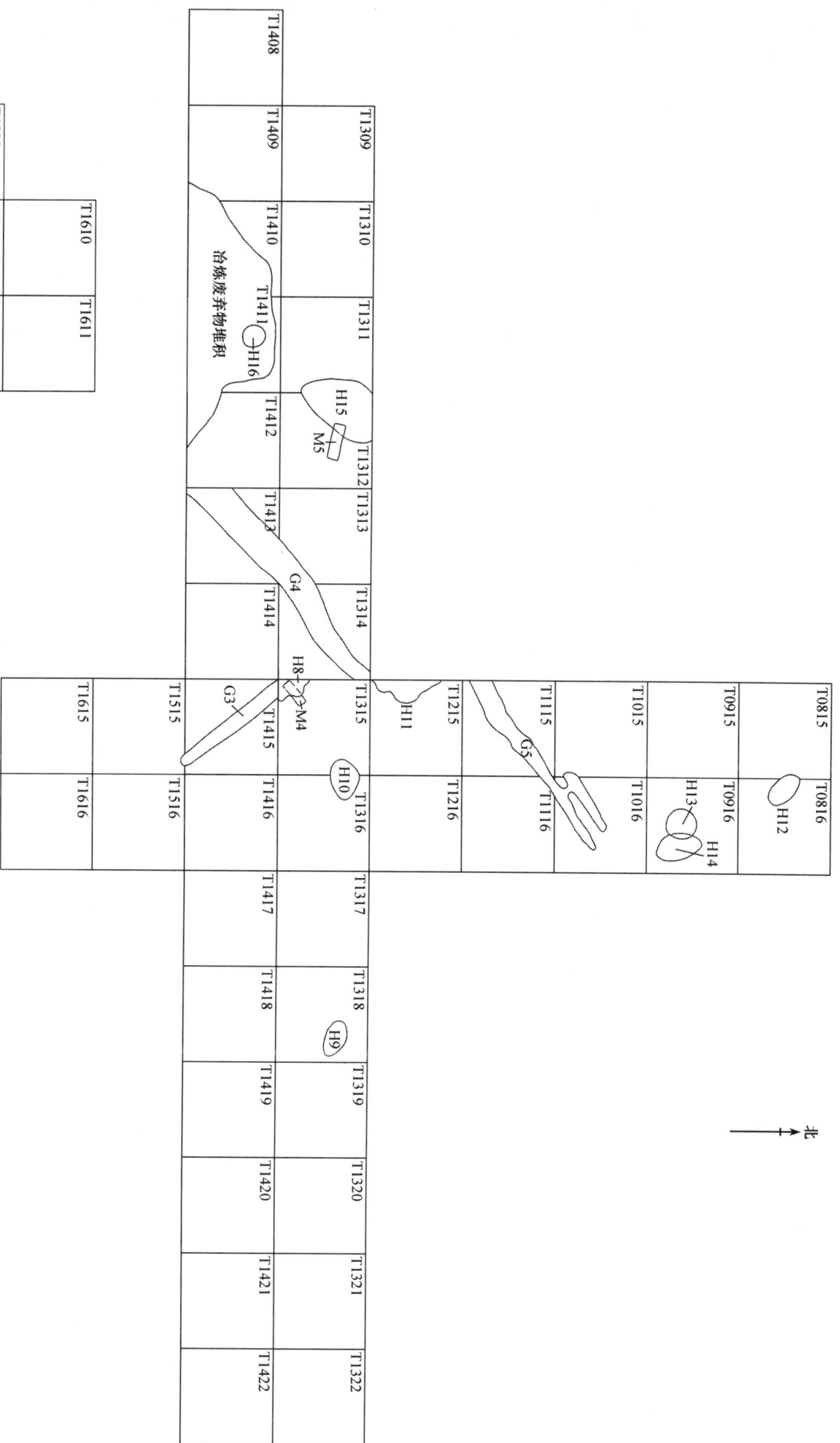

图三六　庙背后遗址Ⅲ区2002年、2004年遗迹总平面图

T1408

T1409　T1309

T2409　T2309　T2209　T2109　T2009　T1909　T1809　T1709　T1610

T2510　T2410　T2310　T2210　T2110　T2010　T1910　T1810　T1710　T1611

M2

T2511　T2411　T2311　T2211　T2111　T2011　T1911　T1811　T1711

T1410　T1310

冶炼废弃物堆积

T1411　H16

T1412　H15　M5　T1312　T1313

T1413

G4　T1414　T1314

T1615　T1515　H8　M4　T1315　H11　T1215　T1115　G5

G3　T1415　T1015　T0915　T0815

H10

T1616　T1516　T1416　T1316　T1216　T1116　T1016　H13　H14　T0916　T0816　H12

T1417　T1317

T1418　T1318

H9

T1419　T1319

T1420　T1320

T1421　T1321

T1422　T1322

0　10米

北

第1层：现代耕土层。土色深灰，土质较软，结构疏松。含有大量的植物根系及其现代砖、瓦残片。厚0.1~0.25米。本层均有分布。

第2a层：明清时期文化层。土色黄灰，土质较硬，结构较致密。含有少量炭屑和红烧土颗粒，出土物有釉陶、瓷片和泥质陶片等，残碎较甚。其中瓷片分为白瓷、青瓷、青花等，可辨器形有碗、盏等；釉陶分为黄釉、白釉、素面等，可辨器形有盆、罐等；泥质陶片有灰陶和红陶等，可辨器形有盆、罐、甑、板瓦等，其中板瓦外多饰绳纹，内壁为布纹、素面和绳纹等，而盆、罐之类多素面。厚0~0.28米。主要分布在T1409东部，T1410、T1411、T1412全方，T1413西部和东部，以及T1414西部。

第2b层：明清时期文化层。土色灰白，土质松软，结构疏松。出土有釉陶、泥质灰陶残片和瓷片，其中釉陶可辨器形有罐、瓮；灰陶可辨器形有板瓦、筒瓦和瓮等，其中板瓦外饰绳纹，内壁为布纹或素面；瓷片有白瓷、青瓷两类，可辨器形有碗、盏等。另有几件汉砖残块，一侧模印有车马纹饰。厚0~0.35米。除T1410东部、T1411西部、T1412东部和T1413、T1414未分布以外，其余均有分布。

第2c层：明清时期文化层。土色浅灰，土质较硬，结构较致密。含有炭屑和红烧土块，出土有瓷片、硬陶、泥质陶片和石块等。瓷片分为青花、白瓷和青瓷等，残碎较甚，可辨器形有碗、盏等；硬陶有素面和釉陶两类，其中釉陶施黄釉，可辨器形有罐、碗等；泥质陶片可辨器形有板瓦、瓮等，板瓦多饰绳纹，瓮多素面。厚0~0.5米。除T1413东部和T1414西部未分布以外，其余均有分布。

第3a层：唐宋时期文化层。土色黑灰，包含浅黄色水锈土颗粒，土质坚硬，结构致密。含有炭屑和红烧土块，出土有瓷片、泥质陶片和硬陶等。瓷片分为青瓷、白瓷、黑瓷三类，可辨器形为碗、盏；泥质陶片主要为灰陶，也有少量红陶，纹饰有绳纹、弦纹、方格纹等，其中绳纹可分为粗绳纹、中绳纹、细绳纹三种，方格纹也可分为大方格纹和小方格纹两种，可辨器形有板瓦、筒瓦、盆、罐、甑、瓮等。其中板瓦外饰绳纹，内壁有布纹、绳纹、戳刺纹和素面等几种不同类型，筒瓦外饰绳纹，内壁为布纹。盆、罐、甑等多素面，也有少量外壁绳纹。硬陶分为素面、釉陶两类，釉陶多施黄釉，可辨器形有盆、罐、壶等。厚0~0.35米。除T1411东部、T1413东部，以及T1414未分布以外，其余均有分布。

第3b层：唐宋时期文化层。土色灰褐，土质坚硬，结构致密。含有炭屑和红烧土块，出土有大量的陶片。陶片均为泥质，可分为灰陶、红褐陶两种，可辨器形为壶、罐、板瓦等，纹饰以绳纹为主，多为细绳纹、中绳纹，板瓦内外壁均饰粗绳纹。厚0.1~0.7米。本层均有分布。

第3c层：唐宋时期文化层。土色灰黄，土质较硬，结构致密。含有大量炭屑和红烧土块，出土较多陶片，陶片均为泥质，可分为灰陶、红陶两种，器形多板瓦，另有盆、罐等，纹饰以绳纹为主，另有少量素面。厚0~0.9米。除T1408中西部、T1410东部和T1414未分布外，其余均有分布。

第4层：汉代至南朝时期文化层。土色黄褐，土质坚硬，结构致密。含有少量红烧土颗粒，出土物均为陶片，有泥质和夹砂陶两类，其中夹砂陶又有夹细砂、夹粗砂两种，陶色可分为灰陶、红陶、灰褐陶三种，纹饰有绳纹、方格纹、弦纹、素面等，绳纹可分为粗绳纹、中绳纹、细绳纹三种，方格纹又分大方格纹、小方格纹两种。泥质灰陶类器形有板瓦、盆、罐、瓮、甑等，板瓦外壁饰绳纹，内壁有布纹、绳纹、素面等，盆、罐、瓮、甑等多素面；泥质红陶器形有板瓦、罐等，器外饰绳纹；夹砂陶多红陶，器形有罐等。厚0.15～1.25米。本层均有分布。

第④层下为黄色生土层，土质坚硬，结构致密，含有大量的料姜石颗粒。

第二节　遗迹概况

Ⅲ区发现的遗迹主要集中在2004年发掘探方内，2002年仅发现1处遗迹，即M2。2004年发现灰沟3条，即G3、G4、G5；灰坑9个，即H8、H9、H10、H11、H12、H13、H14、H15、H16；墓葬两座，即M4、M5。

一、沟

3条，均开口于第3层下。口部形状呈长条形，直壁，平底。填土土质较硬，结构较致密。

G3　由2004ⅢT1415东南部斜向西北部，北端压于探方北隔梁下，未发掘。平底。发掘长度5.1、宽0.55～0.85、深0.5米（图三九）。填土呈黑灰色。出土少量泥质硬陶和黑釉瓷片，可辨器形为碗。

G4　由2004ⅢT1413西南部斜向东北部，跨越T1313和T1314。平底。发掘长度12、宽0.75～1.75、深0.68～0.7米（图四〇）。填土呈灰褐色。出土有大量的陶器残片和建筑构件残

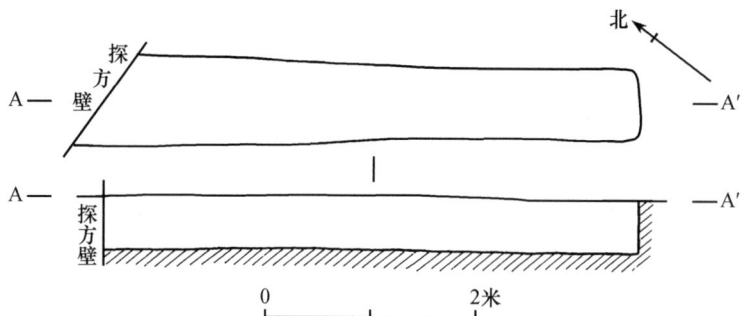

图三九　庙背后遗址Ⅲ区G3平剖图

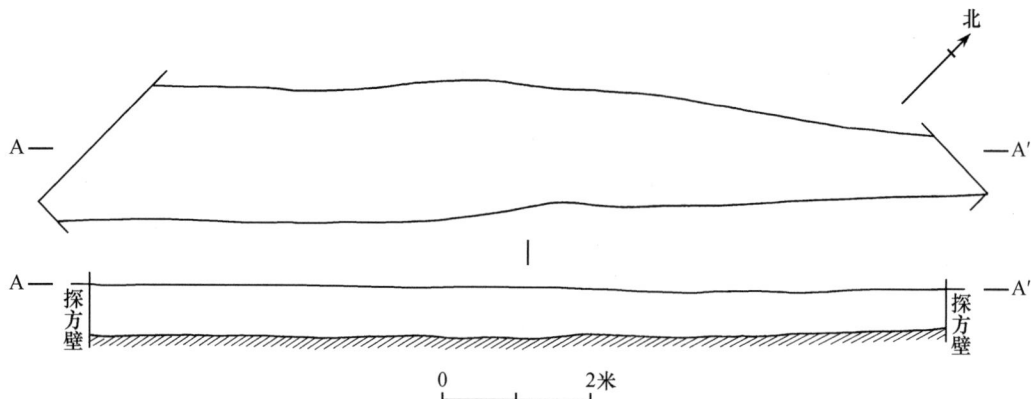

图四〇　庙背后遗址Ⅲ区G4平剖图

件，以及少量石块和动物骨骼。陶片可辨器形为盆、罐、网坠等。建筑构件为筒瓦、板瓦和少量砖块。

G5　由2004ⅢT1115西南部斜向东北部，跨越T1116和T1016，至T1016内分为两叉。T1115内长约5.2、宽0.7~0.9米；T1016内长2.5~4.4、宽0.5~0.66米；深0.32~0.42米（图四一）。填土呈灰色，含有水锈。出土遗物为陶片，可辨器形有罐、盆、板瓦等。

二、灰　　坑

共发现9个，其中近圆形2个，椭圆形5个，不规则形2个。

（一）近圆形

H13　位于2004ⅢT0916中部偏南，开口于③层下，打破H14。口部平面呈近圆形，斜壁，坑壁不规整，平底。口径1.57~1.65、底径1.76~1.8、深2.15米（图四二；图版二五，2）。坑内填土不分层，呈浅黄色，土质较硬，结构较紧密。较纯净，不含杂质，仅在坑内堆积上部发现极少量泥质灰陶片，残碎较甚，不辨器形。推测该坑原作为窖穴使用。

H16　位于2004ⅢT1411北部。开口于第4层下。直壁，平底。坑底有一条宽0.05米的沟槽，沟槽亦直壁，平底。口部直径1.1~1.2、深0.72米（图四三）。填土呈深灰色，土质较硬，结构致密。包含炭屑和红烧土颗粒，出土少量陶片，均为泥质灰陶，可辨器形有盆、罐、壶等。推测H16可能作为窖穴使用。

（二）椭圆形

H9　位于2004ⅢT1318东北部。开口于第3层下，打破第4层。斜壁，平底。口部长径1.9、短径1.1、最深0.3米（图四四）。填土呈深灰色，土质较软，结构较疏松。出土有陶瓷残片，其中陶器可辨器形为盆，瓷片仅有1片，为青瓷，可辨器形为碗。

H10　位于2004ⅢT1316西北部，部分延伸至T1315东隔梁下。开口于第3层下，打破第4层。斜壁，底部略平。口部长径1.88、短径1.4、最深1.1米（图四五）。填土呈深灰色，土质较软，结构疏松。包含有炭屑和红烧土颗粒，出土有陶片和兽骨等。陶片均为灰陶，有夹砂、泥质两种，可辨器形有盆、罐、瓮等。

H12　位于2004ⅢT0816西部，部分进入T0815东隔梁下。开口于第3层下，打破第4层。斜

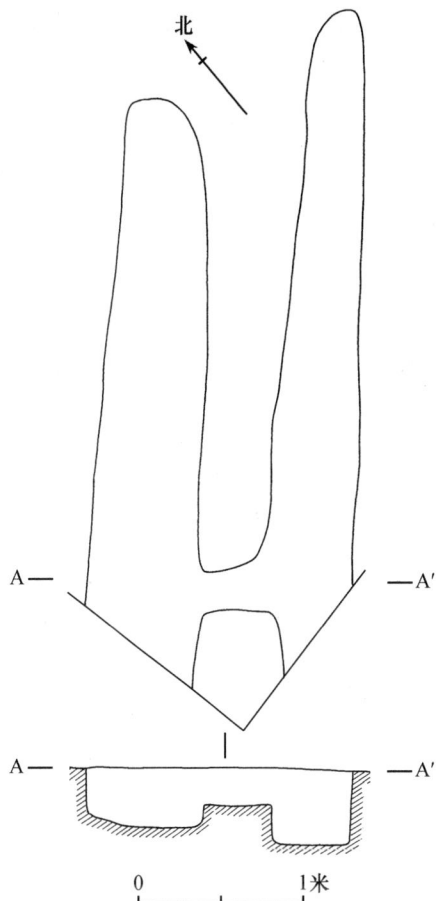

图四一　庙背后遗址Ⅲ区G5（局部）平剖图

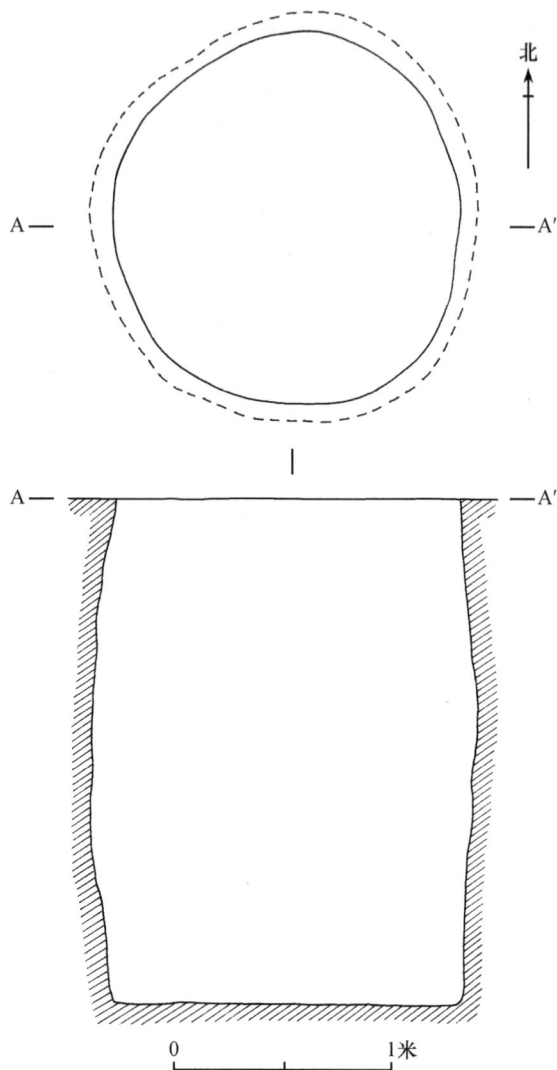

图四二　庙背后遗址Ⅲ区H13平剖图

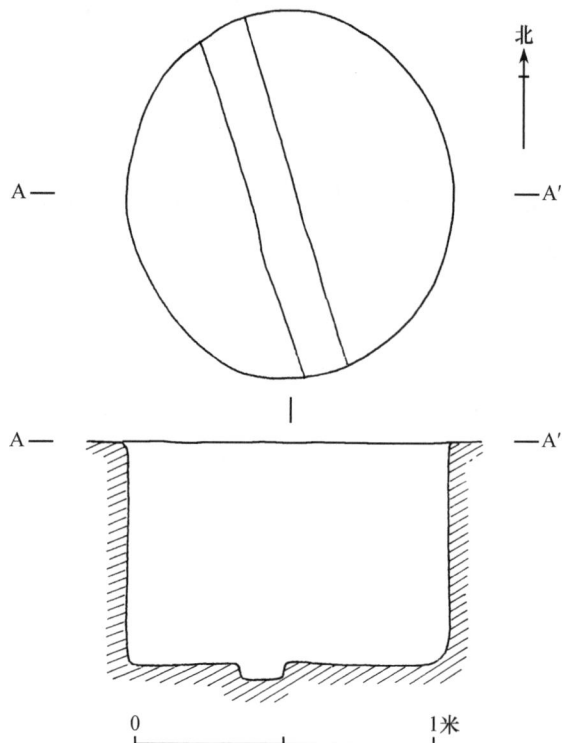

图四三　庙背后冶炼遗址Ⅲ区H16平剖图

壁，底部略平。口部长径1.8、短径1.23、最深0.4米（图四六）。填土呈灰黄色，土质较硬，结构较致密。包含有炭屑，出土有陶片，主要为泥质灰陶，可辨器形有盆、板瓦等。

H14　位于2004ⅢT0916东部，部分进入东隔梁下，被H13打破。开口于第3层下，打破第4层。斜壁不规整，圜底。口部长径2.52、短径14.2、最深0.92米（图四七）。填土呈灰褐色，土质较硬，结构较致密。包含有较多的炭屑，出土遗物多为陶片，主要为泥质灰陶，另有极少量红陶片，可辨器形有盆、罐和板瓦等。此外，该灰坑出土"半两"铜钱1枚。

H15　位于2004ⅢT1312西北部，部分延伸至T1311东隔梁下。开口于第4层下，被M5打破。斜壁，平底。发掘部分口部最长3.36、最宽2.6、深0.9米（图四八）。填土呈深灰色，土质稍硬，结构致密。出土有少量陶片和动物骨骼，陶片均为泥质灰陶，可辨器形为盆、罐、碗等。

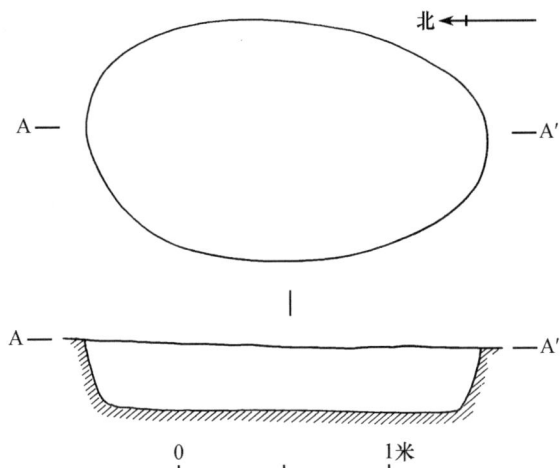

图四四　庙背后遗址Ⅲ区H9平剖图

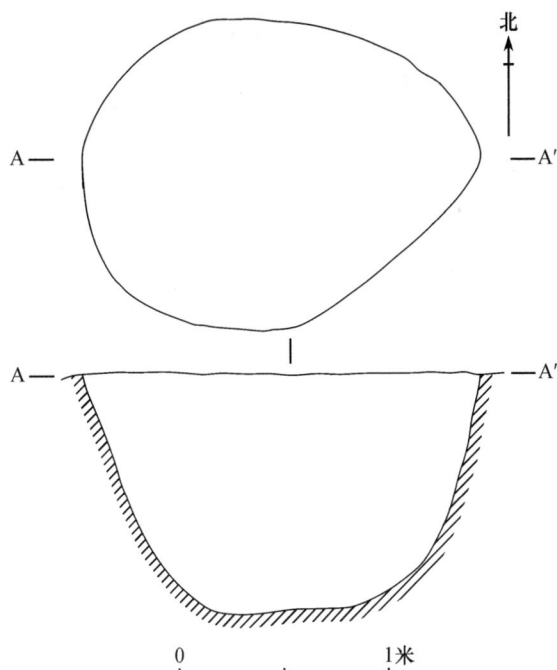

图四五　庙背后遗址Ⅲ区H10平剖图

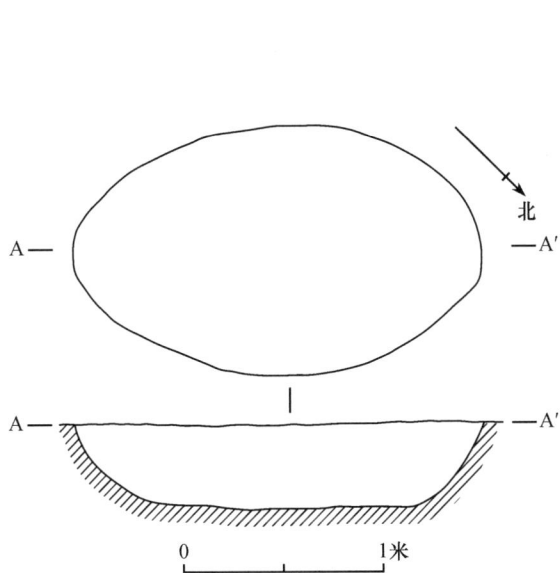

图四六　庙背后冶炼遗址Ⅲ区H12平剖图

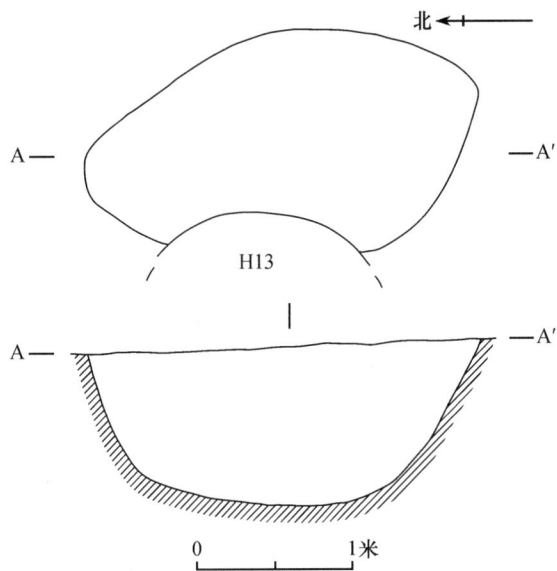

图四七　庙背后冶炼遗址Ⅲ区H14平剖图

（三）不规则形

H8　位于2004ⅢT1315西南部，并伸入T1314东南部、T1415西北部隔梁下，以及T1414关键柱下。开口于第3层下。斜壁，平底。发掘部分口部最长1.6、最宽1.1、最深0.34米（图四九）。填土呈深灰色，土质较硬，结构致密。包含有炭屑，出土少量白釉瓷片，残碎较甚，不辨器形。

H11 位于2004ⅢT1215西部，部分位于发掘区外。开口于第3层下，打破第4层。斜壁，底部不平。发掘部分口部长3.96、最宽1.2、最深0.7米（图五〇）。填土呈浅灰色，土质软，结构疏松。包含有炭屑，出土有陶片，多为泥质灰陶，可辨器形有板瓦、罐、盆等。

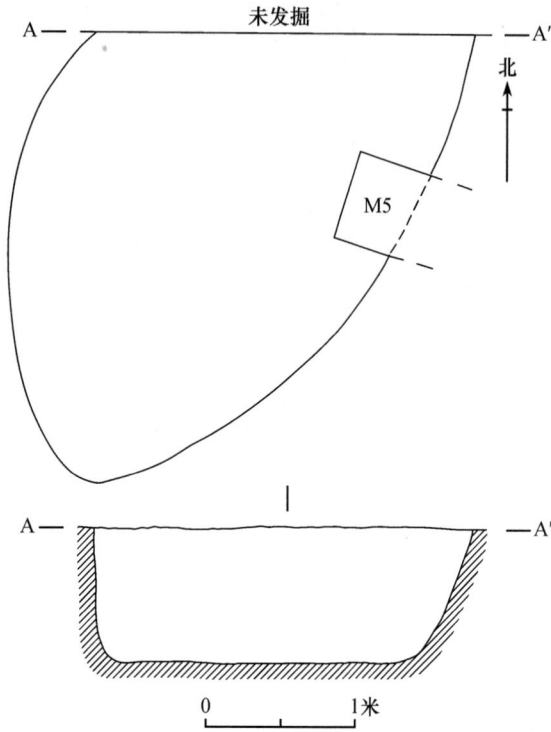

图四八 庙背后冶炼遗址Ⅲ区H15平剖图

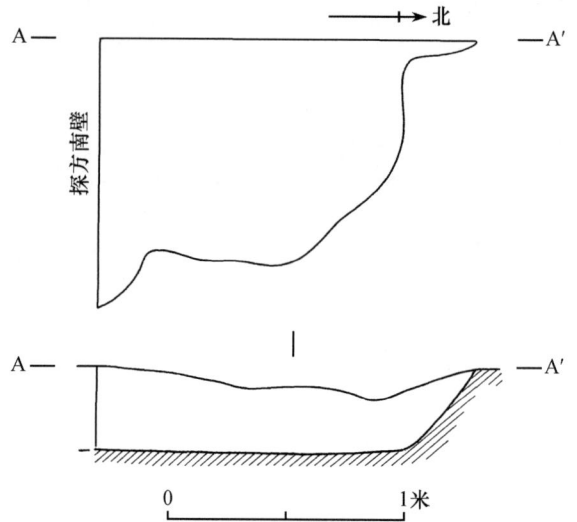

图四九 庙背后冶炼遗址Ⅲ区H8平剖图

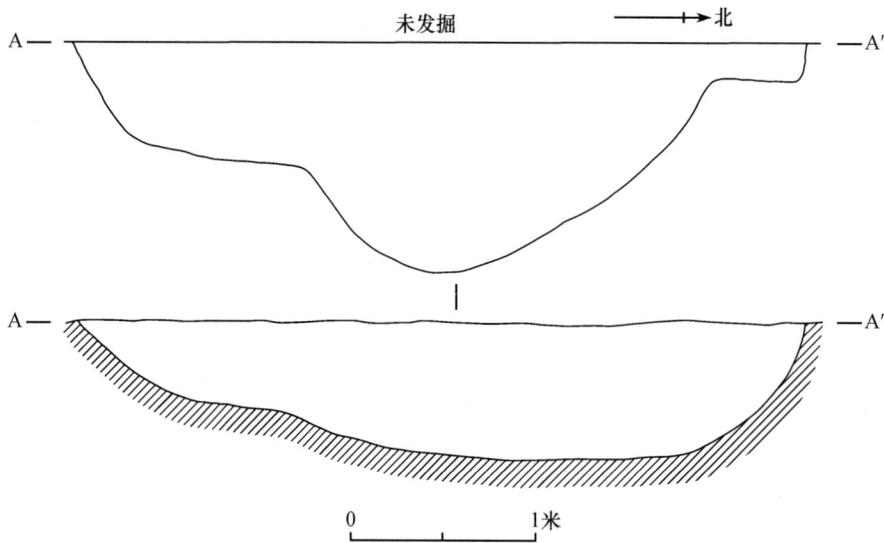

图五〇 庙背后冶炼遗址Ⅲ区H11平剖图

三、墓　葬

3座，其中2002年发现1座，即M2；2004年发现2座，即M4、M5。均为长方形竖穴土坑墓，直壁，平底。葬式均为单人仰身直肢葬。

M2　位于2002ⅢT2210西北部，部分延伸至T2209东隔梁下，方向240°。开口于第3层下。长1.5、宽0.5～0.66、深0.2米。墓底发现骨架1具，头向西南，足向东北，面向上（图五一）。因腐朽严重，性别、年龄不详。随葬铜钱11枚，均为"开元通宝"。

M4　位于2004ⅢT1315西南部，方向230°。长1.72、宽0.34～0.46、深0.5米。墓底发现骨架1具，头向西南，足向东北，面向上（图五二）。因腐朽较为严重，性别不详。根据牙齿判定年龄为20～30岁。未发现随葬品。

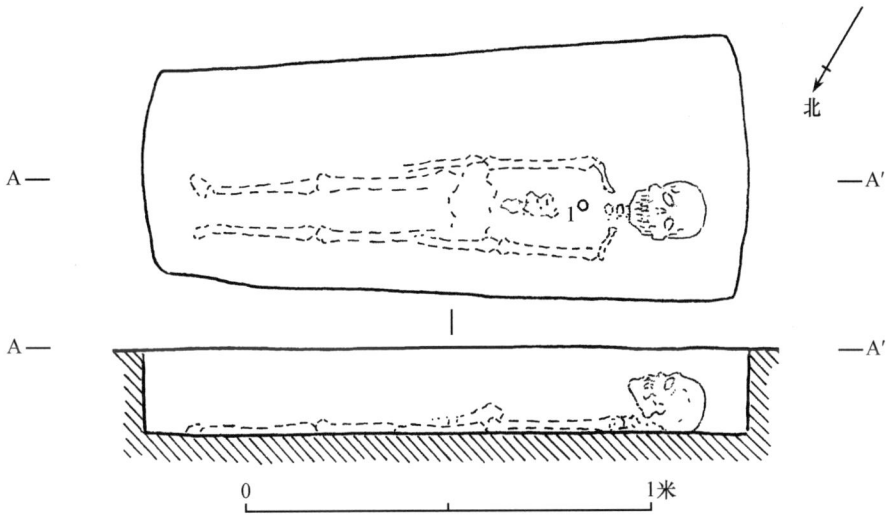

图五一　庙背后遗址Ⅲ区M2平剖图

1. 铜钱（11枚）

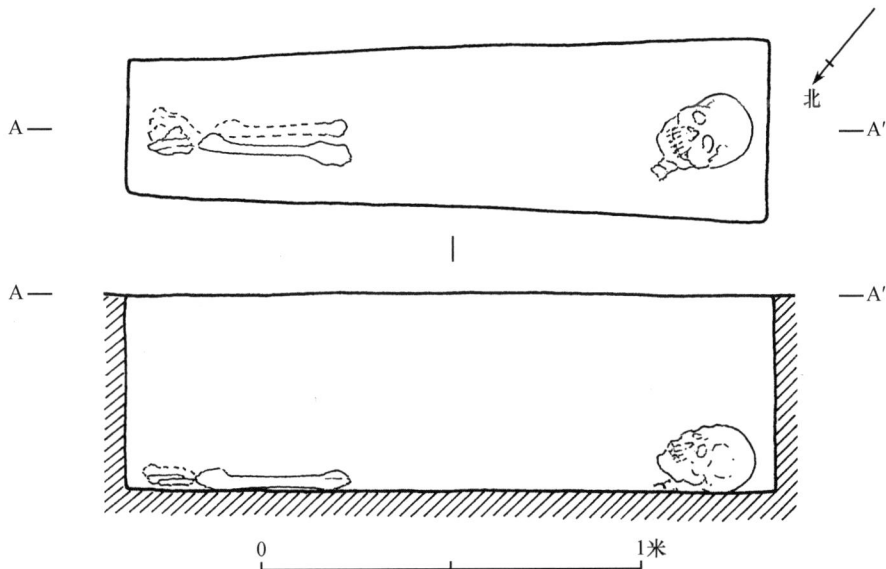

图五二　庙背后遗址Ⅲ区M4平剖图

M5　位于2004ⅢT1312中部偏北，方向105°。开口于③b层下，打破H15。长1.8、宽0.6、深0.4米。墓底发现骨架1具，头向东，足向西，面向上（图五三）。因保存较差，性别、年龄不详。随葬铜钱10枚，均为"开元通宝"。

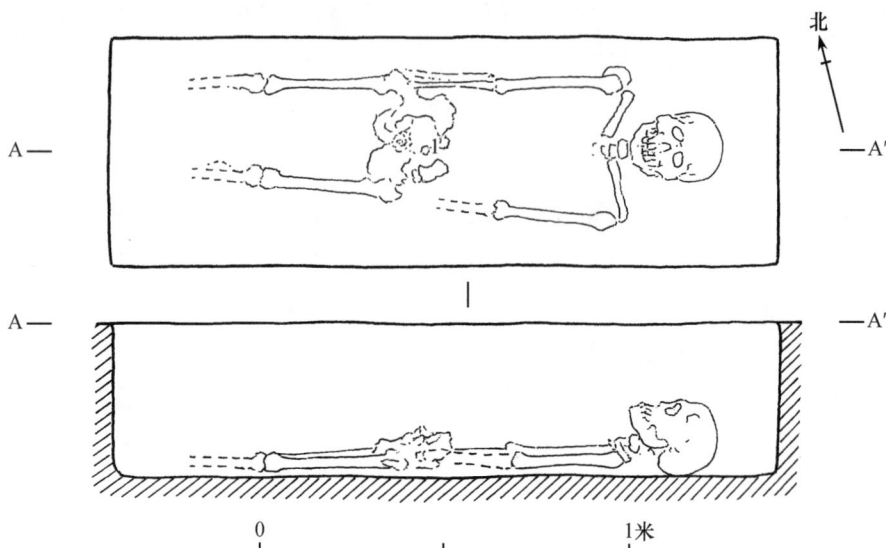

图五三　庙背后遗址Ⅲ区M5平剖图
1. 铜钱（10枚）

第三节　出土遗物

一、第2层出土遗物

第2层出土遗物有陶器、釉陶、瓷器和金属器四类。

（一）陶器

均为硬陶。

碗　2件。敞口，平底。外底部有涡形手抹痕。2004ⅢT1515②：1，泥质灰陶，器底内外均呈黄红色。尖唇，弧腹。口径16.5、底径5.6、高6厘米（图五四，1）。2004ⅢT1515②：2，泥质红陶，少部分呈蓝灰色或灰褐色。口部部分区域施有灰白色化妆土。沿外撇，圆方唇，曲腹。口径17.4、底径6、高6厘米（图五四，2）。

盏　1件。2002ⅢT2511②b：3，泥质暗红褐色陶，器外呈蓝灰色。器内施黄色化妆土。敞口，圆厚唇，斜腹，小平底。口径10.2、底径3.8、高3.1厘米（图五四，3）。

钵　1件。2004ⅢT0916②b：1，泥质灰色硬陶。口沿处施有黄色化妆土。直口，尖圆唇，折腹，平底。口径17、底径9.8、高5.4厘米（图五四，5）。

俑　1件。2002ⅢT2511②：2，泥质暗红褐色陶，前部呈蓝灰色，后部呈黄褐色。合模而成，下部残缺。束发向上，头上有角，已残缺。大斜眉与鬓角相接，怒目圆睁，大鼻，阔口，口内有两个上勾獠牙。身着宽袖长袍，两手执笏板于胸前（图版二六，4）。

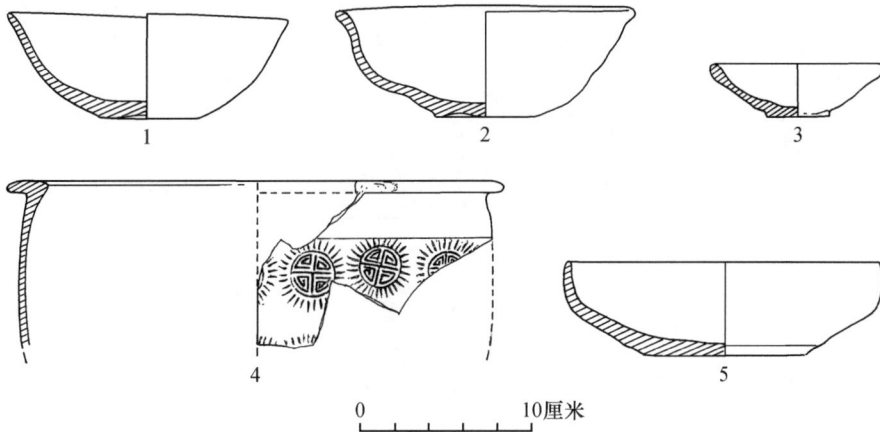

图五四　庙背后遗址Ⅲ区第2层出土遗物（一）

1、2.陶碗（2004ⅢT1515②：1、2）　3.陶盏（2002ⅢT2511②b：3）　4.釉陶盆（2002ⅢT1611②c：1）

5.陶钵（2004ⅢT0916②b：1）

支圈　1件。2004ⅢT1409②c：1，泥质灰色硬陶，底部黏接有较多的灰白色砂质泥土，上部有五个支点。底部直径6.5、高2.4厘米（图五五，3）。

陶印　1件。2004ⅢT1417②：1，泥质灰陶，夹有极细砂粒。上部有一方形印钮，中有一圆形穿孔，孔径0.5厘米。钮宽0.4、高1.1厘米。印面呈圆形，印面有十字形凹槽，分为四个区域，每个区域有圆形凹点。印面直径4.4、通高1.7厘米（图五五，1）。

（二）釉陶

盆　1件。2002ⅢT1611②c：1，泥质灰褐色夹砂硬陶。口微敛，宽折沿，圆唇，斜腹。器内壁满施黄釉，外壁上腹施半釉，中腹及沿面素胎无釉。中腹戳印有较密集的圆形变体"寿"字纹，外部有放射线。口径29.4、残高9.5厘米（图五四，4）。

（三）瓷器

瓷器多为残片，且残碎较甚，主要为青花瓷，器形均为碗，另有极少量黑釉瓷，以及钧瓷片。

（四）金属器

铜钱　1枚。2004ⅢT1410②：1，圆形方孔，钱文为"道光通宝"。直径2.3、穿边长0.5厘米。

镞　1件。2002ⅢT1709②b：1，双翼，前有锐尖，脊棱明显，两侧刃锋利。长6.1、中铤长1.2厘米（图五五，4；图版二七，5）。

印章　1件。2002ⅢT2511②：1，钮与座分铸，铸造粗糙。印座呈长方体，印面长4、宽2厘米。小篆阳文，印文四字，疑为"合同陈□"，最后一字暂未辨识（图五五，2；图版二六，3）。印钮为人物骑马状，印座上设有两条长方形凹槽，然后将马足嵌入槽中，而后焊接成形。通高4.2厘米（图版二六，1、2）。

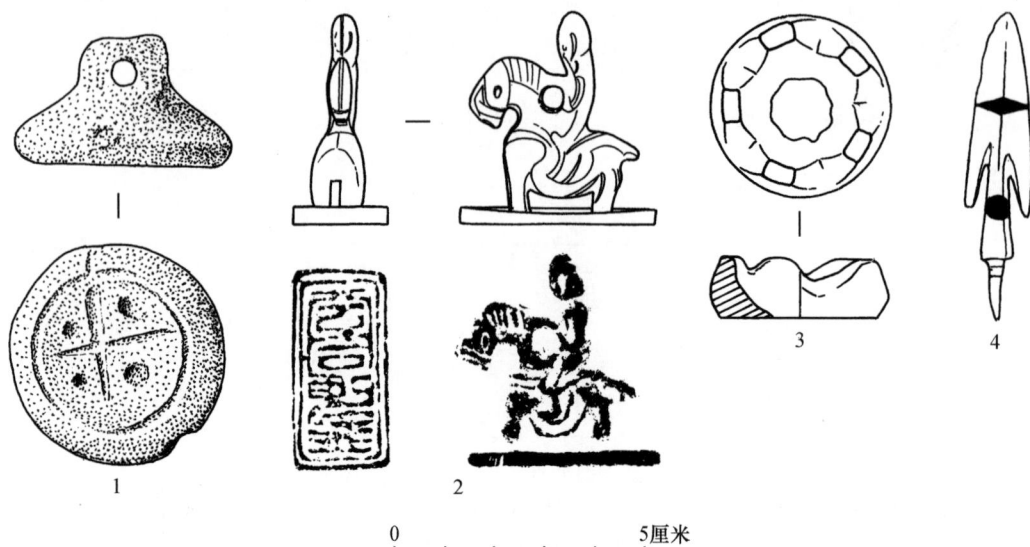

图五五　庙背后遗址Ⅲ区第2层出土遗物（二）

1. 陶印（2004ⅢT1417②：1）　2. 印章（2002ⅢT2511②：1）　3. 支圈（2004ⅢT1409②c：1）　4. 铜簇（2002ⅢT1709②b：1）

二、第3层出土遗物

第3层出土遗物有陶器、釉陶、瓷器和金属器四类。

（一）陶器

碗　5件。泥质灰陶。敞口，尖圆唇，折腹，小平底。2002ⅢT1811③b：9，口径15.6、底径4.4、高4.8厘米（图五六，1）。2002ⅢT1909③a：1，口径13.3、底径4.6、高4.8厘米（图五六，2）。2002ⅢT1811③b：10，口径15.6、底径4.4、高5.8厘米（图五六，3；图版二七，1）。2002ⅢT2010③a：2，口径14.2、底径6.2、高6.8厘米（图五六，4）。2002ⅢT1909③a：2，口径13.4、底径4.4、高4.8厘米（图五六，6）。

钵　1件。2004ⅢT1412③：1，泥质浅灰色硬陶，近底部及底部呈浅黄褐色。直口，尖唇，弧腹，大平底。内底有一周凹弦纹。口径16、底径9.8、高5.9厘米（图五六，5）。

盆　2件。泥质灰陶。敞口，平底。2002ⅢT2009③a：1，平折沿外沿微上翘，斜腹。内壁有较宽的轮制痕迹，外壁素面无纹。口径18.2、底径8、高6.7厘米（图五六，7；图版二七，2）。2002ⅢT1811③b：11，夹有细砂。尖圆唇，曲腹，内底下凹。口径19、底径6.4、高6.3厘米（图五六，8）。

罐　3件。2004ⅢT1411③：1，泥质灰色硬陶。敛口，方唇，圆鼓腹，平底微凹。上腹及口沿内施有均匀的浅黄白色化妆土，并有向下滴流现象。下腹有较密轮制弦纹痕迹。口径18.3、底径9、高18、最大腹径26厘米（图五六，10）。2002ⅢT2009③a：4，泥质灰陶。侈口，折沿，方唇，束颈，颈部有一周凹弦纹，颈部以下残。口径14.3、残高6.3厘米（图五六，11）。2002ⅢT2002③a：5，夹细砂灰色硬陶。侈口，折沿，方唇，沿面上有三周较浅的凹弦纹，溜肩，肩部以下残。口径20.3、残高6.6厘米（图五六，12）。

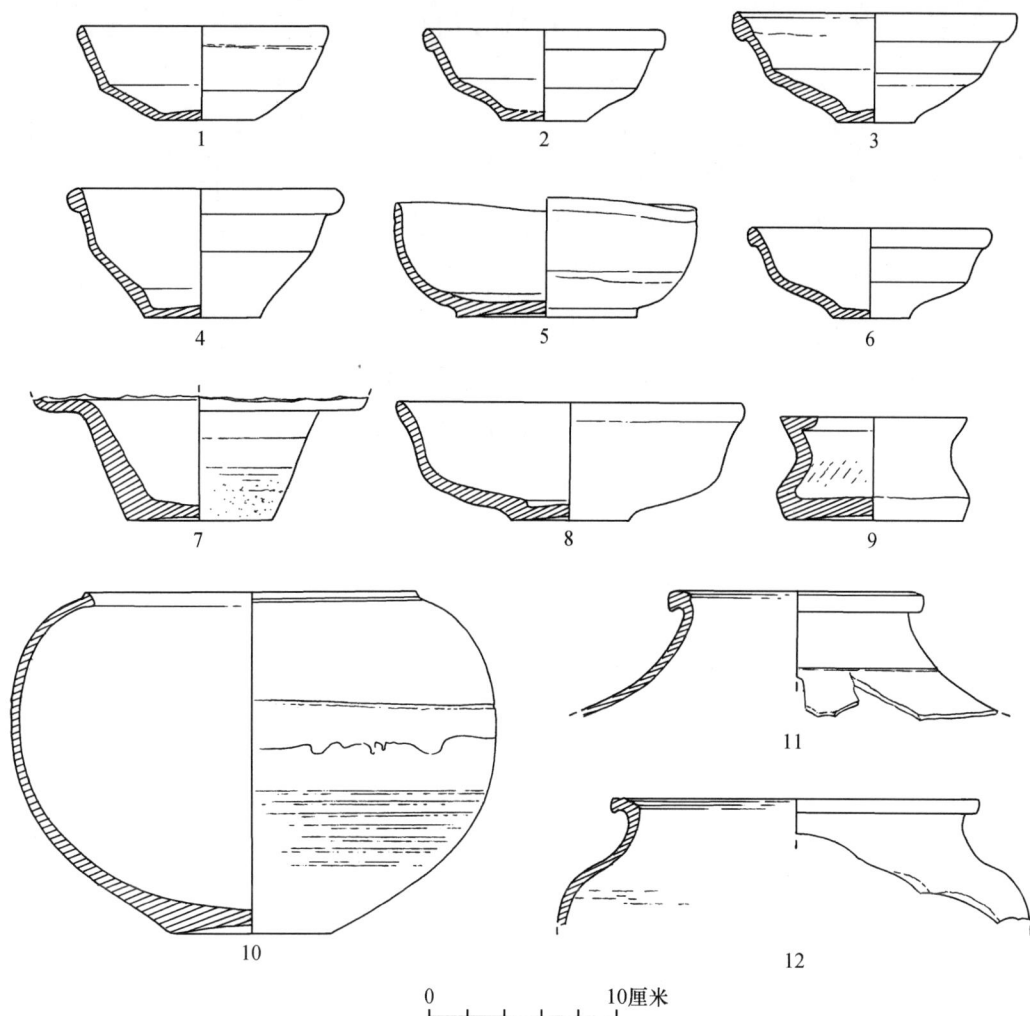

图五六　Ⅲ区第3层出土遗物（一）

1～4、6. 陶碗（2002ⅢT1811③b：9、2002ⅢT1909③a：1、2002ⅢT1811③b：10、2002ⅢT2010③a：2、2002ⅢT1909③a：2）

5. 陶钵（2004ⅢT1412③：1）　7、8. 陶盆（2002ⅢT2009③a：1、2002ⅢT1811③b：11）　9. 陶支座（2002ⅢT2009③a：2）

10～12. 陶罐（2004ⅢT1411③：1、2002ⅢT2009③a：4、2002ⅢT2002③a：5）

　　瓮　1件。2002ⅢT1611③b：3，泥质灰陶，夹有细砂。侈口，卷沿，圆唇，束颈，肩微折，肩部以下残。颈部有两周凹弦纹，肩腹交接处饰交错中绳纹。口径20、残高8厘米（图五七，2）。

　　澄滤器　1件。2002ⅢT1710③a：5，泥质灰色硬陶。敞口，尖唇，近唇部有凹槽一周，浅斜腹，平底。内壁有竖排的篦点小凹坑，外壁素面无纹。口径7.6、底径4.8、高3.9厘米（图五七，1）。

　　尖底器　1件。2002ⅢT1910③b：1，泥质灰陶，夹有少量细砂。敛口，圆唇，上腹圆鼓，下腹斜收至尖底。口径7.6、高6.6厘米（图五七，18）。

　　支座　1件。2002ⅢT2009③a：2，泥质褐陶，陶色不均，局部呈灰色。束腰，平底微凹。口径10、底径10.6、高5.5厘米（图五六，9）。

　　纺轮　5件。圆形，中部有圆形穿孔。2004ⅢT1311③：3，泥质灰陶。直径3.5、厚1.1、孔径1.4厘米（图五七，3）。2004ⅢT1412③：2，泥质红陶，夹有细砂。系用陶片磨制制成，不甚规整，且微有弧度。直径3.3～3.8、厚1、孔径0.8厘米（图五七，4）。2002ⅢT1810③b：1，泥质灰陶。直径3.6、厚2.2、孔径0.6厘米（图五七，5）。2004ⅢT1408③：1，泥质灰陶，夹有细砂。直径4、高2.5、孔径0.8厘米（图五七，14）。2004ⅢT1409③：3，泥质灰陶，夹有细砂。直径3.4、高2.3、孔径0.5厘米（图五七，15）。

　　网坠　8件。圆柱形，中部有圆形穿孔。2004ⅢT1313③：1，泥质灰褐色陶，夹有极细砂粒。长5.2、最大径3、孔径1.2厘米（图五七，6）。2004ⅢT1311③：6，泥质黄褐色陶。长4.7、最大径1～2.2、孔径0.7厘米（图五七，7）。2002ⅢT1809③b：3，夹砂灰陶。长4.6、最大径1.9、孔径0.9厘米（图五七，8）。2004ⅢT1410③：3，泥质灰陶。长4.2、最大径2、孔径0.6厘米（图五七，9）。2004ⅢT1410③：2，泥质黄褐色陶。长3.2、最大径1.2、孔径0.34厘米（图五七，10）。2004ⅢT1413③：1，泥质灰褐色陶。长3.3、最大径0.8、孔径约0.3厘米（图五七，11）。2004ⅢT1313③：5，泥质灰褐色陶。长3.1、最大径1、孔径0.4厘米（图五七，12）。2002ⅢT2210③a：1，泥质灰陶。长2.9、最大径1.2、孔径0.3厘米（图五七，13）。

　　瓦当　5件。均残，泥质灰陶。中部有圆形乳钉，当体模印卷云纹。2004ⅢT1408③：3，四分卷云纹之间有两乳点。直径13厘米（图五八，1）。2004ⅢT1320③：1，乳钉外有一周凸弦纹，两组卷云纹之间隔以双线凸弦纹。直径14厘米（图五八，2；图版二八，1）。2004ⅢT1314③b：1，当面模印五组卷云纹，卷云纹外模印两排蜂孔形纹饰。瓦当背面有绳纹印痕，中部有手指压印凹痕。直径17厘米（图五八，3）。2004ⅢT1312③：3，乳钉外有一周凸弦纹，两组卷云纹之间隔以双线凸弦纹。瓦当背面有绳纹印痕，中部有手指压印凹痕。直径16厘米（图五八，4）。2004ⅢT1412③：5，两组卷云纹之间隔以双线凸弦纹（图五八，5；图版二八，2）。2002ⅢT1809③a：2，乳钉外有一周凸弦纹，两组卷云纹之间隔以双线凸弦纹。瓦当背面有粗绳纹（图五八，6）。

　　方格纹陶片　1件。2004ⅢT1312③：7，泥质灰陶，夹有细砂。模印菱形方格纹（图五八，7；图版二八，3）。

　　板瓦　1件。2004ⅢT1313③：9，泥质灰陶，已变形。内外壁均饰中绳纹。瓦口宽40.5、厚1.3、残长35厘米（图版二八，4）。

（二）釉陶器

　　盏　1件。2002ⅢT2010③a：1，胎色呈灰色。敞口，圆唇，浅弧腹，平底。内壁满施灰黄色釉，釉下施有白色陶衣，外壁及底素胎无釉。口径11.1、底径4.2、高2.6厘米（图五七，21）。

　　碗　1件。2002ⅢT1710③a：4，泥质暗红胎硬陶。敞口，尖唇，深弧腹，平底微凹。口沿处施白色化妆土，外壁半施黄釉。口径16、底径6.8、高6.2厘米（图五七，16）。

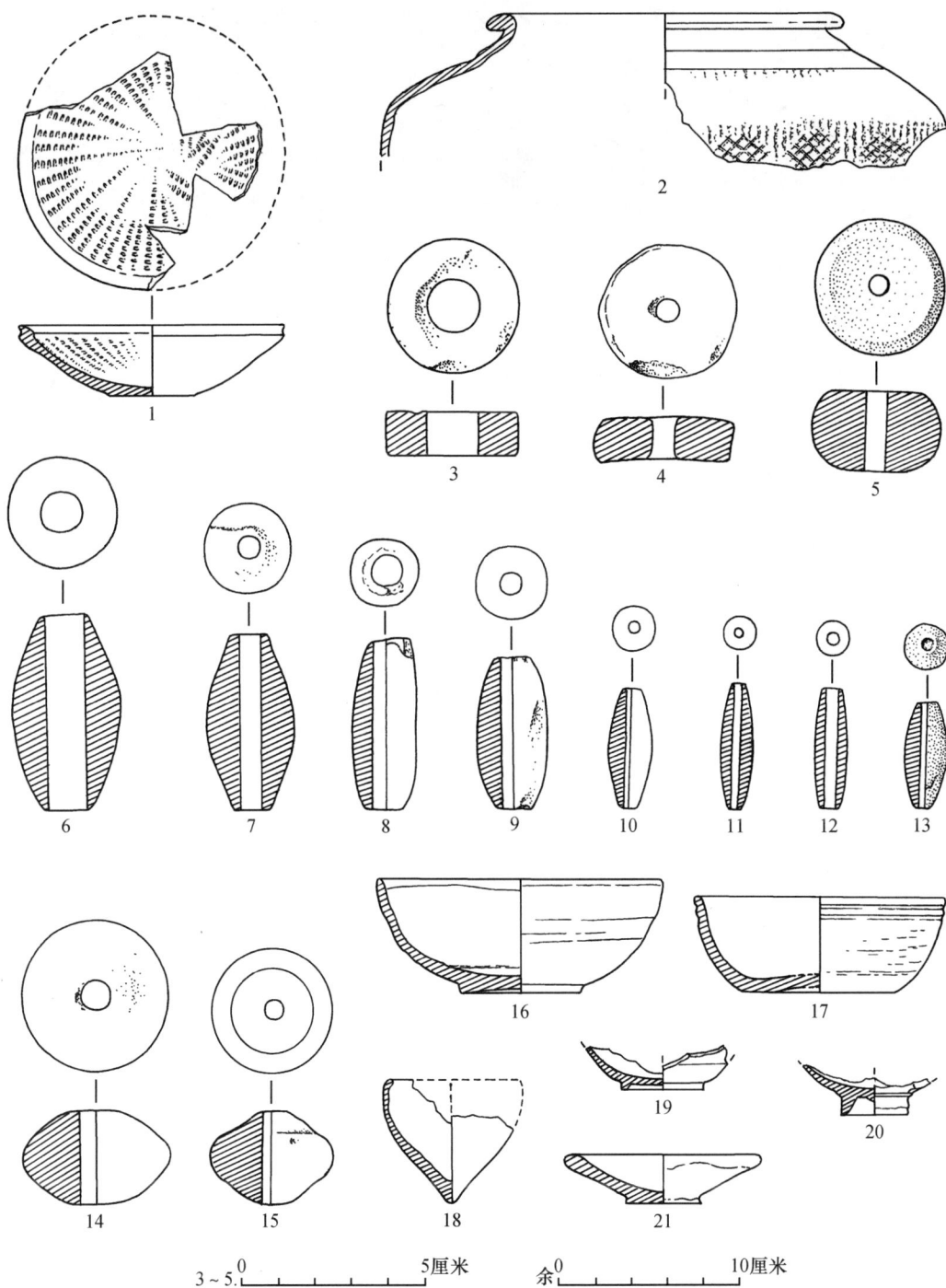

图五七 Ⅲ区第3层出土遗物（二）

1. 澄滤器（2002ⅢT1710③a：5） 2. 陶瓮（2002ⅢT1611③b：3） 3～5、14、15. 陶纺轮（2004ⅢT1311③：3、2004ⅢT1412③：2、2002ⅢT1810③b：1、2004ⅢT1408③：1、2004ⅢT1409③：3） 6～13. 陶网坠（2004ⅢT1313③：1、2004ⅢT1311③：6、2002ⅢT1809③b：3、2004ⅢT1410③：3、2004ⅢT1410③：2、2004ⅢT1413③：1、2004ⅢT1313③：5、2002ⅢT2210③a：1） 16. 陶碗（2002ⅢT1710③a：4） 17. 瓷钵（2002ⅢT1610③a：4） 18. 尖底器（2002ⅢT1910③b：1） 19、20. 瓷碗（2002ⅢT2009③：3、2002ⅢT1811③a：7） 21. 瓷盏（2002ⅢT2010③a：1）

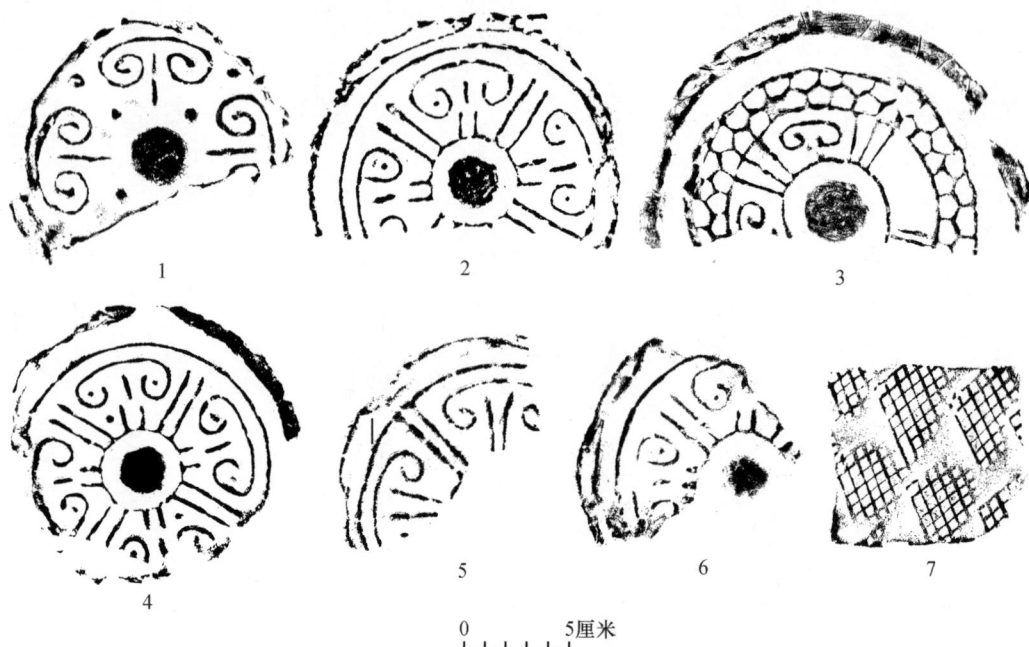

图五八　Ⅲ区第3层出土瓦当等拓片

1~6. 瓦当（2004ⅢT1408③：3、2004ⅢT1320③：1、2004ⅢT1314③b：1、2004ⅢT1312③：3、2004ⅢT1412③：5、
2002ⅢT1809③a：2）　7. 方格纹陶片（2004ⅢT1312③：7）

（三）瓷器

钵　1件。2002ⅢT1610③a：4，敞口，圆唇，弧腹，平底微凹。口部有两周凹弦纹，腹部隐约可见数周轮制痕迹。内外壁满施青黄色釉，底部素胎无釉。口径14.4、底径6.5~8、高5.2厘米（图五七，17）。

碗　2件。仅存底部。胎呈灰白色。2002ⅢT1811③a：7，弧腹，底附高圈足，底部微凸。内外壁满施青黄色釉，底部素胎无釉。底径3.6、残高2.7厘米（图五七，20）。2002ⅢT2009③：3，弧腹，矮圈足。内外壁均施黑釉，外壁施釉不及底。器内底部有圆形无釉涩圈，底部釉面有刺点痕，外底素胎无釉。底径4.7、残高2.2厘米（图五七，19）。

（四）金属器

有铜器、铁器和银器三类。

铜钱　30枚。均为圆形方孔。

半两　3枚。无廓。标本2004ⅢT0915③：3，直径2.3、穿边长1厘米（图五九，1）。

五铢　11枚。标本2004ⅢT1316③：1-1，直径2.5、穿边长1厘米（图五九，2）。2004ⅢT0915③：1，直径2.5、穿边长1厘米（图五九，3）。2004ⅢT0815③：1，直径2.5、穿边长0.9厘米（图五九，4）。

货泉　1枚。2004ⅢT0915③：4，直径2.3、穿边长0.6厘米（图五九，5）。

直百五铢　1枚。2004ⅢT1414③：1，直径2.5、穿边长1.1厘米（图五九，6）。

开元通宝　14枚。标本2004ⅢT1311③：2-1，直径2.3、穿边长0.7厘米（图五九，8）。

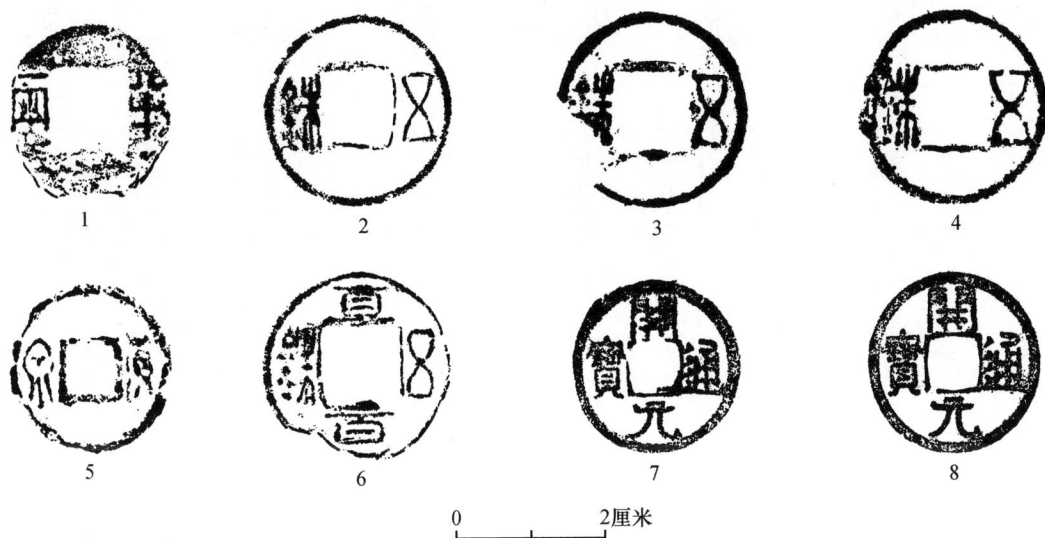

图五九　Ⅲ区第3层出土铜钱拓片

1. 半两（2004ⅢT0915③：3）　2～4. 五铢（2004ⅢT1316③：1-1、2004ⅢT0915③：1、2004ⅢT0815③：1）　5. 货泉（2004ⅢT0915③：4）　6. 直百五铢（2004ⅢT1414③：1）　7、8. 开元通宝（2004ⅢT1312③：1-1、2004ⅢT1311③：2-1）

标本2004ⅢT1312③：1-1，直径2.3、穿边长0.7厘米（图五九，7）。

铜环　3件。大小一致，圆形，断面呈扁圆形。2002ⅢT1710③a：1～3，外径3.3、内径2.3厘米（图六〇，1～3；图版二七，3）。

铜包边　1件。2004ⅢT1311③：4，断面呈"V"字形，可能为镶边使用。残长7.5、宽0.6厘米，"V"字上口宽约0.15厘米（图六〇，5）。

铜镞　1件。2004ⅢT1309③：1，三棱状。箭头长2.5、棱面最下端宽0.8、铤长2.2、铤径0.2～0.3厘米（图六〇，6）。

铜片　1件。2004ⅢT1313③：2，器形不明。整体呈片状，两直边有毛刺。最高2.8、最宽2.3厘米（图六〇，9）。

铁锥　1件。2002ⅢT1611③b：2，断面扁方。残长5.1厘米（图六〇，7）。

铁钉　1件。2004ⅢT1311③：7，锈蚀严重，残长5厘米（图六〇，8）。

银环　1件。2002ⅢT1610③b：6，圆形。外径1.4、内径1.25厘米（图版二七，4）。

银钗　1件。2004ⅢT1313③：3，呈"U"形。长8.3、宽约1.7厘米（图六〇，4）。

（五）石器

纺轮　2件。黑色页岩。圆形，中部有圆形穿孔。2004ⅢT1408③：2，直径3.7、厚1.2、孔径0.5厘米（图六〇，11）。2004ⅢT1313③：4，已残。直径4、厚1.1、穿径0.3厘米（图六〇，10）。

锛　2002ⅢT1711③a：1，青石。磨制，上窄下宽，双面刃，残。宽4.7～5.5、厚1.8、高7.1厘米（图六〇，12；图版二七，6）。

斧　1件。2004ⅢT1409③：2，1件。青石。磨制，双面刃，残。宽4～4.8、最厚2.6、残高9.5厘米（图六〇，13）。

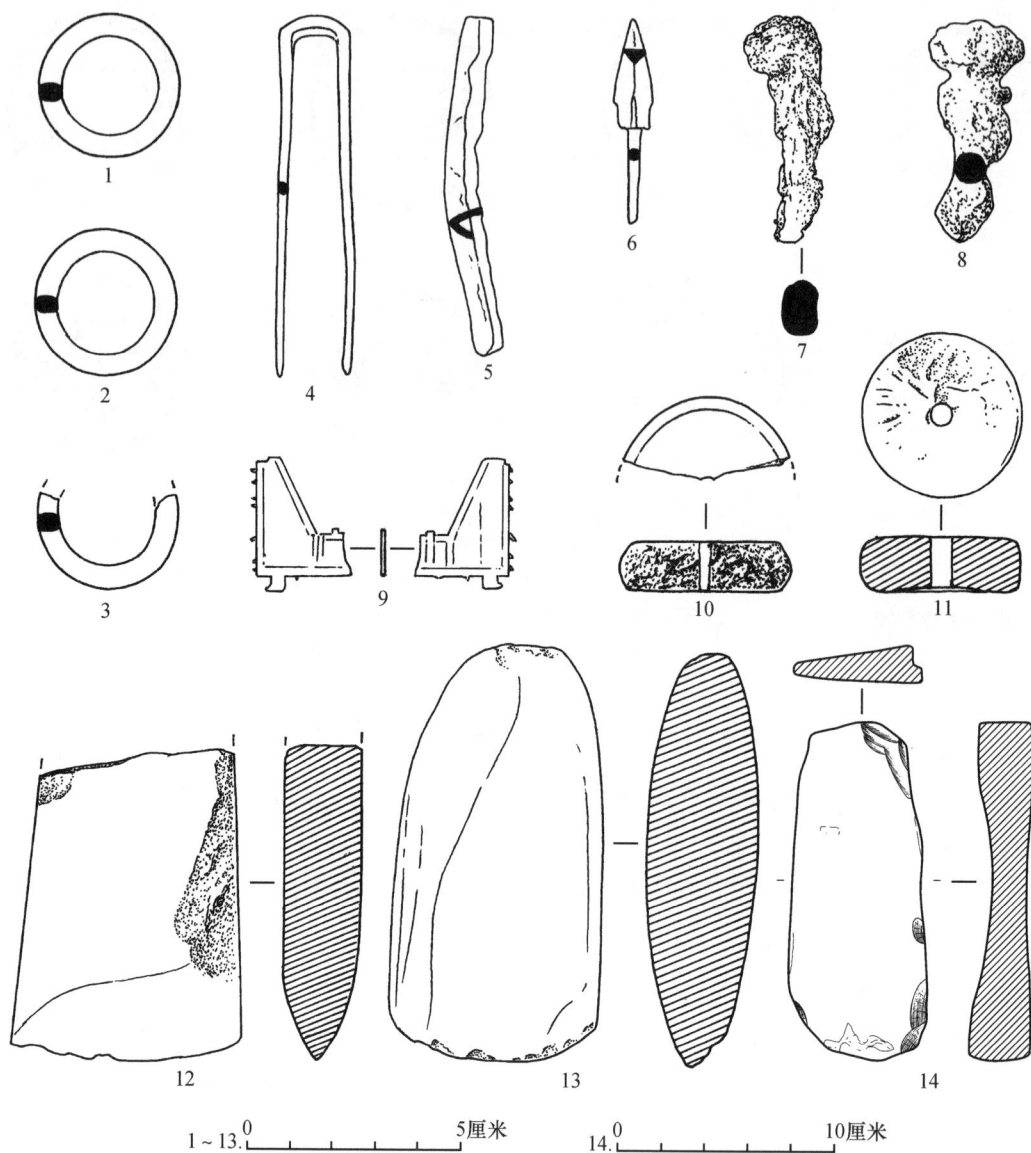

图六〇　Ⅲ区第3层出土遗物（三）

1～3. 铜环（2002ⅢT1710③a：1～3）　4. 银钗（2004ⅢT1313③：3）　5. 铜包边（2004ⅢT1311③：4）
6. 铜镞（2004ⅢT1309③：1）　7. 铁锥（2002ⅢT1611③b：2）　8. 铁钉（2004ⅢT1311③：7）　9. 铜片（2004ⅢT1313③：2）
10、11. 纺轮（2004ⅢT1313③：4、2004ⅢT1408③：2）　12. 石锛（2002ⅢT1711③a：1）　13. 石斧（2004ⅢT1409③：2）
14. 砺石（2004ⅢT1312③：4）

砺石　1件。2004ⅢT1312③：4，暗红褐色砂质页岩。两面使用，磨面下凹。长37、宽13～16，厚3.5～7厘米（图六〇，14）。

三、第4层出土遗物

（一）陶器

盘　1件。泥质灰陶，夹有细砂。平底。2004ⅢT1311④：8，直口，斜方唇。口径13、底径12.3、高2.4厘米（图六一，2）。

盆　1件。2004ⅢT1413④：2，泥质灰陶。敞口，平折沿尖圆唇，折腹，折棱明显，小平底。口径18、底径4、高6.8厘米（图六一，15）。

罐　1件。2002ⅢT1711④：2，残存口部。泥质灰陶，胎心呈红褐色。侈口，卷沿，方唇，唇面有凹槽，矮领，广肩，肩部以下残。领部饰浅显的中绳纹。口径16、残高3.8厘米（图六一，1）。

陶丸　1件。球形。2002ⅢT1611④：4，泥质灰陶。直径1.8厘米（图六一，13）。

鬲足　3件。袋足状。2002ⅢT2111④：3，泥质灰陶，残高6厘米（图六一，12）。2002ⅢT1710④：6，泥质灰黄色陶，夹有细砂。素面。残高5.2厘米（图六一，10）。2002ⅢT1710④：7，泥质灰陶，外饰浅显粗绳纹。残高4.6厘米（图六一，11）。

网坠　3件。泥质灰陶。圆柱状，中部有圆形穿孔。2004ⅢT1411④：3-1，长5、最大径1.6、孔径0.4厘米（图六一，6）。2004ⅢT1411④：3-2，长4、最大径1.7、孔径0.4厘米（图六一，7）。2004ⅢT1411④：3-3，长4、最大径1.3、孔径0.2厘米（图六一，8）。

瓦当　1件。2004ⅢT1413④：6，泥质灰褐陶，陶色不均，局部微泛红色。当面模印卷云纹，边轮宽1厘米（图六二，1）。

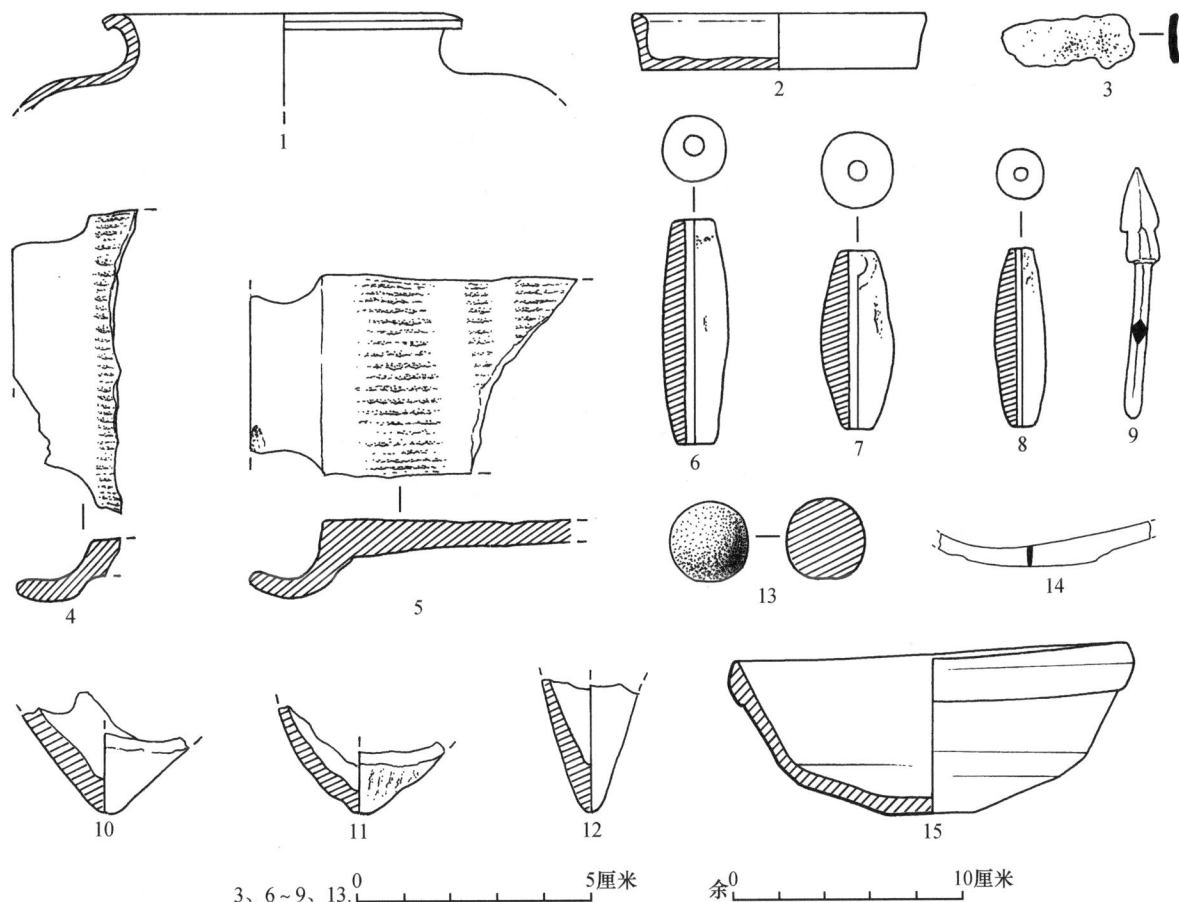

图六一　Ⅲ区第4层出土遗物（一）

1. 陶罐（2002ⅢT1711④：2）　2. 陶盘（2004ⅢT1311④：8）　3. 铜片（2004ⅢT1410④：4）　4、5.筒瓦（2002ⅢT2111④：2、1）　6~8.陶网坠（2004ⅢT1411④：3-1~3）　9.铜镞（2004ⅢT1412④：4）　10~12.鬲足（2002ⅢT1710④：6、7，2002ⅢT2111④：3）　13.陶丸（2002ⅢT1611④：4）　14.铜削（2004ⅢT1412④：3）　15.陶盆（2004ⅢT1413④：2）

筒瓦 2件。泥质灰陶，均残。瓦唇上翘，拱面饰粗绳纹，内面为布纹。2002ⅢT2111④：1，瓦口残宽8.6、残长14.4厘米（图六一，5）。2002ⅢT2111④：2，瓦口残宽17、残长5.4厘米（图六一，4）。

（二）金属器

铜钱 4件。均为圆形方孔。

半两 2枚。2004ⅢT1215④：1，直径2.6、穿边长1厘米（图六二，3）。2004ⅢT1410④：5，直径1.6、穿边长0.8厘米。

五铢 1枚。2002ⅢT1610④：12，直径2.4、穿边长1厘米（图六二，4）。

货泉 1枚。2004ⅢT1411④：1，直径2.1、穿边长0.7厘米（图六二，2）。

铜片 1件。2004ⅢT1410④：4，残长2.8、宽约1厘米（图六一，3）。

铜削 1件。2004ⅢT1412④：3，已残，有弧度。残长9.5、宽0.6~1.1、厚0.2、柄长2厘米（图六一，14）。

铜镞 1件。2004ⅢT1412④：4，三棱形。箭头部分长2、三棱底宽1.2、铤长3.3、直径0.3厘米（图六一，9）。

图六二 Ⅲ区第4层出土遗物拓片

1. 瓦当（2004ⅢT1413④：6） 2. 货泉（2004ⅢT1411④：1） 3. 半两（2004ⅢT1215④：1） 4. 五铢（2002ⅢT1610④：12）

（三）石器

斧 1件。2004ⅢT1311④：9，石质呈红褐色，打制，双面刃。宽5.3、最厚2.6、高13厘米（图六三，2）。

砺石 1件。2004ⅢT1309④：2，灰褐色砂质岩石，经过长期使用，三面均磨损较为严重。宽11~18、厚8~9.5、高25厘米（图六三，1）。

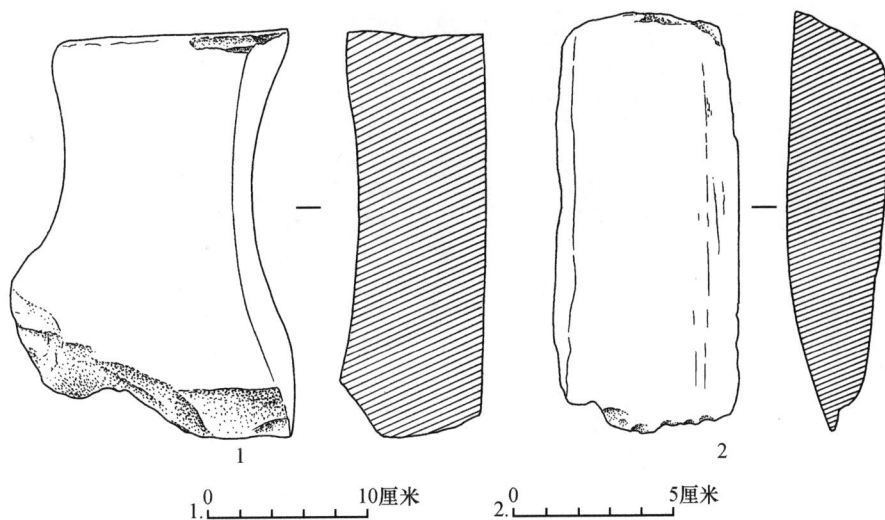

图六三　Ⅲ区第4层出土遗物（二）

1. 砺石（2004ⅢT1309④：2）　2. 石斧（2004ⅢT1311④：9）

四、灰坑出土遗物

Ⅲ区灰坑内出土遗物不多。仅H10、H14、H15出土极少量遗物，分为陶器和金属器两类。

（一）陶器

陶丸　1件。2004ⅢH10：1，泥质红陶，夹有极细砂粒。直径1.7厘米（图六五，2）。

板瓦　1件。2004ⅢH14：3，泥质灰陶。已变形，内外壁均饰浅显的中绳纹。残长30、瓦口残宽31、厚1厘米（图六四）。

筒瓦　1件。2004ⅢH15：2，泥质灰褐陶。拱面饰印痕较深的中绳纹，内面为布纹，且印痕较明显，唇部剖面呈三角形。残长15、瓦口宽12.7、瓦舌长3.3厘米（图版二八，5）。

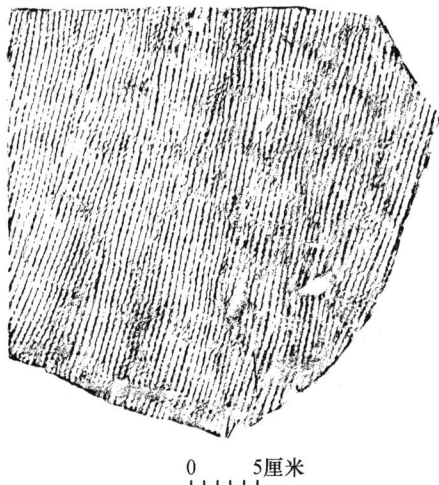

图六四　Ⅲ区灰坑出土板瓦拓片
（2004ⅢH14：3）

（二）金属器

铜钱　1枚。2004ⅢH14：1，圆形方孔。钱文为"半两"。直径2.2、穿边长1厘米（图六五，3）。

铜锥　1件。2004ⅢH15：1，内镶木条。残长7.2、直径0.6~1.1厘米（图六五，1）。

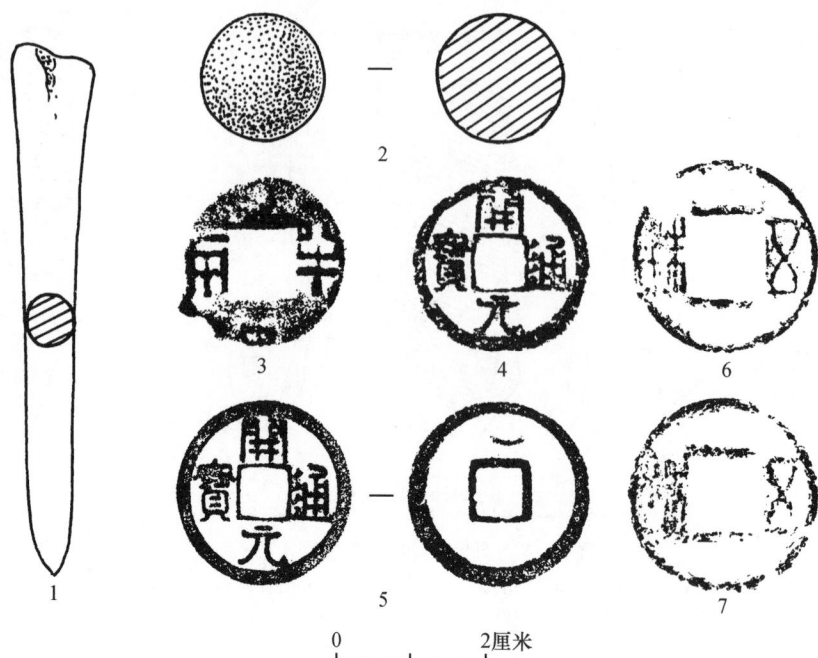

图六五　Ⅲ区灰坑、墓葬出土器物及拓片

1. 铜锥（2004ⅢH15：1）　2. 陶丸（2004ⅢH10：1）　3. 半两（2004ⅢH14：1）　4、5. 开元通宝（2002ⅢM2：1-1、2004ⅢM5：1-1）　6、7. 五铢（2004ⅢG4：1、2004ⅢG5：1）

五、灰沟出土遗物

（一）陶器

网坠　67件，其中黄褐色34件，蓝灰色29件，黑灰色4件。大小相似，圆柱形，中部有圆形穿孔。2004ⅢG4：2-1，长3、最大径0.9、孔径0.4厘米。

（二）金属器

铜钱　2枚。圆形方孔，钱文均为"五铢"。2004ⅢG4：1，直径2.5、穿边长1厘米（图六五，6）。2004ⅢG5：1，直径2.6、穿边长1厘米（图六五，7）。

六、墓葬出土遗物

墓葬出土遗物均为铜钱，且钱文均为"开元通宝"。其中M2出土11枚，M5出土10枚，其中3枚钱背月。

2002ⅢM2：1-1，直径2.3、穿边长0.7厘米（图六五，4）；2004ⅢM5：1-1，直径2.4、穿边长0.7厘米（图六五，5）。

第四章　庙背后遗址Ⅳ区

庙背后冶炼遗址Ⅳ区于2004年2~3月进行一次发掘（图版二九），共布挖5×5平方米探方12个，分别为2004 CFXYMⅣT0703、T0704、T0803~T0805、T0903~T0905、T1004~T1006、T1106（图六六；图版三〇）。

第一节　地层堆积

本区地层堆积以ⅣT0704、T0804、T0904东壁为例进行介绍。根据土质、土色、结构及包含物特征可以分为三层，其中第2层又可以分为两种不同的堆积（图六七）。详述如下。

第1层：现代耕土层。土色深灰，土质较软，结构疏松，含有大量的植物根系和少量近现代青花瓷片和砖瓦残件等。厚0.12~0.2米。均有分布。

第2a层：明清时期文化层。土色浅灰，土质较硬，结构致密。含有少量的煤炭屑，出土有瓷片、陶片、冶炼罐残片等。瓷片可分为青花瓷和青瓷两类，可辨器形有碗等；其余陶片残碎较甚，不辨器形。厚0~0.25米。主要分布在T0804北部和T0704内。

第2b层：明清时期文化层。土色浅灰，土质较软，结构较疏松。包含有煤渣、红烧土颗粒，出土有陶片、青花瓷片，以及冶炼罐残片，陶片残碎较甚，不辨器形；青花瓷片可辨器形有碗、盏等。厚0.1~0.35米。均有分布。

第3层：明清时期文化层。土色深灰，土质较硬，结构致密。含有煤炭屑，出土有陶瓷片、冶炼罐残片，瓷片多为青瓷和青花瓷，可辨器形有碗等。厚0.35~0.6米。均有分布。

第3层下为生土层，土质较硬，结构致密，纯净无包含物。

第二节　遗迹概况

Ⅳ区遗迹均开口于第3层下，有渣坑和炼炉两类，其中渣坑10座，分别为ZK4~ZK8、ZK12、ZK15~ZK18；炼炉2座，即L5、L6。分述如下。

一、渣　坑

共10座。分为圆形和椭圆形两类，其中圆形5座，椭圆形5座。均为斜壁。填土呈黑灰色，均为冶炼堆积。

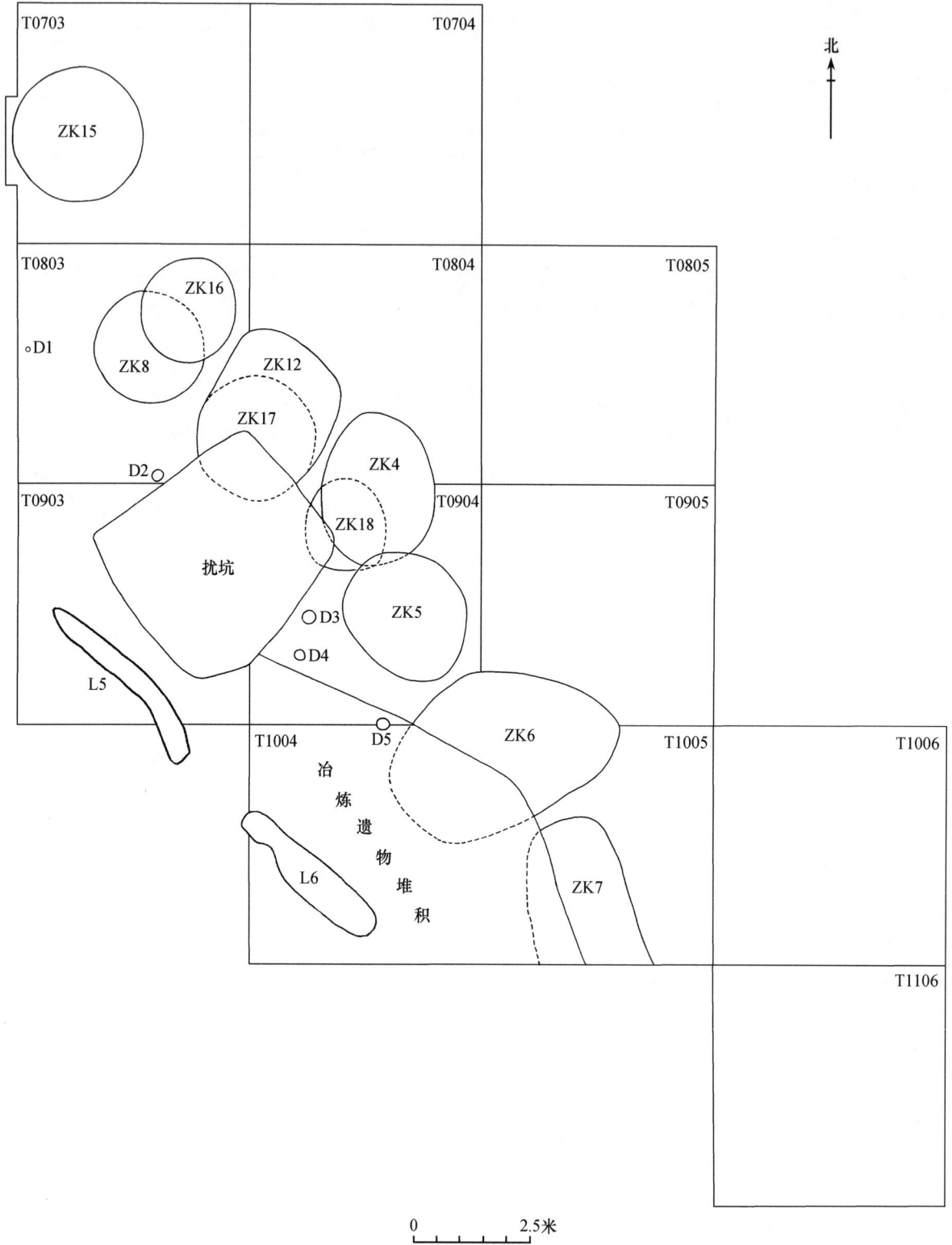

图六六　庙背后冶炼遗址Ⅳ区总平面图

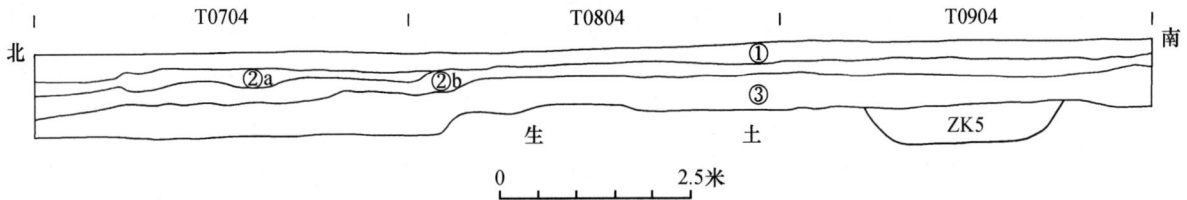

图六七　庙背后冶炼遗址Ⅳ区T0704、T0804、T0904东壁剖面图

（一）圆形

ZK8　位于ⅣT0803东北部，被ZK16打破。平底。直径2.4、最深0.2米（图六八；图版三一，1）。填土内含有大量的炉壁块、煤炭屑和煤矸石，出土有大量的冶炼罐残片。

ZK15　位于ⅣT0703西部。底部较平。直径2.7～2.8、最深0.4米（图六九）。填土内含有大量的炉壁块、煤炭屑和煤矸石，出土有大量的冶炼罐残片。

ZK16　位于ⅣT0803东北部，打破ZK8。圜底。直径2.12、最深0.3米（图七○）。填土内含有大量的煤炭屑、煤矸石，出土有少量冶炼罐残片。

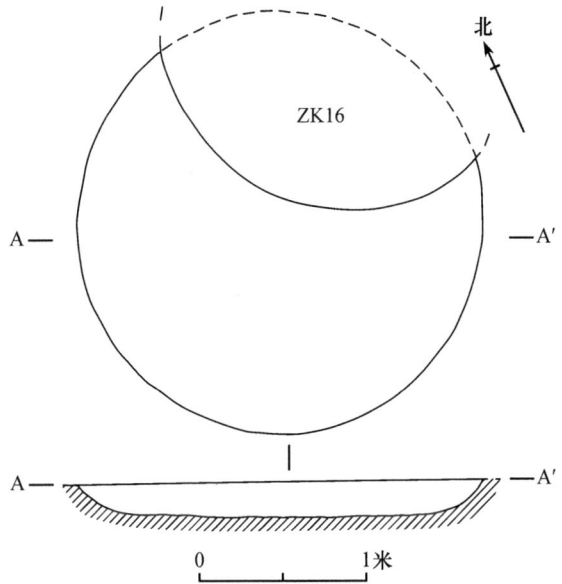

图六八　庙背后冶炼遗址Ⅳ区ZK8平剖图

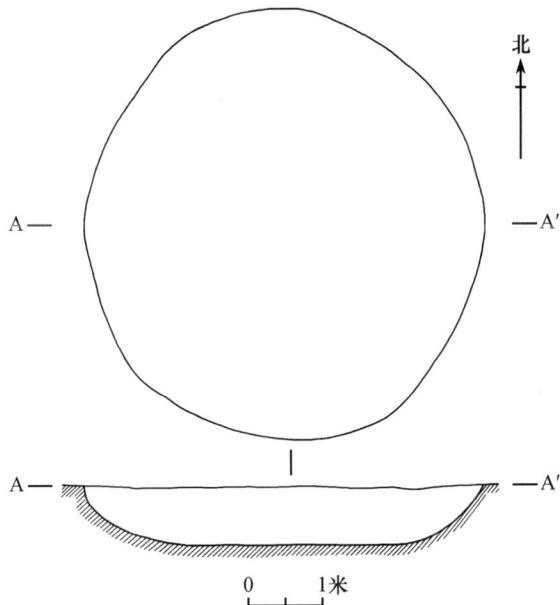

图六九　庙背后冶炼遗址Ⅳ区ZK15平剖图

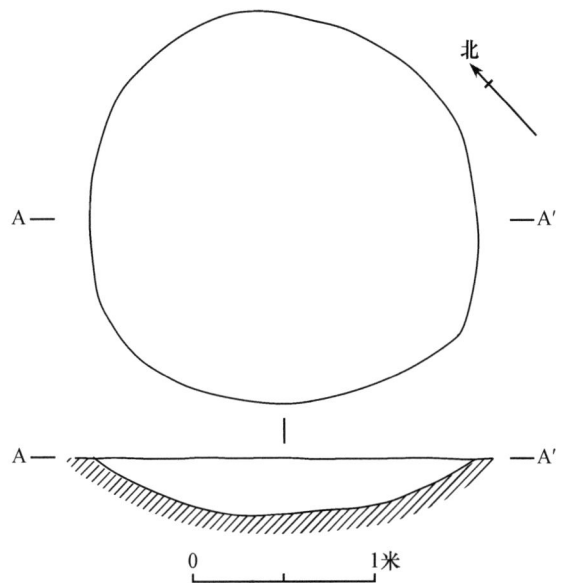

图七○　庙背后冶炼遗址Ⅳ区ZK16平剖图

ZK17 位于Ⅳ T0804西南部，部分延伸至T0803东隔梁下、T0903和T0904北隔梁下，被 ZK12叠压。平底。直径2.26～2.5、最深0.16米（图七一）。填土内含有炉壁块、煤矸石，出土 有大量的冶炼罐残片和少量的釉陶残片。

ZK18 位于Ⅳ T0904北部，被ZK4和ZK5打破。圜底。直径1.73～1.9、最深0.4米（图 七二；图版三二，1）。填土内含有大量的煤炭屑，出土有大量的冶炼罐残片。

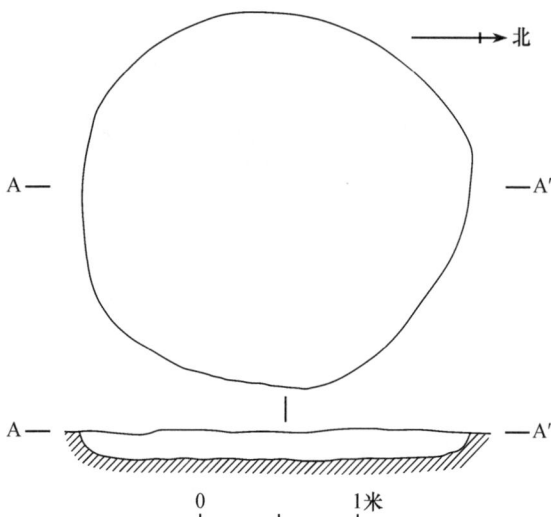

图七一 庙背后冶炼遗址Ⅳ区ZK17平剖图

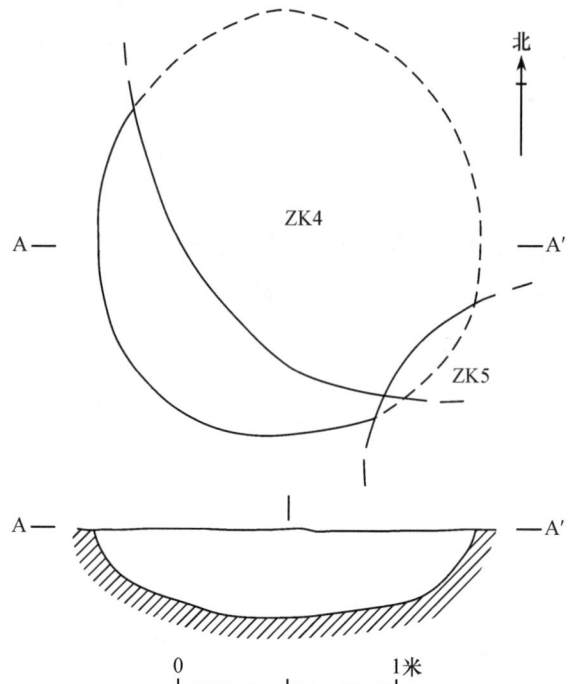

图七二 庙背后冶炼遗址Ⅳ区ZK18平剖图

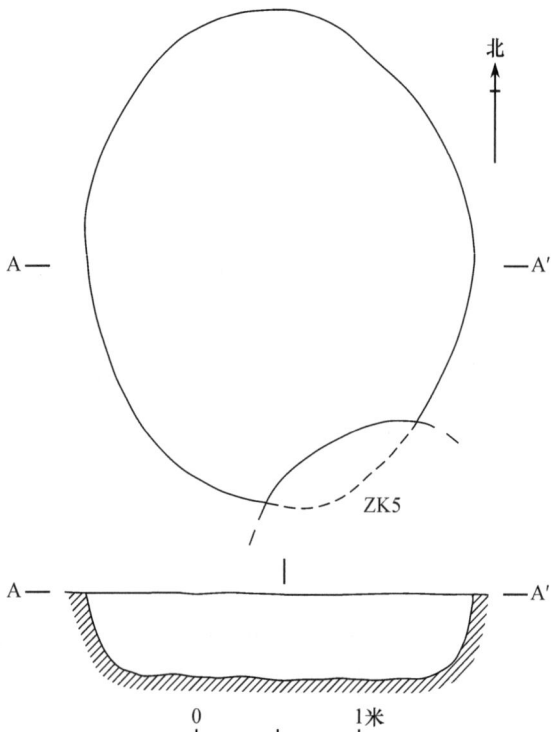

图七三 庙背后冶炼遗址Ⅳ区ZK4平剖图

（二）椭圆形

ZK4 位于Ⅳ T0804东南部，部分延伸至 Ⅳ T0904内，打破ZK18，被ZK5打破。平底。长 径2.9、短径2.36、最深0.5米（图七三）。填土内 含有大量的煤炭残渣、煤矸石，出土有少量的冶 炼罐残片和陶片，陶片残碎较甚，不辨器形。

ZK5 位于Ⅳ T0904东部，打破ZK4和 ZK18。底部较平。长径2.98、短径2.46、最深 0.5米（图七四；图版三一，2、3）。填土内含 有煤炭屑、煤矸石，出土有少量的瓷片和冶炼 罐残片，瓷片残碎较甚，可辨器形有碗等。

ZK6 位于Ⅳ T1005西北部，部分延伸至 T1004东北部、T0904东南部和T0905西南部。圜 底。长径6、短径3.3、最深0.5米（图七五）。 填土内出土有冶炼罐残片。

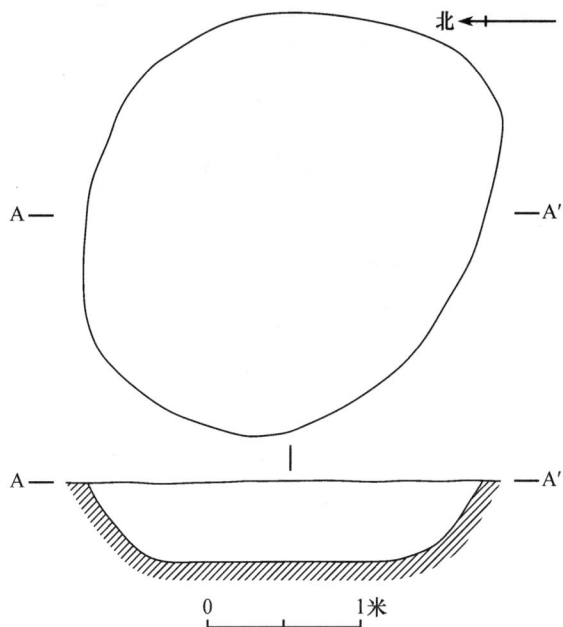

图七四　庙背后冶炼遗址Ⅳ区ZK5平剖图

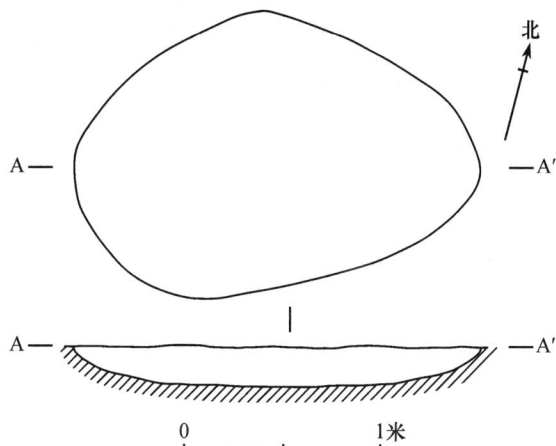

图七五　庙背后冶炼遗址Ⅳ区ZK6平剖图

　　ZK7　位于ⅣT1005南部。圜底。发掘部分最长3.1、最宽2.52、最深0.3米（图七六）。填土内含有大量的炼渣和少量的煤矸石。出土有陶片、冶炼罐残片等。

　　ZK12　位于ⅣT0804西南部，部分延伸至T0803东隔梁下、T0903和T0904北隔梁下，打破ZK17。圜底。长径3.64、短径2.82、最深0.3米（图七七）。填土内含有大量的煤炭屑、炼渣和煤矸石，出土少量的冶炼罐残片。

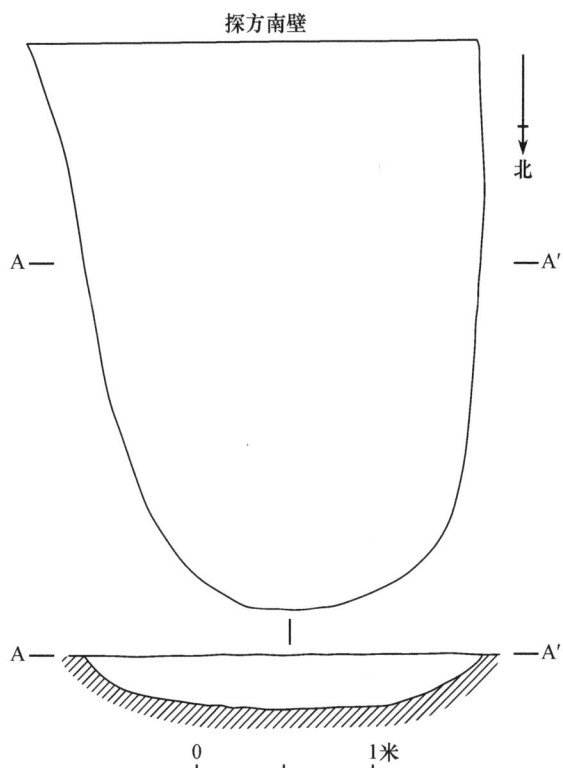

图七六　庙背后冶炼遗址Ⅳ区ZK7平剖图

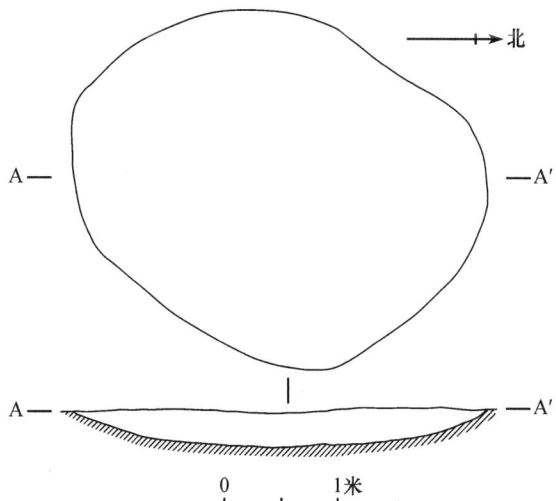

图七七　庙背后冶炼遗址Ⅳ区ZK12平剖图

二、炼　炉

共发现2座，破坏严重，地面显示为长条形红烧土痕，剖面呈直壁，底部较平，微圜。炉内填土均为沙土，呈灰白色，土质较软，结构疏松，无出土遗物。

L5　位于Ⅳ T0903西南部。长约4.6、宽0.44~0.5、深0.38~0.48米（图七八；图版三二，2）。

L6　位于Ⅳ T1004西南部。长约3.7、宽0.4~0.9、深0.14~0.2米（图七九）。

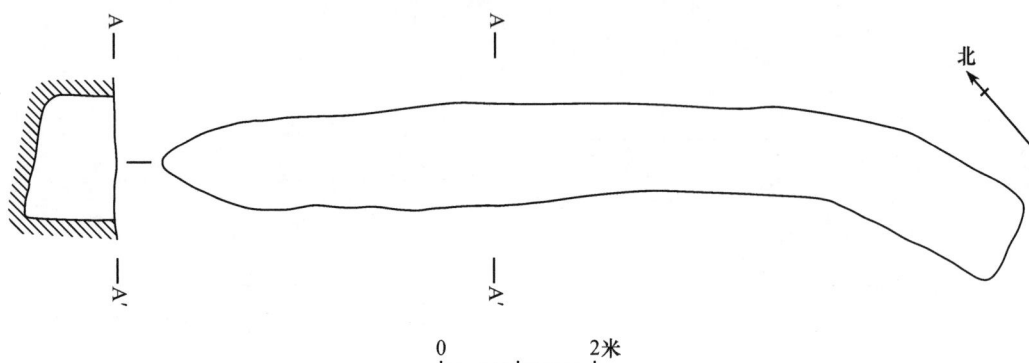

图七八　庙背后冶炼遗址Ⅳ区L5平剖图

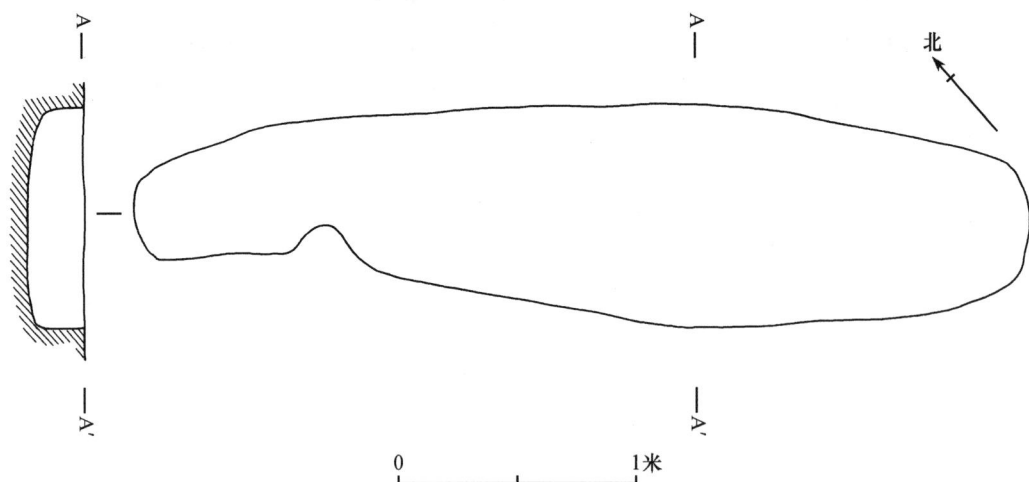

图七九　庙背后冶炼遗址Ⅳ区L6平剖图

第三节　出土遗物

Ⅳ区地层和遗迹内出土遗物不甚丰富，且残碎较甚。主要集中在地层和ZK5中。

一、第2层出土遗物

第2层出土遗物有陶片、瓷片和冶炼罐残片，其中瓷片可分为青花瓷和青瓷两类，可辨器形有碗等，瓷片较少，且较为残碎。

（一）陶器

纺轮　1件。ⅣT0704②：1，扁圆体，整体呈灰褐色，中部有圆形方孔。直径3.4、高2、孔径0.5厘米（图八○，2）。

瓦当　1件。ⅣT0703②：1，泥质灰陶，模印卷云纹。复原直径约15厘米（图八○，5）。

（二）瓷器

碗　1件。ⅣT1005②：1，敞口，尖圆唇，深弧腹，内底平，高圈足。釉色青白，青花色泽较暗，内外均画有青花纹饰，足跟处素胎无釉。内壁口沿绘有两周弦纹，底部绘有纹饰，似为浪花；外壁口沿处和底足交接处绘有一周弦纹，腹壁绘写意画动物纹。口径9.9、底径4.5、高5.2厘米（图八○，1）。

（三）金属器

铜钱　1件。ⅣT1004②c：1，圆形方孔，钱文"五铢"。直径2.6、穿边长1厘米（图八○，3）。

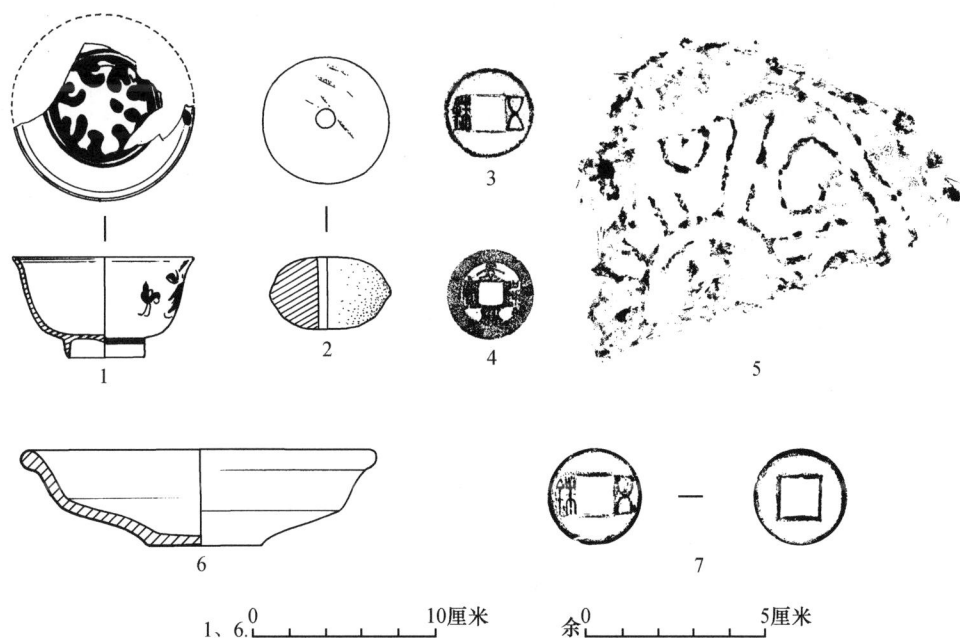

图八○　庙背后Ⅳ区出土遗物及拓片

1. 瓷碗（ⅣT1005②：1）　2. 陶纺轮（ⅣT0704②：1）　3. 五铢（ⅣT1004②c：1）　4. 景兴通宝（ⅣT1006③：1）
5. 瓦当（ⅣT0703②：1）　6. 陶盆（ⅣT0805③：1）　7. 五铢（ⅣT1005③：2）

二、第3层出土遗物

第3层出土遗物较少，有少量泥质陶片和硬陶残片，其中陶片均为泥质灰陶，多素面，可辨器形有砖和盆；硬陶中有素面、黄釉两类，但残碎较甚，不辨器形。

（一）陶器

砖　1件。ⅣT1005③：3。泥质灰陶，长方形，整体呈灰褐色，侧面模印菱形纹。长45、宽22.5、厚10厘米。

盆　1件。ⅣT0805③：1，泥质灰陶，敞口，口沿处较厚，圆唇，折腹，平底。口径19.5、底径6.2、高5厘米（图八〇，6）。

（二）金属器

铜钱　2枚，圆形方孔。ⅣT1005③：2，钱文"五铢"。直径2.6、穿边长1厘米（图八〇，7）。ⅣT1006③：1，钱文"景兴通宝"。直径2.4、穿边长0.7厘米（图八〇，4）。

三、渣坑出土遗物

ZK4、ZK5、ZK6、ZK7内出土少量冶炼罐残片，有使用过和未使用过两类，可复原者较少。均为夹粗砂硬陶，敛口，卷沿，厚圆唇，筒腹，平底微凹，通体有轮制弦纹（图版三三，1、2）。外口径9～10、内口径7～8、底径9～9.5、高25～28厘米。以ZK5出土冶炼罐介绍如下。

ZK5：1，整体呈灰褐色。外口径10、内口径8、底径9.3、高25.6厘米（图八一，2）。ZK5：2，整体呈浅灰色。底部有明显的涡形手抹纹痕。外口径9、内口径7.2、底径10.5、高27.8厘米（图八一，1；图版三三，3）。

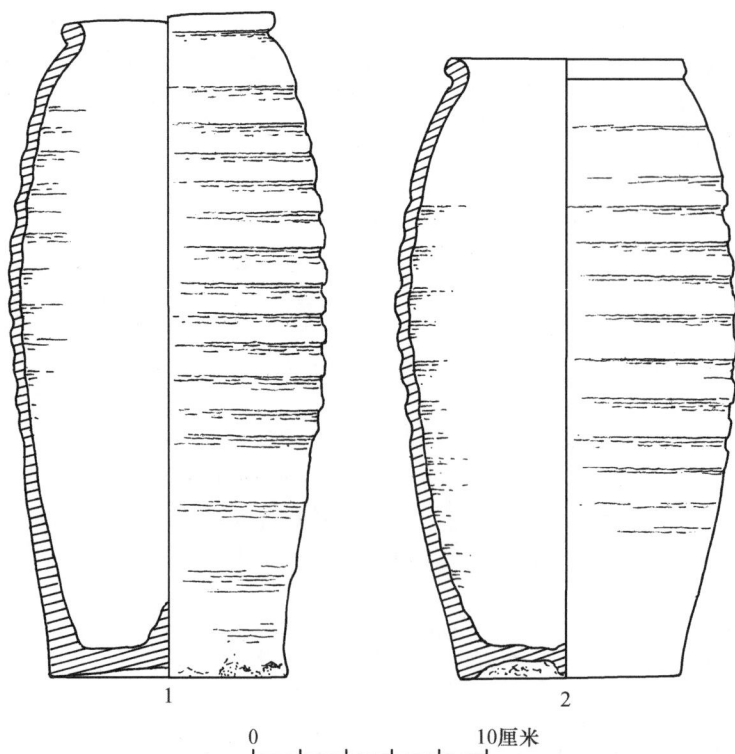

图八一　庙背后Ⅳ区ZK5出土遗物

1、2.冶炼罐（ZK5：2、1）

第五章　庙背后遗址Ⅴ区

庙背后冶炼遗址Ⅴ区在2002年至2004年共进行两次发掘。共布挖5×5平方米探方50个，10×10平方米探方1个，总发掘面积1350平方米（图八二；图版三四～图版三六）。2002年第一期考古发掘，布挖探方32个，分别为2002CFXMⅤ T0202～T0208、T0303～T0308、T0403～T0409、T0505～T0509、T0605～T0609，以及T1、T2。2004年第二期考古发掘，布挖探方19个，分别为2004CFXMⅤ T0504、T0604、T0705～T0708、T0805～T0808、T0905～T0907、T1005、T1006、T1105、T1106、T1205、T1305。

第一节　地层堆积

Ⅴ区地表高低不平，大致地势东高西低。多数探方地层堆积较厚，1～4层不等，个别探方如T1、T2仅有两层。该区地层堆积情况以2004年发掘的T0705～T1305东壁为例进行介绍，根据土质、土色、结构及包含物特征可以分为四层，其中第2层又可以分为三种不同的堆积（图八三）。

第1层：现代耕土层。土色深灰，土质软，结构疏松。包含有植物根系。厚0.1～0.37米，分布于整个发掘区。

第2a层：明清时期文化层。土色灰黄，土质软硬不一，大部分结构较疏松，局部结构致密。包含少量红烧土块和炭屑，出土有硬陶残片和少量白瓷、青瓷及青花瓷片，可辨器形有碗、盏等。厚0.07～1.65米，主要分布于发掘区中部和西部。

第2b层：明清时期文化层。土色深灰，略泛黄，土质较硬，结构较致密。包含有红烧土块和炭屑，出土大量硬陶、釉陶残片，以及少量白瓷、黑瓷、青瓷残片，可辨器形有碗、盏、盆、罐、瓮等，另外还发现较多窑具，如支钉、支座、垫饼等。厚0.05～0.8米，主要分布于发掘区南部和西部。

第2c层：明清时期文化层。土色浅灰，略泛黄，土质较硬，结构较致密。包含红烧土颗粒和炭屑，出土有釉陶残片，可辨器形有盆、盏、碗、罐等。厚0.05～0.65米，主要分布于发掘区中部。

第3层：唐宋时期文化层。土色浅灰，土质较硬，结构较致密。包含有少量红烧土块和炭屑，出土大量的泥质陶和少量的釉陶、青瓷残片，泥质陶色多为灰色，另有红陶、灰褐陶、红褐陶等，其中泥质灰陶纹饰主要为绳纹、素面，另有少量方格纹，可辨器形多为板瓦、筒瓦，另有盆、罐、瓮、甑等。厚0.05～0.8米，除了发掘区南部和东南部无分布以外，其他区域均有分布。

第4层：汉代至南朝时期文化层。土色浅黄，土质较硬，结构致密。包含有少量红烧土块和炭屑，出土较多的泥质和夹砂陶，多数为灰陶，另有少量红褐陶，纹饰多绳纹，另有不少素面，可辨器形有盆、罐等。厚0.05~1.1米，除了发掘区南部无分布以外，其他区域均有分布。

第二节 遗迹概况

V区发现的遗迹有灰沟2条，编号2004ⅤG1、G2；灰坑7个，即2002ⅤH1~H5，2004ⅤH6、H7；渣坑3个，即2002ⅤZK1~ZK3；灶4个，即2004ⅤZ1~Z4；炼炉3个，即2002ⅤL1~L3；墓葬2座，即2002ⅤM1、2004ⅤM3。分述如下。

一、灰　沟

共发现2条，均呈西南—东北走向，平面形状均呈长条形。

G1　位于2004ⅤT0905、ⅤT1005、ⅤT1105内，开口于②b层下，打破②c层。为石条砌成，东侧石条立置，西侧因破坏多平置。石条长40~170、高26~27、厚6~7厘米。发掘长度12、沟槽宽0.3~0.4、深约0.26米（图八四；图版三七，1）。G1内填土为浅灰色，土质较软，结构较致密，性粘，无出土遗物。

G2　位于2004Ⅴ T0905、ⅤT0906、ⅤT1005、ⅤT1105、ⅤT1205内，开口于②c层下，打破③层，西壁被G1打破，东壁北部和南部有少部分被石块堆积打破。该沟为斜壁，坑壁不规整，沟底大致呈斜坡状，北高南低。发掘部分长18、宽1.45~2.4、最深0.4米（图八五；图版三七，2）。沟内填土无明显分层，土色浅灰，土质较硬，结构较致密。出土有少量硬陶残片，可辨器形有罐、碗、盏等，另有"建炎通宝"铜钱1枚。

二、灰　坑

共发现7个，其中圆形3个，即H3、H4、H7；椭圆形2个，即H1、H6；长方形2个，即H2、H5。坑内堆积均无明显分层，包含有炭屑和红烧土块

（一）圆形

3个。口部平面均呈圆形。土质坚硬，结构致密。

H3　位于2002ⅤT0306中北部。开口于②层下，打破③层。弧壁，圜底。直径3、最深0.4米（图八六）。填土呈灰褐色。出土大量陶瓷器残片，可辨器形有瓷碗、盏、盘、盆、壶等。

H4　位于2002ⅤT0407、T0507、T0506、T0406四个探方交会处。开口于②层下，打破③层。直壁，平底。直径3、深0.5米（图八七）。填土呈黄褐色。出土大量陶器残片，完整器达160余件，器形为碗、盏、碟、杯、支圈、支座、器盖等。

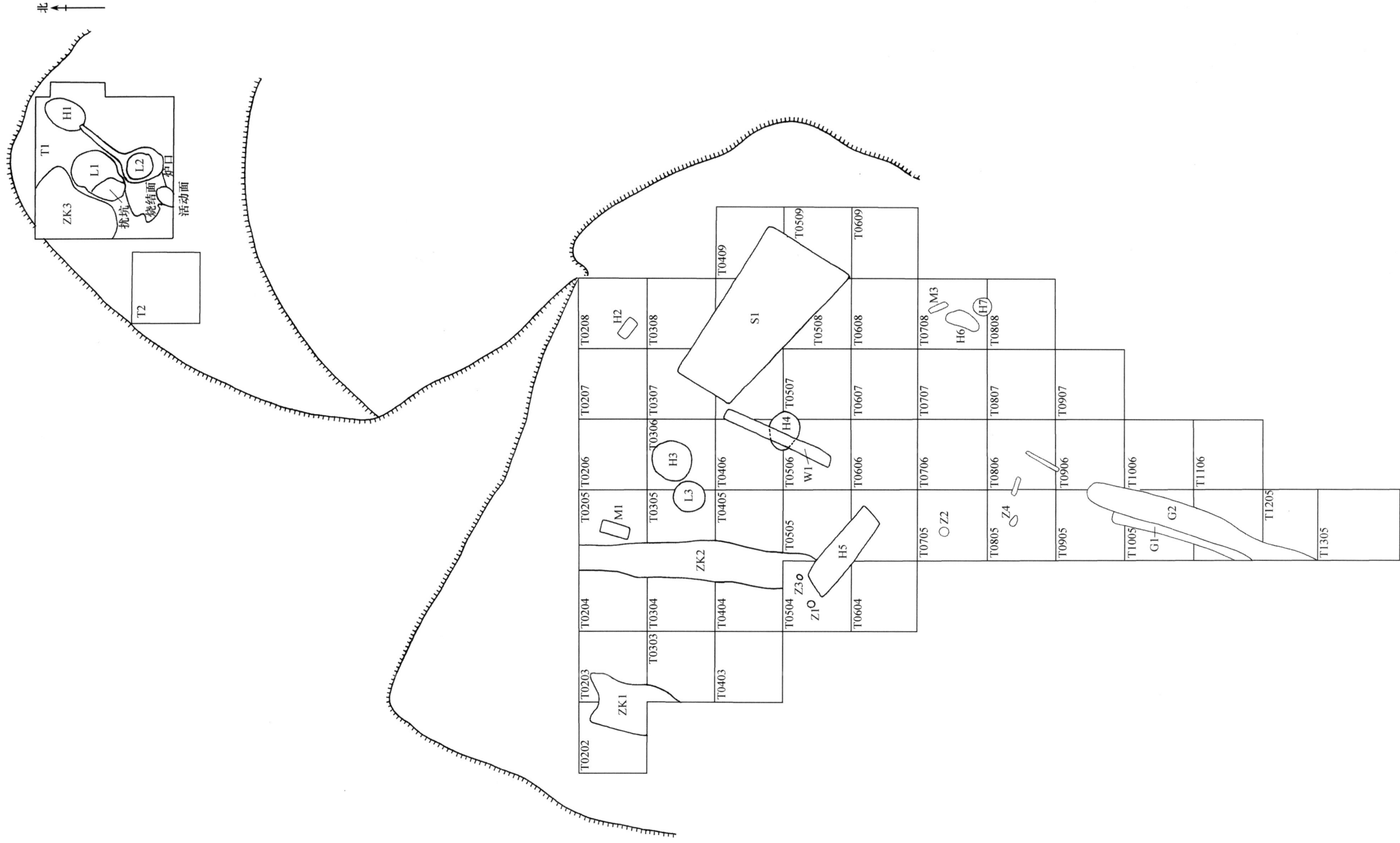

北

T1
H1
L2
L1
挖口
ZK3
扰坑
烧结面
活动面

T2

T0208
H2
T0308
T0409
T0509
S1
T0609
T0608
T0508
M3
T0708
H6
H7
T0808

T0207
T0307
T0306
T0607
T0707
T0807
T0907

T0205
T0206
H3
T0405
T0406
H4
T0507
W1
T0506
T0606
T0706
T0806
T0906
T1006
T1106

T0204
M1
T0305
L3
T0405
T0505
Z2
T0705
Z4
T0805
G2
T1005
G1
T1205

T0203
T0303
T0304
T0404
T0504
Z3
ZK2
Z1
H5
T0604
T0905
T1305

T0202
ZK1

0   10米

图八二 庙背后遗址Ⅵ区总平面图

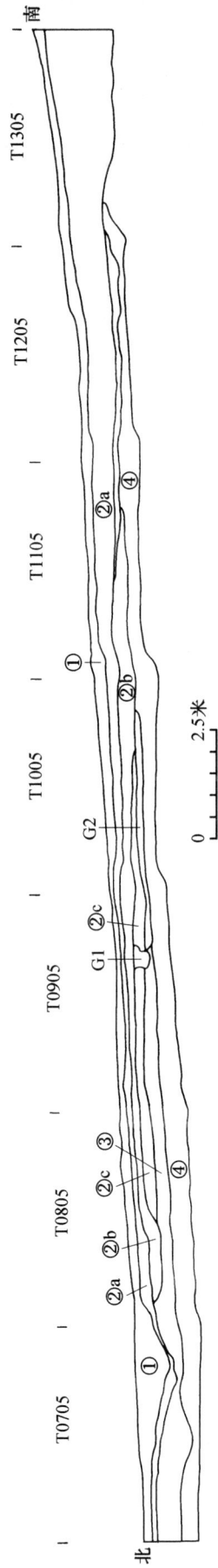

图八三　庙背后遗址Ⅴ区T0705～T1305东壁剖面图

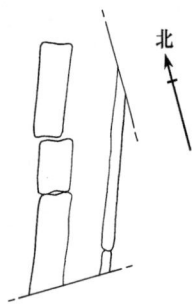

T1005北隔梁

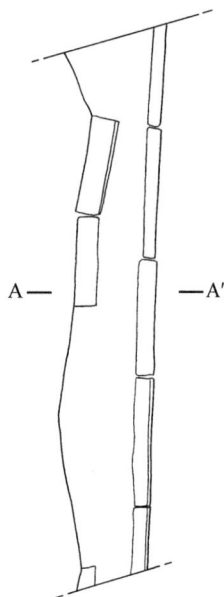

A —　　— A′

T1105北隔梁

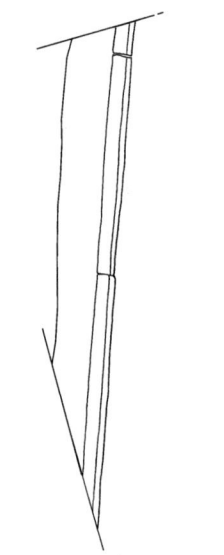

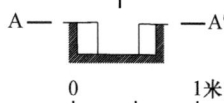

图八四　庙背后遗址Ⅴ区G1平剖图

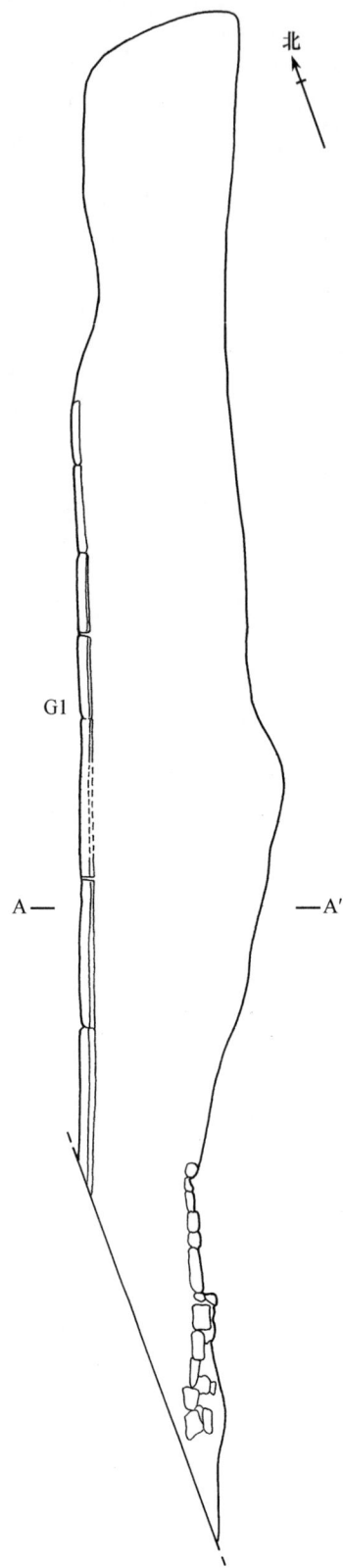

图八五　庙背后遗址Ⅴ区G2平剖图

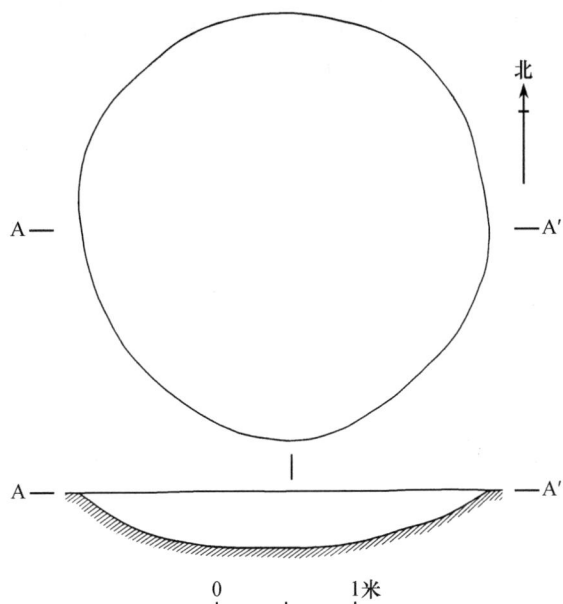

图八六　庙背后遗址Ⅴ区H3平剖图

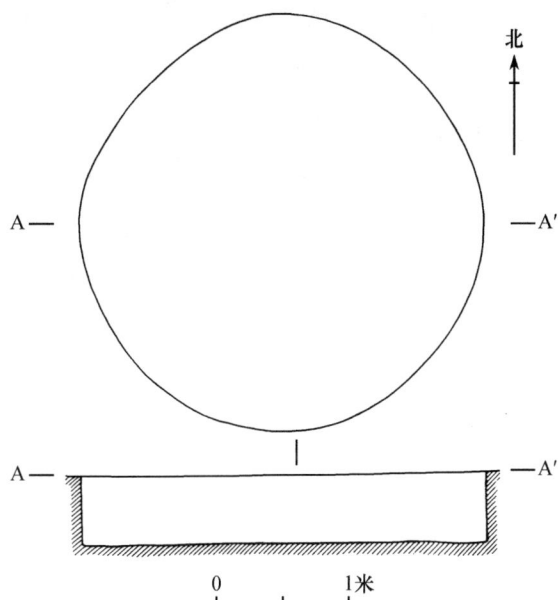

图八七　庙背后遗址Ⅴ区H4平剖图

　　H7　位于2004ⅤT0708南部，并进入T0808北隔梁。开口于③层下，打破④层。直壁，平底。直径1.3、深0.34米（图八八）。填土呈深灰色。出土有少量泥质灰陶残片，可辨器形有盆等。

（二）椭圆形

　　2个。平面形状呈椭圆形或不规则椭圆形，直壁，平底。

　　H1　位于2002ⅤT1东北部。开口于②层下，打破生土层。坑口长径为3、短径2米；底部长径2.1、短径1.55米，最深1.25米（图八九）。填土呈红褐色，夹杂有大量的黄色淤积土。出土有大量陶瓷器残片、少量动物骨骼，以及铜钱、箭镞、骨器等。陶瓷器可辨器形有碗、盏、碟、盘、盆、壶、罐、支座等。

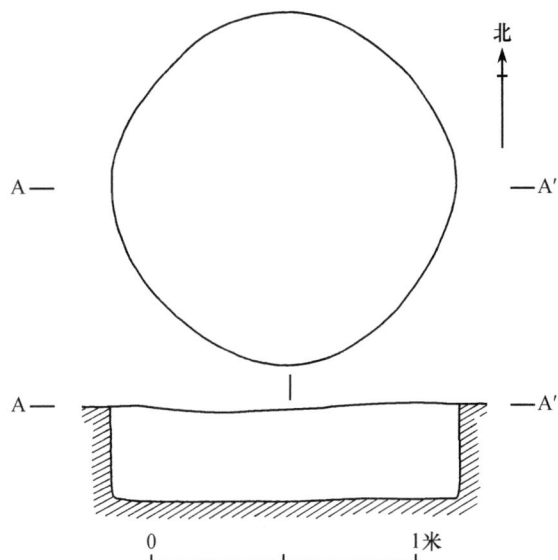

图八八　庙背后遗址Ⅴ区H7平剖图

　　H6　位于2004ⅤT0708中部，开口于③层下，打破④层。口部长径2.6、深0.36米（图九〇）。填土呈深灰色，土质坚硬，结构致密。出土少量泥质灰陶绳纹板瓦和筒瓦。

（三）长方形

　　2个。平面形状大体呈长方形。填土呈灰色，土质软，结构疏松。

　　H2　位于2002ⅤT0208南部。开口于③层下，打破④层。直壁，平底状。长1.5、宽0.7～0.8、深0.5米（图九一）。出土有少量陶器残片，无可辨器形。

H5 位于2002ⅤT0605、T0505、T0504、T0604四个探方内，呈西北—东南向。开口于④层下，打破生土层，斜壁，平底。长5.9、宽1.75~2.3、深0.66米（图九二）。出土有较多的炭粒、熔渣、铁渣、鼓风管残块等。

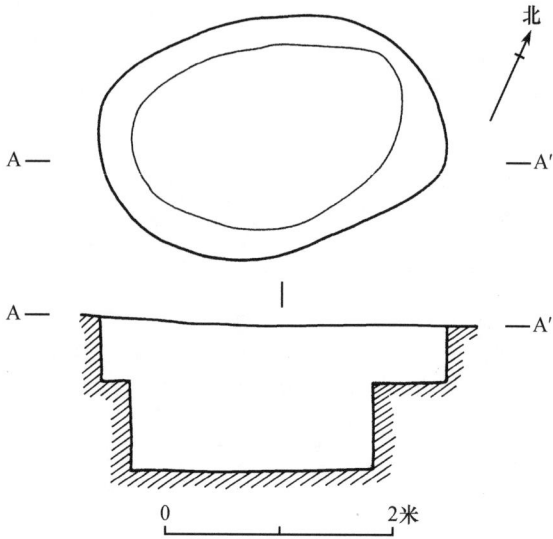

图八九　庙背后遗址Ⅴ区H1平剖图

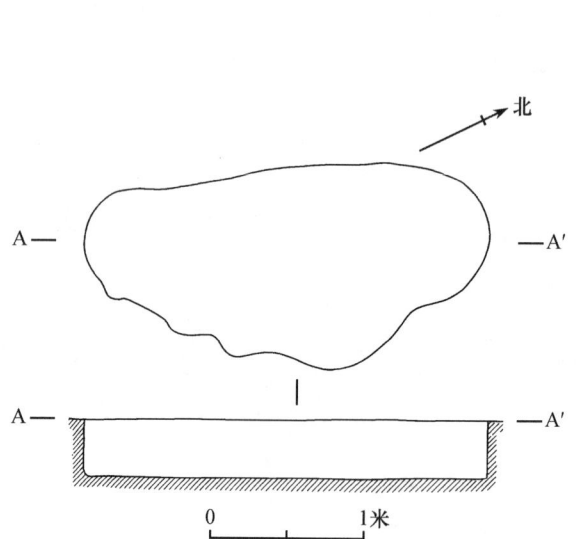

图九〇　庙背后遗址Ⅴ区H6平剖图

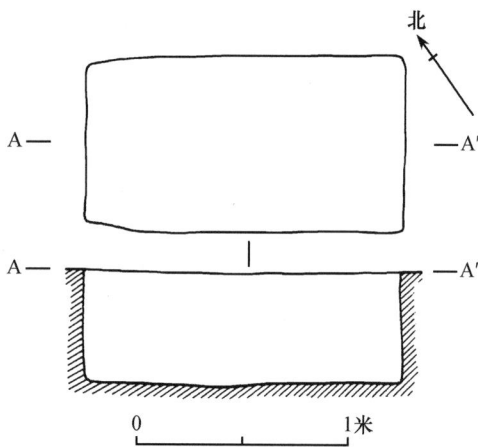

图九一　庙背后遗址Ⅴ区H2平剖图

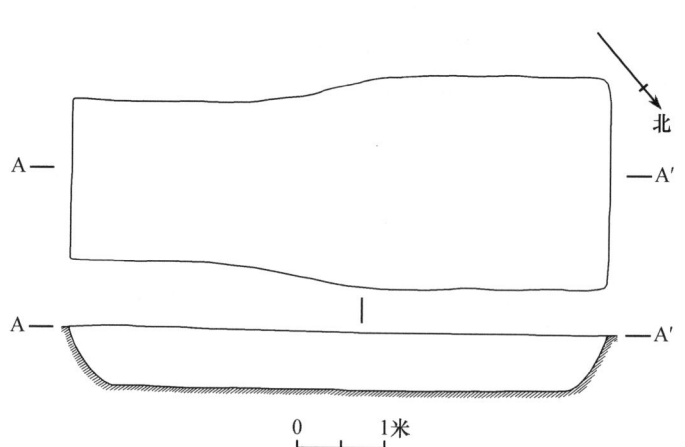

图九二　庙背后遗址Ⅴ区H5平剖图

三、渣　坑

渣坑共发现3个，其中不规则形两个，即ZK1、ZK3；长条形1个，即ZK2。坑内堆积均无明显分层。坑内堆积多为黑色炉渣、冶炼罐残片、炉壁残块、木炭、煤矸石等冶炼遗物。

（一）不规则形

ZK1 位于2002ⅤT0202东部、T0203西部，以及T0303西北部。开口于②层下，打破③层。通过清理，该遗迹为一个不规则形状，斜壁，略呈平底。发掘部分最长4.5、最宽3.2、最深0.2米（图九三）。出土有少量陶瓷器残片，可辨器形有盆、碗等。

　　ZK3　位于2002ⅤT1西北部。开口于②层下，打破生土层。直壁，平底。发掘部分最长2.2、宽1.92、深0.8米（图九四；图版三八，1）。坑内出土炉渣可分黑、红两种，冶炼罐均已经过使用（图版三八，2），个别冶炼罐内尚存有矿石，已烧结成块。此外，还出土有青花瓷片和陶器残片，可辨器形有碗、盆等。

（二）长条形

　　ZK2　位于2002ⅤT0205、T0305、T0405、T0505的西部，以及T0204、T0304、T0404的东部。开口于②层下，打破③层。长条形，近直壁，底部近平，略有起伏。长17、宽1.1～2、最深0.5米（图九五；图版四三，1），出土少量炉壁残块和冶炼罐，另有陶器残片若干，可辨器形有罐、盏等。

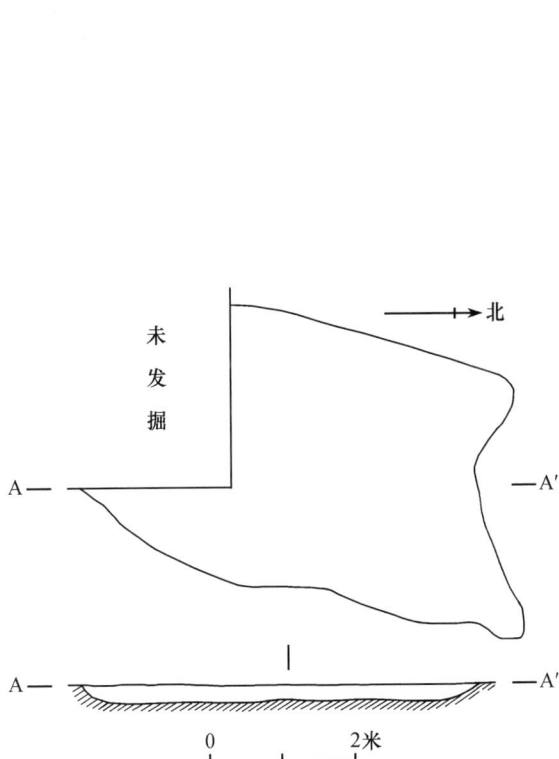

图九三　庙背后遗址Ⅴ区ZK1平剖图

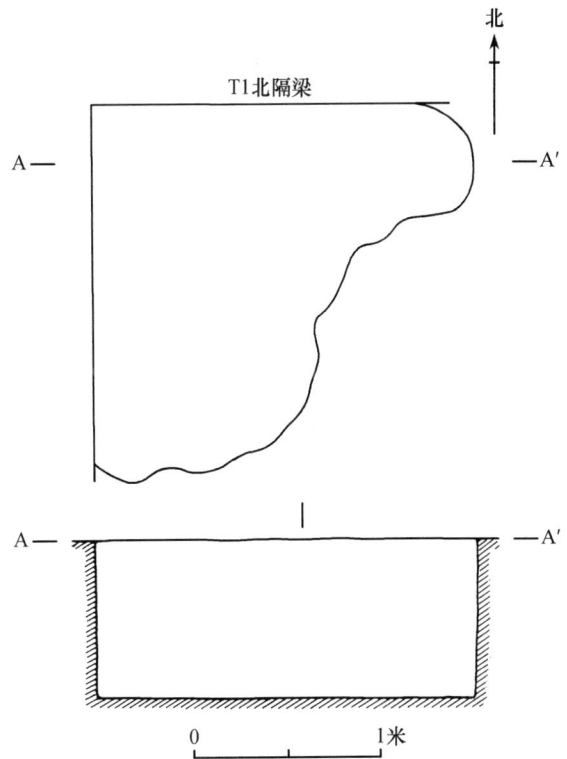

图九四　庙背后遗址Ⅴ区ZK3平剖图

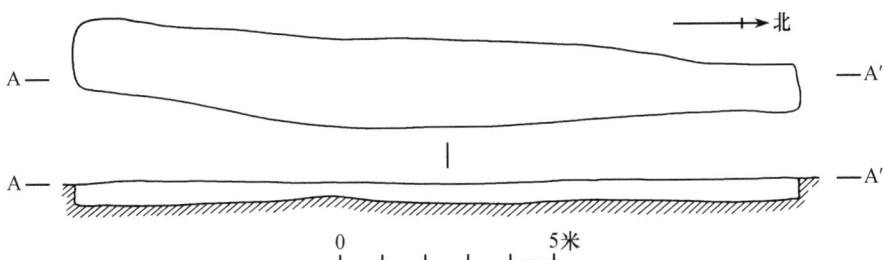

图九五　庙背后遗址Ⅴ区ZK2平剖图

四、灶

共发现4个，其中近椭圆形2个，即Z1、Z2；近方形1个，即Z3；长方形1个，即Z4。灶坑内堆积无明显分层，土质软，土质疏松，含有较多的炭屑红烧土块。

（一）椭圆形

2个。口部平面略呈椭圆形。

Z1　位于2004ⅤT0504中部，开口于②层下，打破③层。灶口西壁摆砌有不规则的石块，周壁光滑，斜收至底，底部略平，微有起伏。周壁进口部受火较为严重，红烧土辐射面最宽2厘米，下部受火较微。口部平面长径0.58、短径0.5；灶底进深0.54、深0.2米（图九六）。灶坑内填土呈灰色，出土少量板瓦残片。

Z2　位于2004ⅤT0705的中北部，开口于③层下，打破④层。周壁石砌，斜收至底，圜底。口部长径0.58、短径0.5、深0.3米（图九七）。灶坑内填土呈灰色，略泛黄。无出土遗物。

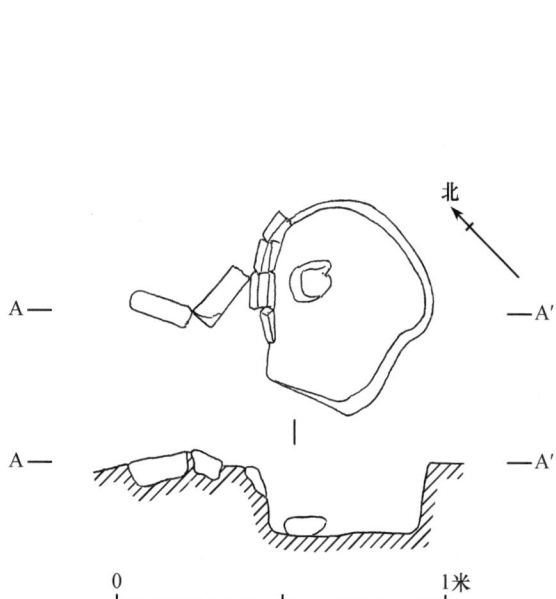

图九六　庙背后遗址Ⅴ区Z1平剖图

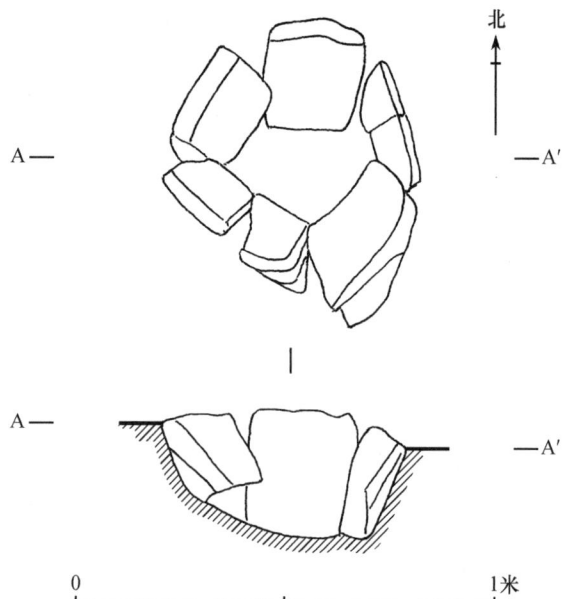

图九七　庙背后遗址Ⅴ区Z2平剖图

（二）方形

1个。

Z3　位于2004ⅤT0504东北部，开口于③层下，打破④层。口部平面形状略呈方形，周壁光滑，东西两壁直壁向下，南北两壁均向南倾斜，坡底，由南向北倾斜。周壁近口部高约5厘米受火较为严重，红烧土辐射面最宽2厘米，下部受火较微。灶口边长0.3、灶底进深0.25、灶深0.13～0.22米（图九八）。灶坑内填土呈深灰色。出土极少量泥质灰陶残片，不辨器形。

（三）长方形

1个。

Z4 位于2004ⅤT0805东北部，开口于③层下，打破④层。仅存东西两壁，口部平面形状呈长方形，直壁，平底。在灶的北端地面有一块较平石块，应是灶的一部分。东西两壁近口部受火较为严重，红烧土辐射面厚2～3厘米。口部长0.53、宽0.25、深0.1米（图九九）。灶坑内填土呈浅灰色。无出土遗物。

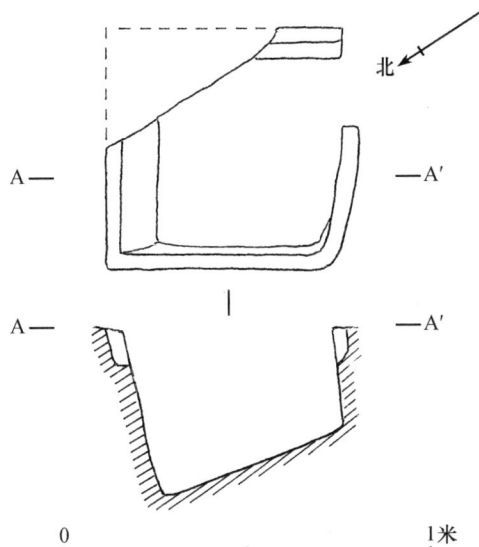

图九八 庙背后遗址Ⅴ区Z3平剖图

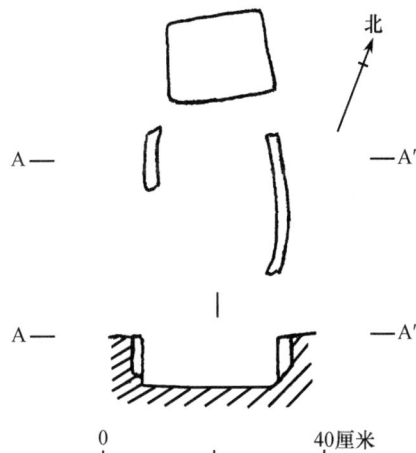

图九九 庙背后遗址Ⅴ区Z4平剖图

五、炼　炉

共发现3座，即L1、L2、L3，以L2所反映的信息最多。其中圆形1座，即L3；椭圆形1座，即L2；不规则形1座，即L1。

（一）圆形

1座。

L3 位于2002ⅤT0306西部，并进入T0305东隔梁下，开口于②层下，打破③层。仅存底部，基本与地面齐平，平面形状呈圆形，圜底。底部附着一层较薄的与地面基本齐平的煤炭颗粒硬面。直径约2.2、最深0.06米（图一〇〇；图版三八，3）。炉内堆积无明显分层，土质较硬，结构较致密。绝大多数为分布杂乱的红烧土块及炉壁残块，另有少量的冶炼罐残片和陶器残片。

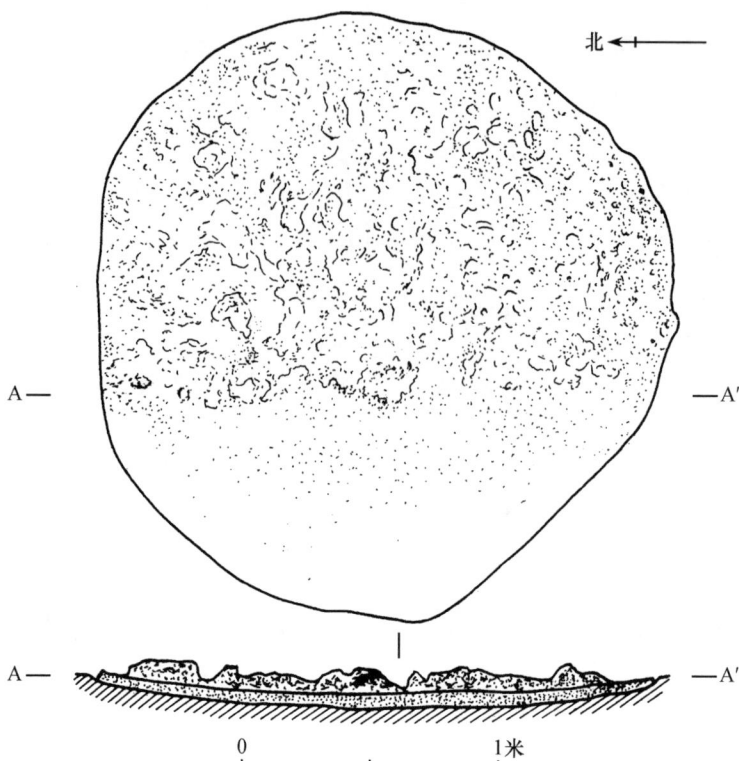

图一〇〇　庙背后遗址 V 区 L3 平剖图

（二）椭圆形

1座。

L2　位于2002 V T1东南部。开口于②层下，打破生土层。炉基平面形状大体呈椭圆形，斜弧壁，底部不平。长径3.05、短径2.35、残深0.55米（图一〇一；图版三九、图版四〇）。L2的基坑系就地挖成，可能经过轻夯。周壁和底部经过较长时期的热辐射，形成一层由灰白色（生土为灰白色）到浅灰白色再到黄色的烧结硬面，厚2～5厘米。东北部的炉壁经过热辐射则形成一层浅灰白色的烧结硬面，厚约2厘米。上述硬面上部又覆盖一薄层用煤炭粉或煤炭颗粒铺成的硬面，煤炭颗粒度大小不等，最大的粒径约有2厘米，该层结构致密，厚约1厘米。L2基坑南部保存最好，该部分口沿处的黄色烧结硬面，有向外弧折并逐渐呈平面延伸的现象，由此推测出原炉基坑深度约0.55米。

炉口设在炉基西南侧，残存有部分南壁和北壁，平面大致呈喇叭形，靠近炉基处炉口最宽。残存部分外口宽约1米，近炉基处宽约1.8、进深1.9米，炉口底部呈由南向北倾斜的坡状，最深约0.2米。炉口南北两壁和底部表层因经过长时间的热辐射，土色已由灰白色变为黄色，形成一层厚2～5厘米的烧结硬面，硬面与西部炉壁的黄色烧结面连成一体。炉口部分黄色烧结面不甚平整，有小凹坑，黄色烧结面的上部有一层以煤炭粉或煤炭颗粒铺成的硬面，厚1～5厘米。炉口的西南部被一个小型椭圆形浅坑打破，从其剖面来看，坑内填土为含有煤渣的粘土，至少可分为7层，各层厚度不均，一般在2～8厘米，结构较致密，应为活动面，显系长期踩踏形成。

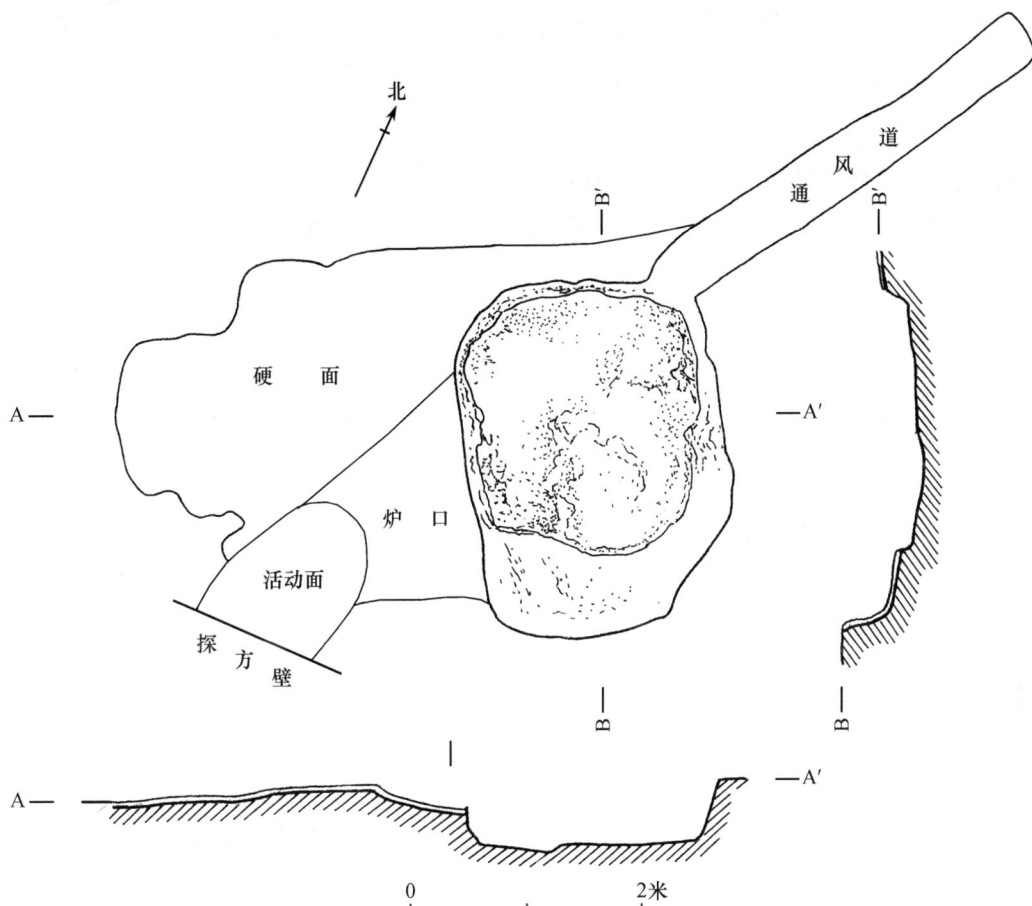

图一〇一　庙背后遗址Ⅴ区L2平剖图

　　L2东北部发现一条长条形沟槽，平面形状呈长方形，直壁，平底，较为规整，疑似通风道。风道长3.95、宽0.5、平均深0.4米。炉基西部发现有硬面层，呈不规则形。表层为煤炭颗粒，局部有较大块的煤炭颗粒堆积，经过长期踩踏，硬度较高，结构致密，底层为原始地面。推测此处是煤炭堆积区。硬面长3、宽1.3～3、平均厚约0.15米，局部厚度达0.2米。炉内堆积无明显分层，主体呈黑灰色，夹杂有黄色淤积土，土质坚硬，结构致密。炉基及周边附属遗存出土有大量红烧土块、炉壁残块、煤渣、炼渣及经高温焙烧已呈红色的汉砖（图版四一）。

　　L2内出土的炉壁残块从受火温度上大体可分为以下三类。

　　第一类，内壁。有流状或近流状烧结面，烧结面多呈蜂窝状，有少部分则呈亮流状结面，颜色呈黑褐色、红褐色或泛黄的红色，烧结温度很高，残存的块体最大，显示有较强的硬度和坚固度，比较薄，最大的长34、最宽17、厚5厘米。个别残块有折角，似属于炉底边沿部分。有的残块上则明显有二次附贴耐火泥的现象，且烧结火候更高，应是修补痕迹。此类炉壁以耐火粘土夹杂石英或砂石颗粒制成，占出土炉壁残块总数量的70%。

　　第二类，中壁。受火或热辐射较强，烧成温度高，颜色呈略泛黄的红色，硬度较高，这些砖极少有流状烧结的迹象。此类炉壁皆以成形的泥质条砖为之，大部分为残断的汉砖，一般厚度在7厘米左右，这些砖均使用在炉壁的中部，起到壁骨的作用，占出土炉壁残块总数量的25%。

第三类，外壁。受火或热辐射较弱，烧成温度不高，均为泥质，个别的残存形体较大，硬度不高，颜色从黄红色逐渐变为泛灰的黄色，硬度不高，容易破碎。此类数量最少，只占出土全部炉壁残块的5%。从各种迹象判断，外壁厚度可能超过15厘米，大致可以分为二～三层不等。以三层为例：内层厚约3厘米，火候较高，颜色较深，呈深黄红色，内面较平整，显系涂抹在中层泥质条砖之外；中层厚约6厘米，颜色较第一层稍浅；最外层厚度超过8厘米，颜色呈浅黄红色，受火温度最低，并且外侧面显得不够整齐。其中有一块总厚度约18厘米，大致可分两层，内层厚约10厘米，呈浅黄红色；外层厚约8厘米，颜色则明显逐渐变为姜黄色或泛灰的黄色。

此外，在出土的众多炉壁残块中，有60余块应是炉口部位残块。这些残块一般呈弧折形，弧折的两面都受火温度较高，均有红褐色、黑褐色蜂窝状或近流状烧结面，有的炉壁上的炼渣则熔融成泪状流线，可见受火温度之高。

由炉壁断块的情况可以大体推测炼炉的建造过程：第一步，就地挖一个近圆形或椭圆形的浅坑，作为炼炉的基础坑，底部轻夯；第二步，在挖好的基础坑内用泥质条砖铺砌炉底及框架，同时预设风窝或通风道。通过内侧炉壁残块推测，炼炉内腔高度可能超过38厘米；第三步，在条砖砌就的炉壁与基础坑壁之间的空隙填充泥土，可能使用耐火粘土或就地取土；第四步，在砖砌炉壁的内腔和炉口处涂抹一层较厚的夹杂有均匀石英砂石颗粒的耐火泥（耐火泥的本色不详，但从L3的底部残存情况来看，可能为深灰色粘土）；第五步，就地取土和泥，涂抹在炉外壁，以起到保温的作用。其中一块较大的外壁残块外侧有弧度，与发掘出的近圆形炼炉基础坑形状吻合，上述炉壁残块残长24、宽20、厚7厘米，上下两面较平整，似乎说明外壁或许是先做成长方形的泥块，然后由下向上逐层贴附在条砖砌就的炉壁外侧，并逐层加厚。

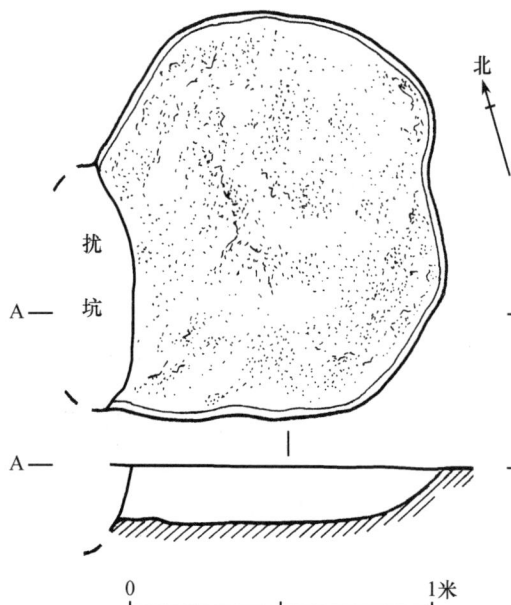

图一〇二　庙背后遗址 V 区L1平剖图

（三）不规则形

1座。

L1　位于2002 V T1中部。开口于②层下，打破生土层，西部被扰坑打破。平面形状呈不规则形，弧壁，底部由南往北向下倾斜局部略有起伏。周壁及底均附着一层较薄的煤炭颗粒硬面，结构致密，厚0.02～0.1米；硬面下未见有热辐射或烧结的现象。炉基平面直径3～3.2、最深0.45米（图一〇二；图版四二）。炉内堆积无明显分层，填土呈黑灰色，土质较软，结构较疏松。出土有大量已烧成红色的炉壁残块，多数用夹粗砂的耐火土制成，少量则直接利用旧砖，部分炉壁残块经高温烧烤已有琉璃状烧结面。同时还出土有少量冶炼罐残片、煤块、煤粉、炼渣、炉渣等。其中炉渣可分为黑灰色和红褐色两种。

六、墓　葬

共发现2座，即M1、M3。均为长方形竖穴土坑，直壁，平底。填土呈红褐色，土质硬，结构致密。

M1　位于2002ⅤT0205中部，开口于②层下，打破③层。方向为190°。长2.1、宽0.93、深0.4米。墓底发现骨架1具，头向为南，足向北。腐朽较为严重，仅存其形，其中上肢骨和左侧股骨无存，存者触之即碎。性别、年龄不详。未发现随葬品（图一〇三）。

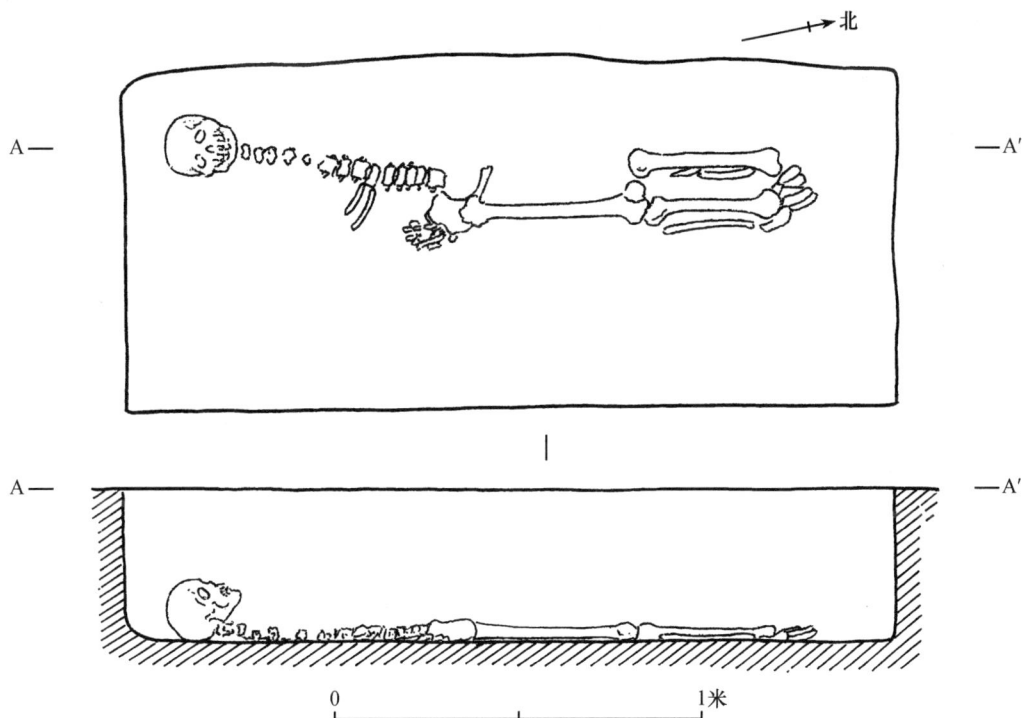

图一〇三　庙背后遗址Ⅴ区M1平剖图

M3　位于2004ⅤT0708东北部，开口于③层下，打破④层，方向150°。长1.4、宽0.4、深0.4米。墓底发现骨架1具，腐朽极为严重，仅存一段肢骨，性别、年龄不详。头端随葬釉陶碗和圆陶片各1件（图一〇四）。

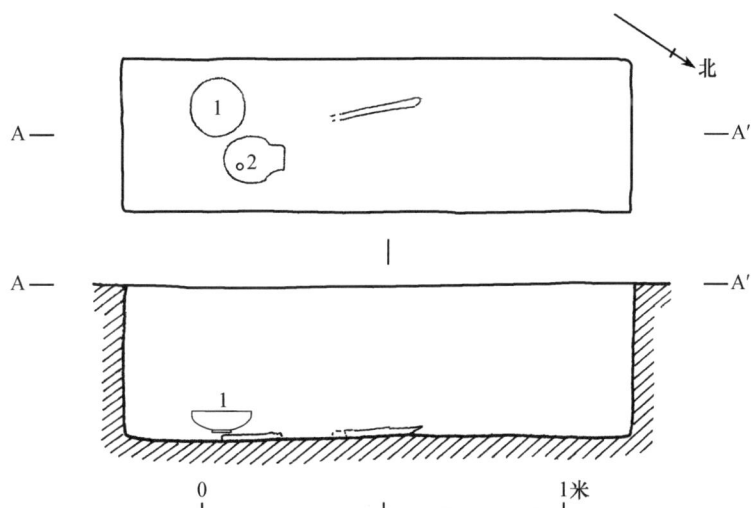

图一〇四　庙背后遗址Ⅴ区M3平剖图

1. 陶碗　2. 圆陶片

七、其他遗迹

此处遗迹性质不明，编号W1。位于2002ⅤT0506中北部，向东北斜向跨越T0406东部，并进入T0407。开口于②层下，叠压在H4之上，向下打破③层。该遗迹由体型较大的釉陶束颈罐和敛口罐口底相互套合成列，但相互不通，最南端的3件则为敛口罐，连同束颈罐总计17个。所有的陶罐呈南北向平放在长条形的土圹之中，其中由南向北第10节罐下支垫有一块较大的炼渣，有的罐下面支垫有较大块的陶片。所有的罐口向南，罐底向北，南侧的罐底套入北侧的罐口内，罐底位于下一陶罐的内束颈处。这些罐放置时应是完整的，发掘时上部均已破碎。土圹为直壁，平底，长8.6、宽0.8、深0.6米（图一〇五；图版四三，2、3）。填土呈黄色，土质较软，结构疏松。个别罐内发现有与H4形制一致的陶碗、齿形支圈，以及汉砖残块等，上述器物均位于罐内淤土的上层，似乎说明上述器物并非当时有意放入。但有的罐内底部发现有牛的股骨和牙齿，应是当时罐内本来的残存遗物。

第三节　出土遗物

Ⅴ区遗物主要出土于第2、3、4层和H1、H3、H4内，G2、ZK2、M3也出土少量遗物。主要为陶器，陶器均为硬陶，且绝大多数施釉。另有少量瓷器、金属器、石器和骨器等。

一、第2层出土遗物

（一）陶器

碗　13件。敞口，圆唇或尖圆唇，弧腹，平底微凹，个别为矮圈足。内外壁多施釉。2004ⅤT0906②b：10，内壁和外壁上部均施黑灰色釉，口沿处又施加一周黄白色釉带，并有向下滴垂现象。内底残，制作时用一小泥片修补。内底有圆形支圈痕，直径8.5厘米。支圈痕内及无釉处呈暗红褐色。口径17.4、底径6、高6.2厘米（图一〇六，11）。2004ⅤT0906②b：12，矮圈足。内壁及口沿施酱黄釉，外壁口沿处有流釉现象。外壁下腹近足处有三周刀削痕，内底有一周凹弦纹，弦纹外有5个支钉痕。支钉痕及无釉处呈红褐色。口径18.5、底径6、高5.3厘米（图一〇六，9）。2004ⅤT1105②b：1，内壁及外壁大部分施黑灰色釉，不显玻璃质感。内底中部有一周凹弦纹，外壁近底处有圆形支圈痕，直径9厘米。支圈痕内及无釉处呈暗红褐色。口径15.7、底径6、高4.8厘米（图一〇六，10）。2004ⅤT1105②b：4，口部微变形。内壁及口沿施青灰色釉，外壁口沿处有流釉现象。无釉处呈灰色。口径16.5、底径5.8、高5.8厘米（图一〇六，8）。2004ⅤT1105②b：12，内壁及口沿施铁褐色釉，釉面不均匀，局部露胎。内壁近底处有随意刻划痕，底部正中有一周凹弦纹。外壁口沿处有流釉现象，并留有烧制时与窑具的粘接痕。外壁近底部有5周轮

北

—A'

A'—

2米

0

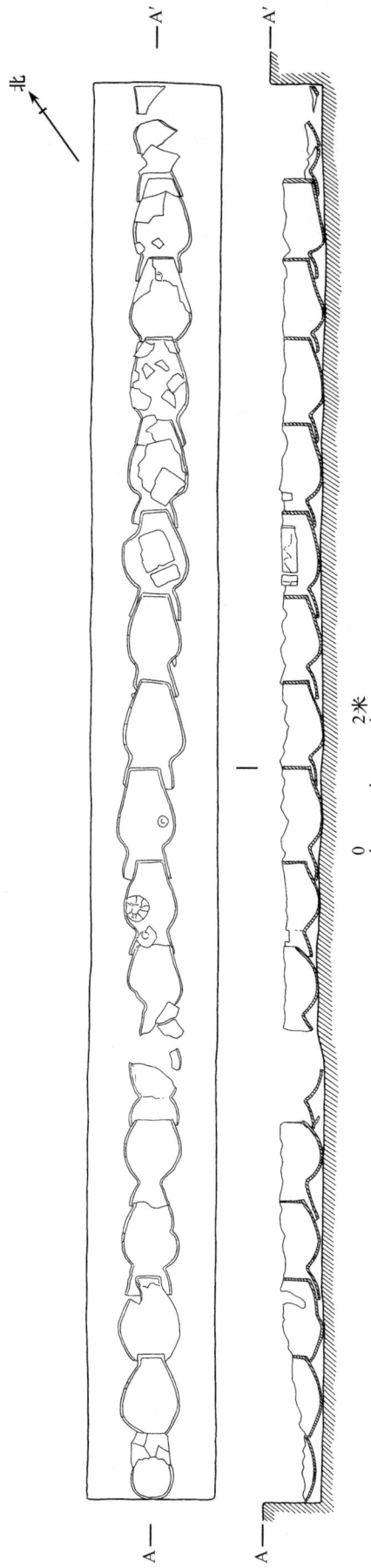

图一〇五　庙背后遗址Ⅴ区W1平剖图

—A

A—

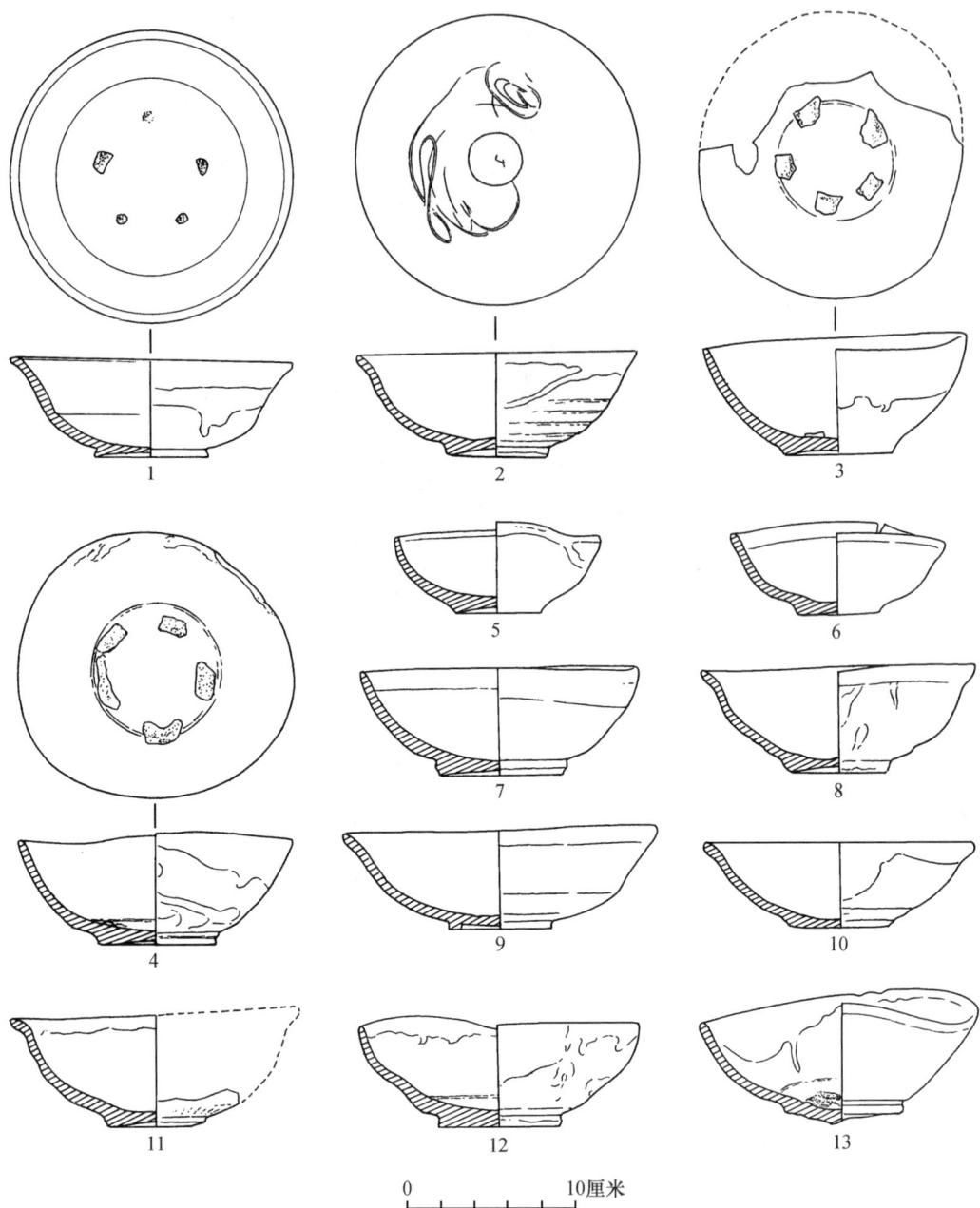

图一〇六　庙背后Ⅴ区第2层出土遗物（一）

1~13.陶碗（2004ⅤT1205②b：1、2004ⅤT1105②b：12、2004ⅤT1305②b：21、2004ⅤT1305②b：23、2004ⅤT1305②b：15、
2004ⅤT1305②b：10、2004ⅤT1205②b：34、2004ⅤT1105②b：4、2004ⅤT0906②b：12、2004ⅤT1105②b：1、
2004ⅤT0906②b：10、2004ⅤT1205②b：33、2004ⅤT1205②b：2）

制时留下的瓦楞纹。矮饼状足内凹，留有偏心涡形线切痕迹。此外，外底及近底处还有刀削修整痕迹。无釉处呈暗红褐色。口径16.5、底径6、高6厘米（图一〇六，2；图版四四，1、2）。2004ⅤT1205②b：1，内壁及口沿施黄褐色釉，釉色较深，釉面均匀，有较强的玻璃质感。下腹弧折，内壁折处较为明显。内底有五齿支钉痕。器无釉处呈灰色。口径17.1、底径6.7、高5.7厘米（图一〇六，1；图版四四，3、4）。2004ⅤT1205②b：2，口部变形严重。内壁施铁褐色釉，口沿及外壁上部施灰色釉。外壁口沿处有流釉现象，器内壁底部有一

周凹弦纹，并有窑具粘结块。无釉处呈暗红褐色。口径4.3～17、底径7、高6.8厘米（图一〇六，13）。2004ⅤT1205②b：33，口部变形。内壁施铁褐色釉，口沿处则另施米黄色釉。外壁口沿处有流釉现象，中部有一周烧制时留下的支圈痕，支圈直径12.5厘米，内底有一周凹弦纹。支圈痕内及无釉处呈铁褐色。口径15.6～16.7、底径7.8、高5.8厘米（图一〇六，12）。2004ⅤT1205②b：34，口部微变形。内壁及口沿处施黑黄色釉，有开片。内底有五齿支钉痕。口径16.3、底径7.7、高6厘米（图一〇六，7）。2004ⅤT1305②b：10，口部变形严重。内壁及口沿处施灰色釉，口沿处施釉较厚。内外壁均有流釉现象，外底有明显的偏心涡形线切痕迹。无釉处呈灰褐色。口径12.8、底径5、高4～5.2厘米（图一〇六，6）。2004ⅤT1305②b：15，口部变形，形体较小。内壁及口沿处施黄灰色釉，口沿处施釉较厚。内外壁均有流釉现象，釉滴深者呈黑色，略浅者则呈黄褐色，且内壁釉面有剥落现象。无釉处呈黄灰色。口径12.2、底径5、高4.3～5.2厘米（图一〇六，5）。2004ⅤT1305②b：21，内壁及口沿处施黄色釉。外壁均有流釉现象，形成黄褐色釉斑，内底有五齿支钉粘结痕迹。外底有较浅的偏心涡形线切痕迹。无釉处呈暗红褐色。口径15.5、底径6.4、高6.1～6.7厘米（图一〇六，3）。2004ⅤT1305②b：23，口部变形。内壁及口沿处施黄褐色釉，釉层不均匀，口沿处施釉较厚，釉厚处呈黑褐色。内外壁均有流釉现象，内壁有五齿支钉痕。支圈痕内及无釉处呈暗黄色，略泛红。口径16.2、底径7、高5.7～6.5厘米（图一〇六，4；图版四四，5、6）。

盘　5件。敞口，圆唇或尖圆唇，浅曲腹，内壁折痕较明显，平底或平底微凹。2004ⅤT0906②b：7，内壁及口沿处施浅黄褐色釉。内底以深黄褐色釉涂画，似为一字，因残缺难以辨识。外壁折棱明显，外底边缘有刀削痕迹。无釉处呈红褐色。口径3.3、底径4.1、高3厘米（图一〇七，1）。2004ⅤT0906②b：11，素胎无釉。内壁呈泛黄的红褐色，外壁则呈较深的灰色。内底有一周凹弦纹，外底有较浅的偏心涡形线切痕迹。口径15.3、底径5.5、高3厘米（图一〇七，2）。2004ⅤT1105②b：13，素胎无釉。内外壁大部分呈红褐色，口沿处则呈灰色。内壁折腹处有一周凹弦纹。外底有较浅的偏心涡形线切痕迹。口径15.4、底径4.6、高4～4.8厘米（图一〇七，4；图版四五，1）。2004ⅤT1105②b：14，内壁及口沿施暗褐色釉，

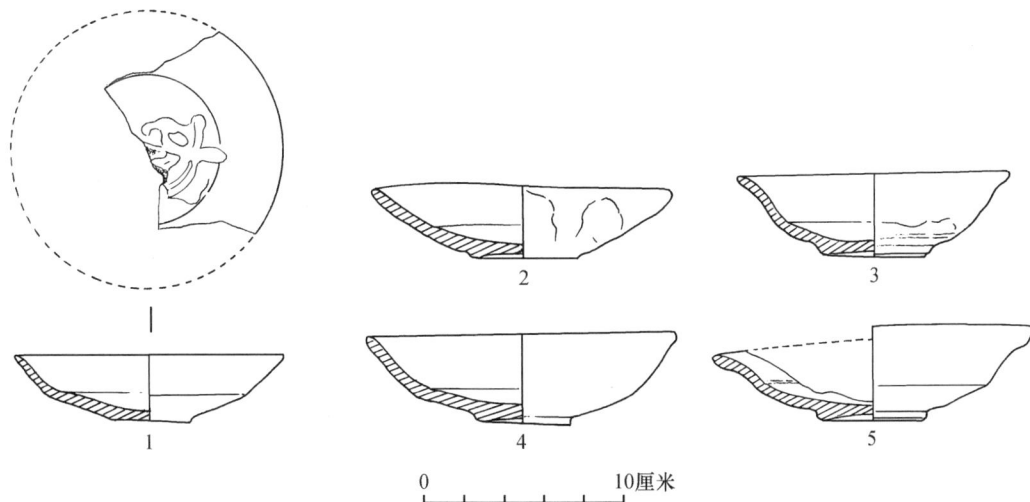

图一〇七　庙背后Ⅴ区第2层出土遗物（二）

1～5.陶盘（2004ⅤT0906②b：7、2004ⅤT0906②b：11、2004ⅤT1105②b：14、2004ⅤT1105②b：13、2004ⅤT1205②b：12）

釉层不均匀，有脱釉现象，外壁则有流釉现象。内壁折腹明显，有一周凹弦纹。在足及近足处有烧制时的支圈痕，圈痕直径8.5厘米。圈痕内呈暗红褐色，痕外无釉处则呈灰色。口径15.8、底径5.8、高4～4.2厘米（图一○七，3；图版四五，2）。2004ⅤT1205②b：12，口部变形。内壁施灰色釉，内壁中部有一周较深的凹弦纹，外壁折痕明显。足部外缘有刀削痕迹。无釉处呈红褐色。口径16.3、底径5.6、高3.5～4.9厘米（图一○七，5）。

盏　14件。敞口，圆唇或尖圆唇，平底或平底微凹。2004ⅤT0905②b：1，内外壁皆施较光滑的灰褐色釉，口沿处则另添一层微泛红的灰褐色釉。口沿内外皆有流釉现象。外底有一周支圈痕，圈痕直径约4.8厘米。外底及无釉处呈暗红褐色。口径10.6、底径4.3、高4.3厘米（图一○八，1；图版四五，3）。2004ⅤT0906②b：14，口沿处施灰白色釉，釉面不均，局部有气泡。外底有偏心涡形线切痕迹。外底呈暗红褐色，其他无釉处则呈灰色。口径9.6、底径3.7、高3.3厘米（图一○八，2）。2004ⅤT0906②b：9，素胎无釉。口沿处呈黑灰色，其余部位均呈红褐色。口径9.9、底径4.3、高3.5厘米（图一○八，3）。2004ⅤT0906②b：15，口部微变形。内壁施深褐色釉，口沿处则呈较深的黄灰色。外壁多呈黑灰色。口径10.8、底径3.8、高3.7厘米（图一○八，4）。2004ⅤT1105②b：16，素胎无釉。除内壁局部呈红褐色以外，其余部分呈灰色。外壁近底有支圈痕，圈痕直径9.8厘米。圈痕内呈红褐色或暗红褐色，痕外则呈蓝灰色。底面有明显偏心涡形线切痕迹。口径10.8、底径3.4、高3.5～4.3厘米（图一○八，5）。2004ⅤT1205②b：3，内壁及外壁近口部施较厚的黄色釉，釉面不均匀，局部有深黄色釉斑。底部有较明显的偏心涡形线切痕迹。外底及无釉处呈暗红褐色。口径9.3～9.6、底径4、高3.7厘米（图一○八，6）。2004ⅤT1205②b：4，口沿处施黄白色釉，有流釉现象。底部有较明显的偏心涡形线切痕迹。外底及无釉处呈灰色。口径10、底径4.4、高3.7厘米（图一○八，7）。2004ⅤT1205②b：8，口沿处施灰白色釉。底部有较明显的偏心涡形线切痕迹。外底及无釉处呈灰色。口径9.8、底径4.5、高4.2厘米（图一○八，8）。2004ⅤT1205②b：14，口沿处施黄色釉，口沿内外均有流釉现象，内壁流釉黄色泛红，外壁流釉呈灰白色。外底及无釉处呈灰色。口径10.2、底径4.6、高3.3厘米（图一○八，9）。2004ⅤT1105②b：20，口部变形。素胎无釉，胎体呈灰色。底部有较明显的偏心涡形线切痕迹。口径6.8、底径3、高约2.4厘米（图一○八，10）。2004ⅤT1305②b：4，内壁施黄褐色釉，较光滑，无光泽，多已脱落。外壁上部施不均匀的黄灰色釉，有流釉现象，釉面粗糙，有较多气孔泡。底部有较明显的偏心涡形线切痕迹。外底及无釉处呈暗红褐色。口径9.6、底径4、高3.6厘米（图一○八，11）。2004ⅤT1205②b：9，口沿处施灰色釉，口沿内外均有流釉现象，釉滴呈灰白色。底部有较明显的偏心涡形线切痕迹。外底及无釉处呈灰色。口径9.7、底径4、高4厘米（图一○八，12）。2004ⅤT1205②b：13，素胎无釉，内壁多呈红褐色，外壁多呈灰色。底部有偏心涡形线切痕迹。口径9.8、底径3.1、高3.5厘米（图一○八，13）。2004ⅤT0706②b：1，素胎无釉，内外底皆呈暗红褐色，其余部位呈灰色。底部有明显的偏心涡形线切痕迹。口径10.5、底径4、高3.6厘米（图一○八，14）。

碟　24件。敞口，厚圆唇，浅腹，平底或平底微凹。2004ⅤT0806②b：1，内壁施灰色釉，有大块灰黑色釉斑，不光亮。外底有明显偏心涡形线切痕迹。外壁陶色呈灰褐色。口径

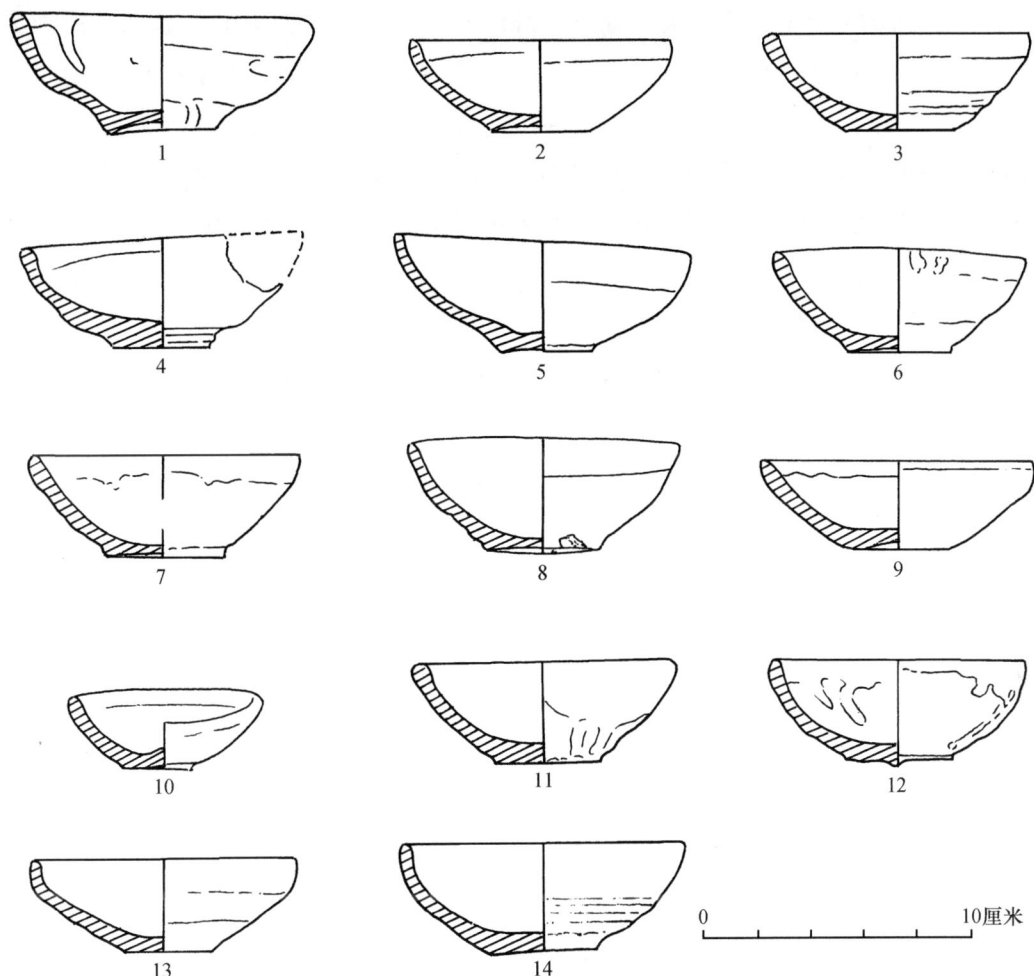

图一○八　庙背后Ⅴ区第2层出土遗物（三）

1~14.陶盏（2004ⅤT0905②b：1、2004ⅤT0906②b：14、2004ⅤT0906②b：9、2004ⅤT0906②b：15、2004ⅤT1105②b：16、2004ⅤT1205②b：3、2004ⅤT1205②b：4、2004ⅤT1205②b：8、2004ⅤT1205②b：14、2004ⅤT1105②b：20、2004ⅤT1305②b：4、2004ⅤT1205②b：9、2004ⅤT1205②b：13、2004ⅤT0706②b：1）

9.5、底径4.8、高3.1厘米（图一○九，2）。2004ⅤT0905②b：2，口沿外有一长2、宽1~3.3厘米的捏錾。内壁及口沿施酱黄色釉，开片较均匀，口沿外釉色则呈灰黄色。底部外一周支圈痕，圈痕直径6厘米，痕内陶色呈暗红褐色。口径11.2、底径3.2、高3.5厘米（图一○九，1；图版四五，4）。2004ⅤT0906②b：5，口部微变形，口沿处有窑具支烧痕迹。内壁施灰褐色釉，略泛黄。外底有明显偏心涡形线切痕迹。近底处有支圈痕，圈痕直径5厘米，痕内及底陶色呈深灰色，其余则呈灰色。口径9.3、底径3、高2厘米（图一○九，3）。2004ⅤT0906②b：8，口部微变形。内壁施黄色釉，釉面不均，有大块黄褐色釉斑。口沿外有流釉现象，釉滴呈黄褐色。外底有偏心涡形线切痕迹。口径8.3~8.7、底径3.2、高2.3厘米（图一○九，8）。2004ⅤT1105②b：5，素胎无釉。大部分呈红褐色，局部呈黑灰色。口径7、底径2、高2.9厘米（图一○九，4）。2004ⅤT1105②b：6，内壁施灰黑色釉，内底釉层较厚，且有许多小气孔。口沿外有流釉现象，釉滴呈黑色。口沿处有相同直径的支圈痕。外底有明显的偏心涡形线切痕迹。口径9.2、底径3.5、高2.4厘米（图一○九，5）。2004ⅤT1105②b：9，内壁施米黄色釉，口沿外有流釉现象。口沿上有烧制时的支圈印痕。外底有明显的偏心涡形线切痕迹。口径9.5、底径3.5、高2.5厘米（图一〇九，9）。2004ⅤT1105②b：11，素胎无釉，胎中夹有极细砂石颗粒。多呈红色，局部呈灰色。外底有明显的偏心涡形线切痕迹。口径7.9、底径3.4、高2～2.7厘米（图一〇九，6）。2004ⅤT1205②b：5，口沿及内壁施黄色釉，釉色不均，釉层厚处呈黑色。外壁有流釉现象，釉层厚处呈泛黑的黄褐色。外底有模糊的偏心涡形线切痕迹。口径10、底径4.7、高2.9厘米（图一〇九，12）。2004ⅤT1205②b：6，口沿及内壁施灰黄色釉，外壁有流釉现象，釉滴呈灰黑色。外底有明显的偏心涡形线切痕迹。口径9.6、底径4.4、高3.1厘米（图一〇九，11）。2004ⅤT1205②b：10，口部变形严重。内壁施黄色釉。底不平，外壁及底无釉处呈灰色。底径4、高2.8～4.2厘米（图一〇九，7）。2004ⅤT1205②b：11，内壁施不均匀的黄色釉，外壁及底无釉处呈灰色。口径9.2、底径4.4、高2.8厘米（图一〇九，10）。

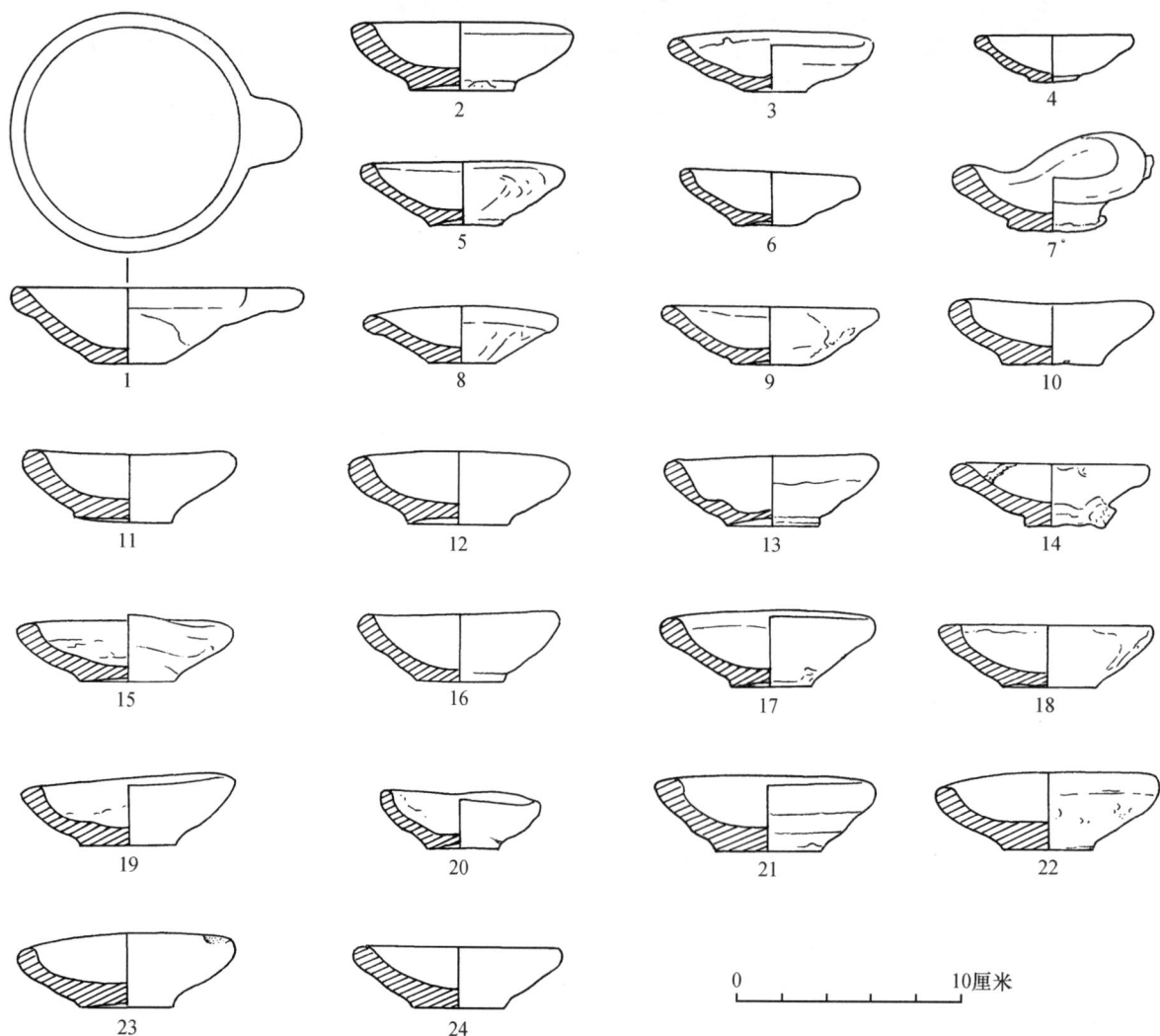

图一〇九　庙背后Ⅴ区第2层出土遗物（四）

1～24. 陶碟（2004ⅤT0905②b：2、2004ⅤT0806②b：1、2004ⅤT0906②b：5、2004ⅤT1105②b：5、2004ⅤT1105②b：6、2004ⅤT1105②b：11、2004ⅤT1205②b：10、2004ⅤT0906②b：8、2004ⅤT1105②b：9、2004ⅤT1205②b：11、2004ⅤT1205②b：6、2004ⅤT1205②b：5、2004ⅤT1205②b：18、2004ⅤT1205②b：26、2004ⅤT1205②b：17、2004ⅤT1205②b：21、2004ⅤT1305②b：6、2004ⅤT1205②b：15、2004ⅤT1305②a：2、2004ⅤT1305②b：5、2004ⅤT1305②b：3、2004ⅤT1305②b：14、2004ⅤT1305②b：9、2004ⅤT1305②b：13）

2004ⅤT1205②b：18，素胎无釉。内外壁呈红褐色，口沿处大部分呈黑灰色。外底有明显的偏心涡形线切痕迹。口径9.5、底径4.1、高3.3厘米（图一〇九，13）。2004ⅤT1205②b：15，内壁施黄色釉。外底有明显的偏心涡形线切痕迹。口径9.3、底径4.4、高2.9厘米（图一〇九，18）。2004ⅤT1205②b：17，口部微变形。口沿内外及内壁施黄釉，极不均匀，有明显开片，釉厚处形成黄黑色釉斑。外底有明显的偏心涡形线切痕迹。口9.6、底径4.5～4.7、高2.9厘米（图一〇九，15）。2004ⅤT1205②b：21，口部微变形。内壁施黑色釉，外壁大面积呈灰色，局部呈暗红褐色。外底有偏心涡形线切痕迹。口径9.2、底径4、高3.2厘米（图一〇九，16）。2004ⅤT1205②b：26，内壁施黄褐色釉，色泽暗淡。口沿处有明显支烧印痕，外底粘有大块泥片，并有明显偏心涡形线切痕迹。口径8.5、底径3.5、高约2.2厘米（图一〇九，14）。2004ⅤT1305②a：2，口部微变形。内壁施黄色釉，局部釉层堆积较厚，形成开片状带有气孔的釉斑。口沿亦施釉，釉层厚处几乎呈黑色，并有开片现象。外壁素胎，呈灰褐色。外底中部有一道划痕，把底分成两部分，其中一半近外缘处也有一条与中部划痕平行的划痕。口径9.4、底径4.4、高2.5～3厘米（图一〇九，19）。2004ⅤT1305②b：3，口部微变形。口沿及内壁施黄色釉，较粗糙，但无釉斑。外壁素胎，夹有细砂，呈灰褐色。外底有明显的偏心涡形线切痕迹。口径9.8、底径4.8、高3厘米（图一〇九，21）。2004ⅤT1305②b：5，口部微变形。素胎无釉，内壁呈黑灰色，外壁多呈暗红褐色。口径7～7.2、底径3.4、高1.9～2.5厘米（图一〇九，20）。2004ⅤT1305②b：6，口部变形。内壁施黄色釉，余素胎无釉，呈灰褐色。外底有较模糊的偏心涡形线切痕迹。口径9.6、底径3.6、高3～3.3厘米（图一〇九，17）。2004ⅤT1305②b：9，口部变形。内壁施略泛黑的黄褐色釉，有开片现象。釉厚处呈黑色，釉层脱落处则呈浅黄灰色。外底有偏心涡形线切痕迹。口径9.1～9.7、底径4、高2.5～3.1厘米（图一〇九，23）。2004ⅤT1305②b：13，内壁施有黄白色釉，局部呈暗黄褐色，有开片和流釉现象。外底中部有一道较宽的印痕，将底中分为两部分，并有明显的偏心涡形线切痕迹。无釉处多呈红褐色。口径9.4、底径4.3、高2.6厘米（图一〇九，24）。2004ⅤT1305②b：14，内壁施黄色釉，底部残存有平滑的结块，釉层较厚，呈浅灰褐色。外壁有流釉现象，釉厚处形成内黑外黄的釉斑。外底有较模糊的偏心涡形线切痕迹。无釉处呈暗红褐色。口径9.3～9.8、底径4、高2.6～3.2厘米（图一〇九，22）。

双耳壶　1件。2004ⅤT1105②b：19，泥质灰色硬陶。杯口，微外侈，尖圆唇，束颈，斜肩，肩部有两个对称的桥形耳，腹略直，中腹有数周轮制留下的凹弦纹，平底微凹。口径3.7、底径5、高10厘米（图一一〇，4；图版四五，5）。

执壶　4件。泥质灰陶。均带有执柄和长流，长颈，溜肩，鼓腹，最大腹径在中腹。中腹以上施黄白色釉，并有流釉现象。2004ⅤT1205②b：35，直口，斜方唇，直颈，深弧腹至底，平底。执柄残。口径5.2、底径6、高18.2厘米（图一一〇，2）。2004ⅤT1305②b：24，喇叭形口，口部变形，方圆唇，细长颈，圆鼓腹，平底微凹。流残。下腹有三周较宽的刀削痕迹，足部边缘亦用刀削过。器身釉层较薄有玻璃感。口径6.8、底径7.5、高约21.4厘米（图一一〇，3；图版四五，6）。2004ⅤT1205②b：37，喇叭形口，尖唇，细长颈，圆鼓腹，平底微凹。执柄及流均残。口径5.5、底径6.3、高17厘米（图一一〇，1）。2004ⅤT1305②b：33，喇叭形

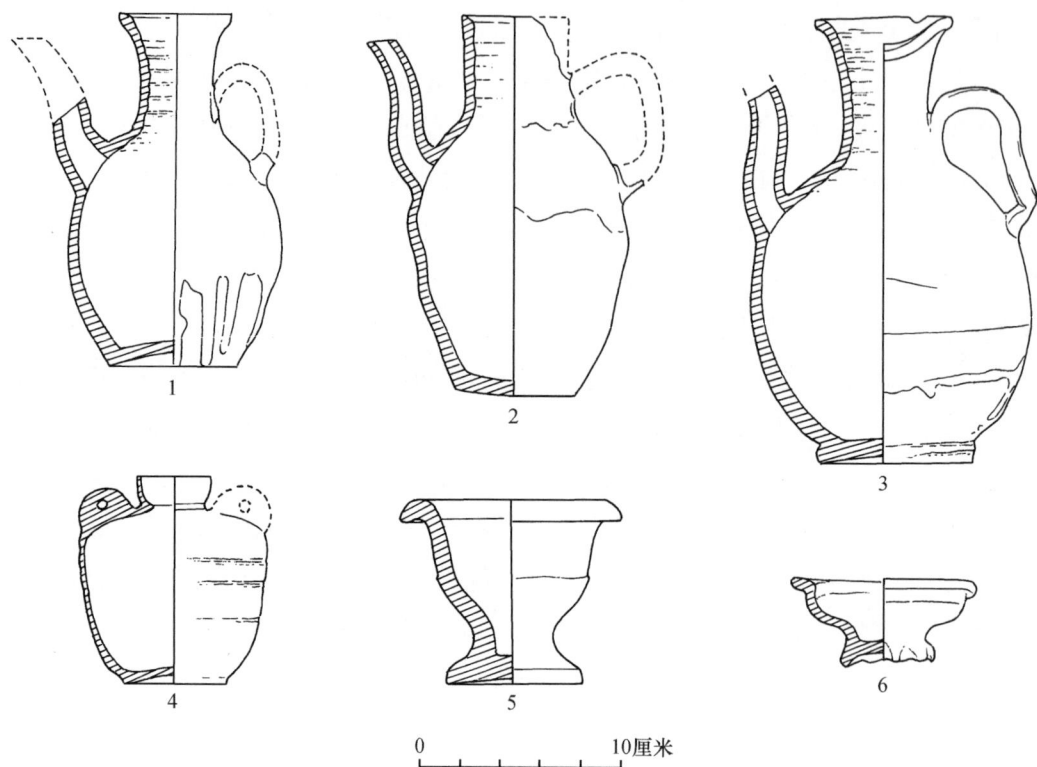

图一一〇 庙背后Ⅴ区第2层出土遗物（五）

1~3. 执壶（2004ⅤT1205②b：37、2004ⅤT1205②b：35、2004ⅤT1305②b：24） 4. 双耳壶（2004ⅤT1105②b：19）

5、6. 炉（2004ⅤT1205②b：32、2004ⅤT1205②b：7）

口，方圆唇，细长颈，圆鼓腹，平底微凹。流残。口径6.1、底径6.8、高18厘米。

炉 2件。敞口，曲腹。泥质硬陶，胎体呈红褐色。2004ⅤT1205②b：7，口部微变形，斜折沿，折痕不明显，喇叭形底座内凹，周缘捏成花边形。内外口沿皆施黄釉，并有流釉现象，釉层不均匀，釉厚处呈黄褐色，或呈黄黑色。口径9.3、底径4~4.5、高4~4.7厘米（图一一〇，6）。2004ⅤT1205②b：32，卷沿，圆唇，中腹有明显凸棱，喇叭状平底微内凹。口沿施黄釉，釉层较为均匀。底部有模糊的偏心涡形线切痕迹。口部外径11、内口径8.8、底径6.6、高8.8厘米（图一一〇，5；图版四六，1）。

盆 3件。2004ⅤT1105②b：15，敞口，方唇，斜直腹，平底内凹，底部边缘斜削，内底中部微隆起，近口部残存一个竖向桥形耳，中腹饰两周凹弦纹。外壁及底满施黄褐色釉，但不均匀，釉厚处呈黑色，有开片现象。内壁素胎无釉，呈暗红褐色，局部有黄色流釉块斑。口径20、底径15、高7.6厘米（图一一一，1；图版四六，2）。2004ⅤT1305②b：18，微敛口，方唇，瓦楞状束颈，斜腹内收至底，平底微凹。口沿施黄褐色釉，内外壁均有明显的流釉现象，釉厚处几乎呈黑色，有开片现象。内壁陶色呈灰色。外壁近口沿处，有一周烧制时遗留的支圈痕，痕迹一边高，一边低，可知烧制时盆坯放置不平。由痕迹推测支圈内径约25厘米，支圈痕内陶色呈暗红褐色，较圈外陶色略深。口径29.6、底径15、高11.5~12厘米（图一一一，3；图版四六，3）。2004ⅤT1305②b：19，与2004ⅤT1305②b：18的形制及施釉情况大体一致。口径28、底径13、高10.8厘米（图一一一，2）。

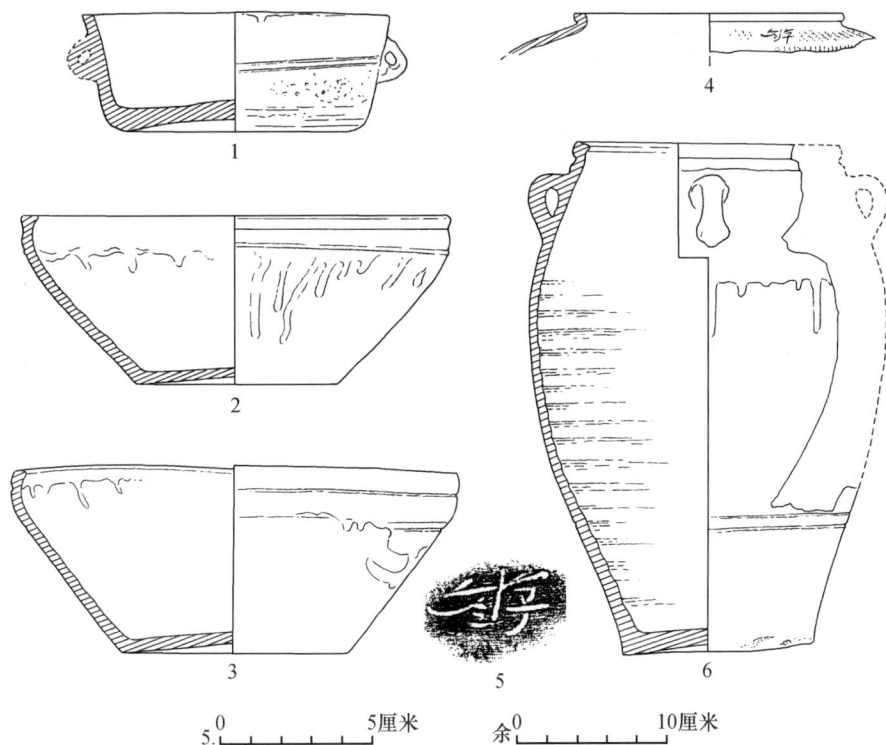

图一一一　庙背后Ⅴ区第2层出土遗物及拓本（六）

1～3.陶盆（2004ⅤT1105②b：15、2004ⅤT1305②b：19、2004ⅤT1305②b：18）　4.陶瓮（2002ⅤT0204②：1）　5.陶瓮刻铭
（2002ⅤT0204②：1）　6.陶敛口罐（2004ⅤT1205②b：36）

敛口罐　残器较多。2004ⅤT1205②b：36，胎体呈灰色。口部已变形。敛口，方唇，唇面内勾，束颈，颈下有一周凸弦纹，近口部有四个竖向桥形耳，深鼓腹，下腹有两周凹弦纹，平底微凹。上腹施灰褐色釉，有流釉现象。口径18、底径12.8、高32～33厘米（图一一一，6）。

瓮　1件。2002ⅤT0204②：1，泥质灰陶，夹有细砂。敛口，卷沿，圆唇，广肩。肩部饰细绳纹，并刻有文字，释读为"游"字。从其笔画叠压关系来看，先写"方"，再写"氵"，最后写"子"字（图一一一，5）。口径18、残高2.5厘米（图一一一，4；图版四六，4）。

器盖　7件。均为喇叭形口，有大小两类。2004ⅤT1105②b：3，子母口，平顶，中部有一钮帽形捉手。捉手施黄釉，有较多的气泡麻点；外壁施酱褐色釉，有较均匀的小开片；内壁部分施黄色釉，略泛红，釉面不均匀，素胎处呈红褐色。口径9.8、高5.2厘米（图一一二，2；图版四六，5）。2004ⅤT1105②b：10，形制和施釉情况与2004ⅤT1105②b：3大体一致，捉手残。外壁施酱色釉，有开片，釉层不均匀，釉厚处几乎呈黑色。内壁无釉，呈暗红褐色。口径9.1、高6.1厘米（图一一二，1）。2002ⅤT0607②：1，子母口，盖顶有捉手。外壁近顶部有一周凹弦纹，外壁黄白色釉，有黑色釉斑，内壁素胎无釉，呈红褐色。外沿直径10.3、内口直径6.8、高4厘米（图一一二，4；图版四六，6）。2004ⅤT1205②b：16，敞口，圆唇，斜壁至顶，顶部有一矮柱状捉手，捉手顶面有偏心涡形线切痕迹。素胎无釉，外壁呈灰黑色，内壁呈暗红褐色，内壁顶部与捉手对应处有较深小凹坑。口径11.9～12.3、高4.4厘米（图一一二，3）。2004ⅤT1305②b：29，严重变形，形制与2004ⅤT1205②b：16大体一致。直径约13.8、高6厘米（图一一二，5）。2004ⅤT1305②b：11，形制与2004ⅤT1205②b：16大体一

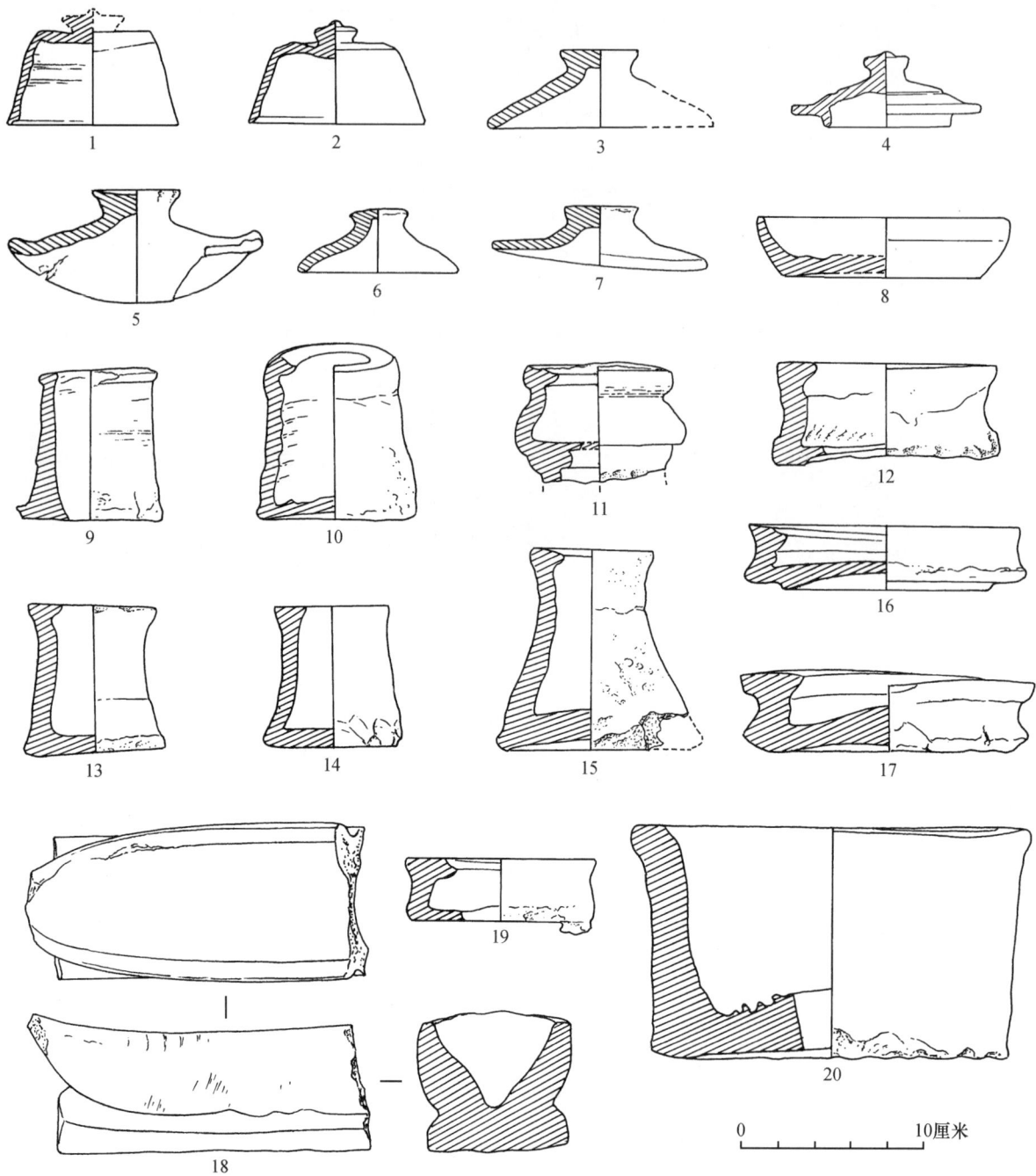

图一一二　庙背后Ⅴ区第2层出土遗物（七）

1~7.陶器盖（2004ⅤT1105②b：10、2004ⅤT1105②b：3、2004ⅤT1205②b：16、2002ⅤT0607②：1、2004ⅤT1305②b：29、2004ⅤT1305②b：11、2004ⅤT1305②b：16）　8.匣钵盖（2004ⅤT0906②b：3）　9、10、13~15.陶支柱（2004ⅤT1205②b：28、2004ⅤT1005②b：3、2004ⅤT1305②b：25、2004ⅤT1305②b：12、2004ⅤT1305②b：26）　11、12、16、17、19.陶垫座（2004ⅤT1305②b：28、2004ⅤT1205②b：27、2004ⅤT1305②b：8、2004ⅤT0906②b：4、2004ⅤT1305②b：17）　18.陶碾槽（2004ⅤT1305②b：22）　20.匣钵（2004ⅤT0906②b：6）

致，内外壁皆呈暗红褐色。口径8.8、高3.4厘米（图一一二，6）。2004ⅤT1305②b：16形制与2004ⅤT1205②b：16大体一致，内外壁皆呈暗红褐色。外壁上有一直径约8厘米的圆形支圈印痕。直径11.7、高2厘米（图一一二，7）。

研磨器　2件。胎体呈灰色。敞口，双唇，上部为尖圆唇，下部为圆唇，斜壁，平底微凹。底部有明显的偏心涡形线切痕迹。2004ⅤT1205②b：19，内壁密布放射状篦点坑和突出的泥点。内壁及口沿下有暗红褐色釉斑。口径13.2、底径5.4、高3厘米（图一一四，6）。2004ⅤT1205②b：25，变形严重。形制与2004ⅤT1205②b：19相似。内壁有32条戳刺凹槽。口径11～12.6、底径4.4、高3.4～4.3厘米。

碾槽　2件。船形，皆残。残存部分一端上翘，碾槽剖面呈"Ⅴ"字形，底部为长方形平板。2004ⅤT1205②b：22，除上翘一端胎体呈橙色外，其余部分呈深灰色。碾槽两侧均有阴刻铭文，分别为"乾道元年十月九"" 宅 使用大富大贵"（图一一三；图版四七，1、2）。碾槽口部平面最宽9.9、内槽上口最宽7.8、最深5.1厘米。器高7.4～8.7、底部平板宽8.5、残长27厘米。2004ⅤT1305②b：22，整体呈灰色，底座局部呈橙色。碾槽口部平面最宽8.4、内槽上口最宽6.4、最深4.6厘米。器高6.6～7.4、底部平板宽8、残长19厘米（图一一二，18；图版四八，1、2）。

网坠　3件。圆柱形，中部有圆形穿孔。2004ⅤT0504②：1，泥质灰陶。器表不规

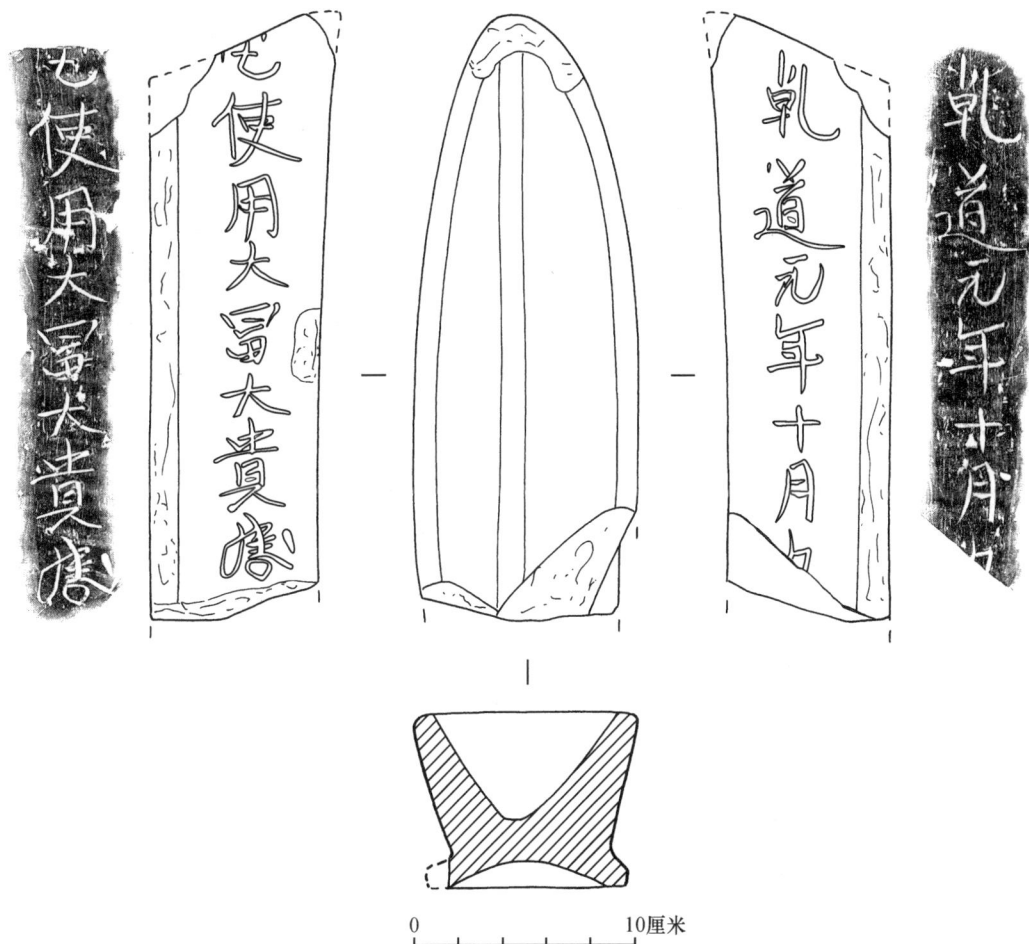

图一一三　庙背后Ⅴ区第2层出土碾槽及铭文拓片（2004ⅤT1205②b：22）

整。最大径3.4、孔径1.5、高6厘米（图一一四，5）。2004ⅤT1105②b：7，胎体部分呈橙色，部分则呈灰色，夹有极细砂粒。最大径3.4、孔径1.3、高6厘米（图一一四，4）。2004ⅤT1005②b：4，泥质红陶。有一条纵向结合缝。最大径4、孔径1.8、高5.2厘米（图一一四，9）。

纺轮　1件。2004ⅤT1105②b：17，周壁施黄褐色釉，有开片。上下面均素胎，呈灰色。周壁剖面呈梯形，直径3.3、厚1.5、孔径1.3～1.5厘米（图一一四，12）。

砣形器　1件。2004ⅤT1350②a：1，胎体呈灰色，平底球形，顶端有一小圆形附加泥片。直径3.2、高2.6厘米（图一一四，10）。

模具　1件。2004ⅤT1305②b：34，胎体呈暗红褐色。剖面呈"U"形，凹槽周壁较直，槽底有划痕。残长5.5、宽5.2、高2.5厘米（图版四八，3）。

支钉　1件。2004ⅤT1305②b：35，胎体呈灰色，三杈式，残存两枝。施有黄色薄釉，枝尖无釉呈褐色（图版四八，4）。

垫座　5件。筒形匣式，折沿，沿面内勾，束腰，较矮。2004ⅤT0906②b：4，口部变形，胎体较厚，大部分呈橙色，平折沿，沿面微鼓，斜方唇，凹圜底。口部平面残留有略泛黄的细砂石颗粒层。口部最大直径16、底径13.6、高4.3厘米（图一一二，17）。2004ⅤT1205②b：27，胎体呈深灰色，平折沿，方唇，凹圜底，底残。口部平面粘结有较厚略泛黄的灰白色砂石颗粒层。口部最大直径12、底径12.4、高5.4厘米（图一一二，12；图版四八，5、6）。2004ⅤT1305②b：8，胎体大致呈红褐色，夹有极细砂粒。斜折沿，尖唇，凹圜底。口部沿面有黄色细砂颗粒层，砂粒极细。口部最大直径14.8、底径11.2、高3.4厘米（图一一二，16）。2004ⅤT1305②b：17，胎体呈灰色，平折沿，方圆唇，平底，底部中有一直径约1.5厘米的不规则形透气孔，偏向一侧；底面多呈泛黄的红褐色，有明显偏心涡形线切痕迹，且底部边缘粘有泥块。口部沿面上粘结有黄色细砂层。口部最大直径10.4、底径10、高3.3厘米（图一一二，19）。2004ⅤT1305②b：28，胎体大多呈灰色，少部分呈暗红褐色。斜折沿，沿面有一周凸弦纹，方圆唇，平底。底部又粘结有残高约1厘米的支柱，支柱直径8厘米，口沿残留有圆形支座痕迹，直径7.4厘米。口部最大直径8、底径9、高4.2、含支柱通高6.4厘米（图一一二，11）。

支柱　8件。柱状，折沿，沿面内勾，喇叭状，束腰。2004ⅤT1005②b：3，已扭曲变形，胎体大部分为橙色。折沿，尖唇，平底微凹，内壁有明显的轮制痕迹。口部平面粘附有黄白色细砂。口部最大直径7、底径8.7、高8.4～9.4厘米（图一一二，10）。2004ⅤT1205②b：28，胎体呈蓝灰色，折沿，圆唇，中空无底。口部最大直径6.4、底径7.6、高8厘米（图一一二，9）。2004ⅤT1205②b：29，胎体呈黑灰色。平折沿，圆唇，平底微凸。口部粘结有五齿支圈，五齿支圈上粘结有反扣的硬陶碗底。碗底直径6.8厘米，有明显偏心涡形线切痕迹。口部最大直径7.6、底径9、高9.6、通高13厘米（图一一四，2；图版四九，1）。2004ⅤT1205②b：30，整体呈暗红褐色，局部呈泛黄，有一定的光泽。平折沿，圆唇，平底。口部粘结有五齿支圈，五齿支圈上粘结有反扣的硬陶碗底。有明显偏心涡形线切痕迹。在碗底上又正置一六齿支座。口部最大直径8、底径9.2、高10.2、通高16.2厘米（图一一四，1；图版

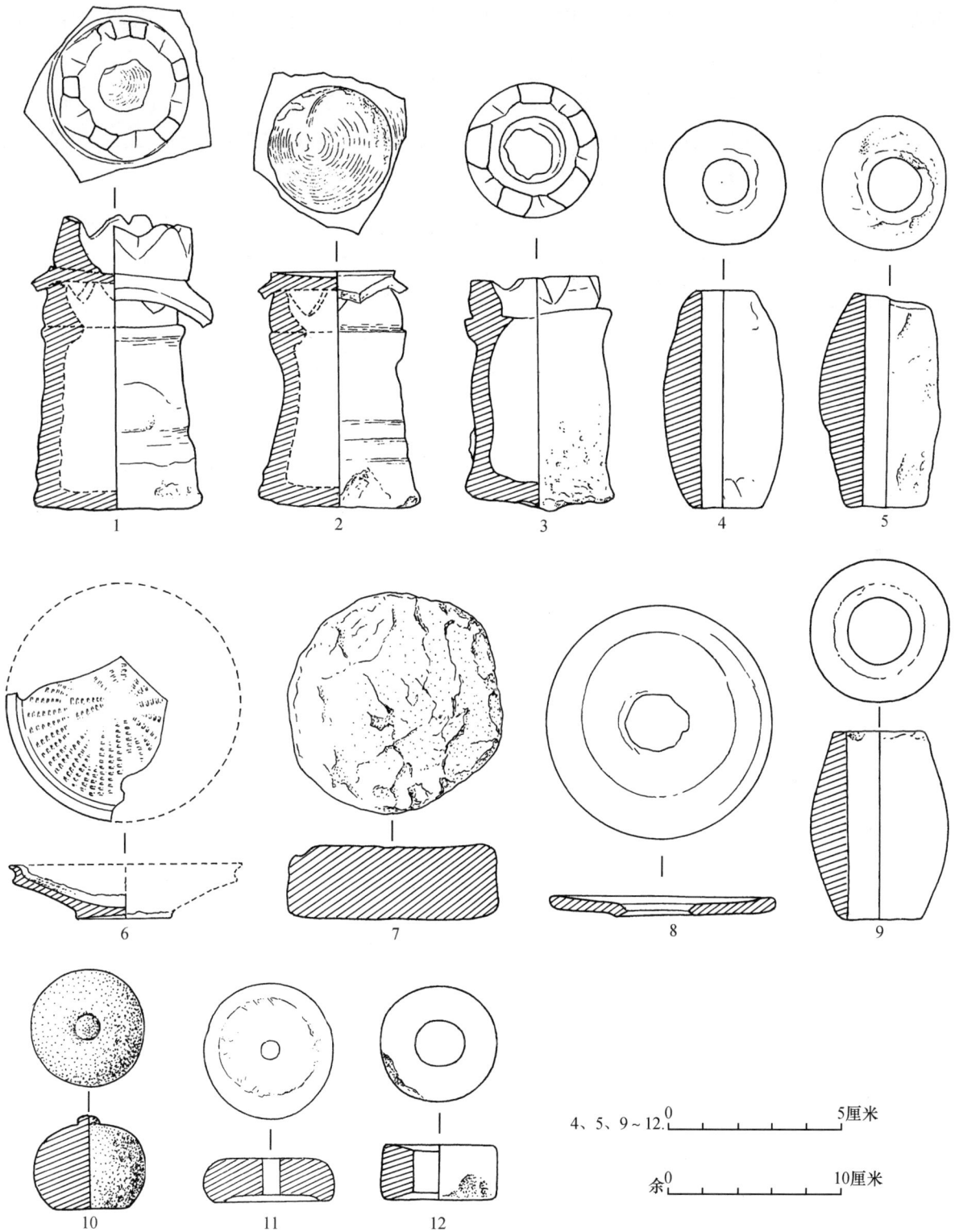

图一一四 庙背后Ⅴ区第2层出土遗物（八）

1～3.陶支柱（2004ⅤT1205②b：30、2004ⅤT1205②b：29、2004ⅤT1205②b：31） 4、5、9.陶网坠（2004ⅤT1105②b：7、
2004ⅤT0504②：1、2004ⅤT1005②b：4） 6.研磨器（2004ⅤT1205②b：19） 7、8.陶垫饼（2004ⅤT1305②b：27、
2004ⅤT1305②b：7） 10.砣形器（2004ⅤT1350②a：1） 11.石纺轮（2002ⅤT0303②：1）
12.陶纺轮（2004ⅤT1105②b：17）

四九，2）。2004ⅤT1205②b：31，微变形，整体呈黑色。平折沿，尖唇，底部不平，粘接有泥块。口部粘接五齿支圈。口部最大直径8.2、底径8.4、高10.4、通高12.4厘米（图一一四，3）。2004ⅤT1305②b：12，胎体大部分呈灰色，部分区域呈黄褐色。平折沿，尖唇，平底。口部最大直径6.3、底径约7.8、高7.5厘米（图一一二，14）。2004ⅤT1305②b：25，胎体呈灰色，底部局部呈黄褐色。形制与2004ⅤT1305②b：12相似。口部最大直径7、底径7.6、高8厘米（图一一二，13）。2004ⅤT1305②b：26，整体呈暗红褐色。斜折沿，圆唇，平底微凹。外壁施有较厚的灰白色釉。口部最大直径6.8、底径10、高约10.7厘米（图一一二，15）。

匣钵　1件。2004ⅤT0906②b：6，直口，方唇，微束腰，底部不平，中有一孔，器底边缘有对称的三个手指印痕。内壁呈橙色，内底有极粗糙的轮制弦纹凸棱，外壁大多呈暗红褐色。口径22、底径18.5～19.5、孔径2.7、高12.5厘米（图一一二，20；图版四九，3～5）。

匣钵盖　1件。2004ⅤT0906②b：3，胎体呈灰色。敞口，方唇，浅腹，平底微凹。内壁有灰色釉斑。口径13.8、底径10.8、高3.2厘米（图一一二，8）。

垫饼　2件。2004ⅤT1305②b：27，实心圆形，胎体呈橙色，较厚，上下两面均有开裂纹。直径10.6～12、厚4厘米（图一一四，7；图版五〇，1）。2004ⅤT1305②b：7，璧形，中孔对穿，胎体呈暗红褐色。肉微斜，上面有一周明显的器底印痕，直径9.5厘米，印痕以外有明显的透明釉残留，有光泽，印痕内则有极细的垫砂。直径12.8、中孔直径3.6、厚0.6厘米（图一一四，8；图版五〇，2）。

支圈　69件。胎体呈灰色，多为五齿形，少量为六齿或八齿。齿呈三角形，齿尖上端略平，宽窄不等。大部分支圈底部和齿尖粘有较细的垫砂。举例如下，2004ⅤT0906②b：2-1，底径7.7、高2.4厘米（图一一五，4）。2004ⅤT0906②b：2-2，底部周缘未斜削。底径7、高2.6厘米（图一一五，5）。2004ⅤT0906②b：2-3，底径6.1、高2.4厘米（图一一五，6）。2004ⅤT0907②a：1，八齿。底径19.8、高6.3厘米（图一一五，11；图版四九，6）。2004ⅤT1005②b：2-1，底径7、高2.2厘米（图一一五，9）。2004ⅤT1005②b：2-2，底径6.2、高2.4厘米（图一一五，10）。2004ⅤT1006②b：1-1，底径6.4、高2.2厘米（图一一五，1）。2004ⅤT1006②b：1-2，底径7、高2.4厘米（图一一五，2）。2004ⅤT1006②b：1-3，底部周缘未斜削。底径6.8、高2.4厘米（图一一五，3）。2004ⅤT1105②b：18-1，底径6.4、高2.8厘米（图一一五，7）。2004ⅤT1305②b：20-1，底径7.5、高2厘米（图一一五，8）。

板瓦　1件。2004ⅤT1005②b：1，胎体呈灰色。上沿平齐，微上翘。下沿斜内切。背素面，内印布纹，经纬较疏松。长25.4、瓦口宽19～21、厚1厘米（图一一五，12）。

（二）瓷器

碗　共5件。敞口，尖唇，弧腹，矮圈足。2002ⅤT0205②：1，细白胎。青花瓷，釉色呈青白色，外壁用蓝釉绘出四部分写意图案，唇内外均有两周青花弦纹，器内底亦绘有写意花卉。口径12.2、底径5.2、高5.2厘米（图一一六，7）。2004ⅤT0806②b：2，灰色胎。印花白瓷，乳白色釉。内壁近底处模印一周花卉，底部有麻点状支钉印痕，推测支钉齿达8～9个。外壁施釉不及底，有流釉现象。器外上腹有6周从上到下越来越清晰的凹弦纹细痕，下腹近底

图一一五　庙背后Ⅴ区第2层出土遗物（九）

1～11.陶支圈（2004ⅤT1006②b：1-1～3、2004ⅤT0906②b：2-1～3、2004ⅤT1105②b：18-1、2004ⅤT1305②b：20-1、2004ⅤT1005②b：2-1、2004ⅤT1005②b：2-2、2004ⅤT0907②a：1）　12.板瓦（2004ⅤT1005②b：1）

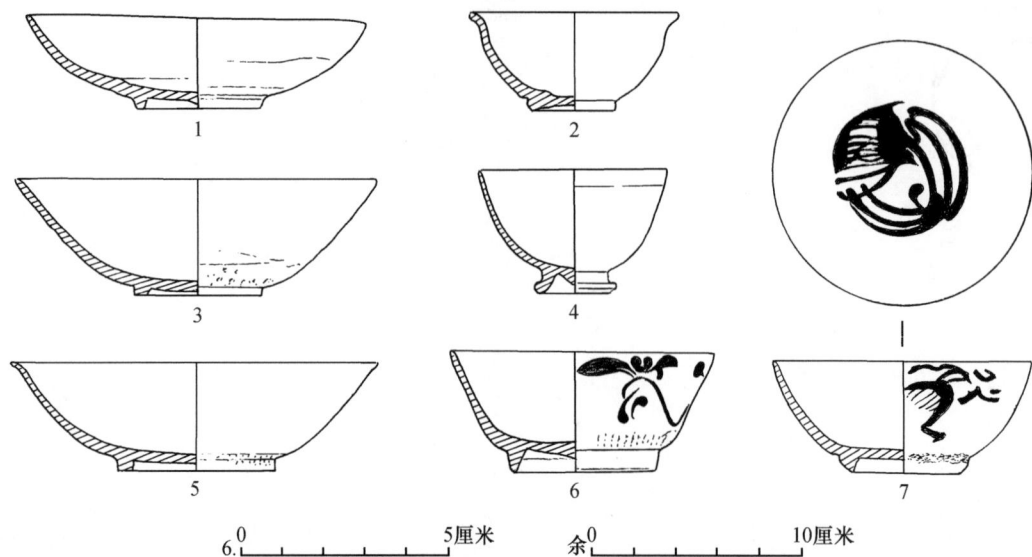

图一一六　庙背后 V 区第 2 层出土遗物（一○）

1. 瓷盘（2004 V T0906②b：13）　2. 瓷盏（2004 V T0706②b：2）　3、5、6、7. 瓷碗（2004 V T0806②b：2、
2004 V T1105②b：8、2004 V T0604②：1、2002 V T0205②：1）　4. 瓷杯（2004 V T1105②b：2）

处有较大且深的凹坑。口径17.2、底径6、高5.3厘米（图一一六，3）。2004 V T1105②b：8，青灰胎。青瓷，釉色青中泛灰，有开片。内壁满釉，外壁施釉不及底。口径17.6、底径7.6、高5厘米（图一一六，5）。2004 V T0604②：1，胎体呈白色，略泛黄。黑花白瓷，甜白色釉，略泛黄。高圈足。内底较平，素胎无釉，外壁施釉不及底。外壁绘写意花卉，呈淡黑色，浅条流畅，近底处密布竖条印纹。口径12.7、底径6.8、高5.5厘米（图一一六，6）。2002 V T2②：1，青花瓷，仅存底部。胎体洁白细腻，内底绘一朵五瓣团花，外底中部有"大明成化年造"款（图版五○，3）。

盘　1件。2004 V T0906②b：13，灰白色胎。敞口，尖唇，矮圈足，鸡心底。近口沿处粘附一块黑釉瓷碗口沿残片。内壁施黑釉，有玻璃质感，器底有一周涩圈，露胎无釉，涩圈外径7.4、内径4.6厘米。外壁半釉，下腹及底素胎无釉。口径16.1、底径6.1、高4.2厘米（图一一六，1；图版五○，4）。

杯　1件。2004 V T1105②b：2，青瓷，灰白色胎，釉色青中泛白，开片较细，芒口。敞口，尖唇，深腹，喇叭形圈足，鸡心底。口径8.8、底径3.6、高5.8厘米（图一一六，4；图版五○，5）。

盏　1件。2004 V T0706②b：2，釉色黑亮，有较强的玻璃质感。敞口，圆唇，曲腹，平底微凹。内壁满釉，外壁施釉不及底，口沿及近底处釉薄处呈酱黄色。口径10、底径4、高4.5厘米（图一一六，2；图版五○，6）。

（三）石器

纺轮　1件。2002 V T0303②：1，整体呈黑色，一面平整，一面内凹，中有圆孔。直径3.7、孔径0.5、厚1.2厘米（图一一四，11）。

（四）铜器

铜钱　1件。2004 V T0907②a：2，钱文为"乾隆通宝"。直径2.2、穿边长0.5厘米。

二、第3层出土遗物

（一）陶器

碗　4件。敞口，圆唇或尖圆唇，弧腹，内外壁多施釉。2002 V T0306③：3，胎体呈黑灰色。尖圆唇，唇部施有黄色釉，平底微凹，有大块粘渣。口径16.5、底径5.6、高6.2厘米（图一一七，2）。2002 V T0408③：1，胎体呈红褐色。圆唇，器外上部及器内壁施黄色釉，外壁釉面下沿呈黄白色，平底。口径11.2、底径6.6、高4.4厘米（图一一七，4）。2002 V T0607③：11，口部变形严重，胎体呈灰褐色。圆唇，口沿处施青灰色釉，外壁施黄色薄釉，有流釉现象，流滴呈灰黑色。在口沿处捏有一个短流，平底微凹，内底有五个较大的支钉痕。口径17、底径6.7、高5.5～6.9厘米（图一一七，1；图版五一，1、2）。2002 V T0607③：15，胎体呈暗红褐色，尖圆唇，大平底。口径13、底径6.8、高5.6厘米（图一一七，8）。

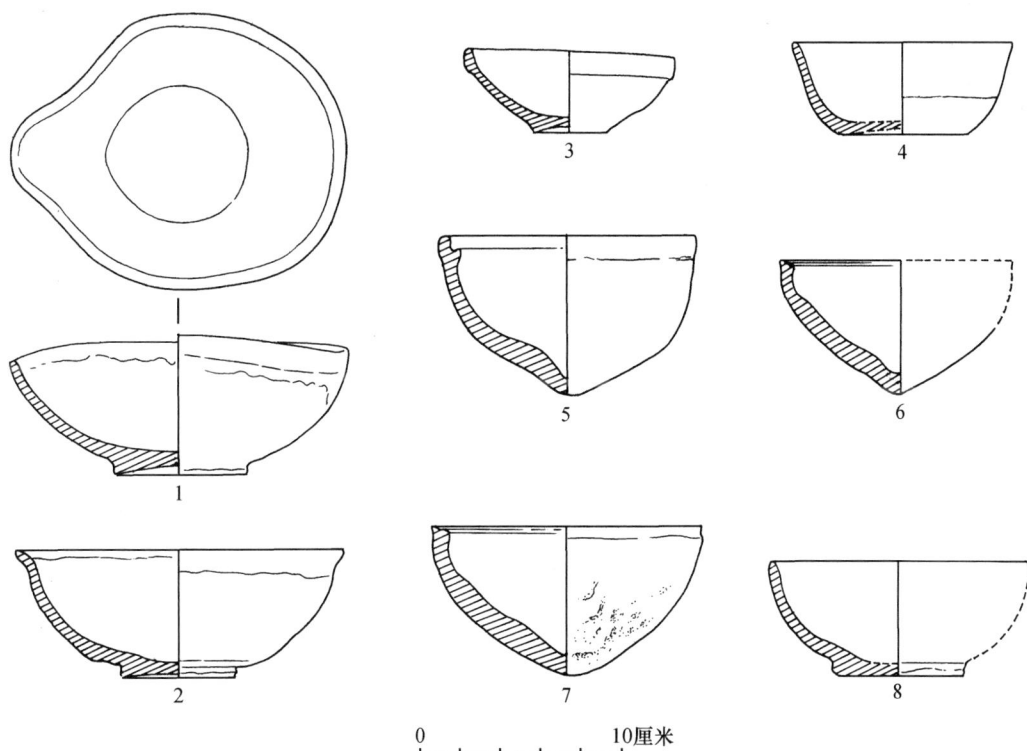

图一一七　庙背后 V 区第3层出土遗物（一）

1、2、4、8. 碗（2002 V T0607③：11、2002 V T0306③：3、2002 V T0408③：1、2002 V T0607③：15）

3. 盏（2002 V T0306③：6）　5～7. 尖底器（2002 V T0202③：1、2002 V T0202③：2、2002 V T0203③：1）

尖底器　3件。红褐色夹砂陶，胎厚，易碎。手制，器壁厚薄不均。子母口，曲腹，尖底。2002ⅤT0202③：1，圆唇。口径12.8、高7.8厘米（图一一七，5）。2002ⅤT0202③：2，尖唇。口径11.8、高6.5厘米（图一一七，6）。2002ⅤT0203③：1，尖唇。口径13.5、高7.2厘米（图一一七，7）。

盏　9件。敞口，微内敛，弧腹，平底或平底微凹。2002ⅤT0306③：6，胎体呈灰蓝色。尖圆唇，内壁有较明显的轮制痕迹，底部有线切痕迹。口径10.4、底径3.6、高4厘米（图一一七，3）。2002ⅤT0306③：7，胎体呈红褐色，略泛灰。尖圆唇，内壁有较明显的轮制痕迹，底部有线切痕迹。口径9.8、底径3.8、高3.5厘米（图一一八，1）。2002ⅤT0306③：8，口部变形，胎体呈橙色。圆唇，内壁有较明显的轮制痕迹，底部有线切痕迹。口径10.3、底径3.8、高4厘米（图一一八，2）。2002ⅤT0306③：9，口部变形严重，胎体呈灰色。尖圆唇，内壁及口部施黄釉，平底内凹。口径10.6、底径5.2、高2.9～4.2厘米（图一一八，3）。2002ⅤT0307③：1，胎体呈红褐色。尖圆唇，口部施黄白色釉。口径10.6、底径3.8、高3.8厘米（图一一八，4）。2002ⅤT0307③：2，胎体呈红褐色。圆唇，外壁下腹有两周较浅的凹

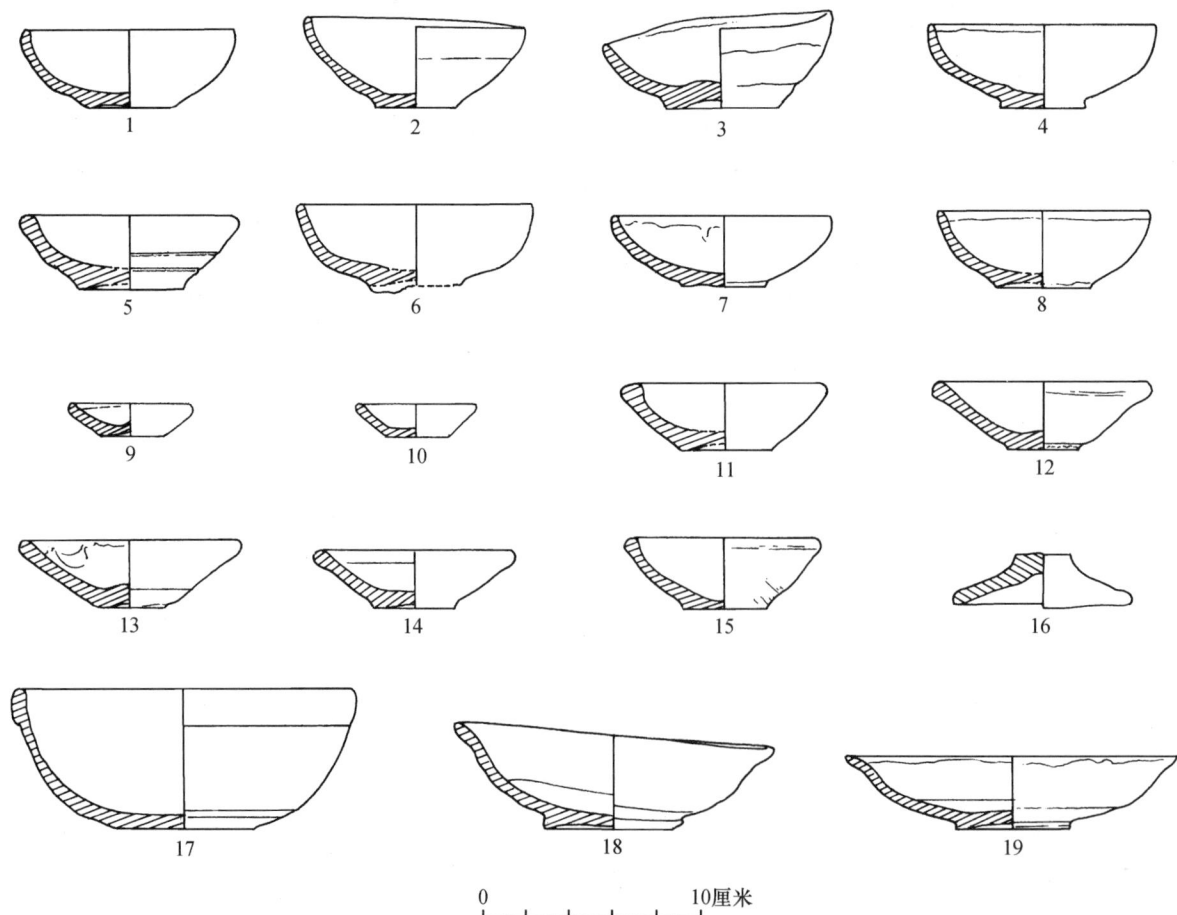

图一一八　庙背后Ⅴ区第3层出土遗物（二）

1～8. 陶盏（2002ⅤT0306③：7、2002ⅤT0306③：8、2002ⅤT0306③：9、2002ⅤT0307③：1、2002ⅤT0307③：2、2002ⅤT0307③：3、2002ⅤT0607③：6、2002ⅤT0607③：12）　9～15. 陶碟（2002ⅤT0305③：4、2002ⅤT0306③：10、2002ⅤT0306③：11、2002ⅤT0607③：7、2002ⅤT0607③：8、2002ⅤT0607③：9、2002ⅤT0607③：10）　16. 陶器盖（2002ⅤT0607③：16）　17. 陶盂（2002ⅤT0509③：3）　18、19. 陶盘（2002ⅤT0306③：5、2002ⅤT0306③：4）

弦纹。口径10.2、底径5、高3.4厘米（图一一八，5）。2002ⅤT0307③：3，底残，胎体呈红褐色。圆唇。口径11.1、残高3.8厘米（图一一八，6）。2002ⅤT0607③：6，胎体呈红褐色，口沿处呈灰色。尖圆唇，口部施黄白色釉，有流釉现象。口径10.2、底径3.8、高3.2厘米（图一一八，7）。2002ⅤT0607③：12，胎体呈暗红褐色。尖圆唇，口部施青灰色釉。口径9.8、底径4.2、高3.5厘米（图一一八，8）。

碟　7件。敞口，圆唇，斜壁较直，平底或平底微凹。2002ⅤT0305③：4，形体较小，胎体呈黑灰色。口径5.8、底径3、高1.5厘米（图一一八，9）。2002ⅤT0306③：10，形体较小，胎体呈灰色。底部有偏心涡形线切痕迹。口径5.6、底径2.9、高1.5厘米（图一一八，10）。2002ⅤT0306③：11，外壁呈灰色，胎芯呈红褐色。厚圆唇，底部有轮制旋纹。口径9.6、底径4.2、高3厘米（图一一八，11）。2002ⅤT0607③：7，胎体呈暗红褐色。口径10.2、底径3.2、高3厘米（图一一八，12）。2002ⅤT0607③：8，胎体呈暗红褐色。内壁有黄色釉结块，并有密集小气孔。口径10.3、底径3.2、高3厘米（图一一八，13）。2002ⅤT0607③：9，胎体呈暗红褐色。口径9.5、底径3.8、高2.6厘米（图一一八，14）。2002ⅤT0607③：10，胎体呈暗红褐色。口径9、底径3.8、高3.2厘米（图一一八，15）。

器盖　1件。2002ⅤT0607③：16，胎体呈红褐色。喇叭形，敞口，圆唇，平顶。口径8.2、顶部直径2.5、高2.2厘米（图一一八，16）。

盘　2件。胎体呈红褐色，器表呈灰褐色。敞口，尖圆唇，浅腹，平底微凹。唇部施有化妆土，外壁有多层施用化妆土痕迹。2002ⅤT0306③：4，口部施灰色釉。口径15.3、底径5.3、高3.3厘米（图一一八，19）。2002ⅤT0306③：5，口部变形。内外壁中上腹施灰色釉，外壁施釉不匀，显示有许多大的凸点，应是泥坯制作粗糙所致，轮制痕明显。口径15.2、底径6.5、高3.9～4.7厘米（图一一八，18）。

盂　1件。2002ⅤT0509③：3，泥质灰陶，敞口，圆唇，深腹，平底。口径16、残高6.2、底径6.4厘米（图一一八，17）。

研磨器　1件。2002ⅤT0306③：12，陶色呈红褐色。敞口，尖唇，近唇部有凹槽一周，浅斜腹，平底微凹，底部有轮制旋纹。内壁有竖排的篦点小凹坑，外壁素面无纹。口径12.4、底径5.2、高3.4厘米（图一一九，1；图版五一，3、4）。

豆　1件。2002ⅤT0607③：17，胎体呈橙色。豆盘敞口，圆唇，斜直壁，浅腹，平底下凹，外壁有明显弧折，豆柄中空，叭喇形座，底座口部为方唇，胎壁较厚。盘内外及豆柄上部皆施黄釉。口径11.8、底径9.4、高11.8厘米（图一一九，2；图版五一，5）。

杯　1件。2002ⅤT0202③：3，胎体呈灰褐色，手制。敞口，尖圆唇，斜腹，内底下凹，底附圈足。口径10.3、底径4.6、高6厘米（图一一九，3）。

钵　3件。敛口，弧腹。2002ⅤT0608③：2，胎体呈灰色。上腹及口部施灰黄色釉，垂釉处呈深灰色。大平底微凹。口径17.6、底径12.2、高6.7厘米（图一一九，4；图版五一，6）。2004ⅤT0905③：4，胎体呈灰色。尖圆唇，下腹部隐约可见有三周较宽的刀削痕，小平底微凹。口径17、底径5.5、高6.6厘米（图一一九，5）。2002ⅤT0305③：6，口部极度内敛，形成子母口，圆唇，上腹有两周较浅的凹弦纹，底残。内外壁施黄釉，局部釉色发亮。口径22、残

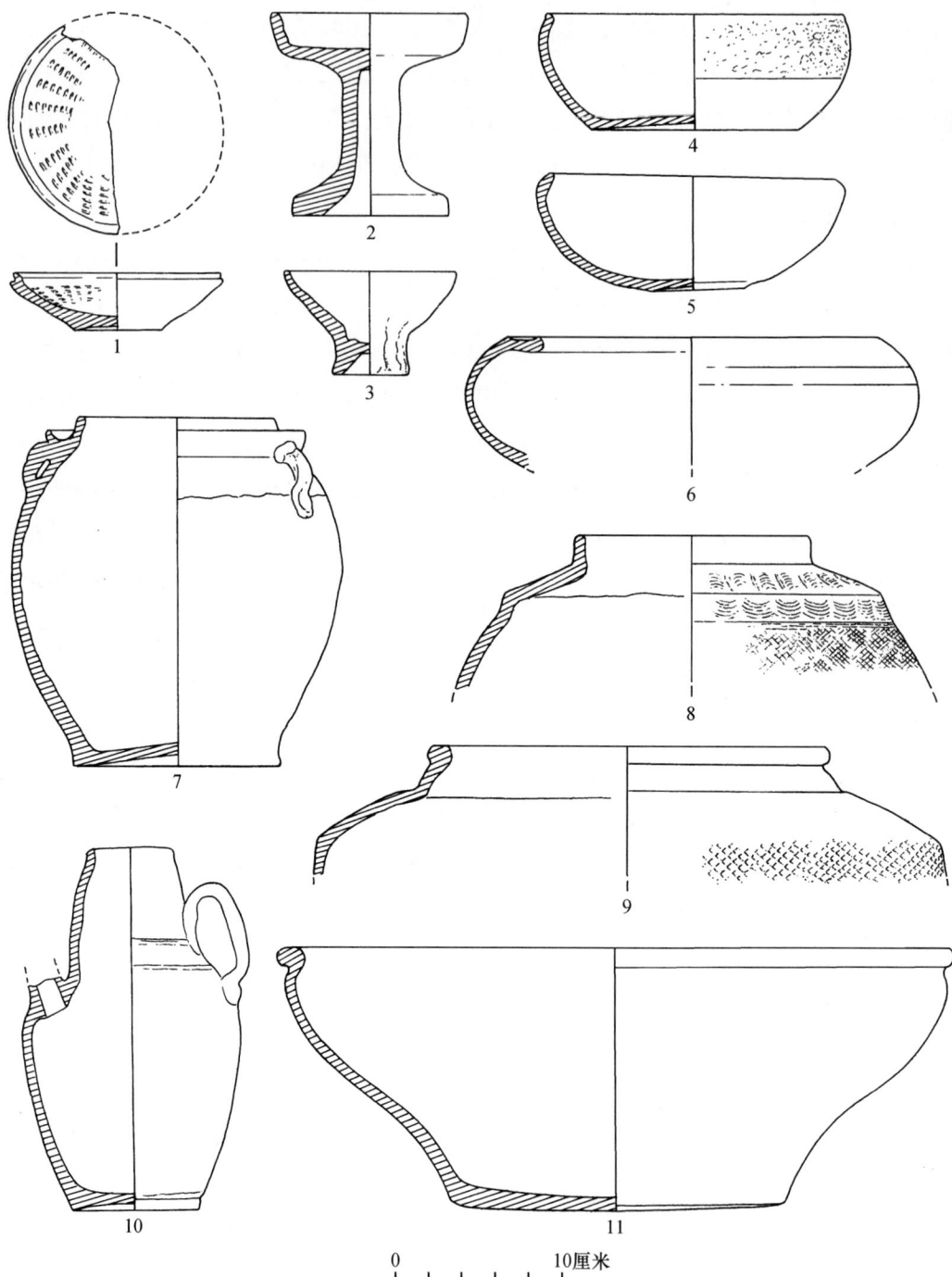

图一一九　庙背后Ⅴ区第3层出土遗物（三）

1. 陶研磨器（2002ⅤT0306③：12）　　2. 陶豆（2002ⅤT0607③：17）　　3. 陶杯（2002ⅤT0202③：3）

4～6. 陶钵（2002ⅤT0608③：2、2004ⅤT0905③：4、2002ⅤT0305③：6）　　7. 陶盘口罐（2002ⅤT0405③：4）

8. 瓷罐（2002ⅤT0509③：2）　　9. 陶瓮（2002ⅤT0208③：2）　　10. 陶执壶（2002ⅤT0406③：1）

11. 陶盆（2002ⅤT0607③：5）

高7.5厘米（图一一九，6）。

盘口罐　1件。2002ⅤT0405③：4，胎体呈红褐色，器表呈灰色，夹有细砂。盘口，内口微敛，圆唇，内口下为盘口，亦圆唇，盘口下有两个不对称的桥形耳，从位置分析应为三个，另一个未制作。鼓腹，平底内凹。近口部施黄色釉。内口径12、盘口15.6、底径12.6、高20.3厘米（图一一九，7；图版五二，1、2）。

瓮　1件。2002ⅤT0208③：2，敛口，厚圆唇，矮领，折肩，肩部以下残。肩部以下模印成组的菱形方格纹。口径23.4、残高7.4厘米（图一一九，9）。

执壶　1件。2002ⅤT0406③：1，胎体呈泛灰的红褐色，器表呈灰褐色。口部变形，直口微敛，尖圆唇，长颈，溜肩，斜弧腹至底，平底内凹。肩部有执柄和流，流残。口径5～6.4、底径7.6、高21厘米（图一一九，10；图版五二，3）。

盆　1件。2002ⅤT0607③：5，胎体呈暗红褐色。敞口，厚圆唇，束颈，深曲腹，大平底。内壁满施黄色釉，器外有少量黄黑色釉斑。口径40.4、底径20、高15.2厘米（图一一九，11）。

俑　2件。仅存头部，头部戴冠。2004ⅤT0707③：1，胎体夹有细砂，左半部呈红褐色，右半部呈灰色，五官较模糊。残高6.7、宽3.8厘米（图一二〇，1）。2004ⅤT1006③：8，泥质红褐陶。五官模糊不清。

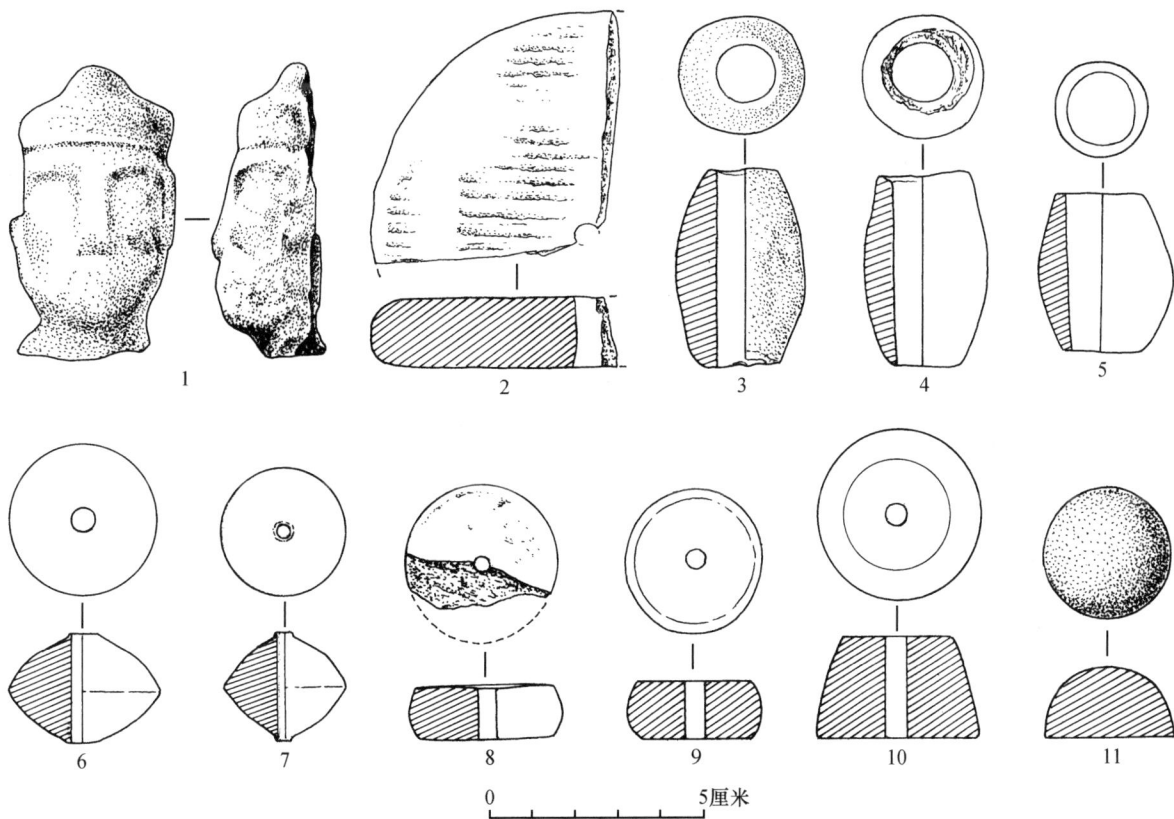

图一二〇　庙背后Ⅴ区第3层出土遗物（四）

1. 陶俑（2004ⅤT0707③：1）　2、10. 陶纺轮（2002ⅤT0505③：1、2002ⅤT0202③：5）　3～5. 陶网坠（2002ⅤT0403③：1、2002ⅤT0403③：2、2002ⅤT0607③：18）　6、7. 陶算珠（2004ⅤT1006③：3、2004ⅤT1006③：2）　8、9. 石纺轮（2002ⅤT0608③：3、2004ⅤT1006③：3）　11. 陶半球形器（2004ⅤT0708③：1）

网坠　3件。泥质灰陶，夹有细砂。管状，中有圆形穿孔。2002ⅤT0403③：1，长4.5、最大径3、孔径1.4厘米（图一二〇，3）。2002ⅤT0403③：2，长4.4、最大径2.9、孔径1.4厘米（图一二〇，4）。2002ⅤT0607③：18，长3.7、最大径3.2、孔径1.6厘米（图一二〇，5；图版五二，4）。

纺轮　2件。扁平状，中有圆孔。2002ⅤT0505③：1，泥质灰陶。为板瓦残块制成，一面为绳纹，一面为布纹，残存四分之一。复原直径约10.2、厚1.6、孔径0.5厘米（图一二〇，2）。2002ⅤT0202③：5，泥质橙色陶，剖面呈梯形。上径2.6、下径3.9、高2.3、孔径0.5厘米（图一二〇，10）。

算珠　2件。泥质灰陶。呈陀螺状，上下对称，中有圆形穿孔。2004ⅤT1006③：2，孔内有铁轴，已腐蚀。直径3、高2.5、孔径0.3厘米（图一二〇，7）。2004ⅤT1006③：3，直径3.5、高2.5、孔径0.5厘米（图一二〇，6）。

半球形器　1件。2004ⅤT0708③：1，泥质灰陶，半球形。底径3.1、高1.6厘米（图一二〇，11）。

封泥　1件。2002ⅤT0607③：25，质地较硬，呈橙黄色，似经过火烧。印面呈方形，小篆，阳文"平都丞印"。背面有斗槽木纹印痕，另有一道与之垂直的绳子印痕。边长2.75、印面边长2.2厘米（图一二一；图版五二，5、6）。

瓦当　1件。2002ⅤT0506③：2，残，泥质灰陶，模制。当面分为三区，外区为边轮，内外周缘凸起，中部为连珠纹；中区模印莲花；内区和外区一致。当心为圆形乳钉。复原直径13.2、边轮宽1.3、厚约1.3厘米（图一二二；图版五二，6）。

砖　1件。2002ⅤT0303③：3，泥质灰陶，两平面饰浅绳纹，一侧面饰菱形纹，两端分别为子母榫卯。长40.5、宽19、厚6厘米（图一二三）。

釉陶片　1件。2002ⅤT0306③：14，胎体呈暗红褐色。外壁有刻划花纹，并填绿釉和黄釉。

图一二一　庙背后Ⅴ区第3层出土封泥拓片
（2002ⅤT0607③：25）

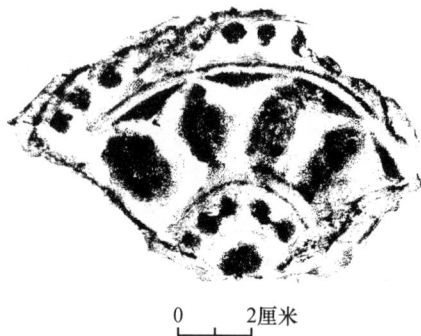

图一二二　庙背后Ⅴ区第3层出土瓦当拓片
（2002ⅤT0506③：2）

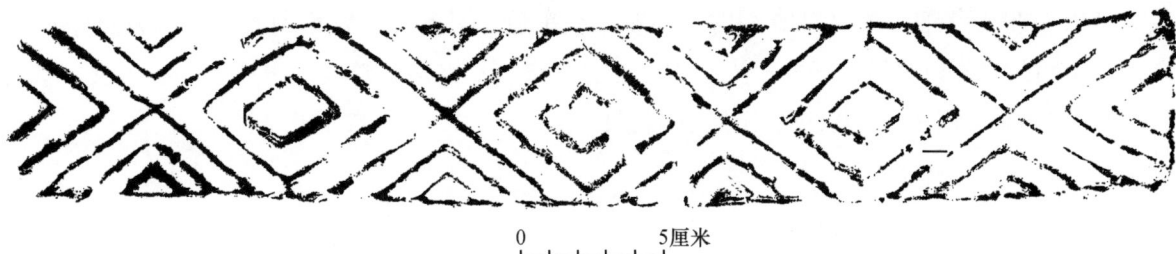

图一二三　庙背后Ⅴ区第3层出土条砖纹饰拓片（2002ⅤT0303③∶3）

（二）瓷器

碗　3件。2002ⅤT0305③∶2，胎体呈灰白色，胎料不够精细。口近直，尖圆唇，深腹，饼状足内凹，内底有三个支钉痕。内外底均素胎无釉，余施青黄色釉。口径15、底径6.8、高7.2厘米（图一二四，2；图版五三，3、4）。2002ⅤT0506③∶1，胎体呈白色，较细腻。敞口，微卷沿，圆唇，高圈足。外壁下腹及底部不施釉，余均施青灰色釉。口径15.5、足径5.4、高5.8厘米（图一二四，3；图版五三，5）。2002ⅤT0607③∶4，胎体呈灰白色。敞口，尖唇，矮圈足。外壁有明显的刀削弦纹痕，内底有较深的圆形支圈凸痕，并有挤胎现象。外壁下腹及底部不施釉，余均施黑釉，釉色黑亮，玻璃感较强，釉层薄处则呈酱黄色。口径14、底径5.4、高5.2厘米（图一二四，5；图版五三，6）。

盘　1件。2002ⅤT0305③∶1，胎体呈灰白色，胎料不够精细。敞口，尖圆唇，浅腹，平底微凹。内底刻划四瓣花朵，除了底部素胎无釉外，余施青釉。口径13.4、底径3.8、高1.9厘米（图一二四，1；图版五三，1、2）。

杯　1件。2002ⅤT0507③∶1，胎体呈灰褐色。敞口，尖圆唇，深腹，小平底微凹。内壁及外壁中上腹施甜白釉，下腹及底素胎无釉。口径8、底径3、高6.4厘米（图一二四，4；图版五三，7）。

罐　1件。2002ⅤT0509③∶2，胎体呈灰白色。直口，圆唇，斜折肩，曲腹，中腹以下

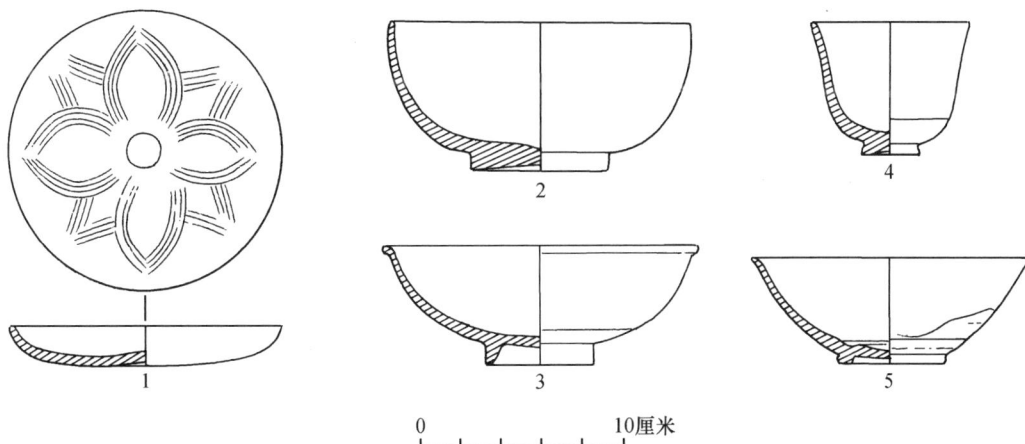

图一二四　庙背后Ⅴ区第3层出土遗物（五）

1.瓷盘（2002ⅤT0305③∶1）　2、3、5.瓷碗（2002ⅤT0305③∶2、2002ⅤT0506③∶1、2002ⅤT0607③∶4）
4.瓷杯（2002ⅤT0507③∶1）

残。外壁施灰褐色釉，釉层厚薄不均，釉厚处呈黑色，有开片，釉面有亮光。肩部饰水波暗纹，每组暗纹之间以竖条状凹槽相隔。肩腹交接处饰一周波浪状暗纹，再往下印有布纹。口径14、残高8.4厘米（图一一九，8；图版五四，1）。

（三）铜器

铜钱　8枚。

开元通宝　3枚。均T0304③层出土。2002ⅤT0304③：1-1，直径2.5、穿边长0.7厘米（图一二五，1）。

五铢　3枚。均T0607③出土。2002ⅤT0607③：21、22，均残，直径2.5、穿边长1厘米（图一二五，2、3）。

剪轮五铢　2枚。分别为2002ⅤT0607③：23、2002ⅤT0204③：2，锈蚀严重。

镞　1件。2002ⅤT0205③：2，前有锐尖，有双翼，正背两面中间起脊，四棱形铤。长7.1、翼宽2.2厘米（图一二六，4）。

环　1件。2002ⅤT0306③：1，剖面呈圆形。外径2.4、内径1.8厘米（图一二六，9）。

钗　1件。2002ⅤT0405③：1，"U"形，弯曲部分剖面呈扁四棱形，钗脚剖面呈圆形，尖残。残长9.8厘米（图一二六，5）。

簪　2件。均残。2002ⅤT0405③：2，剖面呈扁圆形。残长11.1厘米（图一二六，6）。2002ⅤT0405③：3，剖面呈四棱形，残长9厘米（图一二六，7）。

（四）铁器

刀　3件。皆残。2002ⅤT0608③：5，带柄，柄部剖面呈扁方形，柄尾有环首。残长15.3、柄宽1.3、厚0.5、残存刀身最宽1.7厘米（图一二六，1）。2004ⅤT0706③：3，残长12.2、宽2.1厘米（图一二六，2）。2002ⅤT0508③：1，残长11.6、宽2.6厘米（图一二六，3）。

钉　1件。2002ⅤT0306③：2，呈弓形，拱背剖面呈方形，尖部呈圆形。残长4.5、高2厘米（图一二六，8）。

镞　1件。2004ⅤT0905③：3，扁平状，有两翼。残长4.3、两翼宽3.4厘米（图一二六，12）。

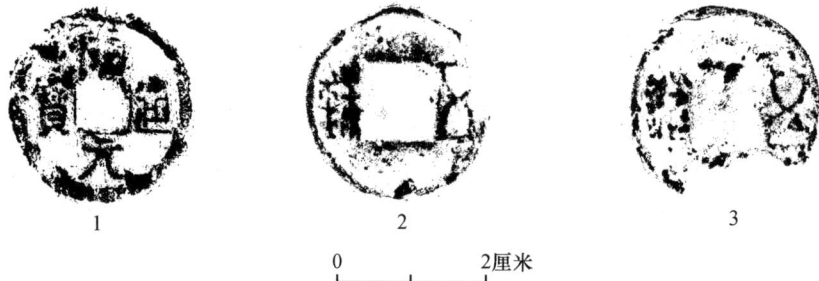

图一二五　庙背后Ⅴ区第3层出土铜钱拓片

1.开元通宝（2002ⅤT0304③：1-1）　2、3.五铢（2002ⅤT0607③：21、22）

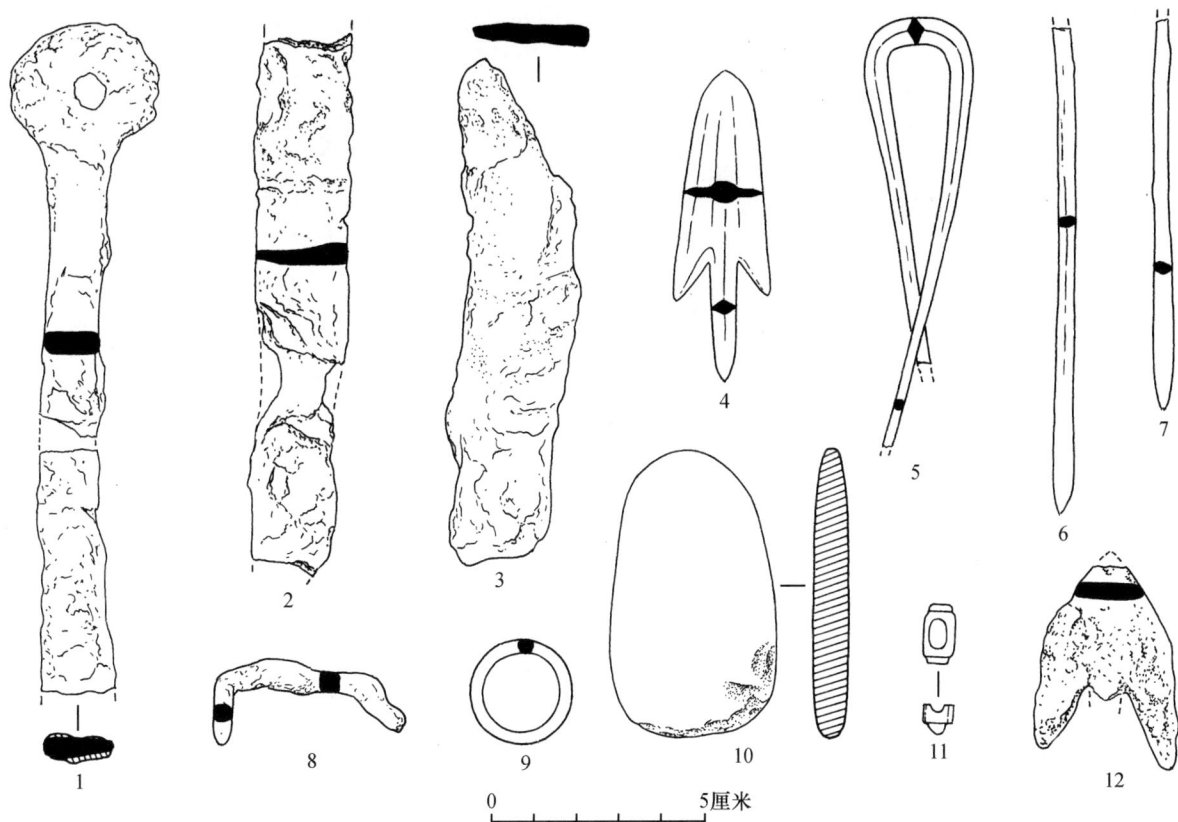

图一二六　庙背后Ⅴ区第3层出土遗物（六）

1~3.铁刀（2002ⅤT0608③：5、2004ⅤT0706③：3、2002ⅤT0508③：1）　4.铜镞（2002ⅤT0205③：2）

5.铜钗（2002ⅤT0405③：1）　6、7.铜簪（2002ⅤT0405③：2、3）　8.铁钉（2002ⅤT0306③：2）

9.铜环（2002ⅤT0306③：1）　10.石锛（2002ⅤT0508③：3）　11.骨器（2004ⅤT0504③：2）

12.铁镞（2004ⅤT0905③：3）

（五）骨器

1件。2004ⅤT0504③：2，中部有椭圆形孔。长1.3、宽0.7厘米（图一二六，11）。

（六）石器

纺轮　2件。黑色，磨光，制作较为精良。2002ⅤT0608③：3，直径3.2、厚1.3、孔径0.45厘米（图一二〇，8）。2004ⅤT1006③：3，最大直径3.6、厚1.2、孔径0.4厘米（图一二〇，9）。

斧　1件。2004ⅤT1106③：2，整体呈青灰色，系用长条形卵石打制而成的毛坯，刃部有片疤。高21、最宽7.1、最厚3.5厘米（图一二七，1）。

锛　2件。2002ⅤT0508③：3，整体呈黄棕色，器薄。长6.6、最宽3.9、厚0.8厘米（图一二六，10）。2002ⅤT0205③：3，石色温润如玉，弧顶，双面刃。高7.6、刃宽5.4、最厚3.3厘米（图一二七，3；图版五四，2）。

砺石　1件。2004ⅤT1106③：1，砂岩。整体呈长方形，双面使用，其中一面下磨较甚。长13.6、宽3.6~4.8、厚2.8~3.3厘米（图一二七，2）。

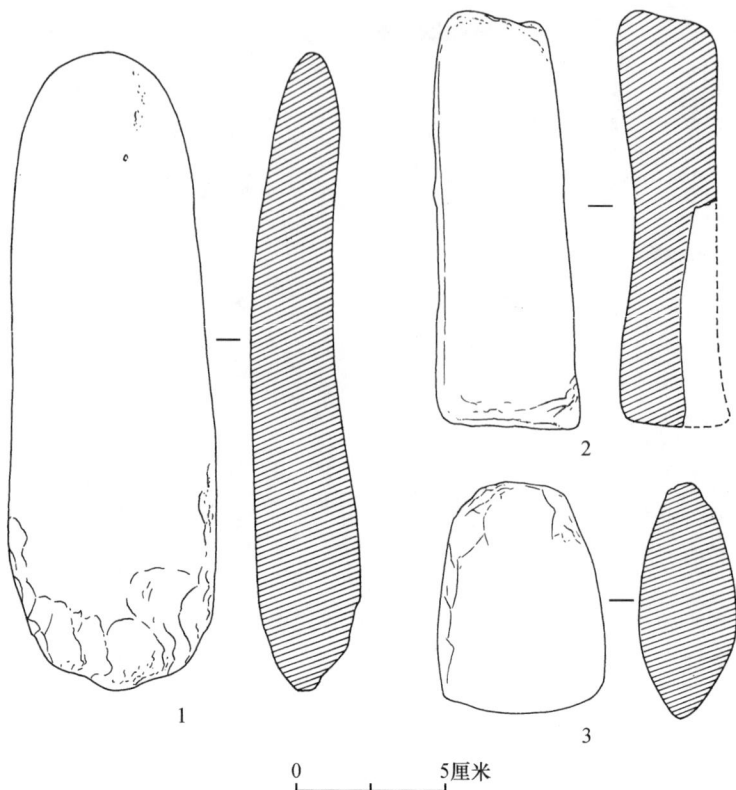

图一二七　庙背后Ⅴ区第3层出土遗物（七）

1. 石斧（2004ⅤT1106③：2）　2. 砺石（2004ⅤT1106③：1）　3. 石锛（2002ⅤT0205③：3）

三、第4层出土遗物

（一）陶器

碗　2件。敞口，平底。2002ⅤT0202④：7，泥质褐陶，夹有细砂。方唇，唇面有数道凹槽，内壁下腹有明显的瓦楞纹，平底微凹。口径12.6、底径3、高5.2厘米（图一二八，1；图版五四，3）。2002ⅤT0505④：2，泥质灰陶。圆唇，腹部微折，外壁上腹有三周凹弦纹，内壁下腹有明显的瓦楞纹。口径14.2、底径4、高4.6厘米（图一二八，3）。

盏　1件。2002ⅤT0202④：6，泥质红褐陶。敞口，尖圆唇，斜直壁，小平底。口径15.2、底径3、高3.6厘米（图一二八，4）。

杯　1件。2002ⅤT0202④：8，夹砂褐陶，陶色不均。敞口，圆唇，深腹，喇叭形圈足。口径11、底径5.2、高8.5厘米（图一二八，7）。

盆　1件。2002ⅤT0408④：2，泥质灰陶，夹有细砂。敞口，叠沿，圆唇，弧腹，内外壁近底部折痕明显，平底。口径19.2、底径5.8、高6.7厘米（图一二八，5；图版五四，4）。

甑　2件。泥质灰陶，夹有细砂。直口，宽折沿下耷，方唇，上腹近直，中下腹弧收至底。2002ⅤT0605④：4，上腹外壁有一周明显的凸弦纹，相应位置的内壁则有一周凹弦纹。底部有圆形气孔，孔径约0.5厘米。口径28.8、底径14、高19.2厘米（图一二八，8；图版五四，5）。2002ⅤT0305④：8，中腹有三周较宽的凹弦纹，底残。口径21.2、残高11.5厘米（图一二八，10）。

纺轮　1件。2002 V T0606④：5，泥质灰陶。系由板瓦块制作而成，略呈圆形，两面均绳纹，中有一孔。直径8.4～9.2、孔径0.85、厚1.45厘米（图一二八，9）。

尖底器　2件。2002 V T0202④：10，泥质褐陶。敞口，尖唇，束颈，斜弧腹，小平底微凹。口径11、底径1.3、高7.7厘米（图一二八，2；图版五四，6）。2004 V T0604④：4，夹砂褐陶，陶质较差，略变形。直口微敛、圆唇，内壁近口部微折，折痕明显，外壁中腹亦微显折痕，下腹斜收至底。口径10.6、高7.6厘米（图一二八，6）。

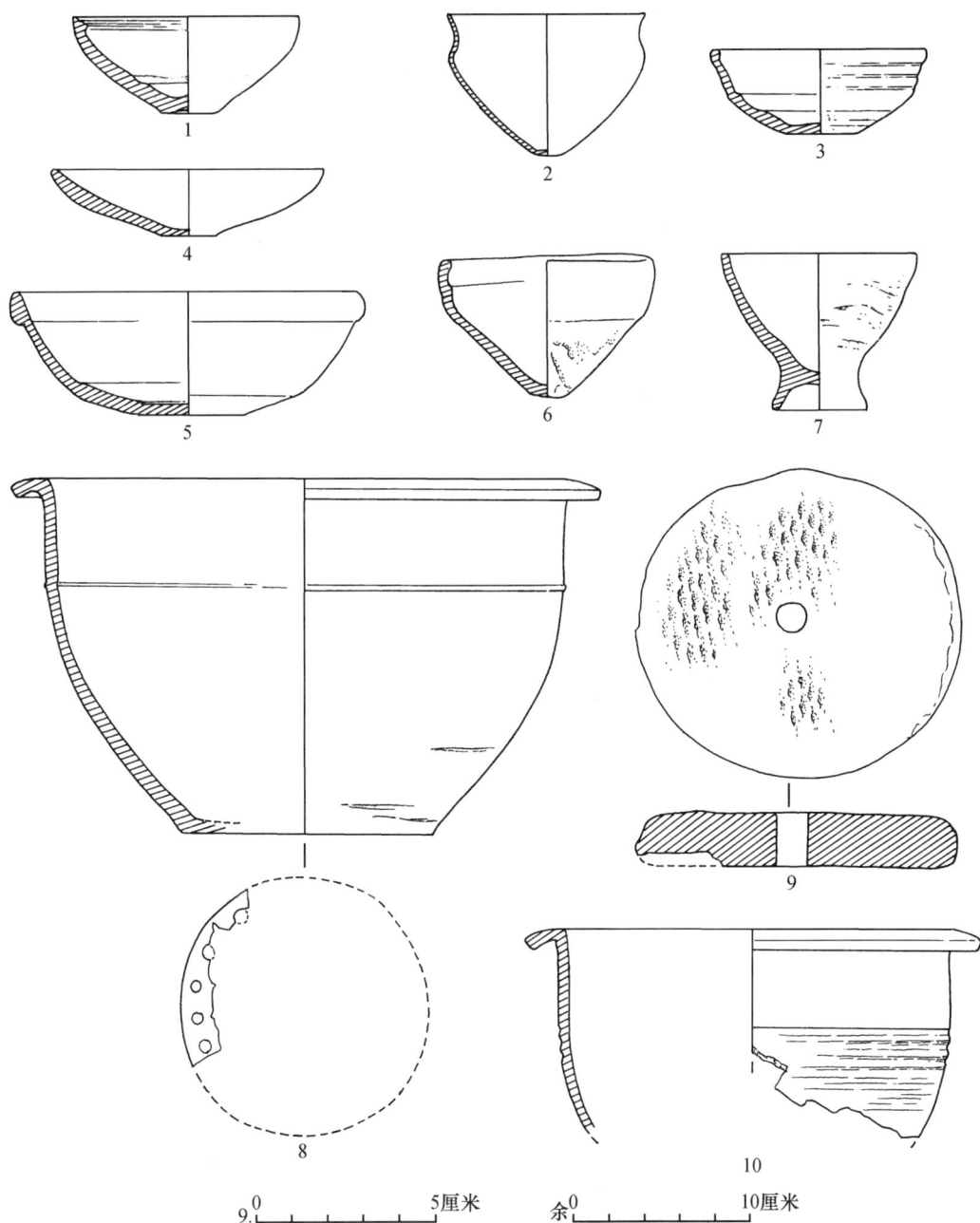

图一二八　庙背后 V 区第4层出土遗物（一）

1、3.陶碗（2002 V T0202④：7、2002 V T0505④：2）　2、6.陶尖底器（2002 V T0202④：10、2004 V T0604④：4）
4.陶盏（2002 V T0202④：6）　5.陶盆（2002 V T0408④：2）　7.陶杯（2002 V T0202④：8）　8、10.陶甑（2002 V T0605④：4、
2002 V T0305④：8）　9.陶纺轮（2002 V T0606④：5）

器盖　1件。2004ⅤT0905④：5，夹砂灰陶。喇叭形，敞口，尖唇，斜直壁，顶部有圈足式捉手。口径11.5、顶径3.5、高5.4厘米（图一二九，5）。

鬲　1件。2002ⅤT0605④：5，夹砂褐陶。侈口，平折沿，斜方唇，束颈，斜腹，底残。外饰浅显的中绳纹。口径28.4、残高13.6厘米（图一二九，1）。

罐　1件。2002ⅤT0202④：12，夹粗砂褐陶，大部分内外壁呈灰黑色。卷沿，圆唇，沿部捏有花边。残高6.2厘米（图一二九，4）。

壶　1件。2002ⅤT0202④：11，泥质灰皮红褐色胎。敞口，尖圆唇，长颈，溜肩，肩部饰两周凹弦纹。口径14.8、残高13厘米（图一二九，2）。

高领瓮　1件。2002ⅤT0305④：9，泥质灰陶，夹有细砂。侈口，平折沿，斜方唇，束颈，广肩，鼓腹，中腹以下残。颈部及腹部饰竖向细绳纹，肩及腹部绳纹有较浅的手抹凹痕。口径16.6、残高18厘米（图一二九，3）。

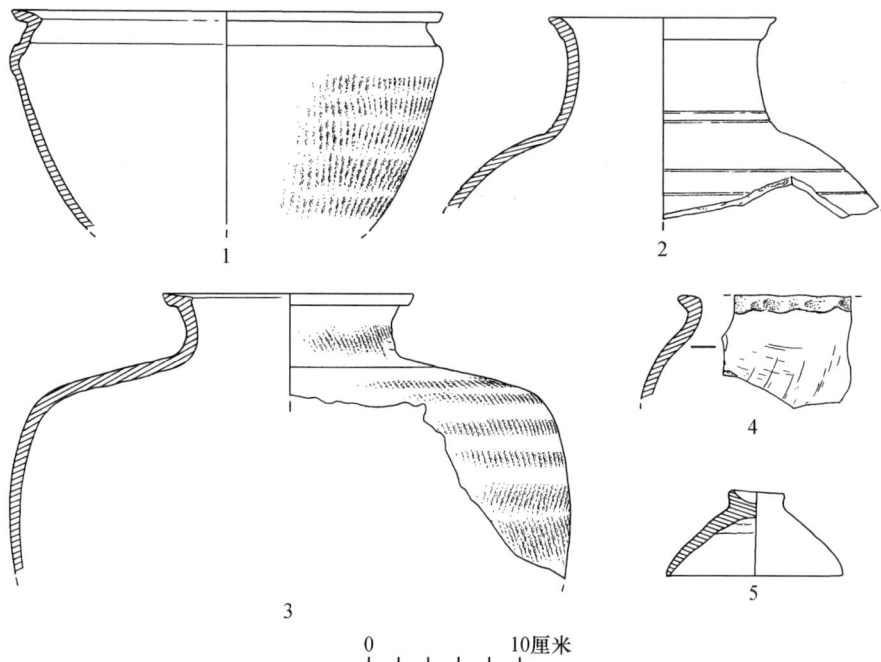

图一二九　庙背后Ⅴ区第4层出土遗物（二）

1.陶鬲（2002ⅤT0605④：5）　2.陶壶（2002ⅤT0202④：11）　3.陶高领瓮（2002ⅤT0305④：9）
4.陶罐（2002ⅤT0202④：12）　5.陶器盖（2004ⅤT0905④：5）

（二）铜器

铜钱　12枚。

半两　5枚。均无廓。2002ⅤT0208④：5，直径2.4、穿边长0.9厘米（图一三〇，1）。2002ⅤT0208④：6，直径2.4、穿边长0.9厘米（图一三〇，2）。2002ⅤT0208④：7，直径2.5、穿边长0.9厘米（图一三〇，3）。2004ⅤT0504④：4，直径2.4、穿边长0.7厘米。2002ⅤT0605④：1，钱体较大，残碎。

五铢　5枚。2002ⅤT0505④：3，钱体较大。直径2.6、穿边长1厘米（图一三〇，

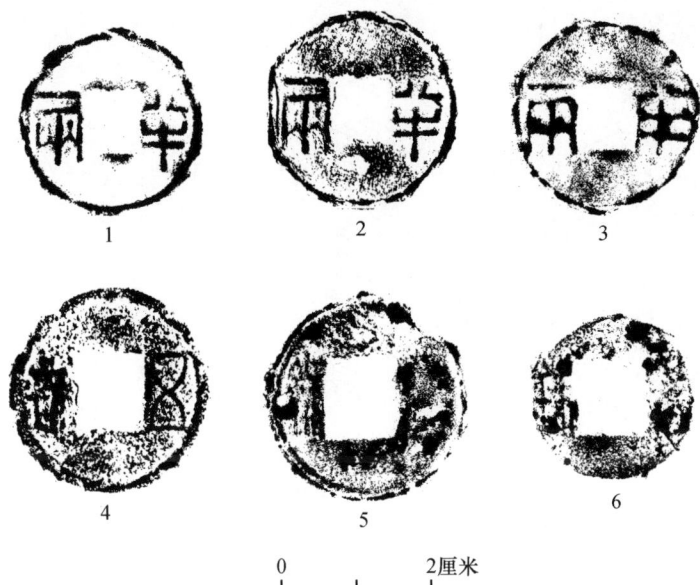

图一三〇　庙背后Ⅴ区第4层出土铜钱拓片

1~3. 半两（2002ⅤT0208④：5~7）　4~6. 五铢（2002ⅤT0505④：3、2002ⅤT0608④：6、2002ⅤT0304④：3）

4）。2002ⅤT0608④：6，钱体较大。直径2.7、穿边长1.1厘米（图一三〇，5）。2002ⅤT0304④：3，直径2.1、穿边长1厘米（图一三〇，6）。2004ⅤT1006④：5，钱体较大。直径2.7、穿边长1厘米。2004ⅤT0705④：4，钱体较大。直径2.6、穿边长0.9厘米。

剪轮五铢　2枚。残碎较甚。分别为2002ⅤT0403④：3、2002ⅤT0505④：4。

（三）铁器

钉　2件。剖面呈扁平状。2002ⅤT0605④：2，长11.9、宽1.3、厚0.7厘米（图一三一，5）。2002ⅤT0606④：4，尖端弯折。长8.9、宽1.1、厚0.5厘米（图一三一，6）。

不明铁器　1件。2004ⅤT0706④：4，残，锈蚀严重。残长7.7、宽2.2厘米（图一三一，7）。

（四）石器

石斧　1件。2004ⅤT0504④：3，整体呈青绿色。磨制，双面刃，顶部为原石断面。高12.5、刃宽5.1、最厚2.8厘米（图一三一，4）。

（五）冶炼遗物

炉壁　1件。2002ⅤT0405④：5，泥质，内壁有弧度，呈灰蓝色，越往外颜色越浅。残块最大径约11厘米（图一三一，1）。

鼓风管　2件。泥质，内壁烧成蓝色，越往外颜色越浅。2002ⅤT0405④：5-1，外壁直径4、内径约1.5厘米（图一三一，2）。2002ⅤT0405④：5-2，外壁直径约9、内径约4厘米（图一三一，3）。

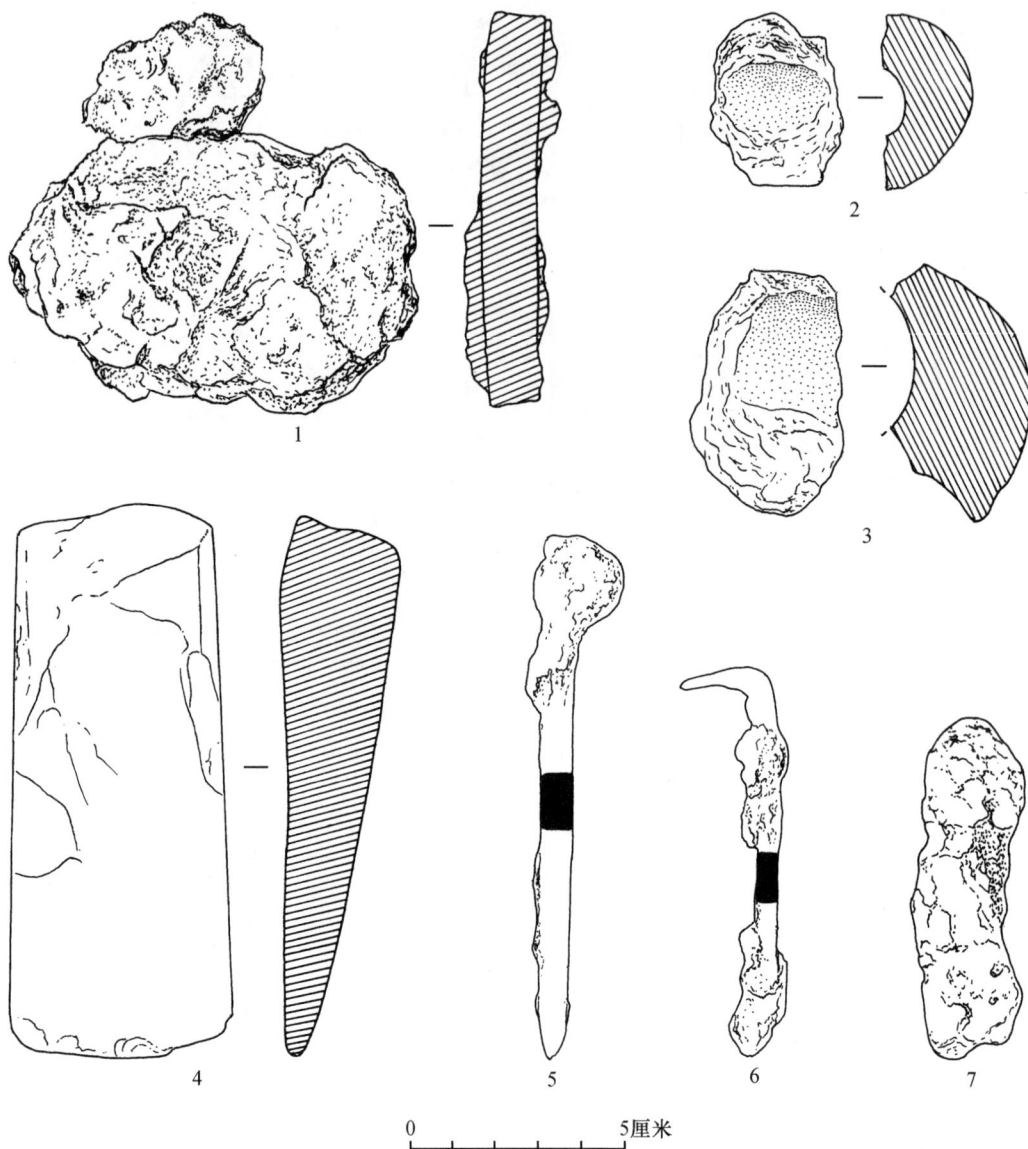

图一三一　庙背后Ⅴ区第4层出土遗物（三）

1. 炉壁残块（2002ⅤT0405④：5）　　2、3. 鼓风管（2002ⅤT0405④：5-1、2）　　4. 石斧（2004ⅤT0504④：3）

5、6. 铁钉（2002ⅤT0605④：2、2002ⅤT0606④：4）　　7. 不明铁器（2004ⅤT0706④：4）

四、G2出土遗物

（一）陶器

器盖　1件。泥质硬陶。2004ⅤT1105G2：1，盖外施黄釉，呈米黄色。捉手呈圆柱状，盖中部以下弧折明显，将盖体分成两部分。弧折部分以上有两个对称的系耳。盖下口沿平齐，方唇。内为红褐色，中心有较深的小凹坑。下口径12.5、高4.9厘米，上端面直径3.5、高约1厘米（图一三二，1）。

网坠　1件。2004ⅤT1105G2：5，泥质红陶。管状，中有圆形穿孔。长4.5、最大腹径3.4、内孔径约1.5厘米（图一三二，3）。

支圈　1件。2004ⅤT1105G2：3，泥质硬陶，五齿形。直径7.2、高2.2厘米（图一三二，4）。

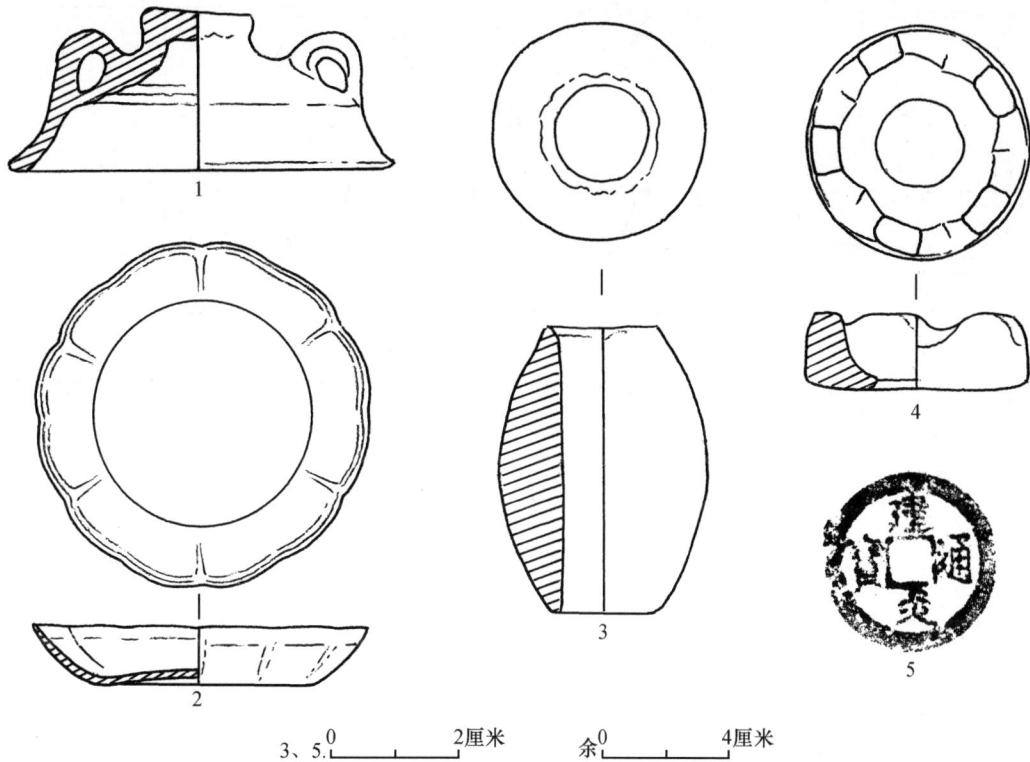

3、5. └─┴─┘2厘米　　余0└─┴─┘4厘米

图一三二　庙背后Ⅴ区G2出土遗物

1. 陶器盖（2004ⅤT1105G2：1）　2. 瓷碟（2004ⅤT1105G2：4）　3. 网坠（2004ⅤT1105G2：5）
4. 支圈（2004ⅤT1105G2：3）　5. 建炎通宝（2004ⅤT1105G2：2）

（二）瓷器

碟　1件。2004ⅤT1105G2：4，青瓷，釉色呈青白色。玻璃感较强。侈口，小方唇，唯口沿部分失釉，呈灰白胎色。折腹大平底。器壁做成花瓣形，有六瓣（图一三二，2；图版五五，1、2）。

（三）铜器

铜钱　1件。2004ⅤT1105G2：2，钱文为"建炎通宝"。直径2.8、穿边长0.7、外廓宽0.3厘米（图一三二，5）。

五、H1出土器物

（一）陶器

碗　21件。泥质红褐色硬陶，多施釉。敞口，圆唇，深腹。多为平底，且多微凹，少量为圈足。2002ⅤH1：32，圆唇，平底微凹，有削足痕。口沿处施青灰色釉，内壁施灰褐釉，外壁中上腹施酱褐釉，釉色光亮。下腹及底素胎，下腹隐约可见支圈痕。口径18.6、底径5.2、高6.2厘米（图一三三，1）。2002ⅤH1：33，圆唇，平底微凹。内壁呈黑灰色，口沿处施青灰色

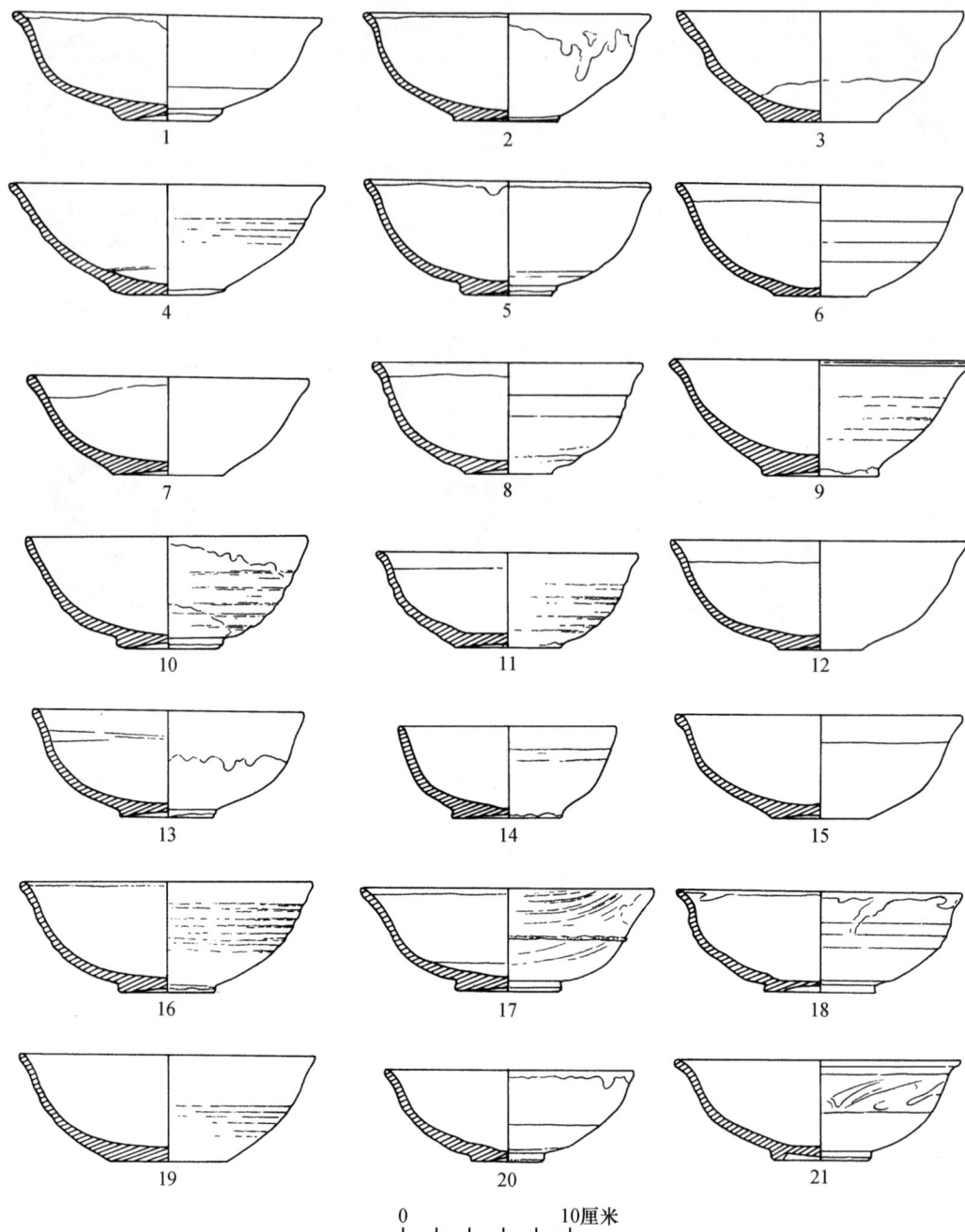

图一三三　庙背后Ⅴ区H1出土遗物（一）

1～21.陶碗（2002ⅤH1：32～48、51、52、72、99）

釉，有流釉现象。口径17.1、底径6.2、高6.3厘米（图一三三，2）。2002ⅤH1：34，圆唇，上腹内凹，平底。内壁呈红褐色，口沿处呈灰色。口径17.1、底径6.6、高6.4厘米（图一三三，3）。2002ⅤH1：35，陶色一半呈灰色，一半呈红褐色。圆唇。外壁有三周轮制凹弦纹。平底，有削足痕。口径19、底径7、高6.4厘米（图一三三，4；图版五五，3）。2002ⅤH1：36，圆唇，平底微凹，有削足痕。口沿处施多层釉，底层呈酱褐色，外层呈黄白色，内壁呈红褐色，较光滑。口径17.1、底径5.3、高6.7厘米（图一三三，5）。2002ⅤH1：37，陶色多呈红褐色，口沿处呈灰色。圆唇，平底，中腹有两周浅显的轮制凹弦纹。口径17、底径5.5、高

6.5厘米（图一三三，6）。2002ⅤH1：38，圆唇，平底微凹，口沿处呈灰色。口径17、底径6.7、高5.7厘米（图一三三，7）。2002ⅤH1：39，圆唇，平底微凹，口沿处呈灰色。中腹有两周轮制凹弦纹。口径16.4、底径5.2、高6.5厘米（图一三三，8）。2002ⅤH1：40，方圆唇，平底微凹，外壁有数周浅显的轮制凹弦纹。口径17.8、底径6.8、高6.8厘米（图一三三，9）。2002ⅤH1：41，陶质相对其他标本更硬。圆唇，外壁有轮制的凹弦纹痕，平底微凹。口沿及内壁施灰褐色釉，有一定的光泽，口沿处又施有一层青灰色釉，有流釉现象。外底有一圆形窑具痕迹，形成线圈，圈外施残存有釉。口径17、底径6.2、高6.5厘米（图一三三，10）。2002ⅤH1：42，陶色多呈红褐色，口沿处呈灰色。圆唇，平底微凹，外壁有数周浅显的轮制凹弦纹。口径15.8、底径6.3、高5.5厘米（图一三三，11）。2002ⅤH1：43，陶色多呈红褐色，口沿处呈灰色。尖唇，平底微凹，口径17.6、底径5、高6.4厘米（图一三三，12）。2002ⅤH1：44，陶质相对其他标本更硬。圆唇，平底微凹。口沿、内壁及外壁上腹施较浅的黑灰色釉，有一定的光泽，外口沿下有流釉现象。口径16.6、底径5.6、高6.2厘米（图一三三，13）。2002ⅤH1：45，圆唇，平底微凹，外壁有轮制弦纹痕迹。内外壁施酱褐色釉，釉层不均，有釉斑。口径13、底径6.6、高5.4厘米（图一三三，14）。2002ⅤH1：46，陶色多呈红褐色，口沿处呈灰色。圆唇，平底微凹。口径17.2、底径5.8、高6厘米（图一三三，15）。2002ⅤH1：47，圆唇，平底微凹，外壁有数周轮制凹弦纹。口沿及内壁施灰褐色釉，有一定的玻璃感，口沿处又施有一层青灰色釉。外底有一圆形窑具痕迹，形成线圈，窑具相对较大圈外施釉。口径17.8、底径5.8、高6.4厘米（图一三三，16）。2002ⅤH1：48，同2002ⅤH1：46，外壁中腹有一周圆形窑具留下的印痕。口径17.6、底径6.2、高6厘米（图一三三，17）。2002ⅤH1：51，圆唇，束口，矮圈足，外壁中腹有两周轮制凹弦纹。口沿及内壁施灰褐色釉，有一定的玻璃感，口沿处又施有一层青灰色釉，有流釉现象。口径17、底径6.6、高5.8厘米（图一三三，18）。2002ⅤH1：52，圆唇，平底，外壁中下腹有数周轮制弦纹。口径18、底径7.2、高6.3厘米（图一三三，19）。2002ⅤH1：72，陶质相对较硬。圆唇，平底微凹。口沿、内壁及外壁上腹施灰褐色釉，有一定的玻璃质感，内壁釉面有蜂窝状凹坑，口沿处有流滴现象。口径15、底径4.3、高5.4厘米（图一三三，20）。2002ⅤH1：99，圆唇，矮圈足。口沿及内壁施青灰色釉，釉色略泛黄，内底绘有疑似鸟形的图案，呈黄褐色。外壁上腹施釉，有黑褐色釉斑，并有圆形窑具印痕。口径17、底径6.1、高5.8厘米（图一三三，21）。2002ⅤH1：103，仅存底部，胎体呈暗红褐色。平底。内施褐色釉，内底有刻字，残缺较甚，不易辨识（图一三五，3）。2002ⅤH1：108，仅存底部，胎体呈暗红褐色。平底微凹。内壁施黄釉，内底刻有行书"田字号"三字（图一三五，5）。

盏　15件。泥质硬陶，多施釉。敞口或微直口，个别为直口微敛，圆唇，平底或平底微凹。2002ⅤH1：63，平底微凹。内壁满釉，外壁下腹及底无釉，釉色呈黄灰色，有流釉现象，釉下多显黑斑。口径11.4、底径4.8、高5厘米（图一三四，1；图版五五，4）。2002ⅤH1：64，平底。内壁满釉，外壁下腹及底无釉，釉色呈青黄色。内底有一小凹坑，积釉较多，釉色呈泛青的黄褐色。外壁有明显的圆形窑具印痕。口径11、底径4.1、高3.6厘米（图一三四，2）。2002ⅤH1：65，胎体呈暗红褐色。口微敛，平底微凹。口沿及内壁均施

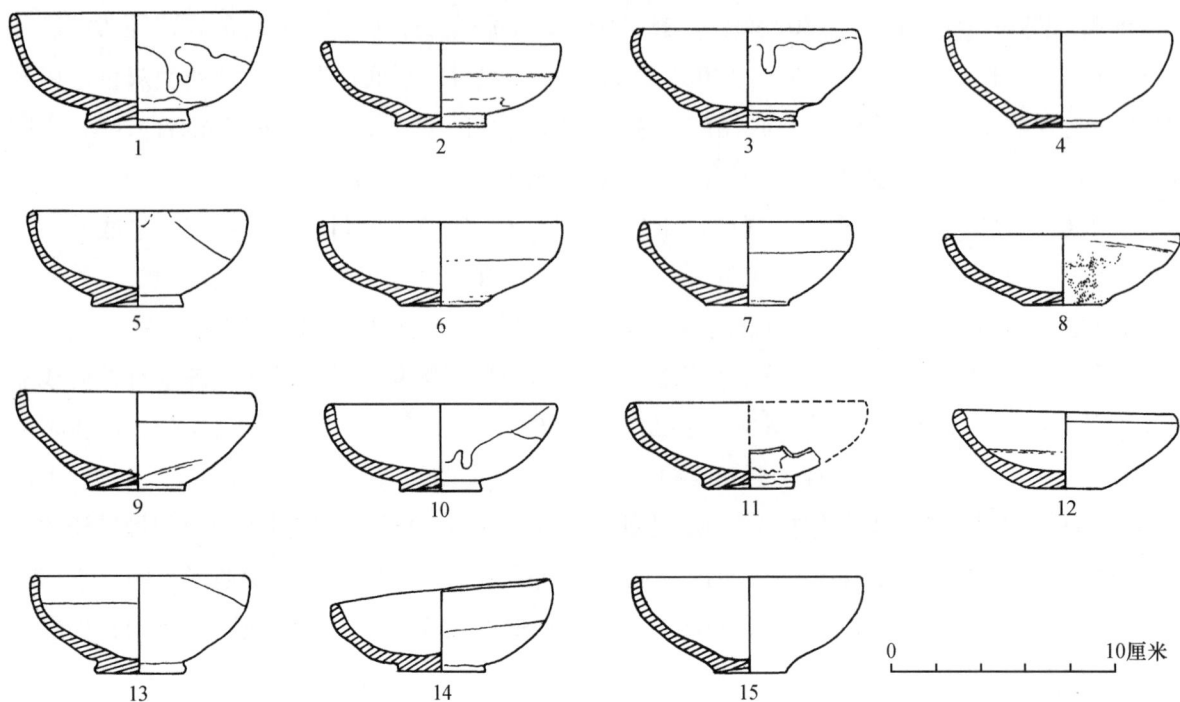

图一三四　庙背后Ⅴ区H1出土遗物（二）

1~15. 陶盏（2002ⅤH1：63~71、73~77、82）

黄釉，外壁有流釉现象。口径10、底径4.2、高4.2厘米（图一三四，3）。2002ⅤH1：66，胎体呈灰黑色。平底微凹。口径10、底径3.6、高4.1厘米（图一三四，4）。2002ⅤH1：67，陶质相对更硬，平底微凹。口沿及内壁均施黄白色釉，外壁有流釉现象。口径9.8、底径4.2、高4.2厘米（图一三四，5；图版五五，5）。2002ⅤH1：68，胎体呈红褐色。平底微凹。口径11.2、底径3.6、高3.7厘米（图一三四，6）。2002ⅤH1：69，胎体呈暗红褐色，外壁呈灰褐色，内壁亦呈暗红褐色，口沿处则呈深灰色。平底。口径9.4、底径3.6、高3.6厘米（图一三四，7）。2002ⅤH1：70，胎体呈暗红褐色，外壁呈灰褐色，内壁亦呈暗红褐色，口沿处则呈灰色。平底微凹。口径10.4、底径3.6、高3.2厘米（图一三四，8）。2002ⅤH1：71，胎体呈灰色，口沿外周一圈呈浅灰色。平底微凹。口径10.6、底径4.4、高4.3厘米（图一三四，9）。2002ⅤH1：73，胎体呈暗红褐色。平底微凹。口部、内壁及外壁上腹施土黄色釉，内底釉层较厚。外壁釉色呈青黄色，并有流釉现象，釉层下有灰黑色斑块。口径10.4、底径3.8、高3.8厘米（图一三四，10）。2002ⅤH1：74，大致同2002ⅤH1：73，施釉较均匀。口径10.6、底径4、高3.8厘米（图一三四，11）。2002ⅤH1：75，胎体呈灰黑色。平底。口径10、底径3.4、高3.4厘米（图一三四，12）。2002ⅤH1：76，胎体呈暗红褐色。平底。口部和内壁施青灰色釉，内底微凹，釉层较厚，呈黄色。口径9.8、底径4、高4.25厘米（图一三四，13）。2002ⅤH1：77，口部变形。胎体呈暗红褐色，外壁呈灰褐色，内壁亦呈暗红褐色，口沿处呈则灰色。平底。口径10、底径4、高2.9~4.2厘米（图一三四，14；图版五五，6）。2002ⅤH1：82，胎体呈灰黑色。平底微凹。口径10.2、底径3.2、高4.2厘米（图一三四，15）。2002ⅤH1：100，仅存底部，胎体呈暗红褐色。平底。内壁施青灰色釉。底部有刻划文字，残存二字，行草书，笔力遒劲，笔画流畅，第一字残存一半，不易辨识，第二字为"遽"（图一三五，1；图版五五，7）。2002ⅤH1：102，大体同标本2002ⅤH1：100，底部有刻划文字，残存二字，亦行草书。参考标本2002ⅤH1：100的文字可知，第二字亦为"遽"（图一三五，2；图版五五，8）。2002ⅤH1：118，大体同标本2002ⅤH1：100，内施黄白色釉。底部刻字内容不详（图一三五，4）。

　　碟　12件。胎体呈暗红褐色。敞口，圆唇，平底或平底微凹。2002ⅤH1：26，中腹以下胎体呈暗红褐色，口沿外呈灰色。口沿及器外中腹均有使用窑具的印痕。平底微凹。内壁施黄褐色釉，且釉色越往下越深，渐呈灰褐色，开片较均匀。口径9.2、底径4.2、高2.7厘米（图一三六，1）。2002ⅤH1：78，胎色呈暗红褐色。平底微凸。内壁施黄褐色釉，外壁少部分施釉，且有流釉现象，釉滴呈黑色。口径8.6、底径3.2、高2.6厘米（图一三六，2）。2002ⅤH1：79，口部变形，大体同2002ⅤH1：78，平底微凹。外壁多呈深灰色。口径10、底径3.4、高3.5厘米（图一三六，3）。2002ⅤH1：80，大体同2002ⅤH1：78，平底微凹。口径10.6、底径2.8、高3.3厘米（图一三六，4）。2002ⅤH1：81，平底微凸。口沿及内壁施黄褐色釉，有较强的玻璃质感，并隐显轮制弦纹线。口径10、底径3、高2.4厘米（图一三六，5）。2002ⅤH1：83，平底，外壁有明显的轮制弦纹。口沿及内壁施黄褐色釉，有较强的玻璃质感。

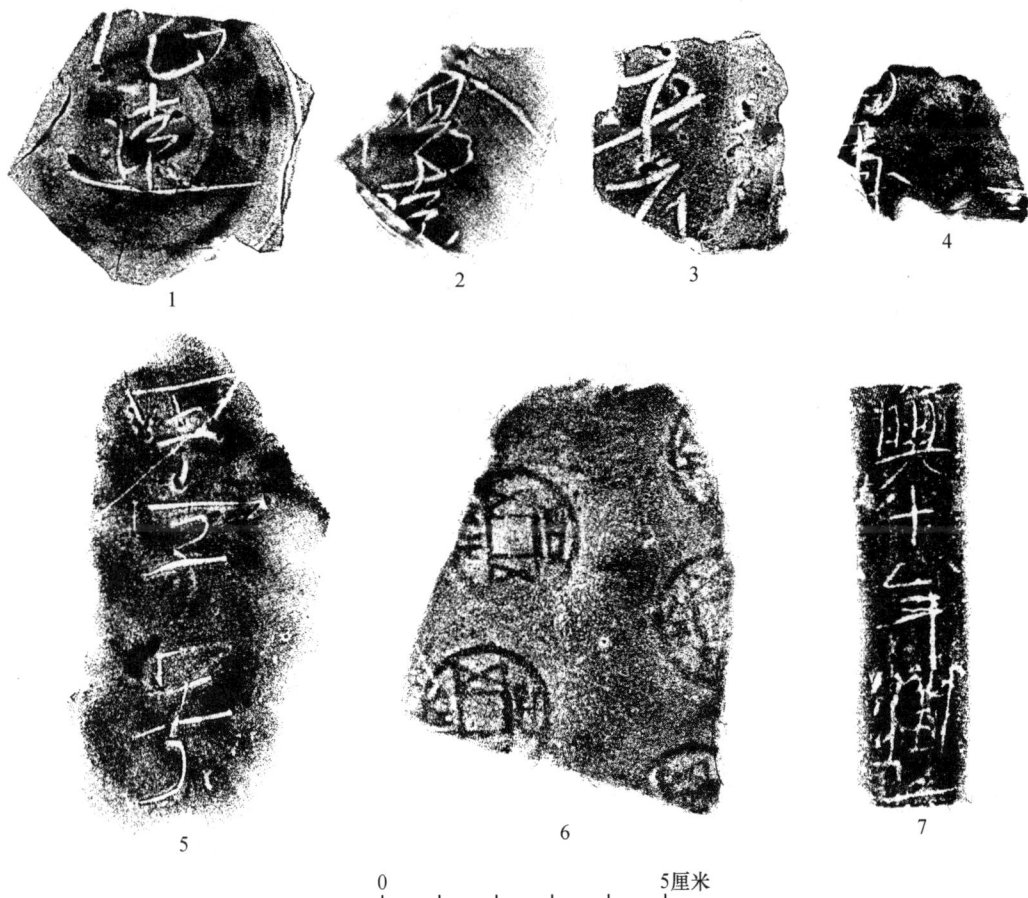

图一三五　庙背后Ⅴ区H1出土遗物刻铭拓片

1、2、4. 陶盏（2002ⅤH1：100、102、118）　　3、5. 陶碗（2002ⅤH1：103、108）　　6. 印纹陶片（2002ⅤH1：137）

7. 刻铭陶片（2002ⅤH1：104）

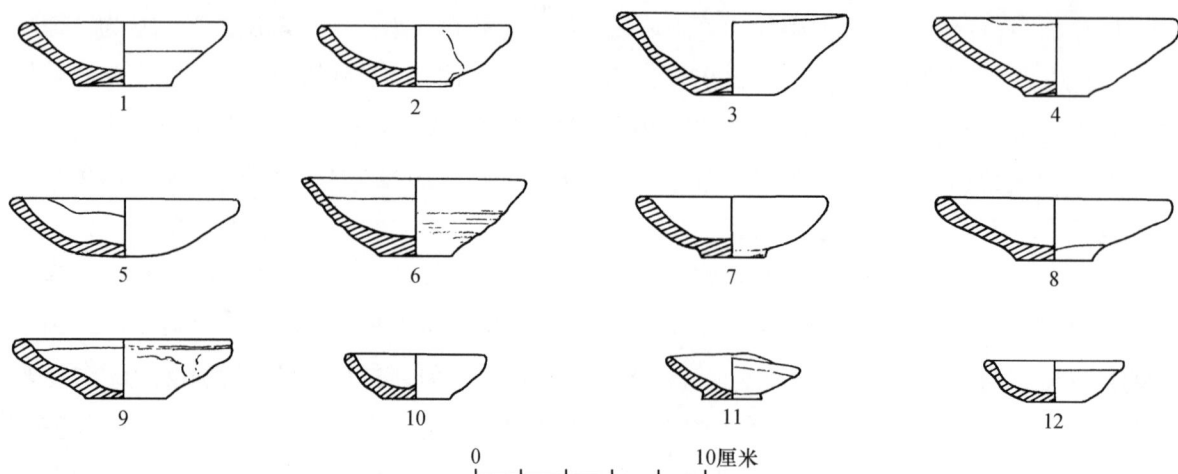

图一三六　庙背后Ⅴ区H1出土遗物（三）

1~12.陶碟（2002ⅤH1：26、78~81、83、84、86~90）

口径9.8、底径3.2、高3.3厘米（图一三六，6）。2002ⅤH1：84，胎体呈暗红褐色，器表呈灰色。小平底。口径8.2、底径2.8、高2.6厘米（图一三六，7）。2002ⅤH1：86，平底，底部有圆形窑具印痕。内壁施黄釉，釉色略呈青黄色，有较强的玻璃质感。口部施青灰色釉，并有一块黑色釉斑。口径10.2、底径3.3、高2.6厘米（图一三六，8）。2002ⅤH1：87，平底。内壁施釉，釉色大部分呈酱褐色，少部分呈黄绿色。外壁未施釉，呈灰黑色。口径9.6、底径3.4、高2.5厘米（图一三六，9）。2002ⅤH1：88，胎体呈暗红褐色。平底。口径6.2、底径3、高1.8厘米（图一三六，10）。2002ⅤH1：89，口部变形，胎体呈暗红褐色。平底。口径5.9、底径2.5、高1.8厘米（图一三六，11）。2002ⅤH1：90，器表呈灰色，平底。口径6、底径2.5、高1.7厘米（图一三六，12）。

　　盘　4件。敞口，圆唇，腹较浅，平底或平底微凹。2002ⅤH1：49，胎体呈暗红褐色，陶质相对其他标本更硬，内外壁施酱褐色釉，有较弱的玻璃质感。平底，有轮制线切痕迹。内外底均素胎无釉，则呈红褐色，内壁近底有一周较深的凹弦纹。口径14.7、底径5.8、高4.3厘米（图一三七，1）。2002ⅤH1：50，泥质灰陶，内外底呈橙色，陶质稍软。微束口，平底微

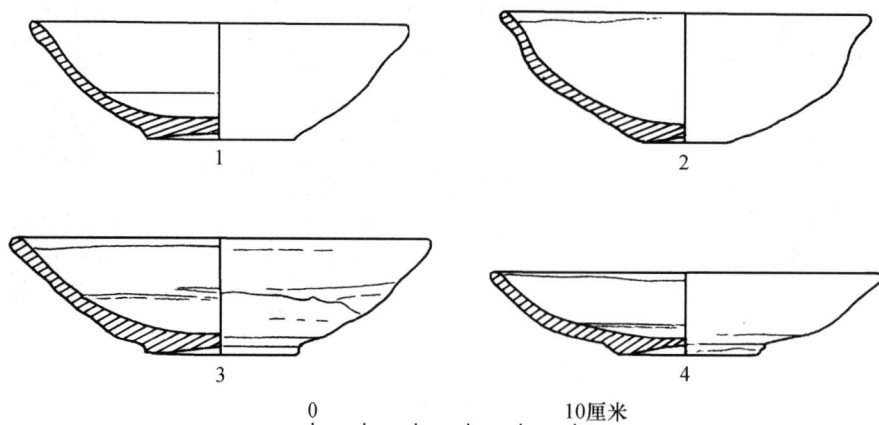

图一三七　庙背后Ⅴ区H1出土遗物（四）

1~4.陶盘（2002ⅤH1：49、50、53、62）

凹。口径14、底径3.2、高4.8厘米（图一三七，2）。2002 V H1：53，胎体呈暗红褐色，陶质相对其他标本更硬。平底微凹，内底处有一周较深的凹弦纹。内壁施酱褐色釉，有一定的玻璃感。口沿处施青灰色釉，并有流釉现象，外壁有较大的圆形窑具印痕。口径16.4、底径6、高4.4厘米（图一三七，3）。2002 V H1：62，泥质灰陶，部分胎芯呈暗红褐色。平底微凹，内壁近底处有一周凹弦纹。口沿施青灰色釉。口径14.8、底径5.2、高3厘米（图一三七，4）。

　　盆　5件。敞口。胎体呈红褐色。2002 V H1：27，方唇，唇面内勾，向外贴附器口，形成宽沿，沿面微凹，平底内凹。口沿及内壁施釉，器壁呈黄白色，而器底因釉层较薄，依稀可见胎体，而呈略泛红的黄色，器底绘花草，略呈暗红褐色。口径33.6、底径23.2、高7.5厘米（图一三八，5；图版五六，1、2）。2002 V H1：28，口部变形，未施釉。圆唇，束口，曲腹，平底微凸。口径30、底径11.6、高7.7～9.2厘米（图一三八，2）。2002 V H1：29，口沿及内壁施釉，器壁呈青白色，器底则呈黄白色。双唇，沿面微凹，斜直腹下收至底，平底内凹。口径29.2、底径18.8、高8.6厘米（图一三八，4）。2002 V H1：30，圆唇，束口，斜直腹下收至底，平底内凹。口沿处施黑灰色釉，余素胎无釉。口径24、底径10、高9厘米（图一三八，1）。2002 V H1：31，圆唇，束口，曲腹，平底微凸。口沿处施黑色釉，余素胎无釉。口径30、底径12、高9.2厘米（图一三八，6）。

　　罐　4件。暗红褐色硬陶，器表呈灰色，内壁呈胎色。鼓腹，平底微凹。2002 V H1：59，形体较小。直口，圆唇，矮直颈，上腹有一小孔，垂腹，平底微凹。口沿内外及上腹施有泛黄的酱褐色釉，不均匀。口径6.8、底径5.2、高9.8厘米（图一三九，1；图版五六，3）。2002 V H1：60，直口，圆唇，矮直颈，鼓腹，最大径位于上腹，上腹有两个对称的桥形耳。口部及上腹施釉，釉层不均，薄处呈青灰色，厚处则呈酱黄色。口径10.4、底径7、高17.2厘米（图一三九，7；图版五六，4）。2002 V H1：61，直口微敛，方唇外勾，鼓腹，最大腹径在中腹，上腹有两个对称桥形耳。口径11.6、底径7.8、高17.3厘米（图一三九，8；图版五六，

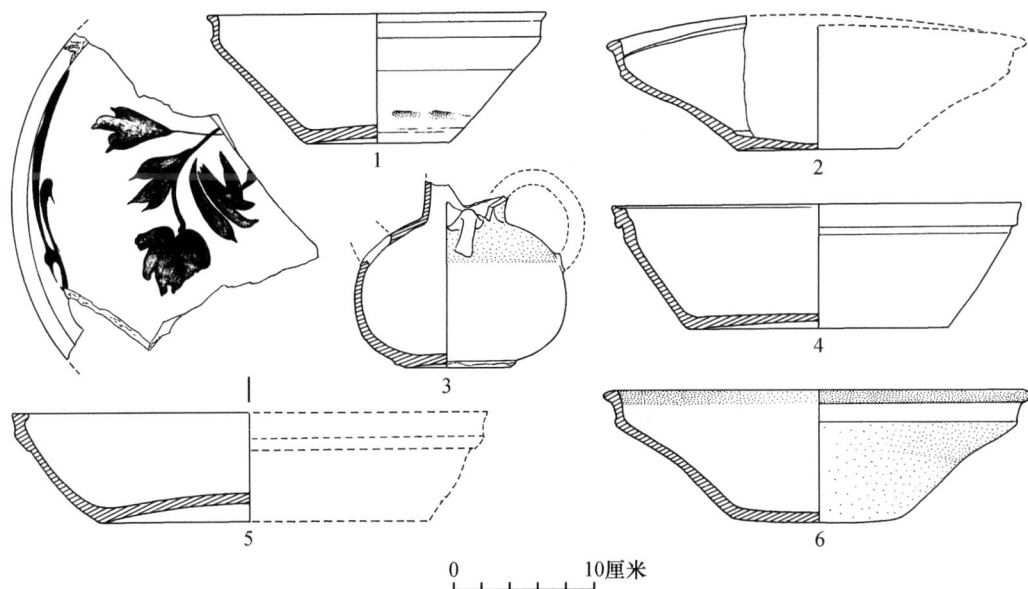

0　　　　　10厘米

图一三八　庙背后 V 区 H1 出土遗物（五）

1、2、4～6. 陶盆（2002 V H1：30、28、29、27、31）　3. 陶执壶（2002 V H1：91）

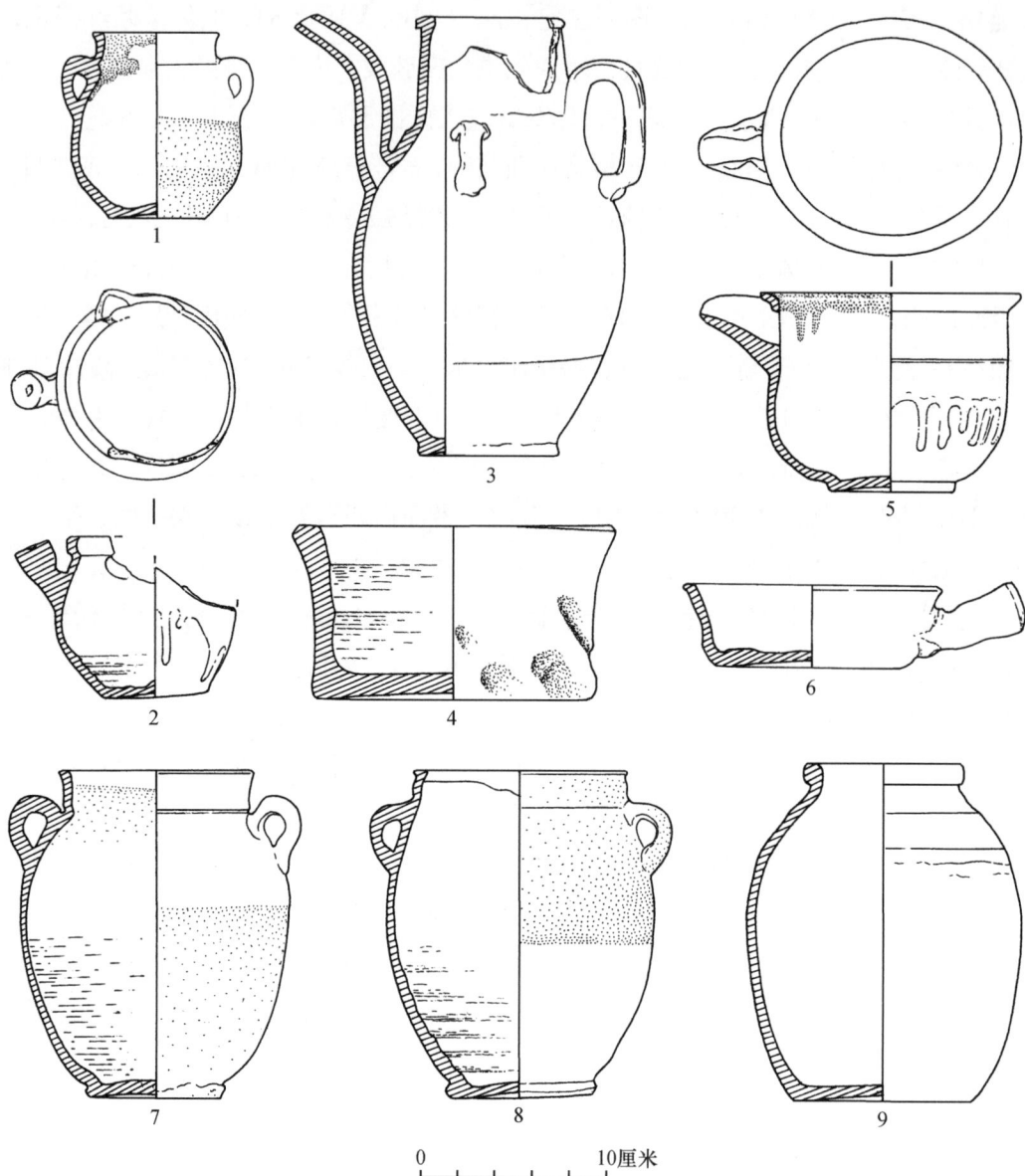

图一三九　庙背后Ⅴ区H1出土遗物（六）

1、7～9.陶罐（2002ⅤH1：59～61、98）　2.陶烤茶罐（2002ⅤH1：56）　3.陶执壶（2002ⅤH1：97）
4.匣体（2002ⅤH1：58）　5.陶铫（2002ⅤH1：54）　6.陶焙茶器（2002ⅤH1：55）

5）。2002ⅤH1：98，敛口，厚圆唇，束颈，鼓腹，最大腹径位于中腹。口沿处施青灰色釉，底中部有圆形窑具印痕。口径8.5、底径9.5、高17.8厘米（图一三九，9；图版五六，6）。

　　烤茶罐　1件。2002ⅤH1：56，形体较小。泥质暗红褐色硬陶，器表呈灰色，内壁呈胎色。直口，方唇，束颈，鼓腹，平底微凹。上腹有实心执柄和一箕状流。口沿和上腹施黄褐色釉，极不均匀。口径9.4、底径5.6、高8.5厘米（图一三九，2；图版五六，7）。

　　铫　1件。2002ⅤH1：54，胎体呈酱黄色。敞口，折沿，圆唇，沿下有一箕状流，上腹近直，下腹弧收至底，平底微凹。口沿及外壁上腹施黄褐釉，釉层不均匀，且内外均有流釉现象。口径14、底径6.6、高10.4厘米（图一三九，5；图版五六，8）。

　　焙茶器　1件。2002ⅤH1：55，胎体呈红褐色。敞口，方圆唇外勾，斜直壁，平底微凹，器内底部有轮制弦纹。腹壁一侧近底处有一中空执柄。口沿及外壁施黄釉，釉层较薄，不甚均匀，但玻璃感较强，内壁素胎无釉。口径14、底径10、高4.4厘米（图一三九，6；图版五七，1）。

执壶　2件。2002ⅤH1∶91，口部、执柄、流皆残。胎体呈暗红褐色。直颈，溜肩，肩部有两个对称的桥形耳，鼓腹，平底微凹。器腹外壁有轮制弦纹痕和刀削痕。颈和肩部施黄褐色釉，釉不均匀，并有黑色釉斑和流釉现象。底径8、残高13厘米（图一三八，3）。2002ⅤH1∶97，上部胎体略呈暗红褐色，下部呈灰色。直口微敛，卷沿，沿面较短，方唇，直颈，溜肩，肩部有两个对称的桥形耳，以及执柄和曲流，深鼓腹，平底微凹。口径7、底径7.4、高23.2厘米（图一三九，3；图版五七，2）。

匣钵　1件。2002ⅤH1∶58，泥质灰色硬陶。筒形，直口微外敞，方唇斜削，微束腰，平底微凹。外壁近底处有三个较深的手指按窝。口径17.6、底径15、高9.2厘米（图一三九，4）。

支柱　1件。2002ⅤH1∶57，泥质灰色硬陶，外底呈泛灰的红褐色。筒形，直口，方唇内勾，形成凸棱，微束腰，平底微凹。口径8.7、底径8.4、高6厘米（图一四一，12；图版五七，3）。

刻铭陶片　1件。2002ⅤH1∶104，泥质灰色硬陶，胎体较厚，胎芯呈微红暗灰褐色。宽直沿，沿面上刻有文字，残存"興十年潤六"五字，推测应为"绍兴十年润六月"（图一三五，7；图版五七，4）。

印纹陶片　1件。2002ⅤH1∶137，泥质灰陶，推测为陶罐腹部残片，模印有铜钱状纹饰，字体小篆，共四字，为"五五百金"（图一三五，6；图版五七，5）。

（二）瓷器

碗　9件。有青釉、黑釉、甜白釉三类。敞口，尖唇，腹较深，矮圈足，器壁较薄，圈足素胎无釉。2002ⅤH1∶12，胎体呈灰白色，除了外壁近底处和底部素胎无釉外，其余均施青灰色釉，内底有圆形窑具印痕，失釉露胎。口径17.8、底径6.2、高6厘米（图一四〇，4；图版五七，6）。2002ⅤH1∶13，同2002ⅤH1∶12。口径16.6、底径6.6、高5.7厘米（图一四〇，5；图版五七，7）。2002ⅤH1∶94，胎体呈灰白色，较细腻。足部胎体有一大块裂斑。内壁满釉，外壁半釉，釉色青灰。口径16.7、底径6.4、高5.8厘米（图一四〇，6；图版五七，8）。2002ⅤH1∶96，胎体呈灰白色，内壁满釉，外壁半釉，釉色青灰。内底有圆形窑具印痕，失釉露胎。口径15、底径6.1、高5.2（图一四〇，7）。2002ⅤH1∶23，胎体呈黄灰色，不够细腻。外底中部有裂缝，并有一个较大的凹坑。内壁满釉，外壁半釉，釉色黑灰。内底有圆形窑具印痕，失釉露胎。口径17.5、底径5.9、高5.7厘米（图一四〇，8；图版五八，1）。2002ⅤH1∶24，胎呈暗红褐色，内壁满釉，外壁半釉，釉色黑灰，外壁釉层较薄，釉色略泛红，并有流釉现象。内底有圆形窑具印痕，失釉露胎。口径16.8、底径8、高5.5厘米（图一四〇，9；图版五八，2）。2002ⅤH1∶16，胎体呈灰白色，极细腻。葵口，内壁模印花草图案。内壁满釉，外壁半釉，甜白釉。口径18.6、底径5.8、高7.3厘米（图一四〇，1；图版五八，3、4）。2002ⅤH1∶18，胎体呈灰白色。内壁满釉，外壁半釉，甜白釉。内底隐约可见圆形窑具印痕。口径16.8、底径6.8、高6厘米（图一四〇，10；图版五八，5）。2002ⅤH1∶95，胎体呈灰白色。内底下凹。内壁满釉，外壁半釉，甜白釉。口径18、底径

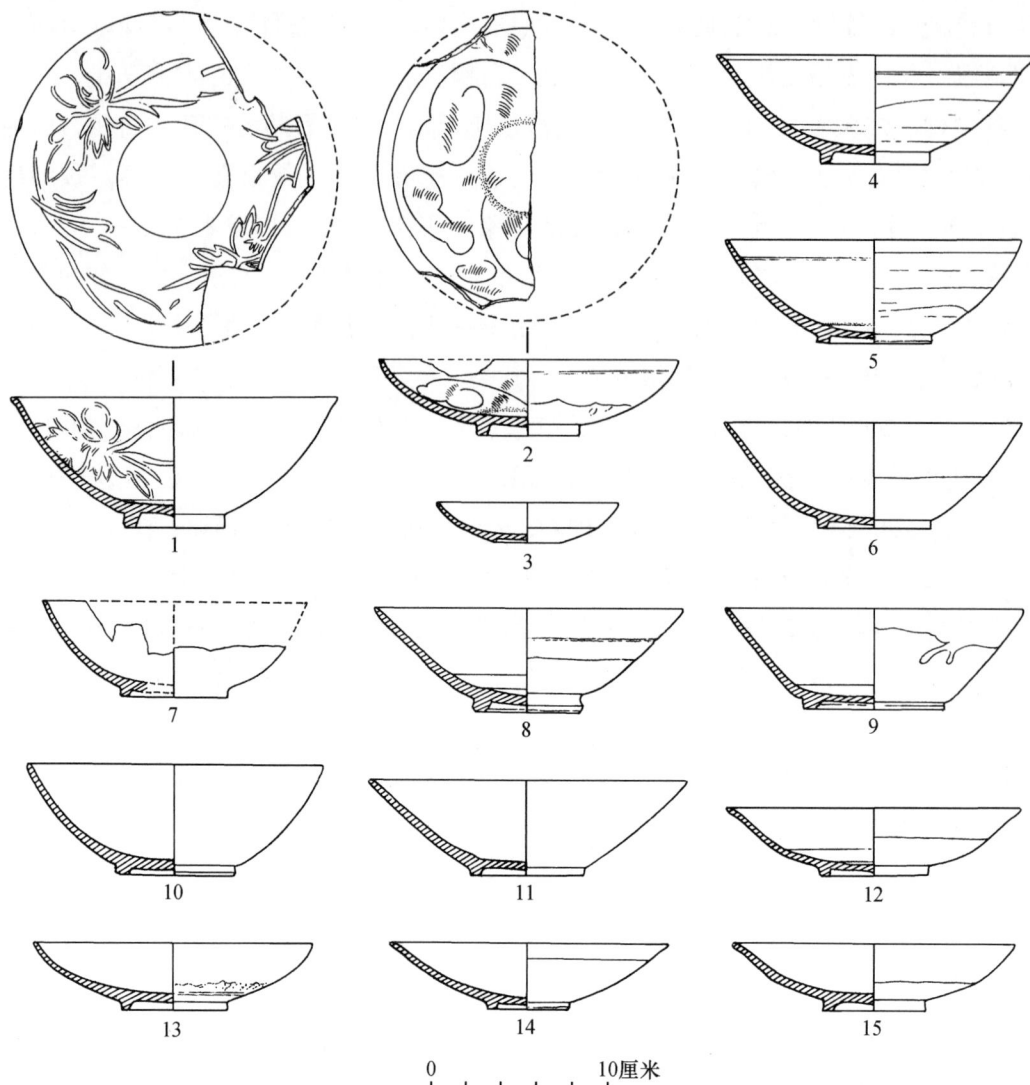

图一四〇　庙背后Ⅴ区H1出土遗物（七）

1、4～11.瓷碗（2002ⅤH1：16、12、13、94、96、23、24、18、95）　3.瓷碟（2002ⅤH1：15）

2、12～15.瓷盘（2002ⅤH1：19、9～11、93）

6.4、高5.2厘米（图一四〇，11；图版五八，6）。

　　盘　5件。有青釉和黑釉两类，胎体呈青灰色。敞口，尖唇，浅腹，矮圈足，器壁较薄。内壁满釉，外壁半釉，圈足素胎无釉。内底有圆形窑具印痕，失釉露胎。2002ⅤH1：9，青色釉，玻璃感较强。口沿处粘有多余的残泥。口径16.8、底径6.2、高3.7厘米（图一四〇，12；图版五八，7）。2002ⅤH1：10，胎泥不够细腻。青灰色釉，玻璃感较强，釉上有暗点。口径16、底径6、高3.7厘米（图一四〇，13；图版五八，8）。2002ⅤH1：11，同2002ⅤH1：9，口径15.8、底径4.6、高3.6厘米（图一四〇，14）。2002ⅤH1：19，釉色青灰，盘内刻划卷云纹，刀法随意。口径16.8、底径5.8、高4.1厘米（图一四〇，2；图版五九，1、2）。2002ⅤH1：93，釉色黑亮，有较强的玻璃感，并有明显的兔毫纹，釉层较厚，积釉欲滴。口沿处釉层较薄，呈暗红褐色，并有黄褐色釉斑。口径16、底径5.9、高3.7厘米（图一四〇，15；图版五九，3）。

　　碟　2件。胎体呈青灰色。敞口，尖唇，浅腹，矮圈足。内壁满釉，外壁半釉。内底有圆形窑具印痕。2002ⅤH1∶15，釉色灰白，内底釉层较厚，呈甜白色。内底窑具印痕微显。口径10.3、底径4.2、高2.2厘米（图一四〇，3；图版五九，4）。2002ⅤH1∶8，釉色酱红，内底窑具印痕处失釉露胎。口径11.2、底径5、高3厘米（图一四一，10；图版五九，5）。

　　盏　10件。有青釉、黑釉、酱釉和花釉四类。多为敞口，个别直口。内壁满釉，外壁半釉或施釉不及底，圈足素胎无釉。2002ⅤH1∶14，胎体呈灰白色。尖唇，矮圈足，外壁有轮制的弦纹痕迹，釉色青灰。内底有浅显的圆形窑具印痕。口径10.6、底径4.4、高4.8（图一四一，1；图版五九，6）。2002ⅤH1∶20，胎体呈灰褐色。束口，尖唇，平底，底部开裂。釉呈灰褐色，玻璃感较差。口径10.6、底径3.8、高4.6厘米（图一四一，2；图版五九，7）。2002ⅤH1∶21，胎色暗灰。口部经过修整，形成直口，尖圆唇，矮圈足。釉呈青灰白色，釉层较厚，并有大块剥落。口部无釉，呈黄褐色。口径8.8、底径3.6、高5.1厘米（图一四一，3；图版五九，8）。2002ⅤH1∶4，胎体呈青灰色。尖圆唇，平底微凹。釉色黑亮，玻璃感很强。口沿处釉层较薄，从上向下由青灰色变为黑褐色，下腹有积釉厚结现象。口径9.2、底径3.8、高4.8厘米（图一四一，4；图版六〇，1）。2002ⅤH1∶5，胎体呈青灰色。尖圆唇，矮圈足。釉色黑亮，玻璃感很强。口沿处釉层较薄，呈酱色，下腹有积釉厚结现象。口径10.6、底径3.5、高5.2厘米（图一四一，5；图版六〇，2）。2002ⅤH1∶22，胎体呈青灰色。圆唇，矮圈足。釉呈灰黑色，玻璃感一般。口径12.6、底径5.2、高4.8厘米（图一四一，6）。2002ⅤH1∶25，胎体呈青灰色。圆唇，束口，平底微凹。釉呈灰褐色，有釉斑。口径9.2、底径3.4、高4.8厘米（图一四一，7；图版六〇，3）。2002ⅤH1∶6，胎体呈青灰色。胎内有大块砂石颗粒。直口，圆唇，平底微凹。釉色呈酱色或酱黑色，玻璃感强，口沿釉层较薄，呈青灰色。口径10.2、底径3.7、高5厘米（图一四一，8；图版六〇，4）。2002ⅤH1∶7，胎体呈青灰色。圆唇，束口，平底。釉呈酱褐色，外壁有流釉现象。口径9.4、底径3.8、高4.8厘米（图

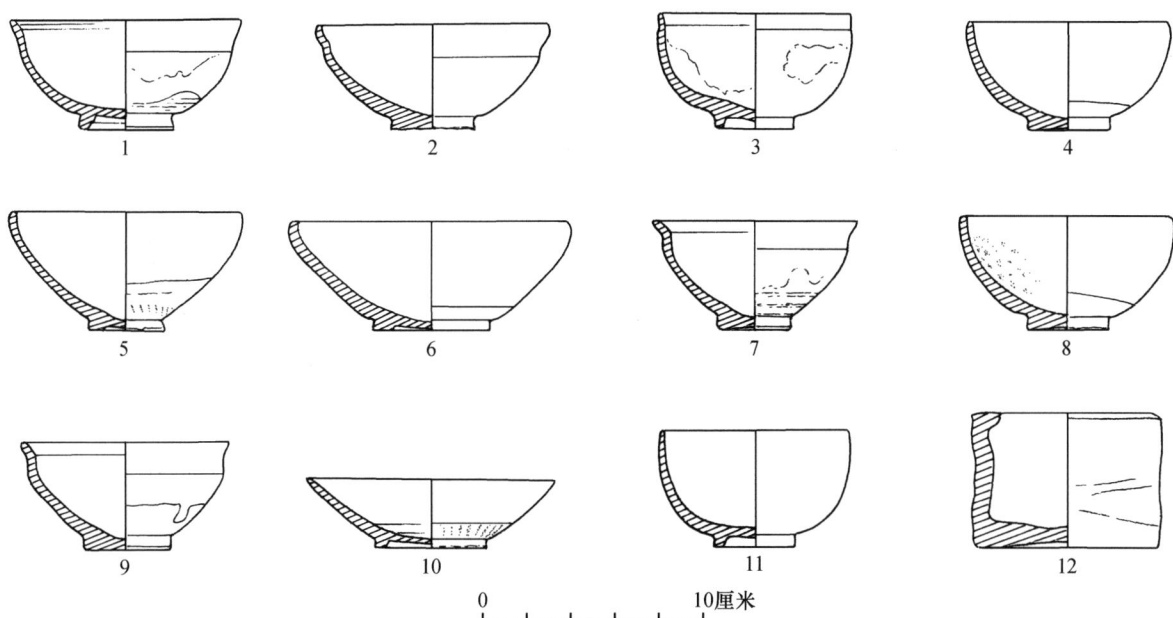

图一四一　庙背后Ⅴ区H1出土遗物（八）

1~9、11.瓷盏（2002ⅤH1∶14、20、21、4、5、22、25、6、7、92）　10.瓷碟（2002ⅤH1∶8）　12.支柱（2002ⅤH1∶57）

一四一，9；图版六〇，5）。2002ⅤH1：92，胎体呈灰白，较细腻，口沿处呈青灰色。直口微侈，尖唇，矮圈足。花釉，上部呈青灰色，向下逐渐变为天蓝色，釉层和开片均匀。芒口，圈足亦素胎无釉。口径8.6、底径3.6、高5.2厘米（图一四一，11；图版六〇，6）。

（三）石器

砚台　1件。2002ⅤH1：101，整体呈黑灰色，石质较硬。六棱形，底部有较高的圈足座，墨池下凹。侧壁每面都刻划有纹饰。分三个部分，上、下留有窄边，上边为状水波纹，下边为三角形曲折纹，中部为卷云纹。侧壁高4厘米，口部各边边长4.7厘米（图一四二，1）。

（四）铜器

铜钱　1件。2002ⅤH1：1，为磨郭"五铢"。直径2.5、穿边长1厘米（图一四二，4）。

镞　1件。2002ⅤH1：2，残，锈蚀严重，剖面呈多棱形，铤部剖面呈圆形。残长2.4厘米（图一四二，3）。

（五）骨器

1件。2002ⅤH1：3，残，薄片形。残长8、宽1.25、厚0.2厘米（图一四二，2）。

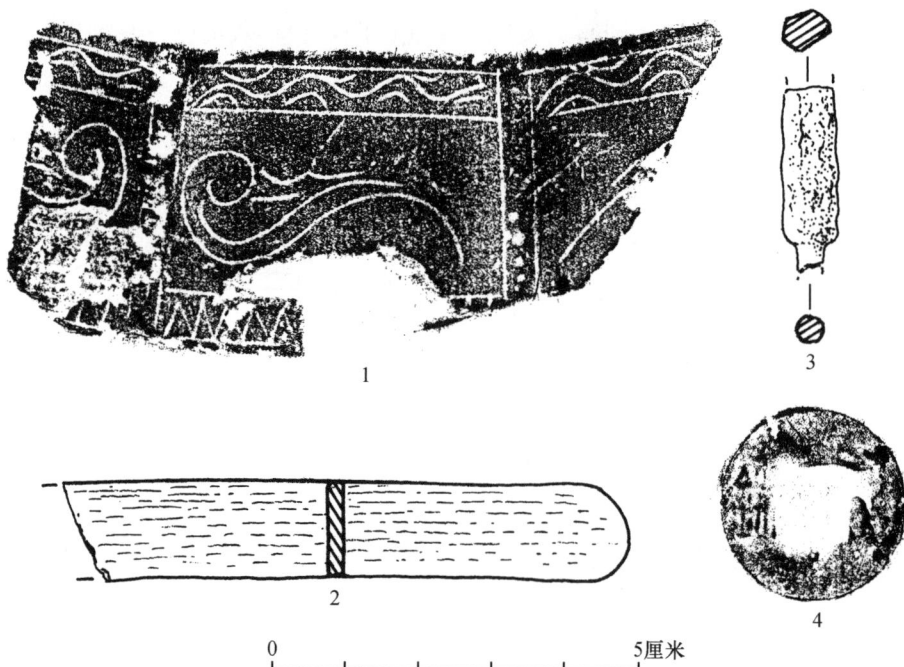

图一四二　庙背后Ⅴ区H1出土遗物及拓片

1. 石砚纹饰拓片（2002ⅤH1：101）　2. 骨器（2002ⅤH1：3）　3. 铜镞（2002ⅤH1：2）　4. 五铢钱拓片（2002ⅤH1：1）

六、H3出土遗物

（一）陶器

碗　11件。敞口，圆唇，平底或平底微凹，个别为矮圈足。2002 V H3：7，陶色多为橙色或红褐色，局部呈灰色。外壁下腹有明显的瓦楞纹，并有局部修补痕迹，平底。口径16.6、底径5.9、高6厘米（图一四三，1）。2002 V H3：8，陶色不均，内壁陶色多呈酱褐色，外壁呈灰色，底部内外则为橙色。曲腹，平底。口径17.5、底径6.3、高6.2厘米（图一四三，2）。2002 V H3：19，陶色呈暗红褐色，平底微凹。口沿处施青白灰釉，内壁施黄色釉，口沿内外均有流釉现象。外底有圆形窑具印痕，痕内呈灰色。口径15.8、底径7、高5.7厘米（图一四三，3）。2002 V H3：34，泥质灰陶，尖唇，壁薄，斜直壁，矮圈足。口径18、底径7.4、高5.4厘米（图一四三，4）。2002 V H3：35，泥质灰陶，胎体呈暗红褐色。外壁有明显的瓦楞纹，平底微凹。内壁施灰褐色釉，口沿处施青灰色釉。口径17、底径6.4、高5.8厘米（图一四三，

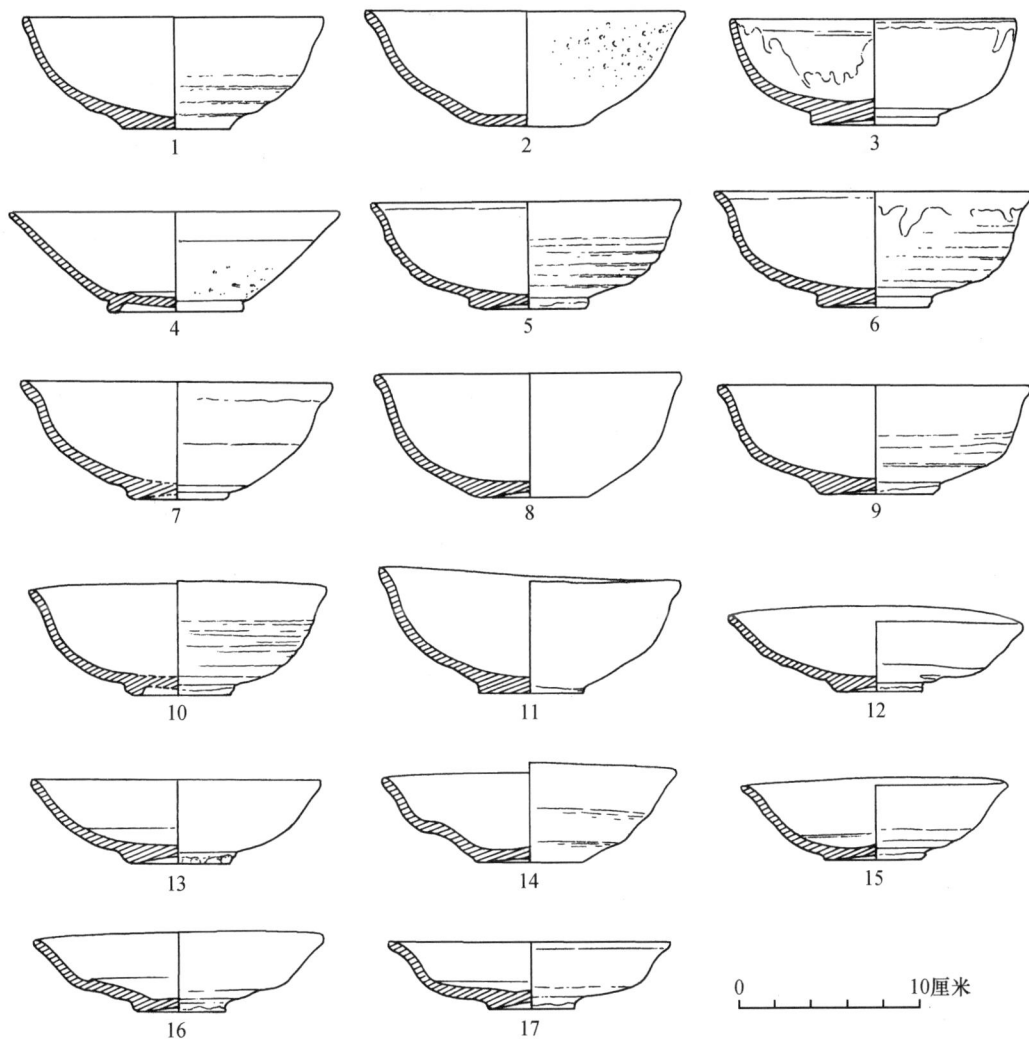

图一四三　庙背后 V 区 H3 出土遗物（一）

1～11. 陶碗（2002 V H3：7、8、19、34、35、37、41、44、45、46、66）　12～17. 陶盘（2002 V H3：36、38～40、42、43）

5；图版六一，1）。2002ⅤH3：37，基本同2002ⅤH3：35，口沿处有流釉现象，外底有圆形窑具印痕，痕内呈红褐色。口径17.7、底径6.3、高6.2厘米（图一四三，6）。2002ⅤH3：41，陶色呈灰褐色陶，胎体呈暗红褐色。微束口，平底微凹。外壁中腹有圆形窑具粘结痕。口径17.2、底径5.8、高6.3厘米（图一四三，7）。2002ⅤH3：44，陶质较软，陶色多呈红褐色，口部呈灰色。平底微凹。口径17、底径6.2、高6.6厘米（图一四三，8）。2002ⅤH3：45，基本同2002ⅤH3：35。口径17.4、底径6.2、高5.75厘米（图一四三，9）。2002ⅤH3：46，口部稍变形。泥质灰陶，外壁中下腹有明显的瓦楞纹，矮圈足。口沿处施青灰色釉。口径16.5、底径6、高5.7～6.2厘米（图一四三，10）。2002ⅤH3：66，口部变形，基本同2002ⅤH3：35，平底。口径16.5、底径5.8、高5.9～6.8厘米（图一四三，11）。

盘　6件。敞口，尖唇，浅腹，平底微凹。2002ⅤH3：36，口部变形。泥质灰褐陶，胎体呈红褐色。中腹微折，外壁近底处有圆形窑具印痕，痕内呈红褐色。口径16.5、底径5.2、高3.5～4.6厘米（图一四三，12；图版六一，2）。2002ⅤH3：38，泥质灰陶。口沿处施有青灰色化妆土。内壁近底处有一周凹弦纹线。口径16.1、底径6.4、高4.5厘米（图一四三，13）。2002ⅤH3：39，口部变形，泥质灰陶。曲腹。口径16.5、底径6、高4.5～5.4厘米（图一四三，14）。2002ⅤH3：40，口部变形，陶色灰褐。内壁近底处有一周凹弦纹，外壁近底部有瓦楞纹。口径15.4、底径5.6、高4～4.4厘米（图一四三，15）。2002ⅤH3：42，基本同2002ⅤH3：36，折腹，内壁折痕明显。口径16、底径5.3、高3.8～4.3厘米（图一四三，16）。2002ⅤH3：43，泥质灰陶，基本同2002ⅤH3：36，折腹，内壁折痕明显，外底有明显的轮制痕迹。口径15.6、底径4.8、高3.6厘米（图一四三，17）。

盏　13件。泥质硬陶，多施釉。敞口或微直口，个别为直口微敛，圆唇，平底或平底微凹。2002ⅤH3：2，口部微变形。陶色多呈红褐色，少部分呈灰色。微束腹，平底。口径10.5、底径4.1、高3.6～3.9厘米（图一四四，1）。2002ⅤH3：3，口部变形。基本同2002ⅤH3：2。口径10.5、底径4.6、高3.1～4.1厘米（图一四四，2；图版六一，3）。2002ⅤH3：5，泥质灰陶。外壁有瓦楞纹，平底微凹，内底有手抹的指纹痕。口径10、底径4、高3.6厘米（图一四四，3；图版六一，4）。2002ⅤH3：9，基本同H3：5，口径10.2、底径3.8、高3.6厘米（图一四四，4）。2002ⅤH3：12，泥质灰陶，胎体呈暗红褐色。平底。口沿处施黄白色釉，有流釉现象。口径12、底径4.7、高4.6厘米（图一四四，5）。2002ⅤH3：13，陶色呈暗红褐色。平底微凹。口径10.4、底径3.3、高4.1厘米（图一四四，6）。2002ⅤH3：14，泥质灰陶，胎体呈暗红褐色。平底微凹。口沿处施青灰色釉。口径9.6、底径4.7、高3.8厘米（图一四四，7）。2002ⅤH3：15，陶色呈暗红褐色。平底微凹。口沿及内壁施黄色釉，外壁施釉不及底。口径10.2、底径4.1、高4.5厘米（图一四四，8；图版六一，5）。2002ⅤH3：16，口部微变形，泥质灰陶，胎体呈暗红褐色。平底微凹。口沿处施浅黄色釉，有流釉现象。口径10.8、底径4.2、高3.7～4.2厘米（图一四四，9；图版六一，6）。2002ⅤH3：17，平底微凹，素胎无釉。口径10.8、底径3.5、高3.8厘米（图一四四，10）。2002ⅤH3：47，泥质灰陶。外壁密布轮制弦纹，平底微凹。口径10.7、底径3.7、高4.6厘米（图一四四，11）。2002ⅤH3：48，陶色呈暗红褐色。平底。口径10.7、底径3.5、高4厘米

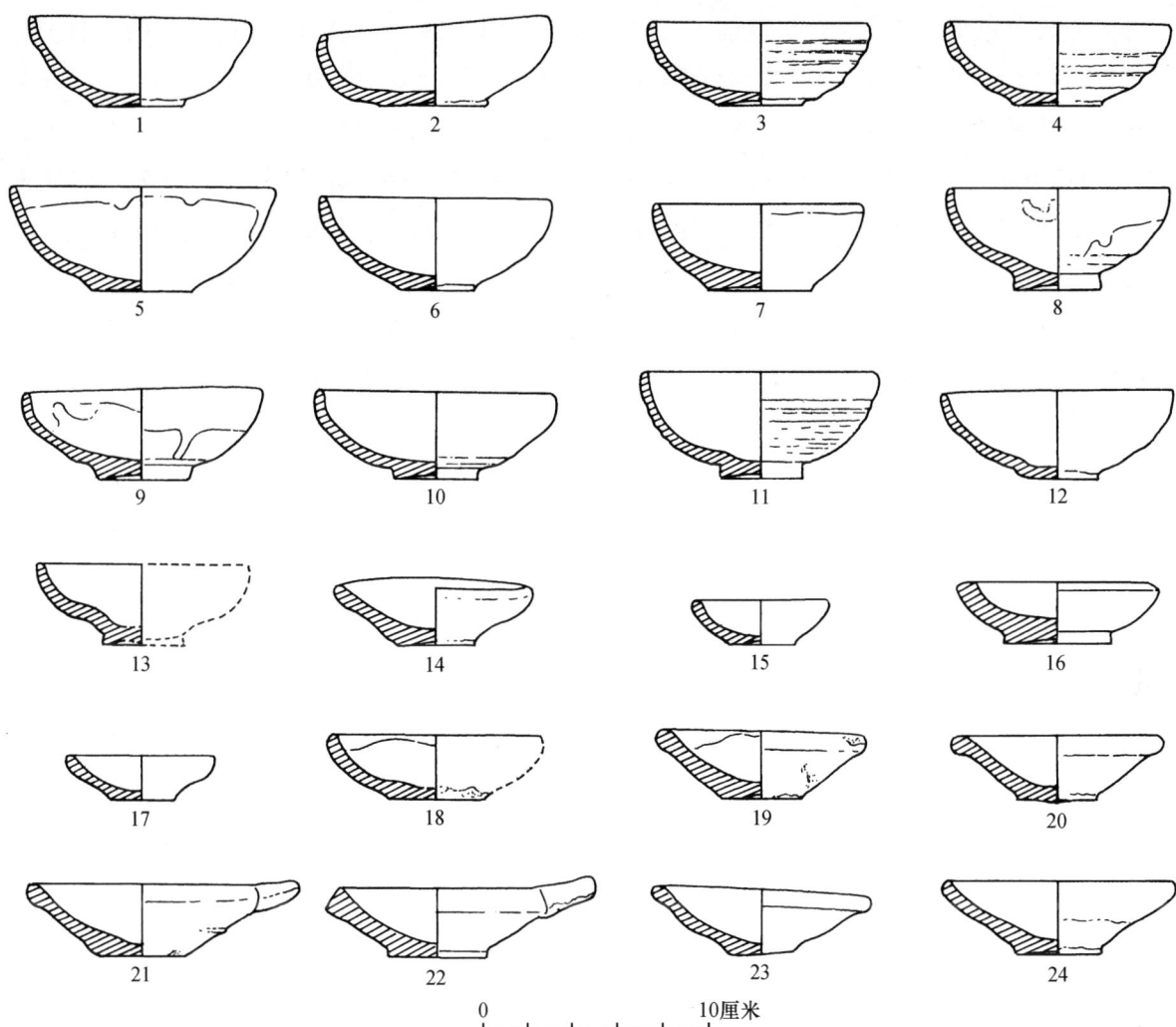

图一四四　庙背后Ⅴ区H3出土遗物（二）

1～13.陶盏（2002ⅤH3：2、3、5、9、12～17、47、48、50）　14～24.陶碟（2002ⅤH3：4、6、10、11、51～57）

（图一四四，12）。2002ⅤH3：50，陶色呈暗红褐色。曲腹，平底微凹。口径9.8、底径3.6、高3.5厘米（图一四四，13）。

　　碟　11件。敞口，圆唇，平底或平底微凹。2002ⅤH3：4，口部变形，陶色呈暗红褐色。平底微凹。口沿及内壁施黑釉，釉层多已脱落。口径9.2、底径3.5、高2.5～3厘米（图一四四，14；图版六一，7）。2002ⅤH3：6，陶色多呈泛黄的红褐色，口沿处少部分呈灰色。平底，内底有两周较细的凸弦纹，素胎无釉。口径6.2、底径3、高1.9厘米（图一四四，15）。2002ⅤH3：10，陶色呈灰褐色。厚胎，平底微凹。内壁施黄色釉，有釉斑。口径9、底径4.6、高2.7厘米（图一四四，16；图版六一，8）。2002ⅤH3：11，泥质灰陶，胎芯呈暗红褐色。平底。素胎无釉。口径6.8、底径3、高2厘米（图一四四，17）。2002ⅤH3：51，泥质灰陶。平底，内壁施黄色釉。口径9.9、底径7.4、高2.8厘米（图一四四，18）。2002ⅤH3：52，泥质灰陶。平底。内壁施黄褐色釉，隐显轮制弦纹。口径9.5、底径3.2、高3厘米（图一四六，19）。2002ⅤH3：53，泥质灰陶。平底。素胎无釉。口径9.7、底径3.4、高2.8厘米（图一四四，20）。2002ⅤH3：54，陶色呈暗红褐色。平底微凹，口沿处有一短柄，器外腹有窑具粘结痕。内壁施黄色釉，并有少量褐色釉斑。口径11.5、底径3.8、高3.2厘米（图一四四，21）。
2002ⅤH3：55，泥质灰陶，胎体呈暗红褐色。方唇，口沿处有一短柄，平底。内外壁均施黄
色釉，唯内壁釉色略泛灰。口径8.8、底径4.5、高3厘米（图一四四，22；图版六二，1）。
2002ⅤH3：56，口部变形，陶色呈暗红褐色。平底。素胎无釉。口径10、底径2.7、高3厘米
（图一四四，23）。2002ⅤH3：57，陶色呈暗红褐色。平底微凹。口沿及内壁施青灰色釉，内
底有黑色釉斑。口径10.5、底径3.9、高3.2厘米（图一四四，24）。

　　盆　6件。2002ⅤH3：60，泥质灰陶，胎芯呈暗红褐色。直口，窄折沿，尖唇，斜腹，平
底微凹，内底呈凹坑状。口沿处施灰色釉，外壁中腹有大型圆形窑具印痕，印痕呈暗红褐色。
口径31.8、底径12.2、高9.2厘米（图一四五，3；图版六二，2）。2002ⅤH3：61，体形较大。
泥质灰陶，胎芯呈暗红褐色。敞口，卷沿，尖圆唇，束口，弧腹，平底内凹，外壁近底部有
一个竖向桥形耳。内壁施青黄色釉，釉上墨绘有草叶纹。口径46、底径22、高14.8厘米（图
一四五，4；图版六二，3）。2002ⅤH3：62，泥质深灰色陶，胎芯呈暗红褐色。直口，卷沿，
厚圆唇，腹微曲，平底。外壁中腹有大型圆形窑具印痕，印痕以下呈暗红褐色，以上则呈深灰
色。口径30.8、底径12、高9.5厘米（图一四六，8）。2002ⅤH3：63，胎体呈暗红褐色陶，胎

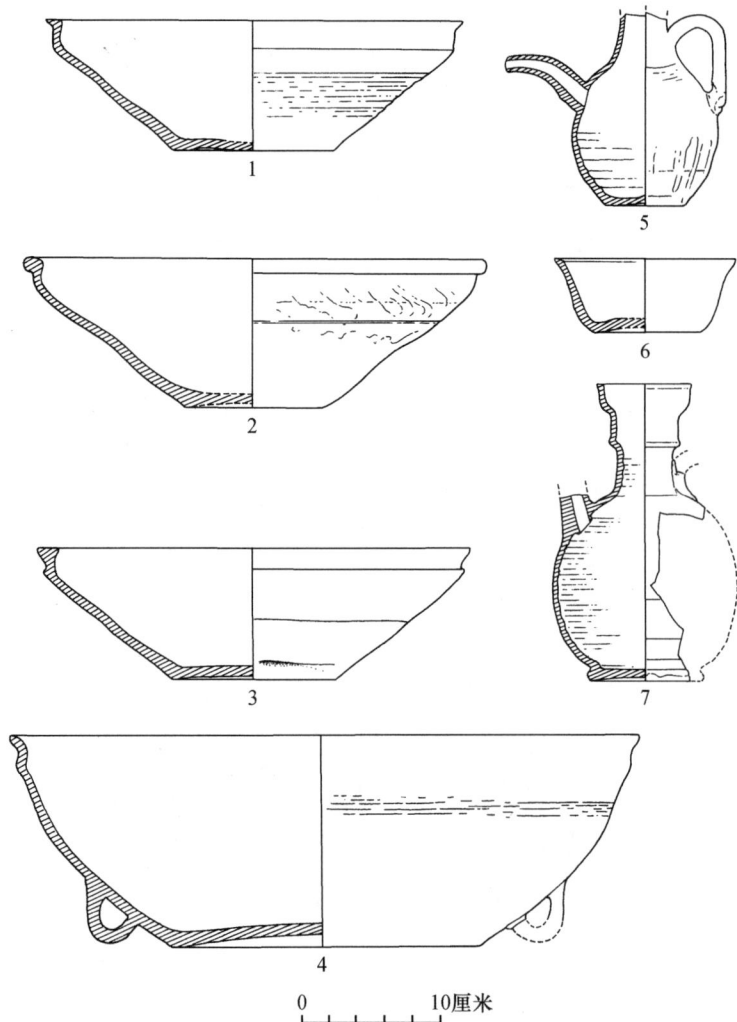

图一四五　庙背后Ⅴ区H3出土遗物（三）

1~4.陶盆（2002ⅤH3：64、65、60、61）　5、7.陶执壶（2002ⅤH3：23、67）　6.陶钵（2002ⅤH3：49）

体较厚。直口微敛，折沿，尖圆唇，微束口，曲腹，内壁有明显的瓦楞纹，外壁近底部有一周凹弦纹，平底内凹。内壁施灰色釉，外壁上腹有灰釉乱斑，中腹有大型圆形窑具印痕。口径27.4、底径19.2、高12厘米（图一四六，14）。2002ⅤH3：64，胎体呈暗红褐色。直口，窄折沿，尖唇，腹微曲，平底。内壁施灰色釉，外壁素胎无釉。口径30.5、底径11.8、高9.2厘米（图一四五，1）。2002ⅤH3：65，泥质灰陶。直口，卷沿，厚圆唇，腹微曲，平底。外壁中腹有一周凹弦纹。口径33.8、底径10.4、高10.5厘米（图一四五，2）。

钵 1件。2002ⅤH3：49，泥质灰陶。敞口，窄折沿，尖唇，斜腹，平底微凹。口径13、底径7.6、高5.2厘米（图一四五，6；图版六二，4）。

执壶 2件。长颈，溜肩，鼓腹，平底微凹。2002ⅤH3：23，泥质灰陶。口残，长颈，肩部有执柄和长流，流嘴斜削。中腹以上施浅灰色釉，有流釉现象，内壁下腹有明显的瓦楞纹。底径5.8、残高13.6厘米（图一四五，5；图版六二，5）。2002ⅤH3：67，胎体呈暗红褐色。盘口微变形，方唇，长颈分为两段，交接处有一周凸楞，肩部执柄和长流均残。口沿及肩部以上施黄褐色釉，釉层不均，一部分已脱落。肩部以下素胎无釉，呈灰色，内壁有浅显的瓦楞纹。口径6.8～7.3、底径8、高20.8厘米（图一四五，7；图版六二，6）。

研磨器 1件。2002ⅤH3：58，陶色呈暗红褐色。敞口，尖唇，近唇部有凹槽一周，浅斜腹，平底。内壁有放射的篦点小凹坑，外壁素面无纹，口沿施青灰色釉。口径10.9、底径3.6、高3.8厘米（图一四六，1；图版六二，7、8）。

鸟食罐 1件。2002ⅤH3：20，器形较小，为双连罐，可复原一罐，泥质灰陶。侈口，卷沿，圆唇，鼓腹，平底微凹。口部及上腹施黄色釉，有流釉现象。口径6、底径4.4、高4.7厘米（图一四六，3；图版六三，1）。

束颈罐 1件。2002ⅤH3：22，器形较小，器表呈灰色，内壁呈暗红褐色。直口，方唇微内勾，束颈，鼓腹，平底微凹。口沿及上腹施黄色釉，有流釉现象。口径7.4、底径4.2、高9厘米（图一四六，2；图版六三，2）。

直口罐 1件。2002ⅤH3：31，器形较小，浅灰褐色胎，夹有细砂，不够细腻。直口，方唇，鼓肩，鼓腹，平底挖足内凹。外壁上腹施黑褐色釉，内壁有轮制弦纹浅痕。口径4.2、底径4.3、高5.35厘米（图一四六，4）。

垫座 1件。2002ⅤH3：21，泥质灰陶，厚胎。筒形匣式，斜折沿，沿面内勾，微束腰，较矮，平底微凹，底径较口径稍大，中部有一圆孔。内部有烧制器物圆形印痕，印痕内呈泛黄的红褐色。口径12.2、底径13、高5.1厘米（图一四六，5；图版六三，3）。

网坠 2件。手制，泥质灰陶。管状，中有圆形穿孔。2002ⅤH3：24，长5.6～5.65、最大径3.3、孔径1.6厘米（图一四六，6）。2002ⅤH3：59，长6.8、最大径3、孔径0.9厘米（图一四六，7；图版六三，4）。

（二）瓷器

碗 2件。敞口，尖唇，弧腹，矮圈足。内壁满釉，外壁半釉。2002ⅤH3：26，胎体呈青灰色。釉色灰白，外壁有流釉现象。内底有一周圆形窑具印痕，失釉露胎。口径17.5、底径

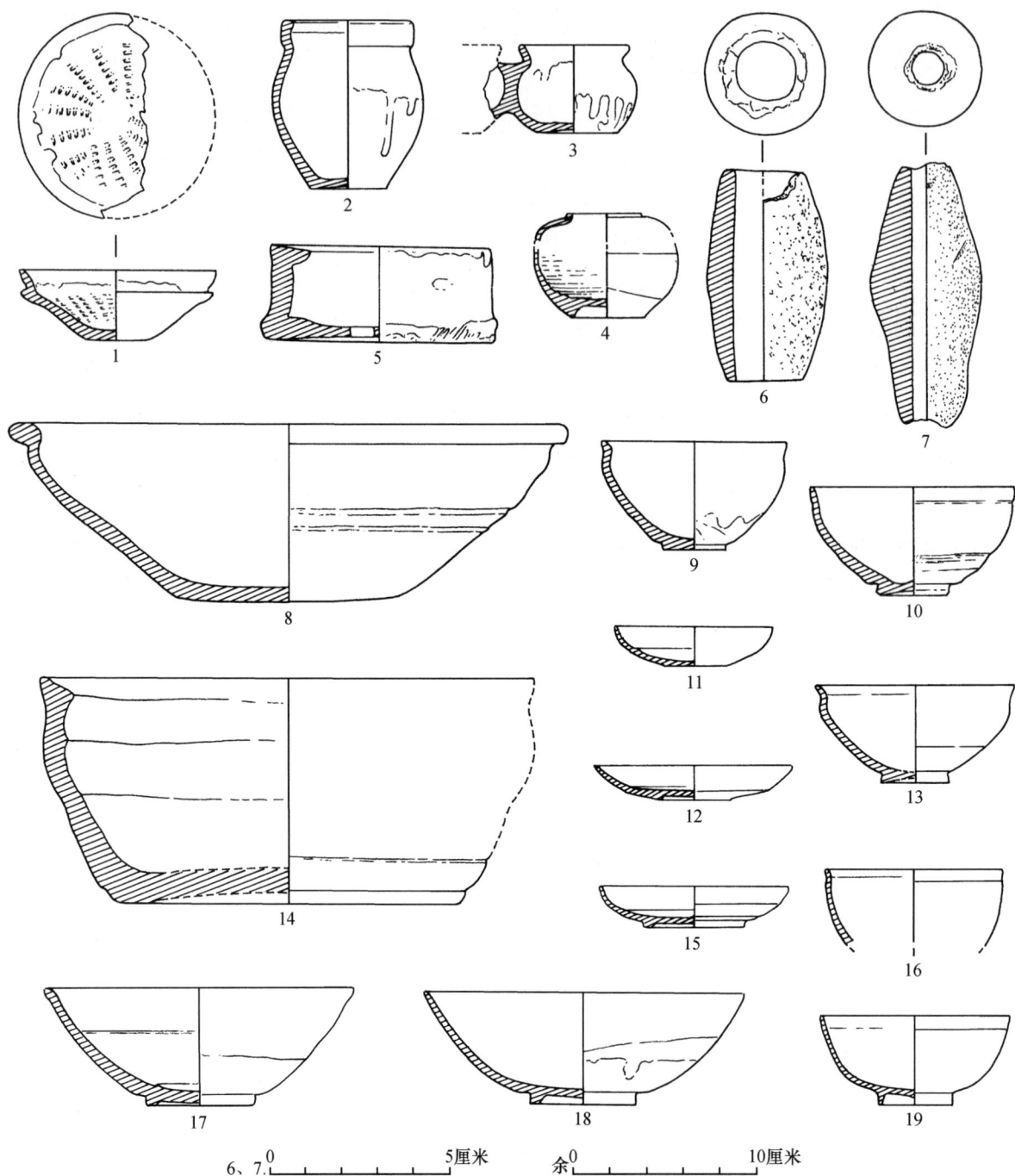

图一四六　庙背后 V 区 H3 出土遗物（四）

1. 陶研磨器（2002 V H3：58）　2. 陶束颈罐（2002 V H3：22）　3. 陶鸟食罐（2002 V H3：20）　4. 陶直口罐（2002 V H3：31）
5. 陶垫座（2002 V H3：21）　6、7. 陶网坠（2002 V H3：24、59）　8、14. 陶盆（2002 V H3：62、63）　9、10、13、16、19.
瓷盏（2002 V H3：1、27、29、32、28）　11、12、15. 瓷碟（2002 V H3：33、25、18）　17、18. 瓷碗（2002 V H3：30、26）

5.8、高6厘米（图一四六，18；图版六三，7）。2002 V H3：30，胎体呈泛灰的红褐色，胎质较粗。釉色呈黄褐色。内底中部有两周同心圆，两圆之间有离心状水滴纹，同心圆外有五齿支圈印痕，略呈圆形，印痕处失釉露胎。口径17.3、底径6、高6.3厘米（图一四六，17；图版六三，5、6）。

盏　5件。敞口，弧腹。内壁满釉，外壁施釉多不及底。2002ⅤH3：1，胎体呈灰白色。尖唇，微束口，平底。釉色黑亮，玻璃质感强，釉层较厚，外壁有明显垂釉现象，内壁有兔毫状釉线，唇部釉层较薄，呈青灰色。口径10.2、底径3.5、高5.8厘米（图一四六，9；图版六三，8）。2002ⅤH3：27，胎体呈灰白色，较粗糙，胎壁较厚。尖唇，微束口，平底微凹，外壁下腹有刀削痕迹。釉色黑亮，但釉层不均，有酱色斑块或竖条痕，口沿釉层较薄，呈铁褐色。口径11.3、底径3.8、高5.8厘米（图一四六，10；图版六四，1）。2002ⅤH3：29，胎体呈白色，细腻。尖唇，束口，平底微凹。釉色黑亮，玻璃感较强，内壁有从口部下垂的釉线，呈灰褐色，似蚯蚓走泥。口径11、底径3.8、高5.25厘米（图一四六，13；图版六四，2）。2002ⅤH3：28，胎体呈白色，胎薄且细腻，呈半透明状。尖唇，矮圈足，鸡心底，内底处有印花，似为梅花枝。釉色青白发亮，芒口，其余部位均施釉。圈足外圈近腹处釉层较厚，略呈淡青色。口径10.6、底径10.2、高4.75厘米（图一四六，19；图版六四，3）。2002ⅤH3：32，胎体呈灰色，较细腻。尖唇，底残。钧釉花瓷，芒口，口沿以下内外壁釉色均从青绿色过渡为青蓝色，有大开片。口径9.8、残高4厘米（图一四六，16）。

碟　3件。敞口，尖唇，浅腹。胎体较薄，内壁满釉，外壁施釉不及底。2002ⅤH3：18，胎体呈灰白色。矮圈足，外壁有明显的刀削痕，内底大而且平，有圆形窑具印痕，呈密集麻点状，失釉露胎。釉色青白，部分区域有小开片。口径10.5、底径5.4、高2.2厘米（图一四六，15；图版六四，4）。2002ⅤH3：25，同2002ⅤH3：18。口径10.8、底径3.8、高1.8厘米（图一四六，12）。2002ⅤH3：33，胎体呈白色，细腻。沿部胎薄，呈半透明状。内壁有折痕，折痕明显，平底，素胎无釉，底部外圈有窑具印痕，痕内呈暗红褐色。釉色青中泛蓝，玻璃感较强，内壁釉面有不均匀的大开片，底部刻划有丝毛状暗纹。口径8.6、底径3.3、高2.1厘米（图一四六，11；图版六四，5、6）。

七、H4出土遗物

陶器

碗　16件。敞口，弧腹，圆唇或尖圆唇，平底或平底微凹，圈足者极少。口沿和内壁多施釉。2002ⅤH4：3，口部变形较严重，陶色呈红褐色。尖圆唇，外壁下腹有轮制瓦楞纹，平底，内底有五齿支圈印痕，印痕处失釉露胎。口沿及内壁施黄釉，口沿内外均有流釉现象。口径14.7～17.3、底径7.5、高4.8～6.5厘米（图一四七，1）。2002ⅤH4：4，口部变形，陶色呈灰褐色。口沿处捏有流，尖唇，平底，内底有五齿支圈印痕。口沿处施黄釉。口径15.5～17.2、底径6.4、高5.4～6.2厘米（图一四七，2）。2002ⅤH4：52，陶色呈红褐色。圆唇，矮圈足。口沿处施青白色釉。口径14.8、底径6.6、高6.9厘米（图一四七，5）。2002ⅤH4：53，口部变形，陶色呈红褐色。尖唇，平底，外壁中下腹有轮制弦纹，内底有五齿支圈印痕。口沿处施黄白色釉。口径16.8、底径7、高6厘米（图一四七，6）。2002ⅤH4：54，口部变形，陶色呈黑灰色。圆唇，平底微凹，内底有五齿支圈印痕。口沿处施

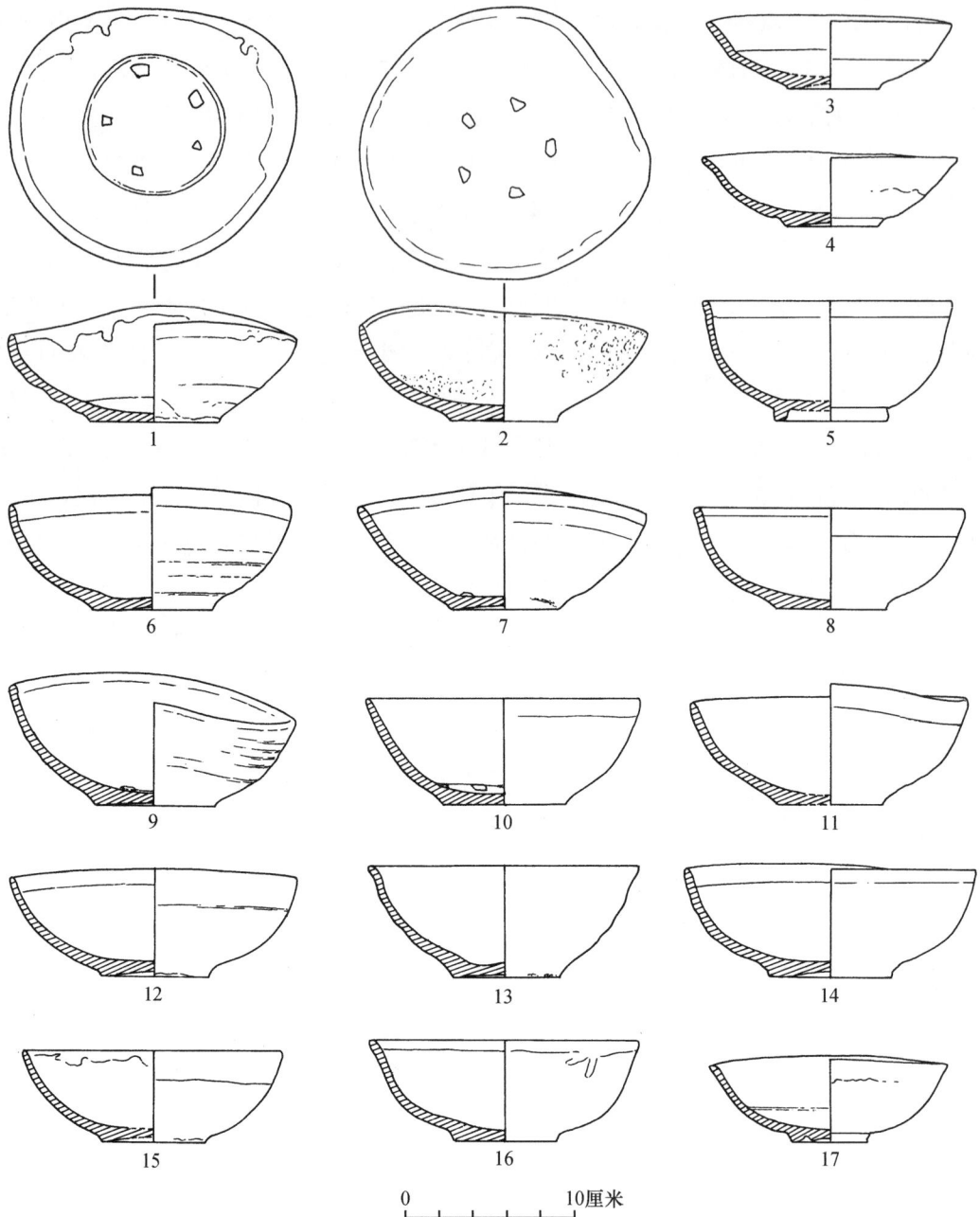

图一四七　庙背后Ⅴ区H4出土遗物（一）

1、2、5～17.陶碗（2002ⅤH4：3、4、52～64）　3、4.陶盘（2002ⅤH4：65、66）

黄白色釉。口沿处施灰白色釉，有流釉现象。口径17、底径6.2、高6.2～6.6厘米（图一四七，7）。2002ⅤH4：55，平底，内底无支圈印痕，余同2002ⅤH4：54。口径16.1、底径6.6、高5.8厘米（图一四七，8）。2002ⅤH4：56，口部变形，余同2002ⅤH4：54，内底有五齿形支圈痕。口径17.2、底径7.2、高5～7.5厘米（图一四七，9）。2002ⅤH4：57，平底，余同2002ⅤH4：54。口径16.2、底径7.2、高6.1厘米（图一四七，10）。2002ⅤH4：58，口部变形，平底，内底无支圈印痕，余同2002ⅤH4：54。口径14.5～16.4、底径6、高5.8～6.9厘米（图一四七，11）。2002ⅤH4：59，口部变形，内底无支圈印痕，余同2002ⅤH4：54。口径

17.4、底径6.4、高5.7~6.2厘米（图一四七，12）。2002ⅤH4：60，陶色呈黑灰色。外壁有轮制瓦楞纹，平底微凹。口径16、底径6.4、高6.4厘米（图一四七，13）。2002ⅤH4：61，陶色呈黑灰色。尖唇，平底微凹。口沿处施黄白色釉。口径17.2、底径7.2、高6.2厘米（图一四七，14）。2002ⅤH4：62，口沿内有流釉现象，余同2002ⅤH4：61。口径15.8、底径6.5、高5.厘米（图一四七，15）。2002ⅤH4：63，圆唇，平底，口沿外有流釉现象，余同H4：61。口径16、底径6.2、高5.8厘米（图一四七，16）。2002ⅤH4：64，口部变形，陶色呈黑灰色。尖唇，底内削成浅圈足。口径14、底径4.7、高4.5厘米（图一四七，17）。2002ⅤH4：107，碗底残片，内壁呈暗红褐色，外壁呈灰黑色。平底，内底用黄色釉写有"系"字。

盘　2件。口部变形，敞口，尖圆唇，浅腹，平底微凹。2002ⅤH4：65，陶色呈暗红褐色。折腹。口沿处施灰色釉。口径14.6、底径5、高3.8~4.2厘米（图一四七，3）。2002ⅤH4：66，陶色呈灰色。口径14.9、底径5.6、高4.1~4.3厘米（图一四七，4）。

盏　36件。敞口，多为圆唇，极少数为尖唇，平底或平底微凹，口沿多施釉。2002ⅤH4：2，口部变形，陶色呈灰色。厚圆唇，平底，底部陶色呈红褐色。口沿内外施黄釉。口径11.1、底径4.3、高3.1~4.1厘米（图一四八，2）。2002ⅤH4：5，陶色呈灰色，胎芯呈红褐色。平底微凹。口沿处施黄釉，内壁有流釉现象。口径10.3、底径4.3、高3.5厘米（图一四八，3）。2002ⅤH4：10，陶色呈红褐色，胎芯呈灰黑色。平底微凹。口沿处施青灰色釉。口径10.2、底径4、高3.7厘米（图一四八，4）。2002ⅤH4：13，变形严重，陶色呈灰色。平底。内壁施黄釉，口沿处施青灰色釉。口径10、底径3.3、高2~5厘米（图一四八，5）。2002ⅤH4：15，口部变形，陶色呈灰色。平底微凹，呈橙色。口沿处施黄釉，外壁有流釉现象。口径10.3、底径4.7、高3.8~4.4厘米（图一四八，6）。2002ⅤH4：18，口部变形，陶色呈灰色。平底微凹。口沿处施青灰色釉。口径9.7、底径4.3、高3~3.7厘米（图一四八，7）。2002ⅤH4：21，陶色呈灰色。平底。口沿处施青灰色釉，外壁有流釉现象。口径10、底径4.3、高3.9厘米（图一四八，8）。2002ⅤH4：22，口部变形，陶色呈灰色。平底微凹。口沿处施青灰色釉。口径9.8、底径4、高3.3~4厘米（图一四八，9）。2002ⅤH4：23，口部变形，陶色呈灰色。口部捏有小流，平底，底部陶色呈红褐色。口沿内外施黄釉，内壁有流釉现象。口径10.2~10.4、底径4、高3.3~4.2厘米（图一四八，1）。2002ⅤH4：24，陶色呈灰褐色。平底。口沿处施青灰色釉，外壁有流釉现象。口径9.3~10、底径4.4、高3.8~4.1厘米（图一四八，10）。2002ⅤH4：25，平底微凹，口沿内外有流釉现象，并有杂色釉斑，余同2002ⅤH4：24。口径10、底径4.2、高3.2厘米（图一四八，11）。2002ⅤH4：26，陶色呈灰色。平底。内壁施黄釉，口沿处施青灰色釉，外壁有流釉现象。口径9.5~10、底径4.6、高3.8~4.3厘米（图一四八，12）。2002ⅤH4：28，陶色呈灰褐色。平底。口沿处施青灰色釉，外壁有流釉现象。口径9.6、底径3.5、高3.7厘米（图一四八，13）。2002ⅤH4：35，器表呈灰黑色，胎芯呈暗红褐色。平底微凹。口沿处施黄釉。口径9.9、底径4、高3.6厘米（图一四八，14）。2002ⅤH4：39，陶色呈灰陶，局部呈橙色。平底微凹。口径9.6、底径3.4、高3.2厘米（图一四八，15）。2002ⅤH4：40，陶色呈灰色。饼状足微凹，足跟周缘斜削，内壁

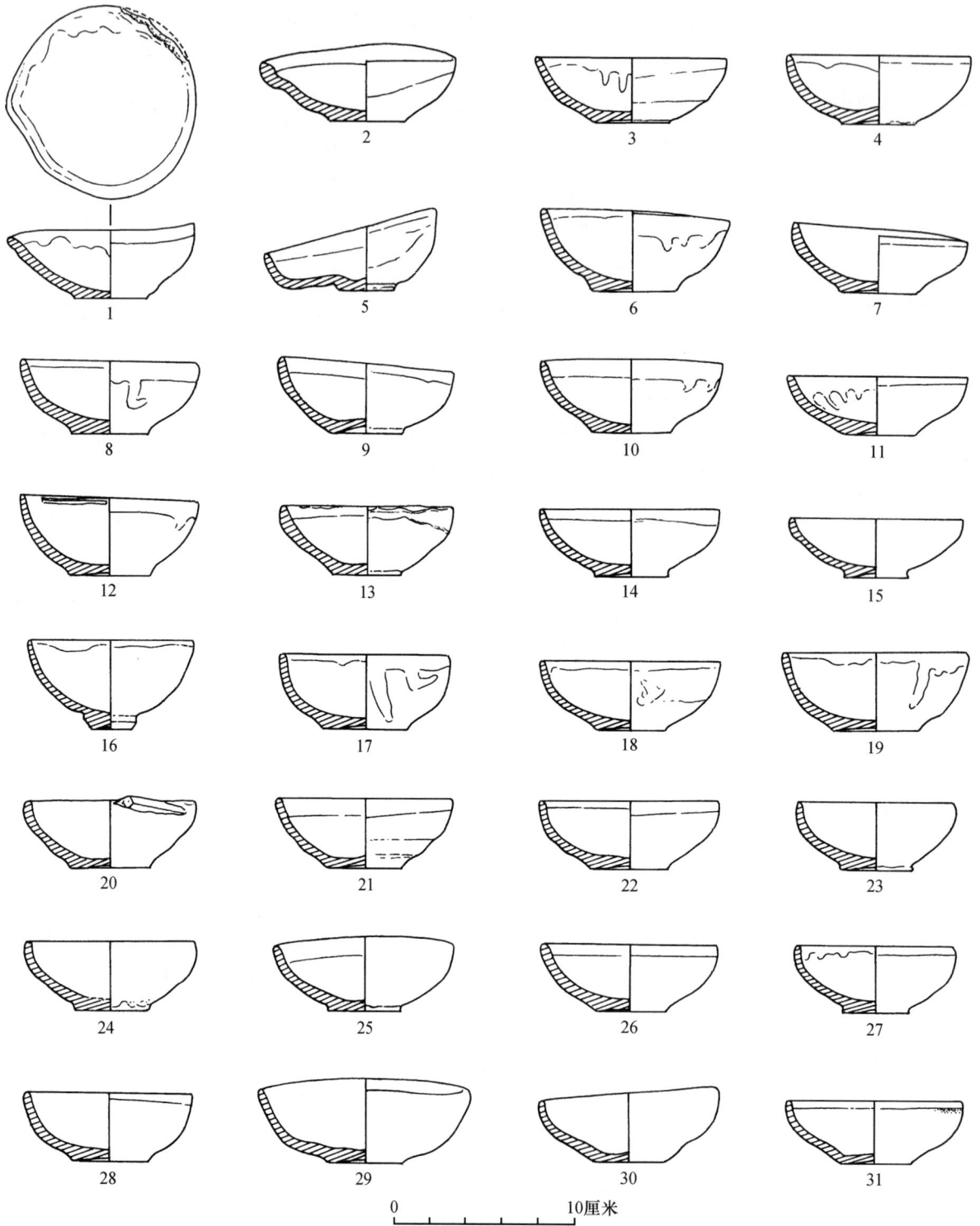

图一四八　庙背后Ⅴ区H4出土遗物（二）

1～31.陶盏（2002ⅤH4：23、2、5、10、13、15、18、21、22、24～26、28、35、39～44、70～80）

有黄色土垢，内底有涡形轮制痕迹。口沿处施青黄色釉。口径9.4、底径2.4、高4.8厘米（图一四八，16）。2002ⅤH4：41，内外壁多呈暗红色，外壁局部呈灰色。平底微凹。口沿处施黄白色釉，外壁有流釉现象。口径9.7、底径4.9、高4厘米（图一四八，17）。2002ⅤH4：42，陶色呈灰色，胎芯呈暗红褐色。平底微凹。口沿处施黄白色釉。口径10、底径3.7、高3.7厘米（图一四八，18）。2002ⅤH4：43，陶色不均，内外底呈橙色，其余部分呈灰色，胎芯色杂，有暗红色、橙色和灰褐色三种。平底微凹。口沿处施黄白色釉，有流釉现象。口径10.4、底径4.8、高4.2厘米（图一四八，19）。2002ⅤH4：44，陶色呈暗红褐色。口沿外粘附一块残口沿，平底微凹。口沿处施灰白色釉。口径9.6、底径4.3、高3.6厘米（图一四八，20）。2002ⅤH4：70，陶色呈暗红褐色。平底微凹。口沿处施黄灰色釉。口径10、底径4、高3.8厘米（图一四八，21）。2002ⅤH4：71，陶色呈黑灰色。平底微凹。口沿处施黄灰色釉。口径10、底径4.2、高3.7厘米（图一四八，22）。2002ⅤH4：72，同2002ⅤH4：71。口径9.5、底径4、高3.7厘米（图一四八，23）。2002ⅤH4：73，平底，余同2002ⅤH4：71。口径9.6、底径4.2、高3.7厘米（图一四八，24）。2002ⅤH4：74，口部微变形，平底，余同2002ⅤH4：71。口径10.2、底径4.2、高3.5～4.1厘米（图一四八，25）。2002ⅤH4：75，同2002ⅤH4：71。口径9.8、底径4、高3.6厘米（图一四八，26）。2002ⅤH4：76，同2002ⅤH4：71。口径9、底径3.7、高3.6厘米（图一四八，27）。2002ⅤH4：77，同2002ⅤH4：71。口径9.5、底径4.5、高3.7厘米（图一四八，28）。2002ⅤH4：78，口部变形，余同2002ⅤH4：71。口径12、底径4.5、高4～4.8厘米（图一四八，29）。2002ⅤH4：79，口部微变形，平底，余同2002ⅤH4：71。口径9.7、底径3.8、高3.3～4厘米（图一四八，30）。2002ⅤH4：80，同2002ⅤH4：70。口径10、底径3.8、高3.4厘米（图一四八，31）。2002ⅤH4：81，同2002ⅤH4：70。口径10、底径4.8、高4.2厘米（图一四九，1）。2002ⅤH4：82，胎体呈灰白色，矮圈足。内壁满釉，外壁施釉不及底，釉色呈黄褐色。口径10.2、底径3.8、高4.2厘米（图一四九，2）。2002ⅤH4：83，壁薄，陶色呈灰色。尖唇，平底。口径10、底径3.3、高4厘米（图一四九，3）。2002ⅤH4：84，平底，余同2002ⅤH4：70。口径10、底径4.2、高3.7厘米（图一四九，4）。2002ⅤH4：85，同2002ⅤH4：71。口径10、底径4.8、高4.1厘米（图一四九，5）。

碟　15件。敞口，厚圆唇，浅腹，平底或平底微凹。2002ⅤH4：9，陶色呈灰色。平底。内壁施黄釉。口径10、底径4.2、高2.9～3.2厘米（图一四九，6）。2002ⅤH4：11，器形较小。陶色呈灰色。平底微凹。口径6.5、底径3.1、高1.8厘米（图一四九，7）。2002ⅤH4：14，陶色呈灰色。平底。口径10.2、底径4.9、高3.3厘米（图一四九，8）。2002ⅤH4：16，口部微变形，陶色呈灰色。平底。内壁施白釉，釉层较厚，有蜂窝状气泡。口径9.9、底径4.4、高2.9～3.3厘米（图一四九，9）。2002ⅤH4：17，陶色呈红褐色。平底。口径10、底径3.8、高2.7～3.2厘米（图一四九，10）。2002ⅤH4：19，口部变形，余同2002ⅤH4：14。口径9.2、底径3.8、高2.5～3.4厘米（图一四九，11）。2002ⅤH4：20，同2002ⅤH4：14。高2.7～3.2、口径10、底径3.6厘米（图一四九，12）。2002ⅤH4：27，口部微变形，余同2002ⅤH4：14。口径9.6、底径3.7、高2.5～3.3厘米（图一四九，13）。

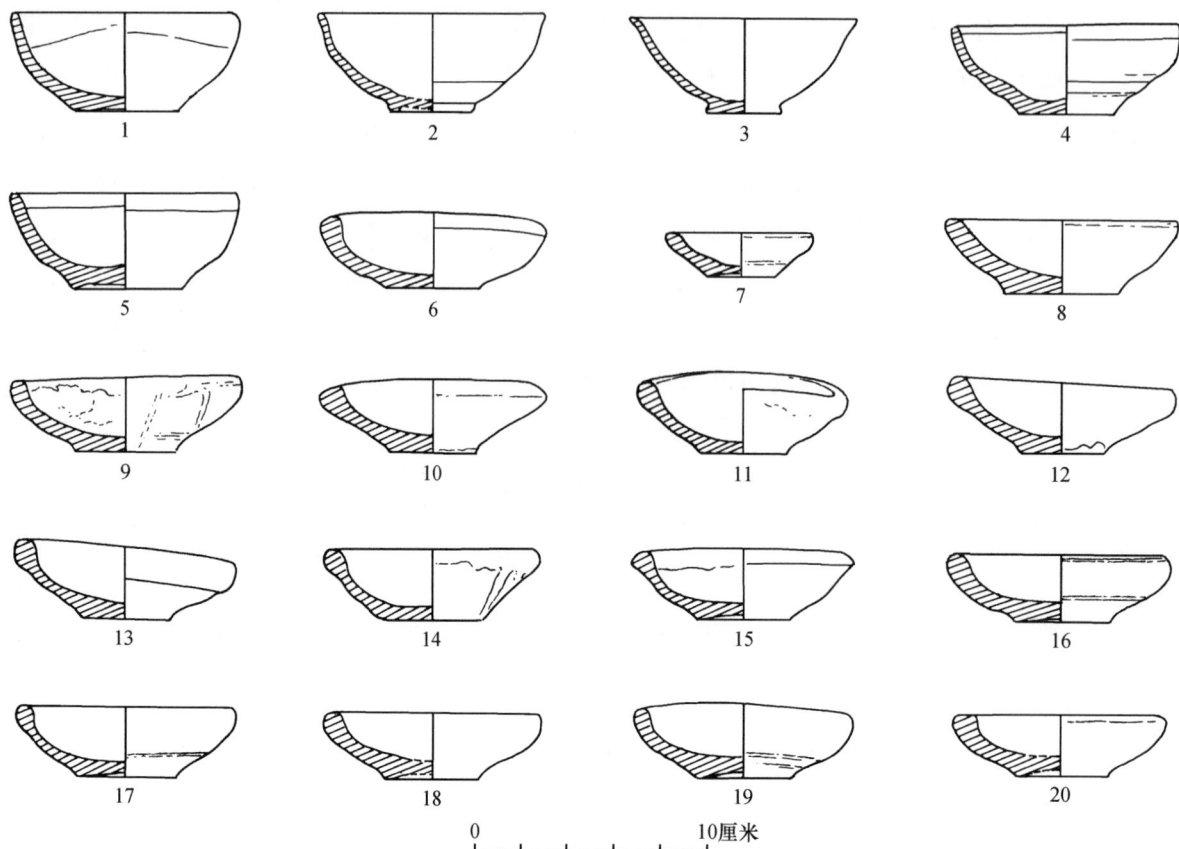

图一四九　庙背后Ⅴ区H4出土遗物（三）

1～5.陶盏（2002ⅤH4：81～85）　6～20.陶碟（2002ⅤH4：9、11、14、16、17、19、20、27、34、36～38、86～88）

2002ⅤH4：34，陶色呈灰黑色。平底。口沿处釉层多已脱落，残存少量有釉斑，外壁有流釉现象。口径9.6、底径4.3、高3厘米（图一四九，14）。2002ⅤH4：36，口部微变形。陶色呈灰褐色。平底微凹。口沿及内壁施黑色釉。高2.8～3、口径9.8、底径4厘米（图一四九，15）。2002ⅤH4：37，形制同2002ⅤH4：36。口径9.8、底径4.2、高2.8厘米（图一四九，16）。2002ⅤH4：38，同2002ⅤH4：36。口径9.6、底径4.4、高3厘米（图一四九，17）。

2002ⅤH4：86，陶色呈灰色。平底微凹。口径9.8、底径4.2、高2.8厘米（图一四九，18）。2002ⅤH4：87，口部变形，余同2002ⅤH4：86。口径9.6、底径4.2、高2.9～3.2厘米（图一四九，19）。2002ⅤH4：88，同2002ⅤH4：86。口径9.4、底径4.1、高2.6厘米（图一四九，20）。

盆　2件。敞口，卷沿，厚圆唇，斜腹，平底微凹。内壁施较浅的黄白色釉。2002ⅤH4：92，陶色呈灰色。外壁近口部有一周较宽的凹槽。口径28、底径11.3、高8.2厘米（图一五○，1）。2002ⅤH4：93，陶色呈红

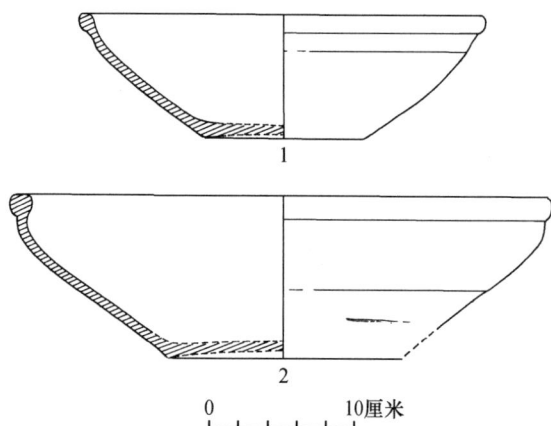

图一五○　庙背后Ⅴ区H4出土遗物（四）

1、2.陶盆（2002ⅤH4：92、93）

褐色。敞口较直，外壁上半部呈灰色，下半部及底呈红褐色。口径37.2、底径16、高10.8厘米（图一五〇，2；图版六五，1）。

炉　3件。陶色呈灰色，胎芯呈暗红褐色。敞口，卷沿下耷，圆唇，曲腹或折腹，喇叭状实心底座，底部有轮制涡形线切痕。口沿施黄白色釉。2002ⅤH4：50，曲腹。含沿直径9.5、底径6、高6.6厘米（图一五一，1）。2002ⅤH4：51，折腹。含沿直径8.8、底径6、高7.4厘米（图一五一，2）。2002ⅤH4：89，曲腹。含沿直径9.4、底径6.2、高7.6厘米（图一五一，3；图版六五，2）。

灯　3件。灯盘无存，仅存灯座。柄部中空，喇叭形底座，底座为倒盘口，圆唇。胎体呈暗红褐色，柄部外壁及喇叭座内外均施较厚的淡黄色釉。2002ⅤH4：99，残高10、底径9.8厘米（图一五一，14）。2002ⅤH4：101，同2002ⅤH4：99。残高6.8、底径10.2厘米（图一五一，13）。2002ⅤH4：106，底座外釉面上刻一行书"惠"字（图一五二，1；图版六五，3）。

器盖　6件。有大有小。喇叭形，敞口。2002ⅤH4：8，器形较小，口部微变形，陶色呈灰色。圆唇，斜直腹，内顶有手抹的指纹痕。口径8.5、顶径3.5、高2.2～2.5厘米（图一五一，16）。2002ⅤH4：12，器形较小，陶色呈暗黑灰色。圆唇，曲腹，内顶上凸成矮捉手，捉手顶面较平。口径7.6、顶径2.7、高2.6厘米（图一五一，18）。2002ⅤH4：67，器形较大，陶色呈暗红褐色。圆唇，斜直腹，内顶上凸成矮捉手，捉手顶面较平。口径17.2、顶径5.5、高5.3～5.9厘米（图一五一，20）。2002ⅤH4：68，陶色呈灰色。圆唇，折腹，内顶上凸成捉手，捉手顶面较平。口径10、顶径3.9、高4.4厘米（图一五一，17；图版六五，4）。2002ⅤH4：69，器形较小，陶色呈暗红褐色。圆唇，曲腹，内顶上凸成矮捉手，捉手顶面较平。口径8、顶径3.3、高2.8厘米（图一五一，19）。2002ⅤH4：91，仅存捉手，陶色呈橙色，顶面有一圈形乳凸。顶径3.6、残高2.2厘米（图一五一，15）。

扑满　1件。2002ⅤH4：48，陶色呈灰色。上有圆钮，钮正中有圆孔与空腹相通，束颈，溜肩，肩部有一大致呈椭圆形的空口与内腔相通，鼓腹，底部不平，制作规整。口径3、底径5.2、高7.4厘米（图一五一，10；图版六五，5）。

网坠　3件。管状，中有圆形穿孔。2002ⅤH4：49，陶色呈灰色。长2.2～2.5、最大径2.1、孔径0.6厘米（图一五一，11）。2002ⅤH4：94，陶色呈灰色。长5.2、最大径3.7、孔径1.3厘米（图一五一，9）。2002ⅤH4：95，陶色呈橙色。长2.3～2.4、最大径1.8、孔径0.4厘米（图一五一，12）。

盒状器　2002ⅤH4：46，器形较小，陶色呈暗红色。敞口，无沿，方唇，斜直壁，壁较厚，平底。除外底素胎无釉以外，其余均是黄白色釉。口径7、底径6、高2.5～2.8厘米（图一五一，8）。

支柱　4件。柱状，折沿，底径大于口径。2002ⅤH4：6，陶色呈红褐色。斜折沿，尖圆唇外勾，斜直腹。口径7、底径7.8、高8.8～9厘米（图一五一，4）。2002ⅤH4：7，陶色呈黑灰色。平折沿，圆唇外勾，斜直腹。出土时口部粘有一个齿形支圈，齿尖向上。口径7、底径8、高7.6～7.8厘米（图一五一，5）。2002ⅤH4：47，陶色呈暗灰褐色，底部呈灰色。平折沿内勾，方唇，束腰，内底中部有一圈凸棱，外壁有较宽的轮制凹弦纹，且有釉斑。口径7.2、底

图一五一　庙背后Ⅴ区H4出土遗物（五）

1～3. 陶炉（2002ⅤH4：50、51、89）　4、5、23、24. 陶支柱（2002ⅤH4：6、7、47、98）　6、7. 陶垫座（2002ⅤH4：90、
45）　8. 陶盒状器（2002ⅤH4：46）　9、11、12. 陶网坠（2002ⅤH4：94、49、95）　10. 陶扑满（2002ⅤH4：48）
13、14. 陶灯（2002ⅤH4：101、99）　15～20. 陶器盖（2002ⅤH4：91、8、68、12、69、67）
21、22. 陶垫饼（2002ⅤH4：96、97）

径8.4、高9.3厘米（图一五一，23；图版六五，6）。2002ⅤH4：98，陶色呈黑灰色。平折沿内勾，尖圆唇，中空，口底相通。口径6.8、底径6.7、高6.8厘米（图一五一，24）。

　　垫座　2件。筒形匣式，厚胎。折沿，沿面内勾，束腰，较矮。2002ⅤH4：45，陶色呈灰色。斜折沿，圆唇，平底内凹。口径8.8、底径9.6、高4.5厘米（图一五一，7；图版六五，7）。2002ⅤH4：90，陶色呈灰色。平折沿，尖圆唇，底中部有一圆形小孔。口径12.5、底径10.5、高4.9厘米（图一五一，6）。

　　垫饼　2件。胎体呈暗红褐色。璧形，肉微斜，剖面呈伞状。2002ⅤH4：96，中孔单穿。

直径11.6、孔径3.6厘米（图一五一，21）。2002ⅤH4：97，中孔对穿。直径10.7、孔径3.5厘米（图一五一，22；图版六五，8）。

另有执壶残片和63件五齿形支圈，与前述地层和遗迹内出土的同类器大同小异，不再赘述。

八、H5出土遗物

（一）铜器

铜钱　1件。2002ⅤH5：1，钱文"半两"。直径2.2、穿边长1.1厘米（图一五二，2）。

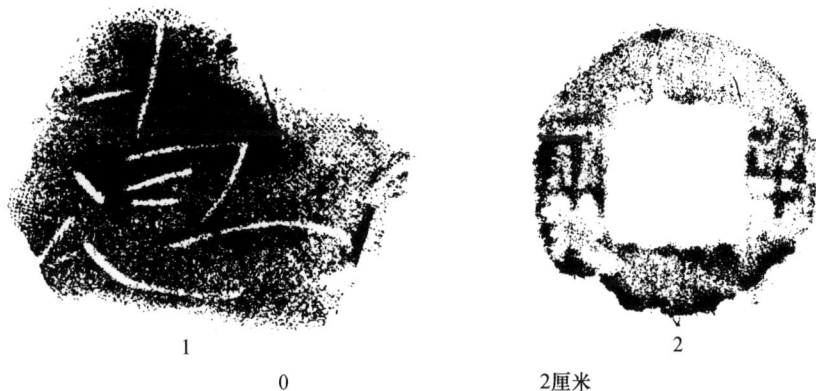

图一五二　庙背后Ⅴ区H4、H5出土遗物铭文拓片
1.陶灯（2002ⅤH4：106）　2.半两（2002ⅤH5：1）

（二）冶炼遗物

有炼渣、炉壁（图版六六，3）和鼓风嘴等。其中炼渣出土量较大，从断面看，个别炼渣内尚存有未燃烧的木块和陶器残片。

2002ⅤH5：2，为鼓风嘴残块，夹杂有较大块的石英颗粒。内壁呈橙色，外壁受火严重，局部呈蜂窝状，并呈黑灰色。内径约2.5、壁厚约2.5厘米（图版六六，1、2）。

九、ZK2出土遗物

（一）陶器

均为硬陶。

罐　1件。2002ⅤZK2：4，胎体呈暗红褐色，器表呈灰褐色。直口，卷沿，方唇，矮领，广肩，鼓腹，底残，肩和腹部密布凹弦纹。口径8.8、残高12.4厘米（图一五三，1）。

碟　2件。胎体呈暗红褐色。敞口，厚圆唇，浅腹，斜壁，平底微凹。2002ⅤZK2：2，口径9.6、底径4.2、高2.7厘米（图一五三，3）。2002ⅤZK2：6，口径9.6、底径3.8、高2.2厘米

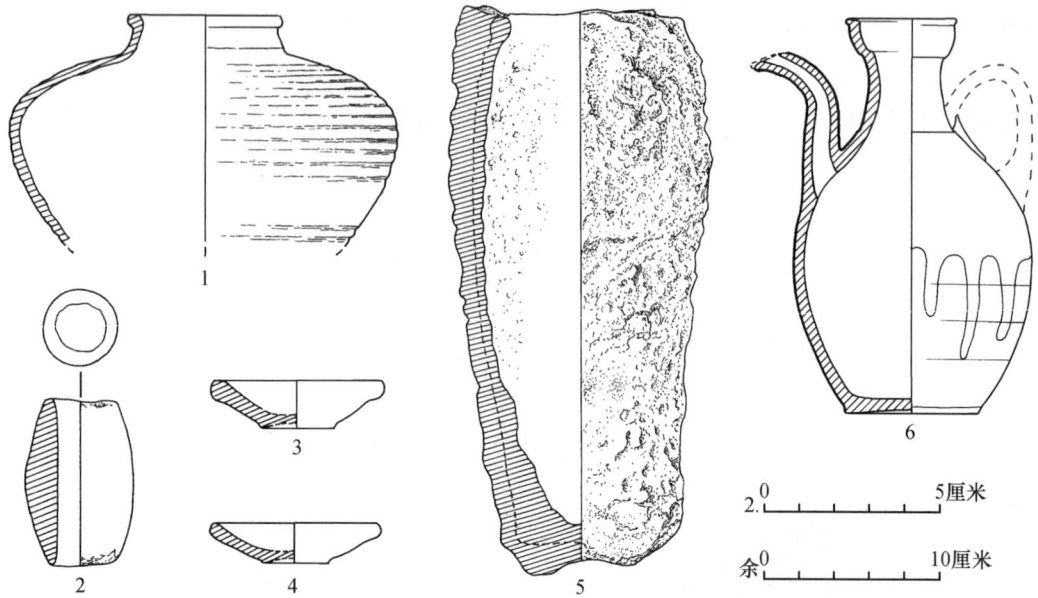

图一五三　庙背后Ⅴ区ZK2、ZK3出土遗物

1. 陶罐（2002ⅤZK2：4）　2. 陶网坠（2002ⅤZK2：1）　3、4. 陶碟（2002ⅤZK2：2、6）　5. 冶炼罐（2004ⅤZK2：4）

6. 陶执壶（2002ⅤZK3：12）

（图一五三，4）。

网坠　1件。2002ⅤZK2：1，泥质灰陶。管状，中有圆形穿孔。长4.65、最大径3.1、孔径1.4厘米（图一五三，2）。

（二）冶炼遗物

有冶炼罐和炉壁残块（图版六六，4）两类。其中冶炼罐多为残器，完整者较少，以2004ⅤZK2：4为例介绍如下。夹粗砂硬陶，敛口，方圆唇，筒腹，上腹微鼓，下腹斜收至底，器内轮制弦纹痕迹较明显。底部不平，一半未直接受火。外壁裹泥呈蜂窝状，并粘结有炼渣。烧结温度较高，有玻璃状结面，多呈红褐色，少部分呈黑灰色。外口径9.2、内口径8、底径9、连同裹泥通高31厘米（图一五三，5；图版六六，5、6）。

十、ZK3出土遗物

（一）陶器

执壶　1件。2002ⅤZK3：12，胎体呈暗红褐色。盘口，圆唇，长颈，溜肩，肩部有执柄和长流，深腹，平底微凹。中腹以上施黄釉，釉层厚薄不均，釉厚处呈黄褐色，并有流滴现象。口径6.2、底径7.6、高21.8厘米（图一五三，6；图版六七，3）。

（二）瓷器

碗　3件。均为青花瓷，釉色青亮。胎体呈灰白色，敞口，圆唇，矮圈足。以2002ⅤZK3：1为例介绍如下，口沿内外分别绘一周和两周弦纹，内外壁近底处分别绘两周和一周弦纹，内底和外壁均有青花花卉。圈足内无釉，余均施釉。口径12.8、底径4.9、高5.4厘米（图版六七，1、2）。

（三）冶炼遗物

有冶炼罐和炼渣两类（图版六七，4~6；图版六八、图版六九）。其中冶炼罐多为残器，完整者极少。均夹粗砂硬陶，敛口，方圆唇，筒腹，上腹微鼓，下腹斜收至底，平底微凹，器内轮制弦纹痕迹较明显。外壁有裹泥或粘附有炼渣，有的口部尚存有冷凝区。因与其他遗迹内出土同类器大同小异，不再举例。

十一、L1出土遗物

L1堆积上部出土少量陶瓷器残片，瓷片全部为青瓷碗残片，陶片绝大多数为硬陶，多施釉，可辨器形有碗、壶、盆、罐等，另有少量灰陶绳纹板瓦残片。瓷器和硬陶器形制与H1出土的同类遗物相同，且均为残片，此处不再赘述。

炉壁砖　出土多块，整体呈橙色，为炉中壁。均为残块，系汉代旧物，两面均有粗绳纹，多在长边侧面模印菱形纹或文字。2002ⅤL1：1，模印篆体"凤"字。残长10.5、厚7.7厘米（图一五四，5；图版七〇，1）。2002ⅤL1：2，中饰车轮纹。残长16.3、厚6.6厘米（图一五四，3；图版七〇，2）。2002ⅤL1：3，残长10.5、厚6厘米（图一五四，6）。2002ⅤL1：4，残长20.5、厚7.5厘米（图一五四，4）。2002ⅤL1：5，残长15.5、厚6.2厘米。（图一五四，2）。2002ⅤL1：6，短边侧面模印菱形纹。宽13.7、厚6.7厘米（图一五四，1）。

十二、M3出土遗物

均为陶器。

碗　1件。2002ⅤM3：1，泥质灰色硬陶。直口微敛，圆唇，弧腹，平底，有偏心涡形线切痕迹。内壁满釉，外壁半釉，釉色灰白，内底有五齿支圈痕，印痕直径8厘米。口径16、底径5、高7.2厘米（图一五五，1；图版六九，6）。

圆陶片　1件。2002ⅤM3：2，略呈圆形，泥质黄褐陶，由陶片磨制而成。直径1.6、厚0.4厘米（图一五五，2）。

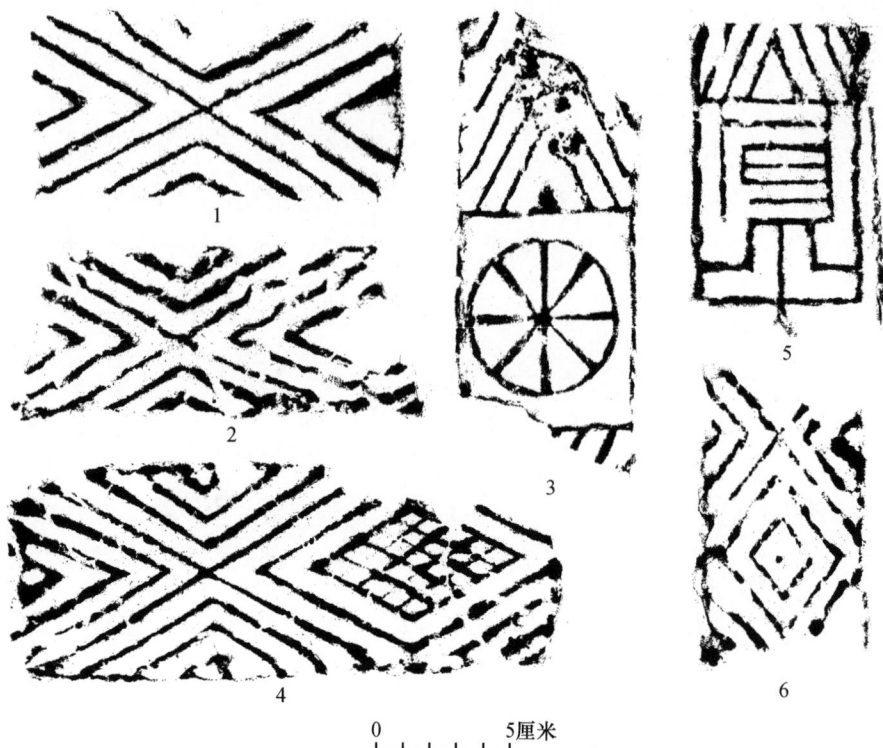

图一五四　庙背后Ⅴ区L1出土炉壁砖纹饰拓片

1~6. 2002ⅤT1L1：6、5、2、4、1、3

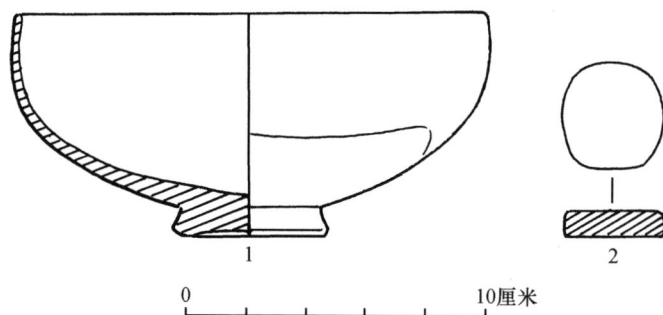

图一五五　庙背后Ⅴ区M3出土遗物

1. 陶碗（2002ⅤM3：1）　2. 圆陶片（2002ⅤM3：2）

十三、W1出土遗物

均为陶器，有敛口罐、束颈罐，以及五齿支圈、筒形支柱等窑具，其中窑具和第2层、H4出土同类遗物大同小异，不再赘述。敛口罐、束颈罐出土多件，形制大体相似，均为泥质硬陶，胎体呈暗红褐色，各选1件介绍如下。

敛口罐　2002ⅤW1：3，腹部变形严重。敛口，厚圆唇，近口部有四个对称的竖向桥形耳，深弧腹，平底内凹。口部施黄釉，釉层不均匀，有流釉现象。口径26.8、底径15.2、高46.8~52厘米（图一五六，2；图版七〇，3）。

束颈罐　2002ⅤW1：13，直口微敞，方唇，长颈，近口部有一周凸弦纹，束颈，溜肩，

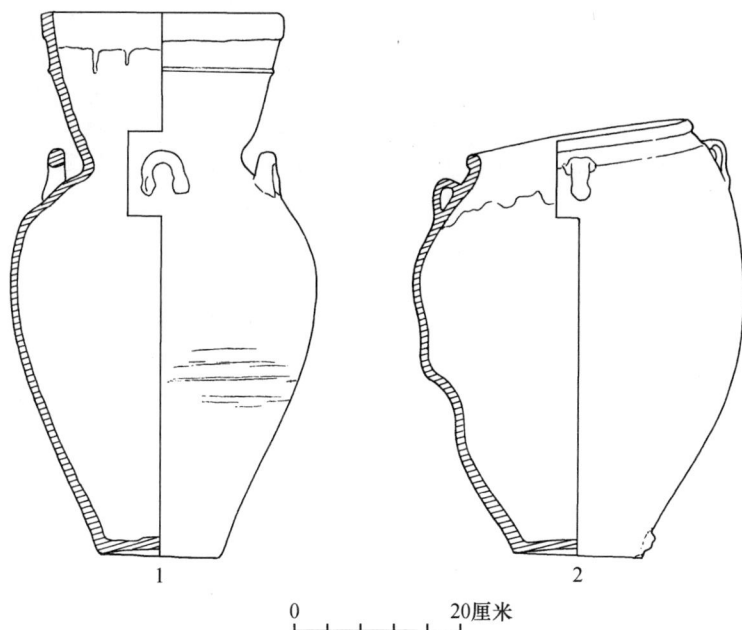

图一五六　庙背后Ⅴ区W1出土遗物

1. 束颈罐（2002ⅤW1∶13）　2. 敛口罐（2002ⅤW1∶3）

肩部有五个横向桥形耳，深腹，平底微凹。口沿内外及中腹以上施黄釉，颈以下釉层不均匀，且多已剥落。口径28.8、底径14.4、高64厘米（图一五六，1；图版七〇，4）。

十四、采 集 遗 物

在T1北侧的断崖以及江滩上采集不少遗物，主要为冶炼遗物，少量为生活器具，如甑、砚等。现择其要者介绍如下。

冶炼罐　主要采集自T1北侧的断崖处，均为夹粗砂硬陶，敛口，方圆唇，筒腹，上腹微鼓，下腹斜收至底，平底微凹，器内轮制弦纹痕迹较明显。外壁有裹泥。2004ⅤT1采∶1，下部粘结有大块炼渣，有的渣块呈蜂窝状，渣内有较大块的煤矸石。烧结温度较高，几乎全部为玻璃状结面，多呈黑灰色，少部分呈红褐色，近底部有较多的大气泡。外口径12、内口径9.5、底径8.5、高27.5厘米（图版七一，1、2）。2004ⅤT1采∶9，上部冷凝区底部封泥已不存，裹泥层较薄。冷凝区直口，方唇。外口径 11、内口径9.6、高5.6厘米。冶炼罐内口径8.8、底径约7.4、高27.4厘米，含冷凝区通高33.2厘米（图一五七，1）。2004ⅤT1采∶10，外壁裹泥较厚，罐内残存有炼渣。外口径12、内口径9.4、底径约10、罐高30.4厘米（图一五七，3）。2004ⅤT1采∶11，罐体开裂变形，内外壁均残存有较厚的炼渣，外壁裹泥较厚。外口径10.4、内口径8.6、底径约9、罐高29.6厘米（图一五七，2；图版七一，3、4）。

炉壁　主要采集自T1北侧的江滩上，有炉底、炉口，以及炉体内外壁的耐火泥层等多种类型。

2004Ⅴ江岸采∶2，系用夹杂有煤矸石碎颗粒、石英砂等耐火土制成。分层情况明显，从其弧度推测，可能为椭圆炉长边部分略靠中部的口部残块，呈红褐色，烧成温度高，有蜂窝状

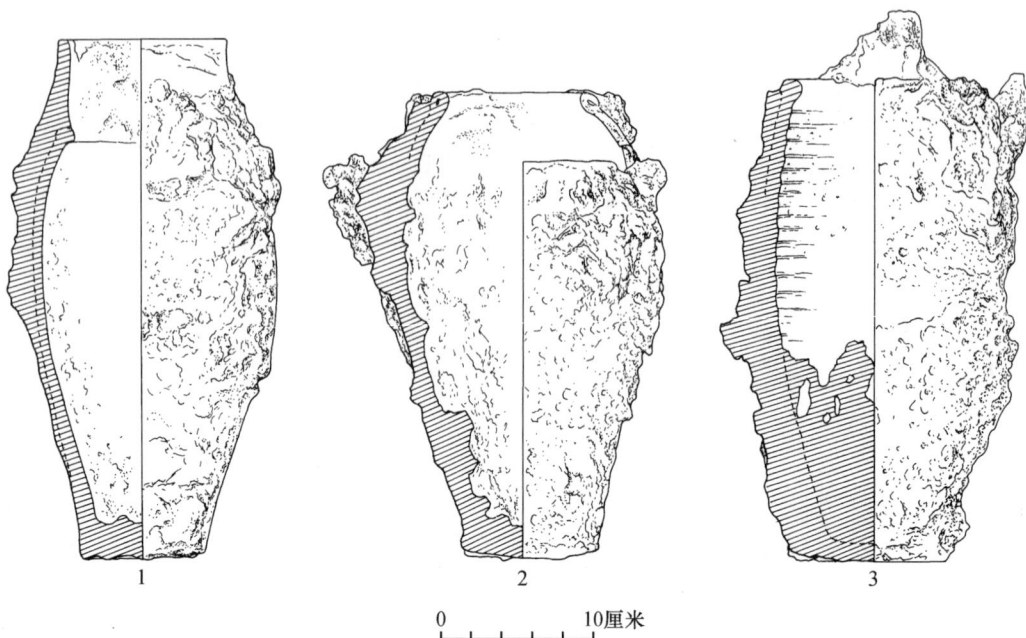

0　　　　　　　10厘米

图一五七　庙背后Ⅴ区采集冶炼罐
1~3.冶炼罐（2004ⅤT1采：9、11、10）

或近玻璃状烧结面，内沿向下有泪痕状流线，亦呈蜂窝状，其成因应为洒水垂流形成。颜色因温度由低向高过渡而从外向内逐渐变化：泛黄的红褐色→红褐色→暗红褐色→黑灰色。残块宽26、高18、最厚12厘米（图版七一，5、6）。

　　2004Ⅴ江岸采：3~5，整体烧成温度较高。两面均为受火面，其中一面全部受火。内侧为两段弧形面，受火温度更高，呈黑灰色，其中一段弧面内粘结有较多含有砂石颗粒的物质，并存有黄色烧结面。可能为炉底残块。其中2004Ⅴ江岸采：3残长27、宽17厘米，厚度内侧面厚4厘米，向外逐渐增至9厘米（图版七二，1、2）。

　　2004Ⅴ江岸采：6，略呈月牙形，有弧形的外沿和稍直的内沿。外沿较齐整，内沿受火温度很高，有蜂窝状烧结面，颜色呈深褐色或黑灰色。残长33、最宽15.5、厚约5厘米。推测可能是炉底残块。外侧面有弧度，可能与弧形炉壁接触，内侧较直，可能是火道（图版七二，3、4）。2004Ⅴ江岸采：7，特征与2004Ⅴ江岸采：6相似，外侧弧面已残，内侧面由两段弧面构成。残长35、最宽处25、中部厚约11、内外侧面厚约5.5厘米（图版七二，5、6）。2004Ⅴ江岸采：8，特征与2004Ⅴ江岸采：6相似，但块体更大，两面存在受火强弱的分界线，受火较强的区域厚度相对较薄，而另一侧则相对较厚。推测受火较弱部分处于炉壁内，而另一部分则在炉内直接受火。残长36、最宽27、厚约6厘米（图版七三，1、2）。2004Ⅴ江岸采：9、12、13、15、16、26，特征及厚度与2004Ⅴ江岸采：6相同。2004Ⅴ江岸采：11，特征亦与2004Ⅴ江岸采：6类似，厚11厘米。上下两面受火。可是炉底炉桥部分，内侧两段弧面凹痕应为放置冶炼罐形成，弧面上下两侧均有大块向下垂流的玻璃状渣块（图版七三，3、4）。

　　2004Ⅴ江岸采：14，为炉壁砖内面的耐火泥层，内壁微弧，是炉口残块。口部及内侧面直接受火，烧成温度很高，呈黑灰色，贴于炉壁的一面因附于炉壁砖上形成平面，呈暗红褐色，逐渐变为泛黄的红色。厚4厘米（图版七三，5、6）。2004Ⅴ江岸采：20~25，特征同2004Ⅴ江岸采：14，均为炉口残块。

2004Ⅴ江岸采：17，为炉壁砖内面的涂泥层，外面有手指头印痕，呈泛黄的红色。厚约5厘米（图版七四，5）。2004Ⅴ江岸采：19，呈泛黄的红色。贴于炉壁砖的一面有砖痕，厚约5厘米。外侧有工具印痕，痕宽4厘米（图版七四，3、4）。

2004Ⅴ江岸采：18，为汉代旧物，长边侧面模印菱形纹。从整体情况推测，可能用于炉底，下部高约3厘米，可能是埋入炉底，上部因长期受火而变形弯曲，且粘结有大块炼渣，并顺侧面向下滴垂。砖厚7厘米（图版七四，1、2）。

锌矿石 2004ⅤT1采：28，略呈不规则长方形，呈暗黄灰色。长18、宽15、厚10厘米（图版七四，6）。

第六章　铺子河遗址

2004年9月至2005年1月，对铺子河遗址进行发掘（图版七五、图版七六），布挖5×20平方米探方2个，即2004CFXYPT1、T2；10×20平方米探方1个，即2004CFXYPT3；10×15平方米探方2个，即2004CFXYPT4、T5，发掘面积共计700平方米（图一五八）。

第一节　地层堆积

铺子河遗址地层堆积除了T5较为复杂以外，其余探方均较为简单。其中T4仅发现1层，T1、T2、T3则发现两层，现以T5东壁为例介绍如下（图一五九）。

第1层：现代耕土层。土色深灰，土质较软，结构疏松。含有大量植物根系。厚0.05~0.2米。全方分布。

第2层：清代文化层。土色浅灰，土质较软，结构较疏松。含有炭屑、红烧土块，出土有陶瓷残片，不辨器形。厚0.05~0.8米，主要分布于T5的东部、西部和南部。

第3层：明代文化层。土色黑灰，土质较软，结构疏松。含有大量的煤渣颗粒和炭屑，出土有冶炼罐残片。厚0.05~1.8米。主要分布于T5的东部、西部和南部。

第4层：宋代文化层。土色黄褐，土质较硬，结构致密。含有炭屑，出土有少量釉陶残片。厚0.05~0.9米。分布于T5的大部区域。

第二节　遗迹概况

该区遗迹发现不多，灰坑1个，即H1，开口第3层下。渣坑5个，即ZK1、ZK2、ZK3、ZK4、ZK5。其中ZK1、ZK2、ZK3、ZK4开口于第1层下；ZK5开口于第2层下。

一、灰　　坑

H1　位于2004CFXYPT5北部。平面形状呈不规则形，直壁，底部不平。口部最长5.85、宽0.5~5.5、最深1.7米（图一六〇）。土色浅灰，土质较硬，结构致密。包含有炭屑等，出土有大量的釉陶残片，可辨器形有壶、罐、盏、碗等。

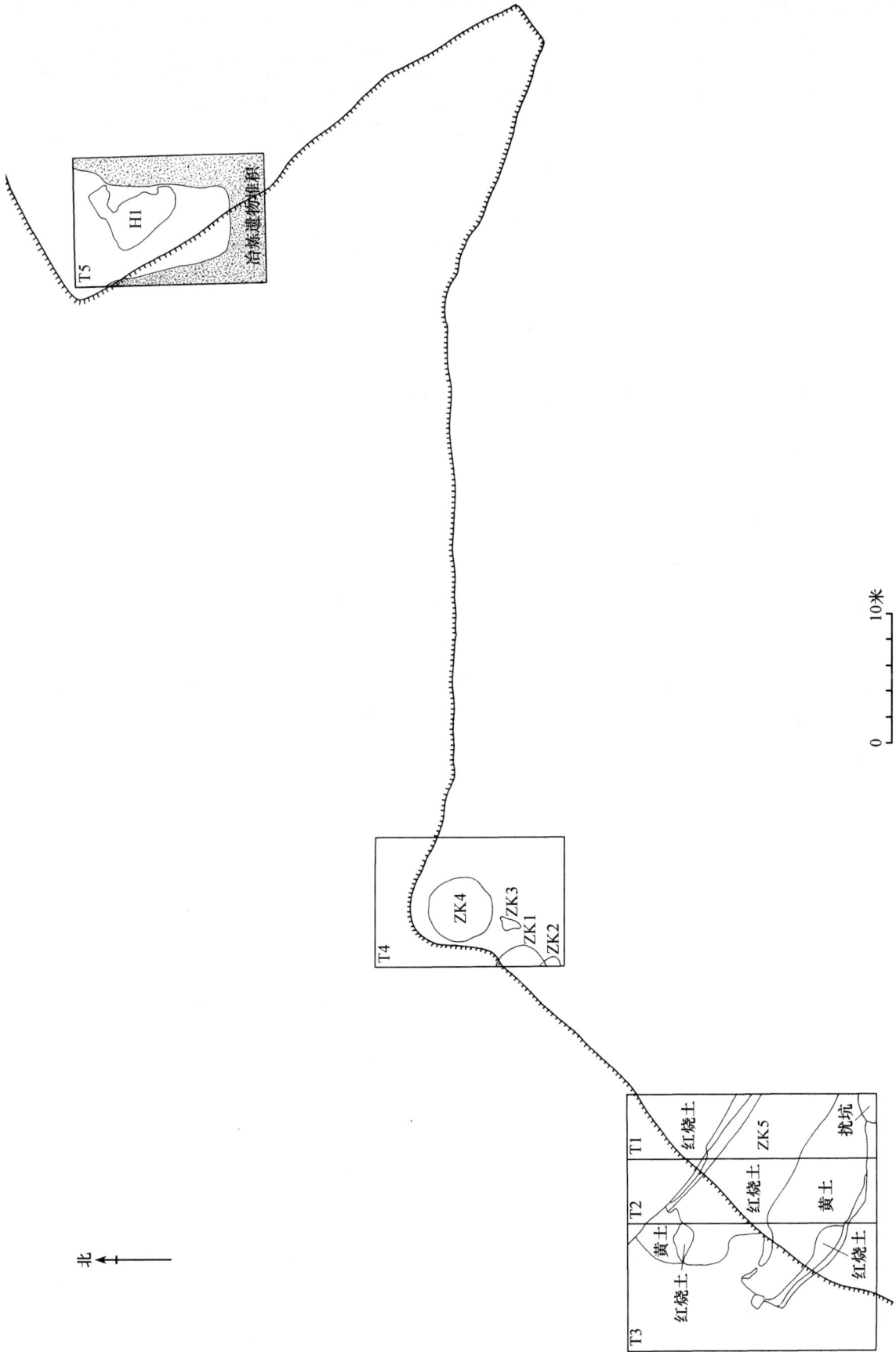

图一五八　铺子河遗址总平面图

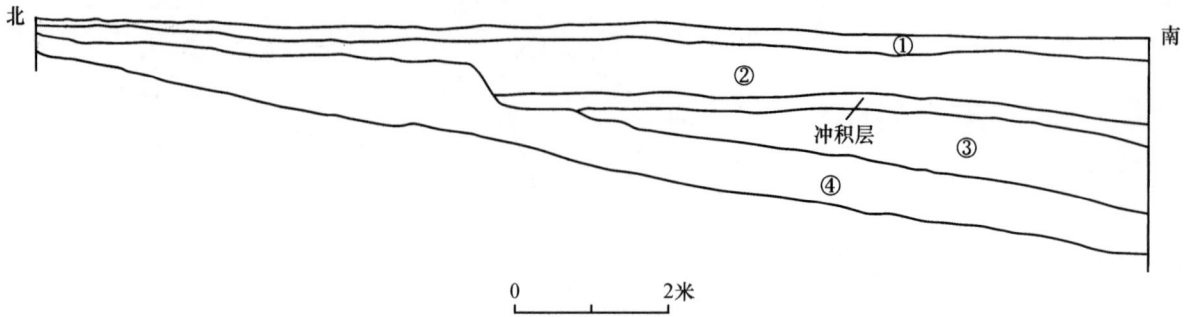

图一五九　铺子河遗址地层堆积剖面图

二、渣　　坑

根据口部形状可分为圆形和不规则形两种，其中圆形3座，不规则形2座。

（一）圆形

皆为斜壁，圜底。坑内填土为冶炼堆积，呈黑灰色，土质较软，结构疏松。出土有少量冶炼罐残片。

ZK1　位于2004CFXYPT4西南部，部分延伸至探方外，打破ZK2。发掘部分最长4.75、最宽1.65、最深1米（图一六一）。

ZK2　位于2004CFXYPT4西南部，部分延伸至探方外，被ZK1打破。发掘部分最长1.25、最宽0.8、最深1.35米（图一六二）。

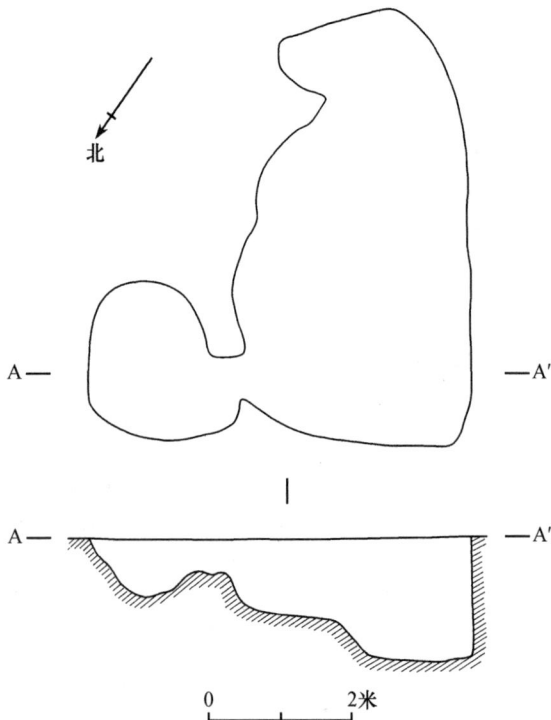

图一六〇　铺子河遗址H1平剖图

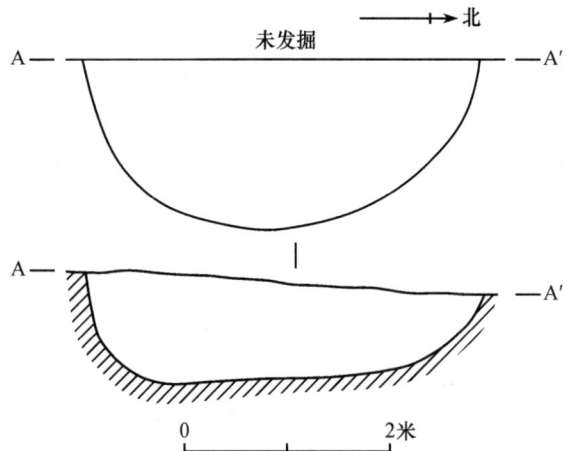

图一六一　铺子河遗址ZK1平剖图

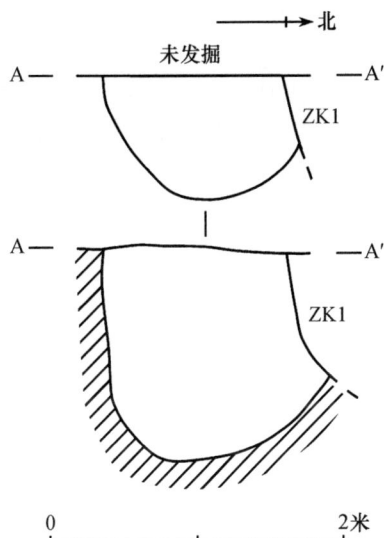

图一六二　铺子河遗址ZK2平剖图

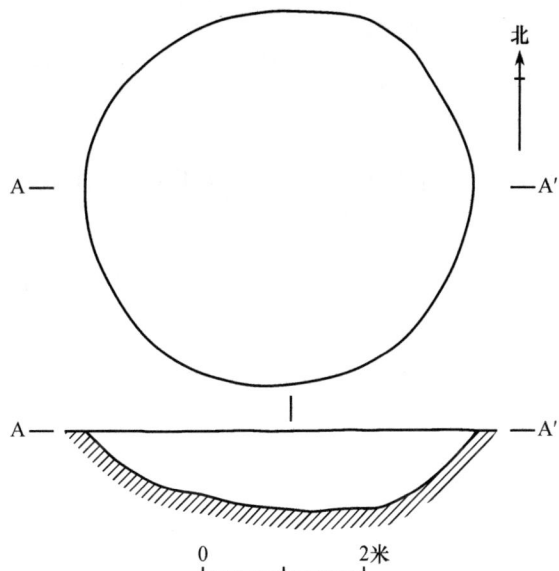

图一六三　铺子河遗址ZK4平剖图

ZK4　位于T4中部。直径4.75、最深0.9米（图一六三）。

（二）不规则形

ZK3　位于2004CFXYPT4西南部。口部最长2、最宽1、最深0.8米。坑内填土为冶炼堆积，呈黑灰色，土质较软，结构疏松。出土有少量冶炼罐残片。

ZK5　位于2004CFXYPT1、T2中南部和T3东部。直壁、平底。口部最长18、最宽16、最深3.7米（图一六四；图版七七）。坑内填土为多层冶炼堆积，土色红褐，局部呈黑灰色，土质较软，结构疏松。坑内北部、西部和东部有大面积红烧土面，底部大部分亦为红烧土面。坑内出土有大量的冶炼罐残片、炉壁残块和少量的网坠和青花瓷片。瓷片可辨器形为碗、盘。

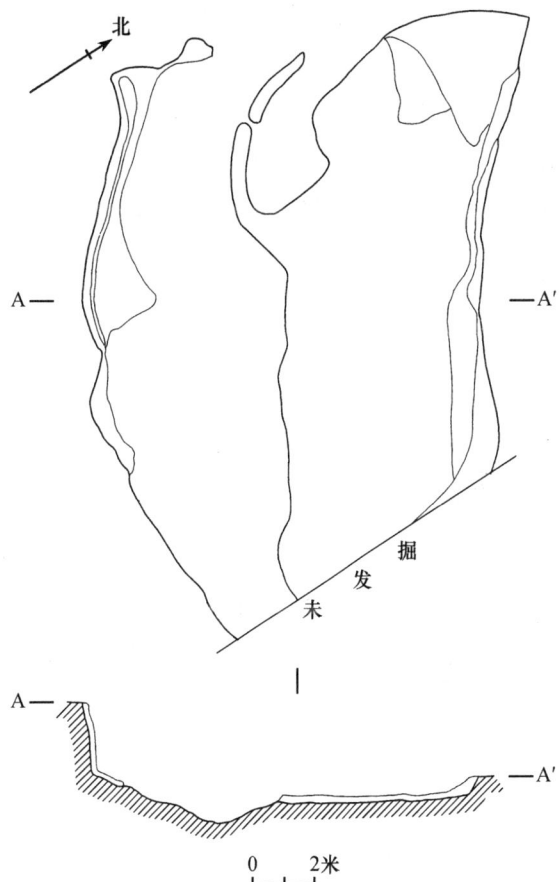

图一六四　铺子河遗址ZK5平剖图

第三节　遗　物

铺子河遗址出土遗物主要集中在H1和ZK5中。

一、H1出土遗物

H1出土遗物主要为陶器和瓷器，其中陶器均为硬陶，部分为施釉陶器。

（一）陶器

碗　2件。敞口，圆唇，弧腹，饼状足，平底。H1：2，口部变形。器表大部呈蓝灰色，局部呈黄红色，口沿处施白色化妆土。口径16～16.8、底径6.8、高6.1厘米（图一六五，14；图版七八，1）。H1：21，内壁施黄色化妆土，内壁底部有一周凹弦纹。外壁下部有一周红褐色支烧圈痕，外底有轮制痕迹。口径16.4、底径5.8、高5.6厘米（图一六五，15）。

盏　12件。敞口，厚圆唇，浅弧腹，平底或平底微凹。内壁多施化妆土，外壁素胎。H1：3，陶色黄红。口径9.6、底径4.4、高3.3厘米（图一六五，1；图版七八，2）。H1：4，陶色呈浅酱褐色。口径10、底径4.5、高3厘米（图一六五，2）。H1：5，内壁施黄色化妆土，外壁呈黑褐色。口径9.4、底径4.4、高2.1厘米（图一六五，3）。H1：6，器内施青灰色化妆

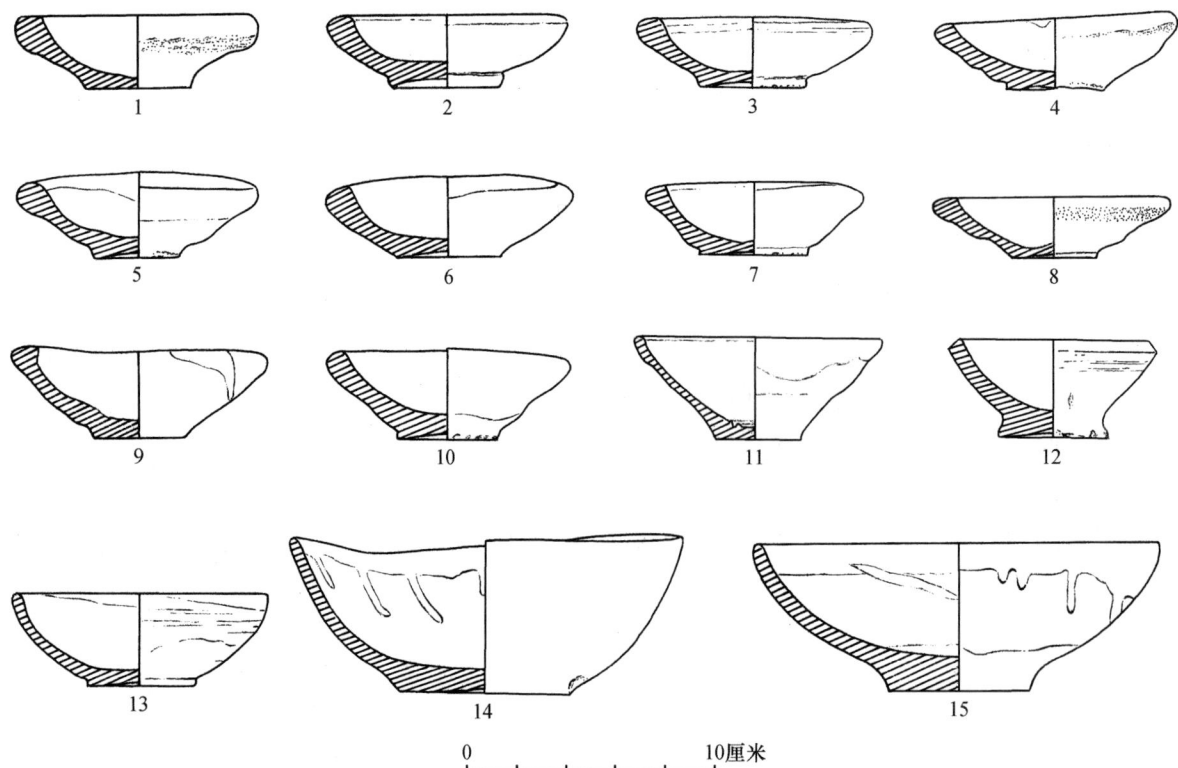

图一六五　铺子河遗址H1出土遗物（一）

1～13.陶盏（H1：3～15）　14、15.陶碗（H1：2、21）

土，外壁呈暗红褐色，外壁近口沿处隐约可见一周支烧痕迹。口径9.8、底径3.7、高3厘米（图一六五，4）。H1：7，内壁施黄色化妆土，外壁上半部呈暗红褐色，下半部呈灰黑褐色。口径9.5、底径3.6、高3.1厘米（图一六五，5）。H1：8，口部已变形。内壁施黄白色化妆土，外壁呈暗红褐色。口径9.5～10、底径4.1、高3厘米（图一六五，6）。H1：9，内壁施灰褐色化妆土，外壁呈蓝灰色。口径9、底径4.3、高2.2厘米（图一六五，7）。H1：10，内底施灰褐色化妆土，外壁呈蓝灰色。口径9.7、底径3.6、高2.4厘米（图一六五，8）。H1：11，呈蓝灰色。口径10.2、底径4.4、高3.5厘米（图一六五，9）。H1：12，内壁及外壁上部施黄褐色化妆土，素胎部分呈酱褐色。口径9.8～10.4、底径4、高3.5厘米（图一六五，10）。H1：13，口沿处施黄色化妆土，陶色呈红褐色。口径9.7、底径3.4、高4厘米（图一六五，11；图版七八，3）。H1：14，陶色呈浅酱褐色。口径8.6、底径4.3、高3.8厘米（图一六五，12；图版七八，4）。H1：15，口沿处施白色化妆土，器内外下部呈黄红色，上部呈灰黑褐色。口径10.5、底径4.3、高3.5厘米（图一六五，13）。

盆　1件。H1：20，器内呈浅灰褐色，器外呈灰黑褐色。敞口，圆唇，唇下有一周凹弦纹，斜腹至底，凹圜底。口径28.1、底径13、高8.3厘米（图一六六，9）。

行炉　1件。H1：22，分为炉盘和柄两部分，炉盘口部及外壁施黄色化妆土。外壁呈蓝灰色或红褐色，内为红褐色。盘口为敛口，平折沿，圆唇，鼓腹。内底中部有一圆形凹坑，并有数周轮制弦纹。柄部呈喇叭状，上细下粗，与炉盘交接处捏有花边。口径8.3、底径8、高9.8厘米（图一六六，4；图版七九，1）。

敛口罐　2件。敛口，平沿，圆唇，筒腹，上腹微鼓，下腹斜收至底，平底微凹，上腹近口处有两对称桥形竖耳。口沿处及外腹上部施姜黄釉，并有流釉痕迹。下腹有一周支烧粘接痕。H1：1，陶色呈暗红色。口径14、底径8.5、高21.5厘米（图一六六，1；图版七九，2）。H1：25，陶色呈暗红酱褐色。口径13.6、底径6.8、高18.5厘米（图一六六，3）。

束口罐　2件。束口，口部已残。肩部有五个横向桥形耳。口沿及肩部以上施黄釉，釉厚处呈黑褐色，有滴釉痕迹。胎呈红褐色。H1：27，底径15、残高49厘米。H1：28，底径14、残高52厘米（图版七九，3）。

直口罐　1件。H1：24，直口，方唇，溜肩，肩部有两对称桥形耳，鼓腹，平底微凹。口沿及中腹以上施黄釉，大部分呈姜黄色，少部分呈黄红色，并有流釉现象，釉厚处呈黑灰色，下部露胎处呈灰色。口径7.7、底径8.1、高15.4厘米（图一六六，7；图版七九，4）。

带流罐　1件。H1：23，敛口，方唇内勾，鼓腹，平底微凹。近口部有一圆柱状柄和簸箕形流，柄已残，柄与流夹角为90°。近底部有一周支烧垫痕。口沿及上腹施黄釉，釉层较薄且极不均匀，釉厚处呈青褐色，有流釉现象。下腹及底部素胎无釉，大部分呈暗红褐色，少部分呈蓝灰色。口径12.6、底径8.2、高14厘米（图一六六，6；图版七九，5）。

壶　1件。H1：26，敞口，细颈，溜肩，鼓腹，平底微凹。流及竖柄对称分布，残。口沿及中腹以上施黄釉，极不均匀，粘有许多灰土。中腹以下素胎无釉，陶色不匀，部分呈红褐色，部分呈蓝灰色。口径7、底径8.5、高21.3厘米（图一六六，2；图版七九，6）。

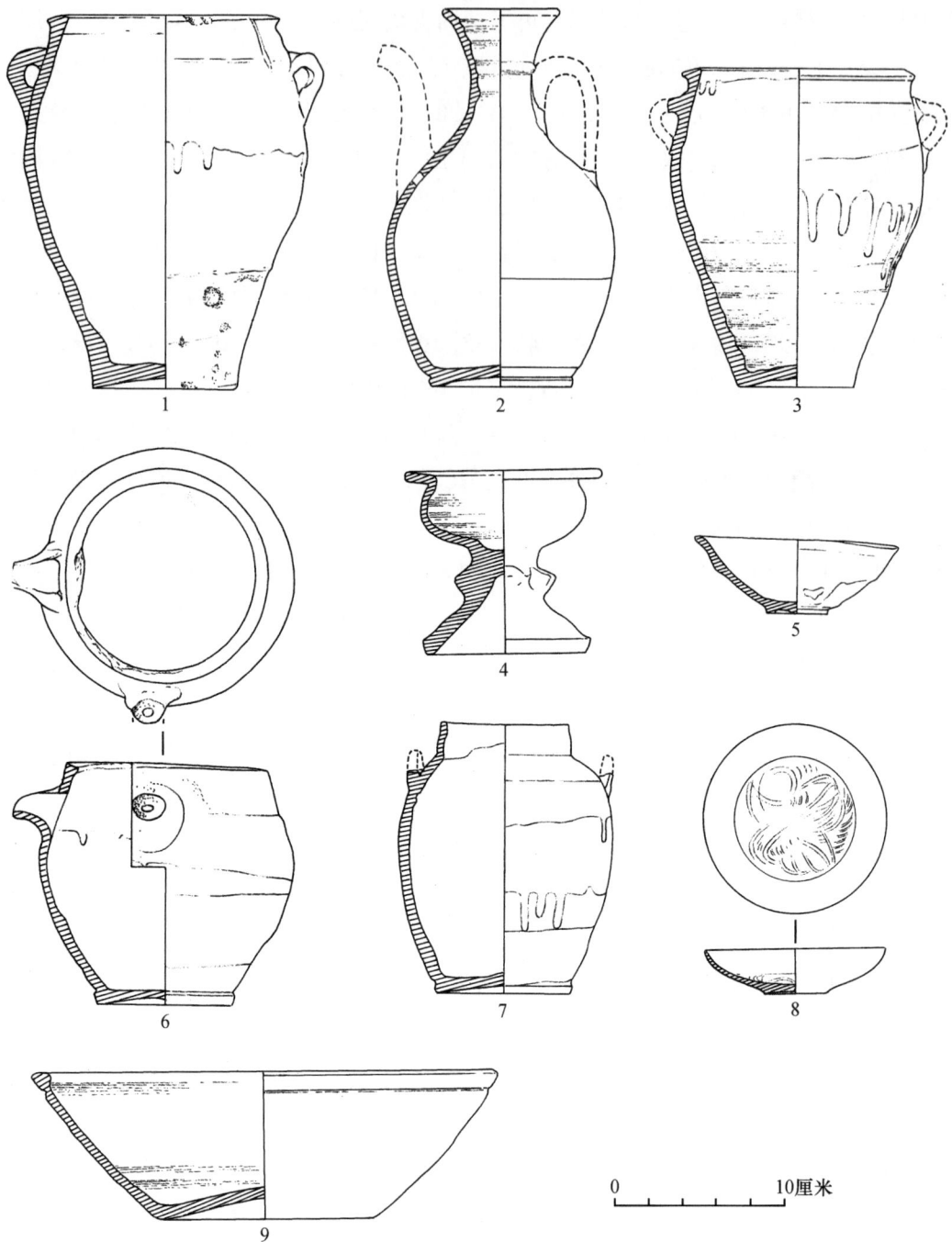

图一六六　铺子河遗址H1出土遗物（二）

1、3.敛口罐（H1：1、25）　2.陶壶（H1：26）　4.行炉（H1：22）　5.瓷盏（H1：19）　6.带流罐（H1：23）

7.直口罐（H1：24）　8.瓷碟（H1：16）　9.陶盆（H1：20）

（二）瓷器

碗　2件。H1：17，敞口，尖圆唇，唇外下部有一周凹弦纹，斜腹，平底。釉色呈姜黄色，外壁下部及底素胎无釉，呈浅灰酱褐色，器内壁底部有一周宽1.3厘米素胎支烧痕，内壁中腹模印两组四朵花卉，两两对称，其中一组似为鸡冠花，另一组似为牡丹花。口径8.3、底径5.7、高6.2厘米（图一六七，1；图版七八，5、6）。H1：18，小圈足微外撇。口径8.3、底

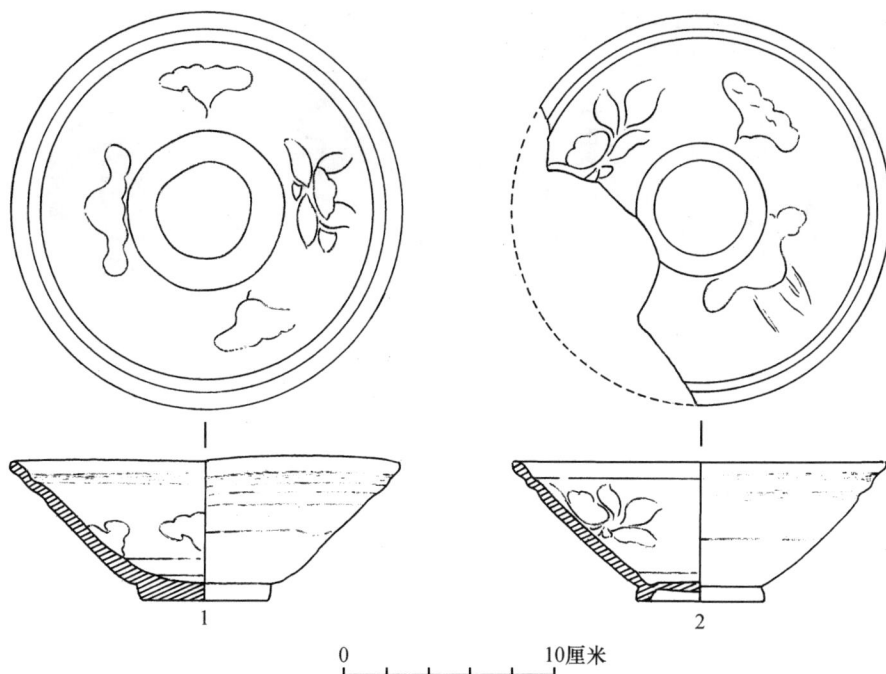

图一六七　铺子河遗址H1出土遗物（三）
1、2. 瓷碗（H1：17、18）

径5.7、高6.2厘米（图一六七，2；图版七八，7、8）。

碟　1件。H1：16，敞口，尖唇，浅腹，平底微凹。釉色灰白中泛青，器内施满釉，器外底部素胎无釉，呈灰色。器内底部浅划有一朵四瓣花卉，花外压印一周凹弦纹。口径10.9、底径3.7、高2厘米（图一六六，8；图版八○，1、2）。

盏　1件。H1：19，敞口，尖唇，弧腹，小矮圈足。釉色黑，口沿釉薄处呈浅酱褐色，器外下腹有积釉线。器外下腹及底素胎无釉，呈灰褐色。口径12、底径3.6、高4厘米（图一六六，5）。

二、ZK5出土遗物

ZK5中出土有生活遗物和冶炼遗物两类，其中生活遗物主要为陶器和瓷器。

（一）陶器

网坠　1件。ZK5：4，泥质硬陶，呈红褐色，柱状，中部有圆孔。高3.8、直径1.6～2.4、孔径1.1厘米（图一六八，6；图版八○，7）。

（二）瓷器

碗　4件，均为青花瓷器。ZK5：1，敞口，尖圆唇，弧腹，矮圈足。内外壁施青灰色釉，色泽较暗淡。内底露胎无釉，近足处有失釉凹点小坑。内壁口沿处绘有两组五周弦纹，

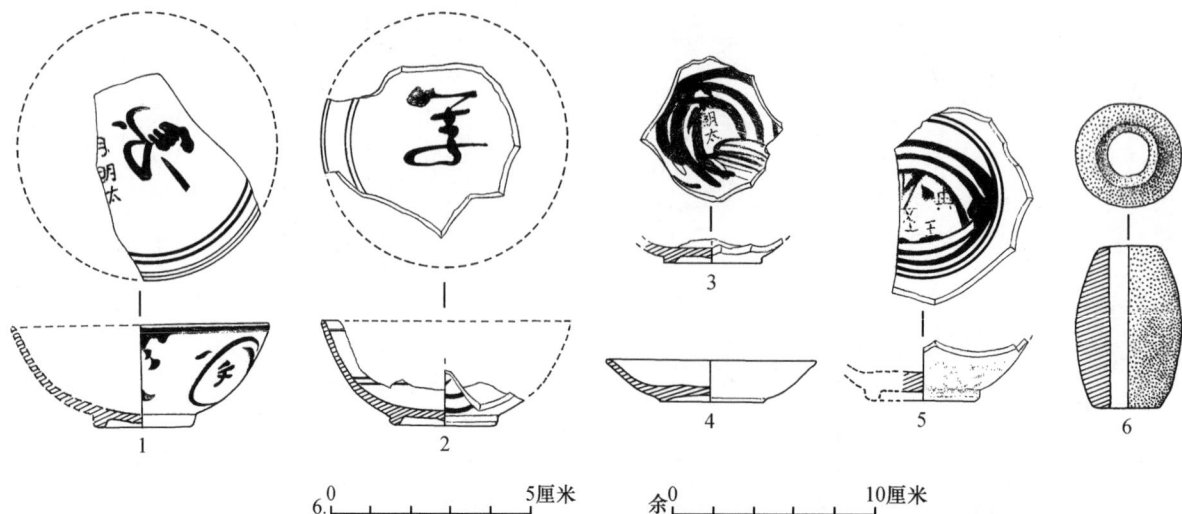

图一六八　铺子河遗址ZK5出土遗物

1、2、3、5. 瓷碗（ZK5：1、6、3、5）　4. 瓷碟（ZK5：2）　6. 网坠（ZK5：4）

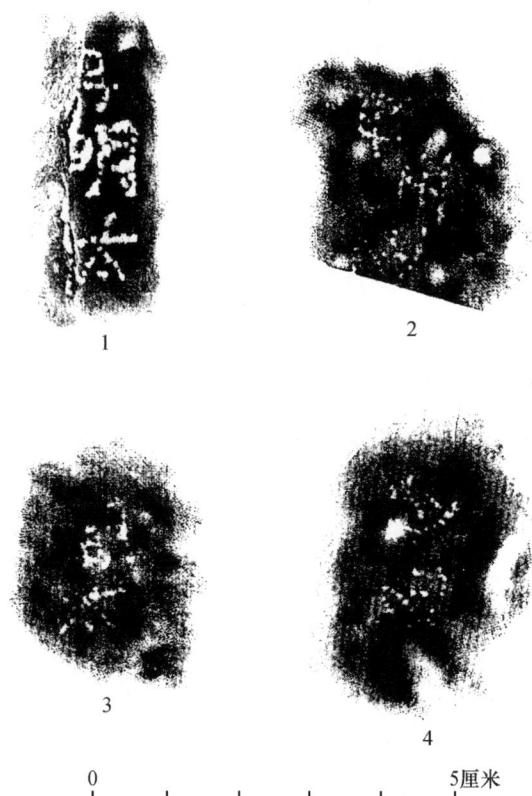

图一六九　铺子河遗址ZK5出土遗物铭文拓片

1. "张明太"铭（ZK5：1）　2. "□王冉"铭（ZK5：5）

3. "明太"铭（ZK5：3）　4. "近还"铭（ZK5：6）

底部似为草书花押，另有竖向点刺三个字，后两字清晰可辨，为"明太"二字，第一字疑似"张"字（图一六九，1）。外壁有大的圆圈图案，圈内涂鸦，似字非字。口径12.3、底径4.8、高5.1厘米（图一六八，1；图版八〇，3、4）。ZK5：3，残存碗底，内底中部点刺有"明太"二字（图一六九，3）。底径4.6厘米（图一六八，3；图版八〇，5）。ZK5：5，残存碗底，内底刺有三字，第一字不可辨识，另外两字为"王冉"（图一六九，2）。底径5.5厘米（图一六八，5；图版八〇，6）。ZK5：6，敞口，尖圆唇，弧腹，矮圈足。内外壁施青白色釉，色泽较暗淡。足底及内壁露胎。内壁口沿及中腹各绘两周弦纹，底部似为草书花押，且有点刺文字，疑似"近还"二字（图一六九，4）。外壁绘有青花图案。口径11.4、底径5.2、高5.1厘米（图一六八，2）。

碟　1件。ZK5：2，敞口，尖圆唇，浅弧腹，外底内凹，形成一周极矮圈足。半透明釉色乳白，明亮有光泽，圈足内壁有断续的失釉线。口径10.4、底径5.7、高2厘米（图一六八，4）。

（三）冶炼遗物

封盖残块　1件。ZK5：7，使用夹有煤灰的沙质土制成，透气孔被灰白色氧化锌堵塞。推测当时冷凝区温度过低，致使锌蒸气凝结在透气孔。透气孔上部被挤压变小，下部长2.5、宽1厘米（图版八〇，8）。

冶炼罐　27件。均夹粗砂硬陶，敛口，厚圆唇，筒腹，中腹微鼓，平底微凹。器表及器内轮制弦纹痕迹较明显。ZK5：8，器表部分呈暗红褐色，少部分已烧结成黑灰色玻璃状结面。通体粘结有较多的渣块，其中一块为燃烧过的煤饼块。罐外底面受火严重变形。冷凝区底部以上无存，兜底用细砂质土制成，呈姜黄色，上部颜色较浅，下部较深，兜底结有一小块氧化锌。透气孔位于冷凝区一侧，长约2、宽1.5厘米。外口径9、内口径7.5、底径9、高约24厘米（图一七〇，1；图版八一，1、2）。ZK5：9，器表呈暗红褐色，裹泥层较薄，罐体受火相对比较弱。冷凝区系黄土制成，大部无存。外口径8.8～10、内口径6.5～7.5、底径9、高24.5厘米（图一七〇，4；图版八一，3、4）。ZK5：10，器表大部呈灰色，部分呈灰酱褐色，少部分区域形成玻璃状结面。罐体裹泥较多，有较大的气泡孔，并且冶炼中淋泥痕迹明显，泥色灰黄。罐底外部直接受火。外口径8.5、内口径6.5、底径9、高27厘米（图一七〇，5；图版八二，1、2）。ZK5：11，器表呈暗红褐色，裹泥很少，受火显得不够强。口部冷凝区裹泥厚约1.3厘米。罐底外部未直接受火。外口径9.5、内口径7、底径9、高23.5～25厘米（图一七〇，6；图版八二，3、4）。ZK5：12，外底面有宽6厘米的未直接受火区。外口径9.5、内口径7、底径约9、高约24厘米（图一七〇，2）。ZK5：13，外口径9.5、内口径7、底径约9、高23厘米（图一七一，4）。ZK5：14，器表呈暗红褐色，裹泥层较厚，受火特征呈现的不是特别强，局部小气泡孔较为密集。冷凝区断面呈黄色。外口径10.2、内口径7.5、底径9、高约25厘米（图一七〇，3；图版八三，1、2）。ZK5：15，器表呈暗红褐色，淋黄泥现象明显。外口径9.4、内口径7.7、底径9、高约29厘米（图一七一，1）。ZK5：16，器表呈暗红褐色，部分区域泥内密布白色麻点，可能为氯化锌粉粒。受火特征呈现的不是特别强。底面粘有大块煤矸石。冷凝区断面呈黄色，个别区域呈暗红褐色。外口径7.5、内口径6、底径9.5～10、高28厘米（图一七一，2）。ZK5：17，外口径10.2、内口径8、底径9、高27厘米（图一七一，3；图版八三，3、4）。ZK5：18，器表呈暗红褐色，玻璃状结面不明显，气泡孔残留较多。外部底面受火较轻。冷凝区无存，断面呈黄色，系黄土制成。外口径9.5、内口径7～7.5、底径9、高23厘米（图一七一，5；图版八四，1、2）。ZK5：19，器表呈暗红褐色。罐外裹泥不明显，有淋泥痕迹。外部底面未直接受火，中部明显内凹。冷凝区断面呈浅黄色。外口径8.3～9.3、内口径6.5～7.5、底径9、高24厘米（图一七一，6；图版八四，3、4）。ZK5：20，器表大部分呈暗红褐色，少部分呈黑色并有玻璃状结面。器壁上部淋有黄泥。冷凝区无存。外口径10.5～11.5、内口径8.5～9、底径8、高约29厘米（图一七二，1；图版八五，1、2）。ZK5：21，器表呈暗红褐色。罐体裹泥较厚，腹上部粘结有大渣块，渣块断面内含有较多白色煤矸石碎块，渣亦呈暗红褐色，渣块之间罐体小区域保留有黄色沙土淋泥，说明因受渣块环闭

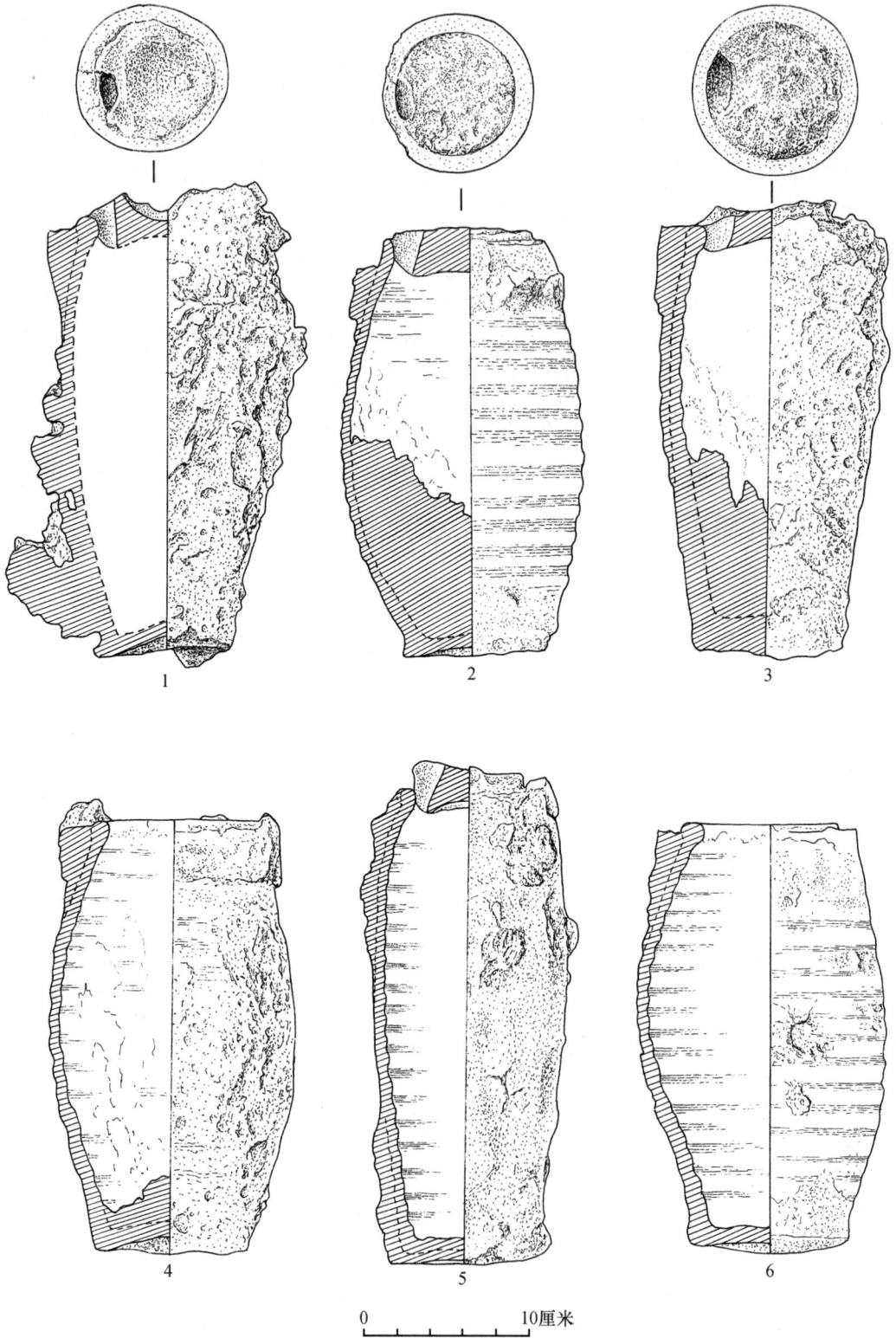

图一七〇　铺子河遗址ZK5出土冶炼罐（一）

1～6.冶炼罐（ZK5：8、12、14、9～11）

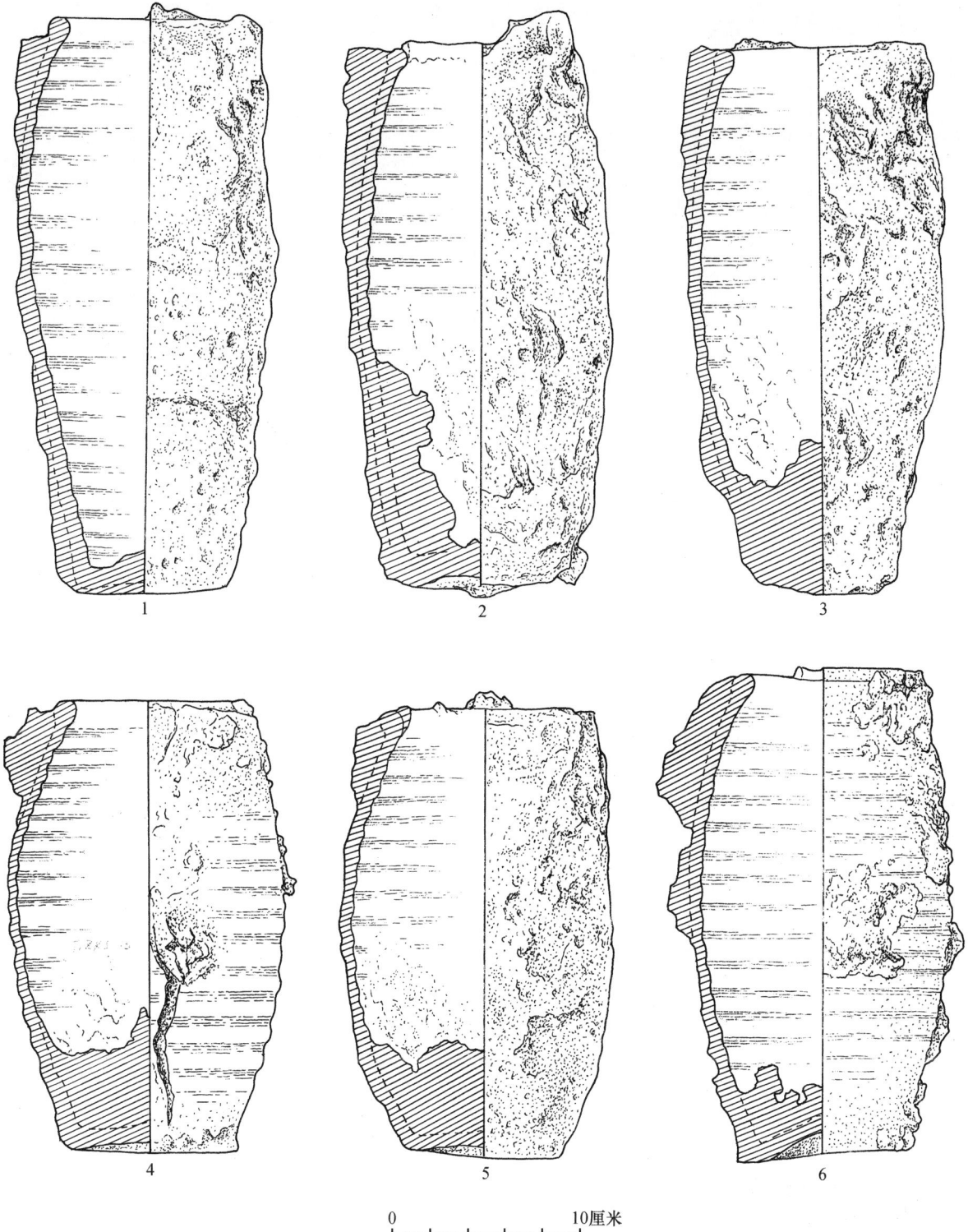

图一七一 铺子河遗址ZK5出土冶炼罐（二）

1~6.冶炼罐（ZK5：15~17、13、18、19）

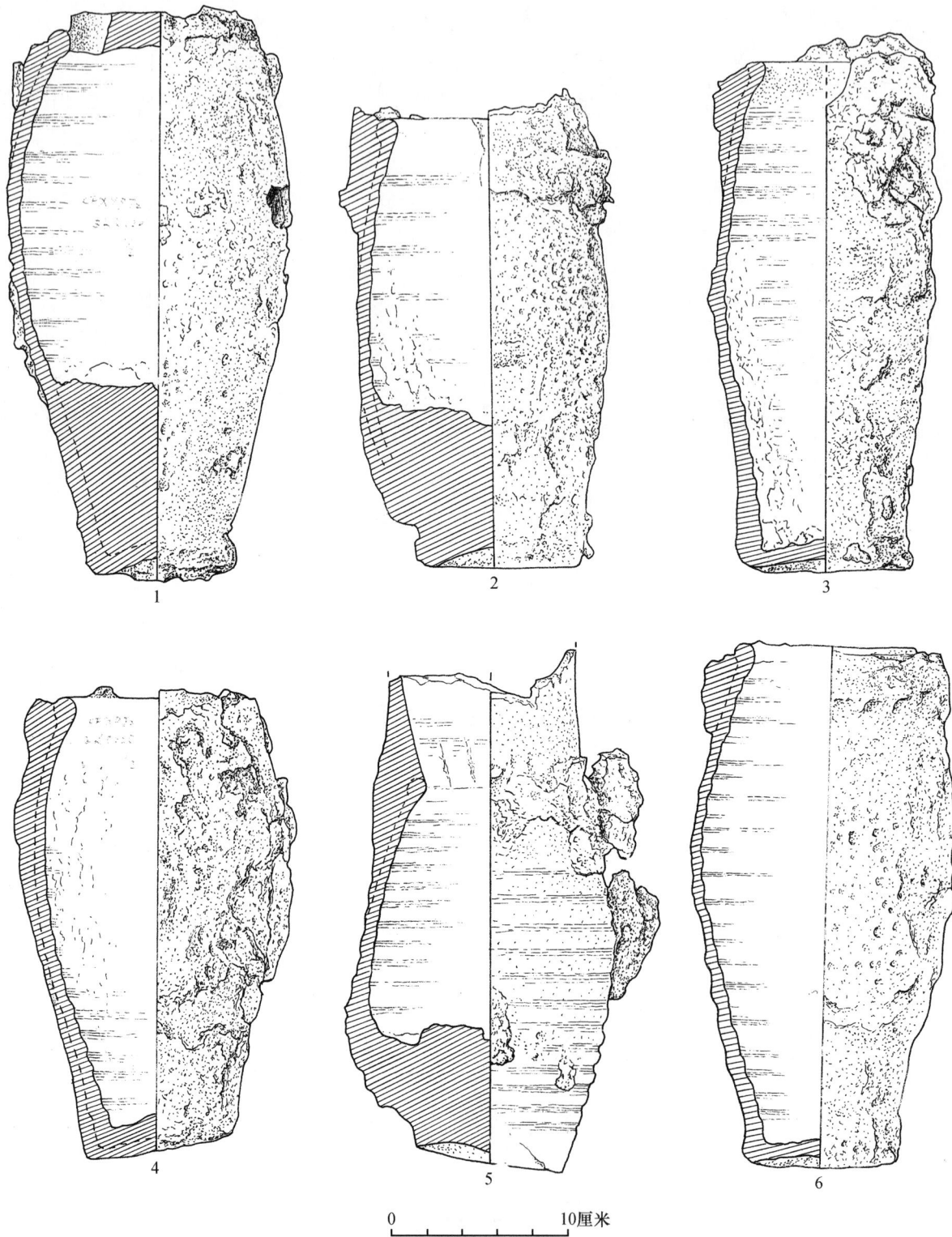

图一七二　铺子河遗址ZK5出土冶炼罐（三）

1~6.冶炼罐（ZK5：20、23~26、36）

未直接受火变色。外部底面未直接受火。冷凝区断面呈黄色，底兜封泥断面显示为纯沙质土，上部呈黄色，下部呈暗红褐色。外口径9～9.8、内口径7～8、底径9、高24.5厘米（图版八五，3、4）。ZK5：22，器表呈暗红褐色，外部淋有黄泥。器内留有较多残渣，呈深灰色，并有亮泽。外口径9～9.8、内口径8、底径9、高24.5厘米（图版八六，1、2）。ZK5：23，器内残渣较少。外口径9～9.8、内口径9、底径9、高25厘米（图一七二，2；图版八六，3、4）。ZK5：24，器表呈暗红褐色。外底中部未直接受火。冷凝区断面呈黄色。外口径8.5、内口径6.5、底径9、高27.5厘米（图一七二，3；图版八七，1、2）。ZK5：25，器表呈暗红褐色，裹泥较多。外壁淋有黄泥，部分锌随泥水下流，呈灰白色。外口径8.3～9.3、内口径7.5、底径9、高24厘米（图一七二，4；图版八七，3、4）。ZK5：26，器表呈暗红褐色，外壁未裹泥。器壁中腹以下有一道较宽的裂缝。器内有渣，呈灰色。冷凝区内外均呈黄色，唯透气孔壁粘附有一层灰白色氧化锌。冷凝区下有一周粘附渣块的痕迹带，从一块渣上有黄白色泥痕分析，应使用过淋泥封火，以确保冷凝区温度较低。外口径约10、内口径8、底径8.5～9、高约28.5厘米（图一七二，5；图版八八，1、2）。ZK5：27、28仅存冶炼罐底部，罐内渣体呈灰色或酱褐色（图版八八，3、4）。ZK5：36，器体大部分呈灰色，局部有玻璃状结面。器壁淋泥现象明显。外口径10、内口径7.5、底径7.7、高28.5厘米厘米（图一七二，6）。ZK5：37，器表呈灰褐色，受火特征呈现的不是特别强。外口径10.8、内口径8、底径8.2、高27厘米（图一七三，1；图版八九，1、2）。ZK5：38，器表一半呈暗红褐色，一半呈灰褐色，裹泥较厚，淋泥较多。外口径9～9.5、内口径7～7.8、底径8、高25.5厘米（图一七三，2；图版八九，3、4）。ZK5：39，器表呈灰色，裹泥较少，淋泥明显。外口径11.5～12、内口径8.6～9.5、底径8、高26厘米（图一七三，3）。ZK5：40，器表大部分呈暗红褐色，少部分呈黑灰色，受火不强。外口径9、内口径7、底径8.5、高24厘米（图一七三，5；图版九〇，1、2）。ZK5：41，器表呈黑灰色，裹泥较多，受火较强。外口径9.8、内口径8、底径8、高24厘米（图一七三，4；图版九〇，3、4）。

炉壁残块　3件。一侧面上两个较浅的凹窝，窝痕应为炉内放置冶炼罐冶炼时的痕迹。ZK5：30，两凹窝中心点相距约25厘米，每个窝痕直径10厘米。残长33、宽10、高14厘米（图版九一，1、2）；ZK5：31，可能为炉内底蹲砖，两面受火。两个凹窝未直接受火，二者中心点相距约15厘米，痕迹大小分别为7.5厘米×10厘米和7厘米×8厘米。残块高10厘米（图版九一，3、4）；ZK5：32，两窝痕中心点相距约15厘米，每个窝直径11厘米。残长33、宽7～10、高24厘米（图版九一，5）。

带渣层土块　3件。ZK5：33、34、35，上部结一层厚约1厘米的灰色炼渣，渣层下土色呈暗红色或黄色，其成因可能为有意而为（图版九一，6～8）。

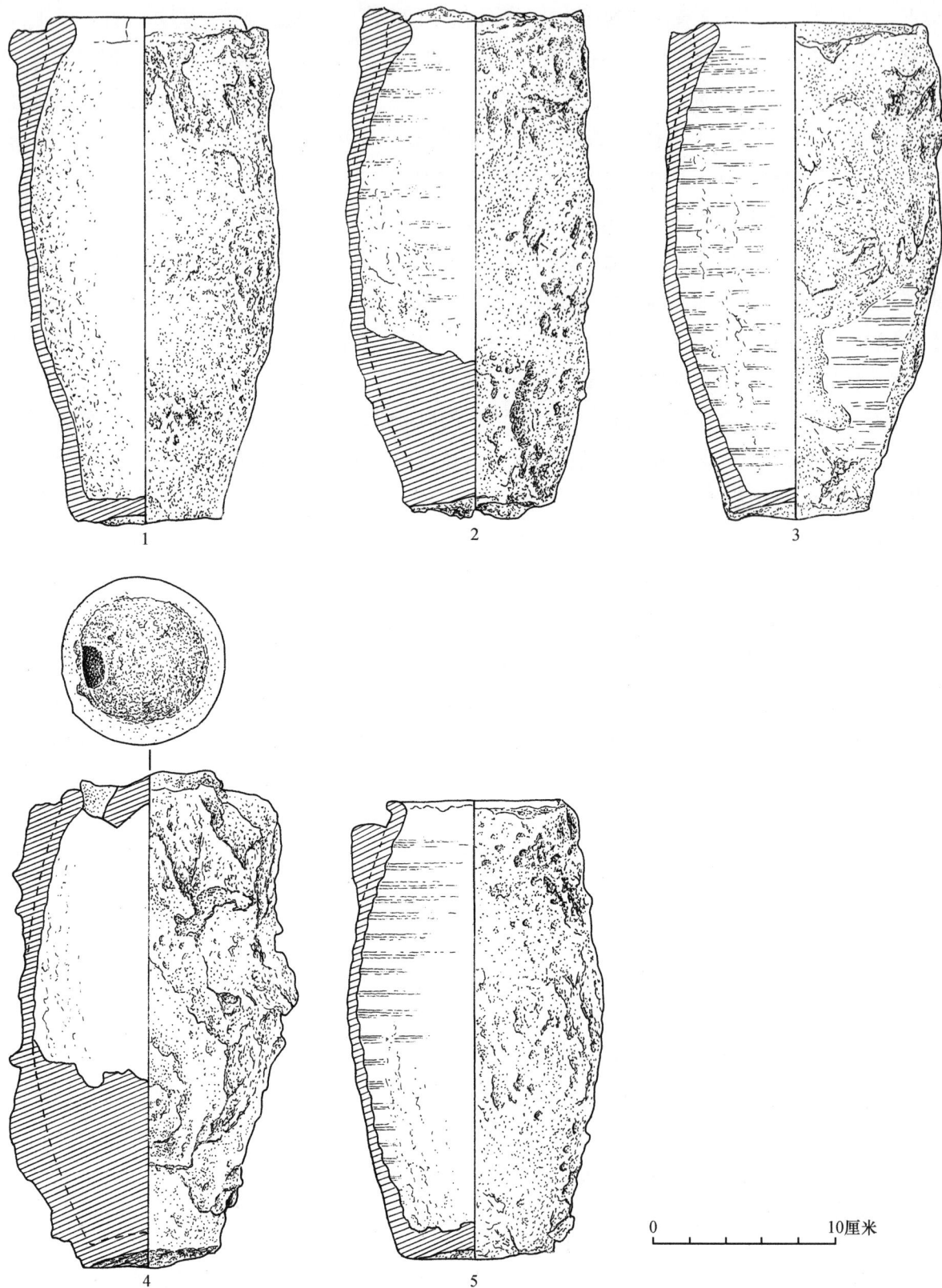

图一七三　铺子河遗址ZK5出土冶炼罐（四）

1~5.冶炼罐（ZK5：37~39、41、40）

三、采 集 遗 物

均为冶炼罐。

采：1，冷凝区上口残缺。器表大部分呈暗红酱褐色，少部分呈蓝灰色。中腹有裂缝。冷凝区周壁用粘土制成（不含砂石颗粒），兜底用纯净细砂质土制成，因受温较低，仍呈姜黄色。冷凝区淋泥现象明显。外部底面一半直接受火。底径7.7、残高约35厘米（图版九二，1~3）。

采：2，冷凝区上口残缺。器表大部分呈黑灰色，少部分呈暗红酱褐色。冷凝区底兜用细砂质土混黑煤灰制成，透气孔略呈方形，边长约2厘米，淋泥现象明显。底径约8、残高34厘米（图版九二，4~6）。

采：3，冷凝区无存。器表呈黑灰色，淋泥现象明显。外口径9.7~11.2、内口径7~8.5、底径8、高29厘米（图版九三，1）。

采：4，冷凝区无存。器表呈黑灰色，淋泥现象明显。外口径9.5~11、内口径8.5、底径8、高29厘米（图版九三，2）。

采：5，冷凝区无存。器表呈红褐色，局部有黄沙土泥浆带。器体裹泥较薄，口部冷凝区外裹泥厚1厘米，较薄。裹泥烧成火候明显不如其他遗址所见冶炼罐，没有明显的琉璃状烧结面，不见器体开裂缝。外口径10.5、内口径8、底径8、高27.5厘米（图版九三，3）。

采：6，冷凝区大部分无存。器表呈红褐色，受火温度较高，大部分区域烧结成玻璃状结面，且满布大小不等的气泡孔。冷凝区使用纯净黄土制成，因未直接受火，仍呈黄土色，断面亦呈浅黄色。冷凝区壁最厚约2厘米。外口径10、内口径8、底径8、高30厘米（图版九三，4）。

采：7，冷凝区几乎无存。器表整体呈黑灰色，大部分有黑色玻璃状结面，色泽明亮。中腹有较宽开裂缝。外口径10、口内径8、底径7.5、高28厘米（图版九三，5）。

采：9，冷凝区无存。器表呈黑灰色，有较多的气泡残痕。外部底面大部分未直接受火。外口径8.5、内口径7、底径9~10、高26厘米（图版九三，6）。

第七章 木屑溪遗址

木屑溪遗址分为Ⅰ区和Ⅱ区，2004年在Ⅰ区布挖5×5平方米探方51个（图一七四；图版九四~图版九六）。分别为2004CFXYMⅠT1306、T1307、T1405~T1407、T1504~T1508、T1603~T1608、T1703~T1708、T1805~T1808；T1212、T1310~T1314、T1410~T1414、T1511~T1514、T1611、T1612、T1711、T1811、T1911、T2011、T2012、T2111、T2112、T2212。在发掘的同时，对沿江滩岸进行调查，采集到不少冶炼遗物（图版九七）。

第一节 地层堆积

木屑溪遗址地层堆积较为复杂，各时期地层分布不均，整个发掘区地层未进行统一编号，各探方发掘时根据实际情况对本探方地层单独编号，四邻探方相互对应即可。发掘区的地层剖面情况以T1311~T2111东壁，T1405~T1414南壁地层堆积情况示意（图一七五、图一七六）。

现以T1411地层堆积情况介绍如下。

第1层：现代耕土层。土色深灰，土质较软，结构疏松。包含有大量炭屑和植物根系。无出土遗物。厚0.05~0.1米，全方分布。

第2层：近代到清代文化层。土色灰褐，土质较软，结构疏松。包含少量炭屑。无出土遗物。厚0.15~0.35米，分布在探方东部。

第3层：明代文化层。土色黑灰，土质较软，结构较疏松。包含有炭屑炉渣颗粒。出土有少量使用过的冶炼罐残片。厚0.1~0.4米，分布在探方西南角。

第4层：明代文化层。土色灰褐，土质较软，结构较疏松。包含有炭屑和红烧土颗粒。出土有少量青花瓷片，可辨器形有碗等。厚0.15~0.8米，主要分布在探方西部。

第5层：明代文化层。土色黑灰，土质较软，结构较疏松。包含有大量炉渣颗粒、炭屑和红烧土颗粒。出土有炉壁残块和使用过的冶炼罐残片，另有少量陶瓷片，可辨器形有罐、碗等。厚0.15~0.4米，除了探方西部未分布外，本探方其他区域均有分布。

第6层：宋代文化层。土色浅灰，土质较硬，结构较致密。包含有水锈。出土少量瓷片，可辨器形有碗、盏等。厚0.05~0.4米，探方内均有分布，局部被ZK2和扰坑打破。

第7层：汉代至南朝时期文化层。土色灰褐，土质较硬，结构较致密。包含有炭屑和红烧土颗粒。出土有石斧、石凿等。厚0.15~0.7米，全方分布。

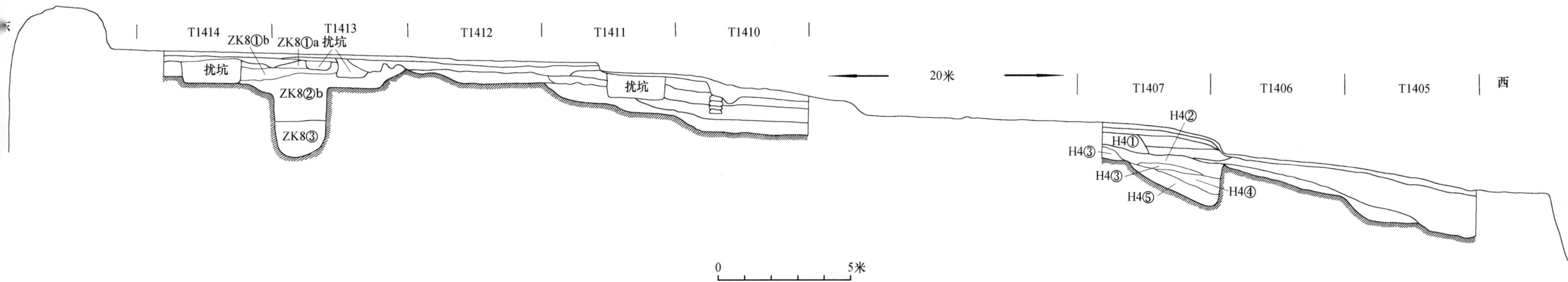

T1414　ZK8①b　ZK8①a 扰坑　T1413　T1412　T1411　T1410

扰坑

ZK8②b

ZK8③

扰坑

20米

T1407　T1406　T1405　西

H4②

H4①

H4③

H4③

H4⑤　H4④

0　5米

图一七六　木屑溪遗址2004年发掘T1405～T1414南壁剖面图

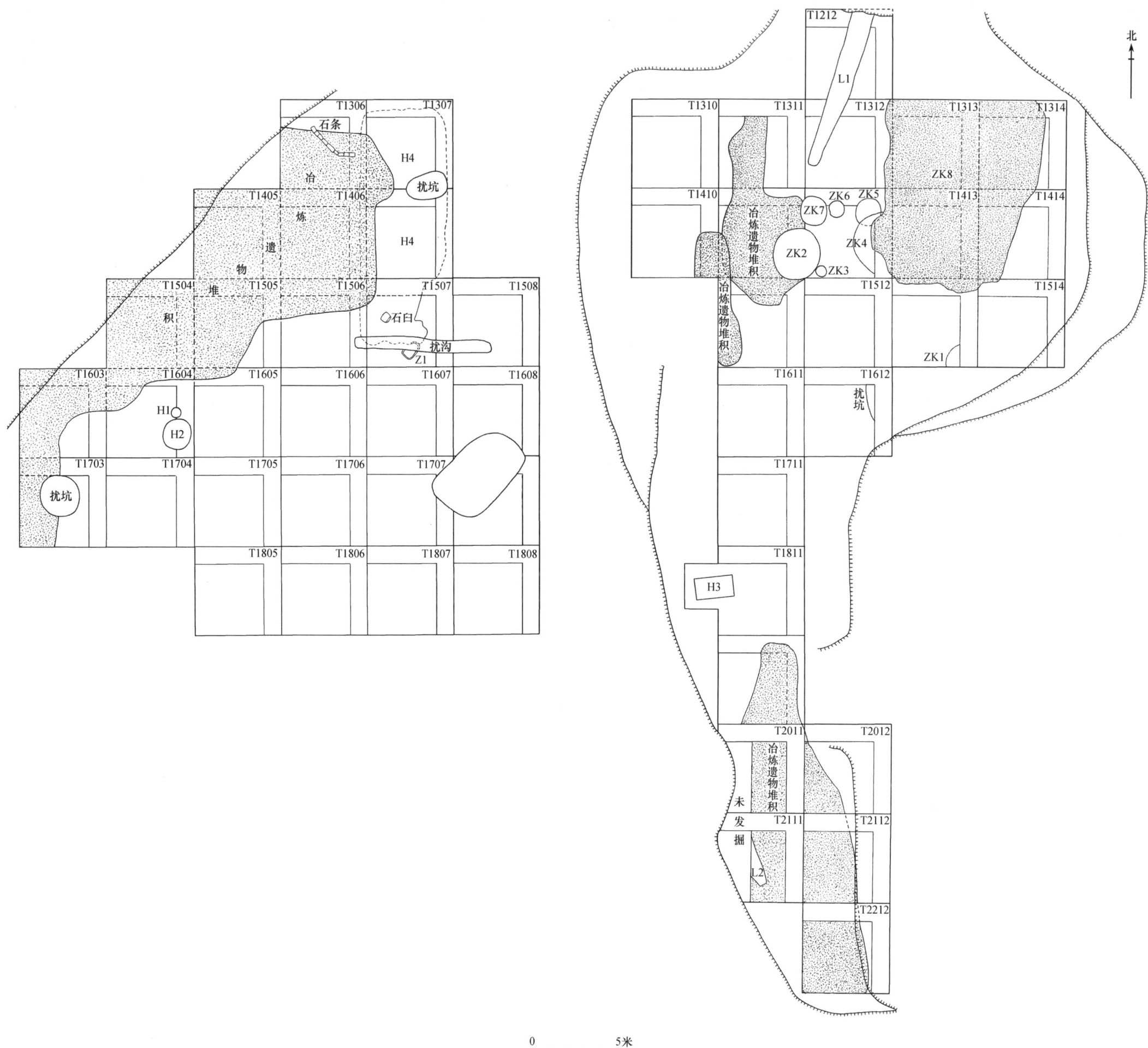

北

T1212

L1

T1306　T1307
石条
冶
炼　H4
遗　扰坑
物　H4
堆
积

T1405　T1406
T1504　T1505　T1506　T1507　T1508
石臼
扰沟
Z1

T1603　T1604　T1605　T1606　T1607　T1608
H1
H2

T1703　T1704　T1705　T1706　T1707
扰坑

T1805　T1806　T1807　T1808

T1310　T1311　T1312　T1313　T1314
ZK8
T1410　ZK6　ZK5　T1413　T1414
ZK7
ZK4
冶炼遗物堆积　ZK2
ZK3
冶炼遗物堆积　T1512　T1514
ZK1
T1611　T1612
扰坑

T1711

T1811

H3

T2011　T2012

冶炼遗物堆积
未发掘
T2111　T2112
L2
T2212

0　　　5米

图一七四　木屑溪遗址2004年发掘总平面图

北
南

T1311   T1411   T1511   T1611   T1711   T1811   T1911   T2011   T2111

冶炼遗物堆积（上层）

ZK2

冶炼遗物堆积

扰坑   扰坑   扰坑

扰坑

扰坑

冶炼遗物堆积（下层）

石珥

0   2.5米

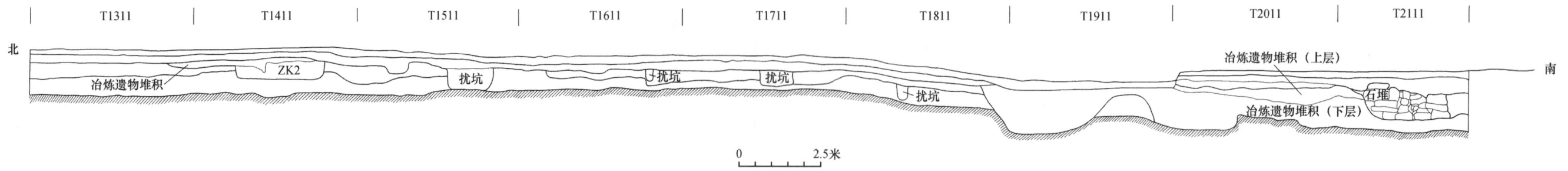

图一七五   木屑溪遗址2004年发掘T1311~T2111东壁剖面图

第二节 遗 迹 概 况

该遗址遗迹发现不多，有灰坑、渣坑、灶和炼炉四类。

一、灰 坑

共4个，根据口部形状可分为圆形、椭圆形、长方形和不规则形，每一类各1个。

（一）圆形

H1 位于T1604东部，部分延伸至东隔梁下，开口于④层下，向下打破生土。斜直壁，平底。口部直径0.53、底部直径0.4、深0.52米（图一七七）。填土呈浅灰色，土质较软，结构较疏松。包含少量炭屑，出土铜片1件。

（二）椭圆形

H2 位于T1604东部，部分延伸至东隔梁下，开口于④层下，向下打破生土。斜壁，底部近平。口部长径1.74、短径1.34、最深0.5米（图一七八）。坑内堆积无明显分层，填土呈浅灰色，土质较软，结构较疏松。包含有炭屑和红烧土颗粒。出土有陶片和瓷片，其中陶片多为泥质灰陶和硬陶，可辨器形有筒瓦、碗等；瓷片可分为青瓷和黑瓷两类。此外，还出土1件石斧。

（三）长方形

H3 位于T1811西部偏北，部分延伸至探方外。开口于该探方③b层下，向下打破④层。该坑口部平面呈长方形，直壁，四壁为石砌，底部东侧残留两块铺石，铺石上残存有较多的兽骨。口部外侧长2.33、宽1.18，内侧长2.24、宽1.02，深0.64米（图一七九）。坑内堆积无明显分层，填土呈深灰色，土质较软，结构较疏松，含有炭屑和红烧土颗粒。出土有少量板瓦残片。根据其规整程度，推测H3原为石砌墓圹。

（四）不规则形

H4 分布于T1307、T1407全部，以及T1507中北部，西部延伸至T1306、T1406、T1506东隔梁下，南部被扰沟打破，中部分别被两个扰坑打破。该坑开口于③层下，向下打破生土。口部呈不规则形，斜壁，底部高低不平。发掘部分最长13、最宽5.2、最深1.6米。坑内填土可分为6层，除了第1层土质较软，结构较疏松之外，第2～6层土质均较硬，结构较致密。各层均包含少量红烧土颗粒，其中第2层和第3层还分别包含有草木灰和大量炭屑。第3层未发现文化遗物，其余各层均发现有碎陶片和瓷片，可辨器形有板瓦、筒瓦、碗等。第1层，土色灰黄，厚

北

A — —A'

A — —A'

0 　　　　1米

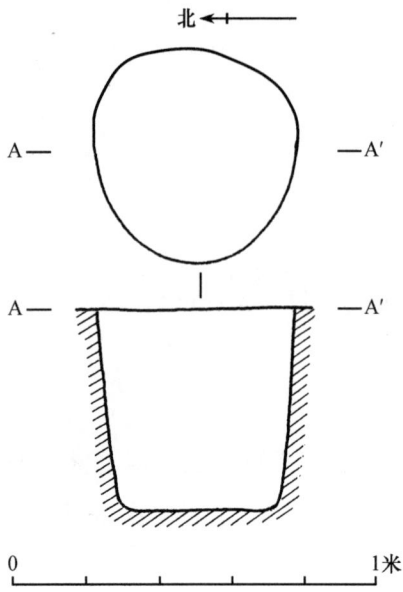

图一七七　木屑溪遗址H1平剖图

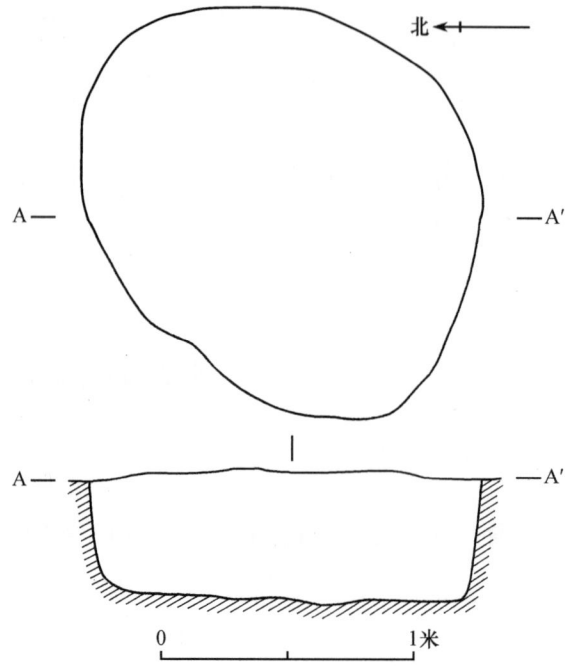

北

A — —A'

A — —A'

0 　　　　1米

图一七八　木屑溪遗址H2平剖图

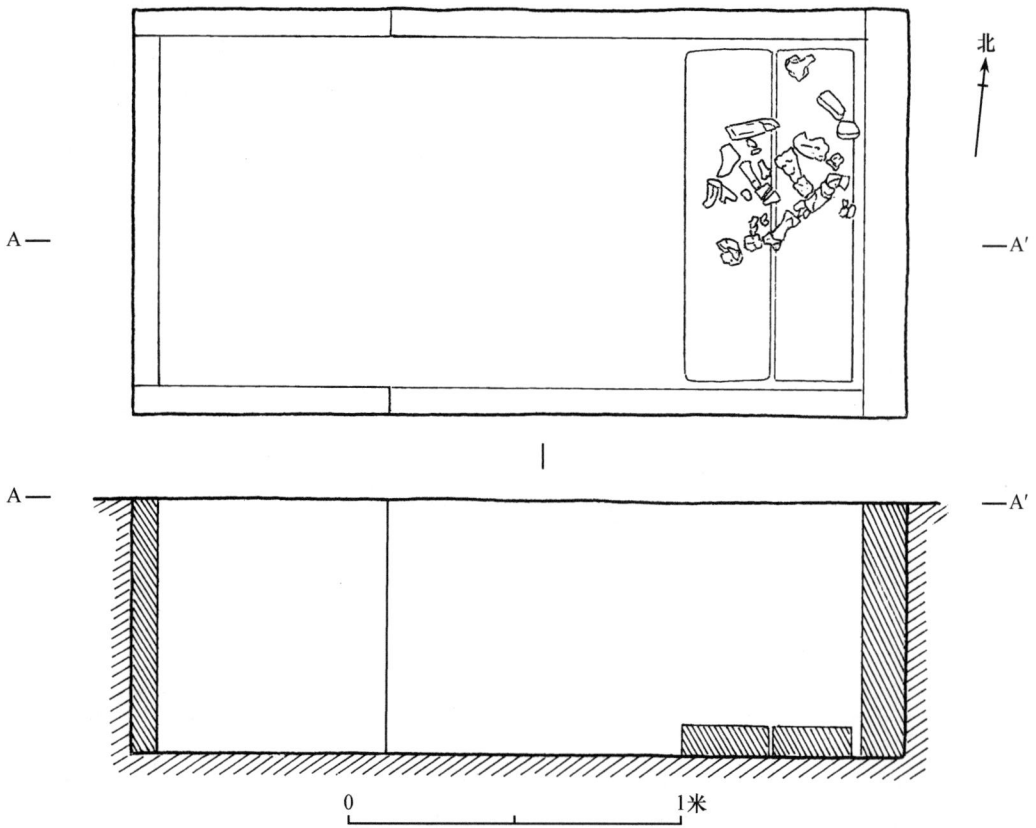

北

A — —A'

A — —A'

0 　　　　1米

图一七九　木屑溪遗址H3平剖图

0.1～0.5米，本层除了西北部局部未发现以外，其他区域均有分布。第2层，土色灰褐，该层南部发现一个底部已经残损的石臼。厚0.1～0.6米，本层除了东北部局部未发现以外，其他区域均有分布。第3层，土色深灰，厚0.1～0.4米，主要分布于该坑的南部。第4层，土色灰，略泛红褐，厚0.1～0.8米，主要分布于该坑的中西部。第5层，土色深灰，厚0.1～1米，主要分布于中南部和中西部。第6层，土色灰黄，厚0.1～0.55米，除了南部未发现以外，其他区域均有分布（图一八〇）。

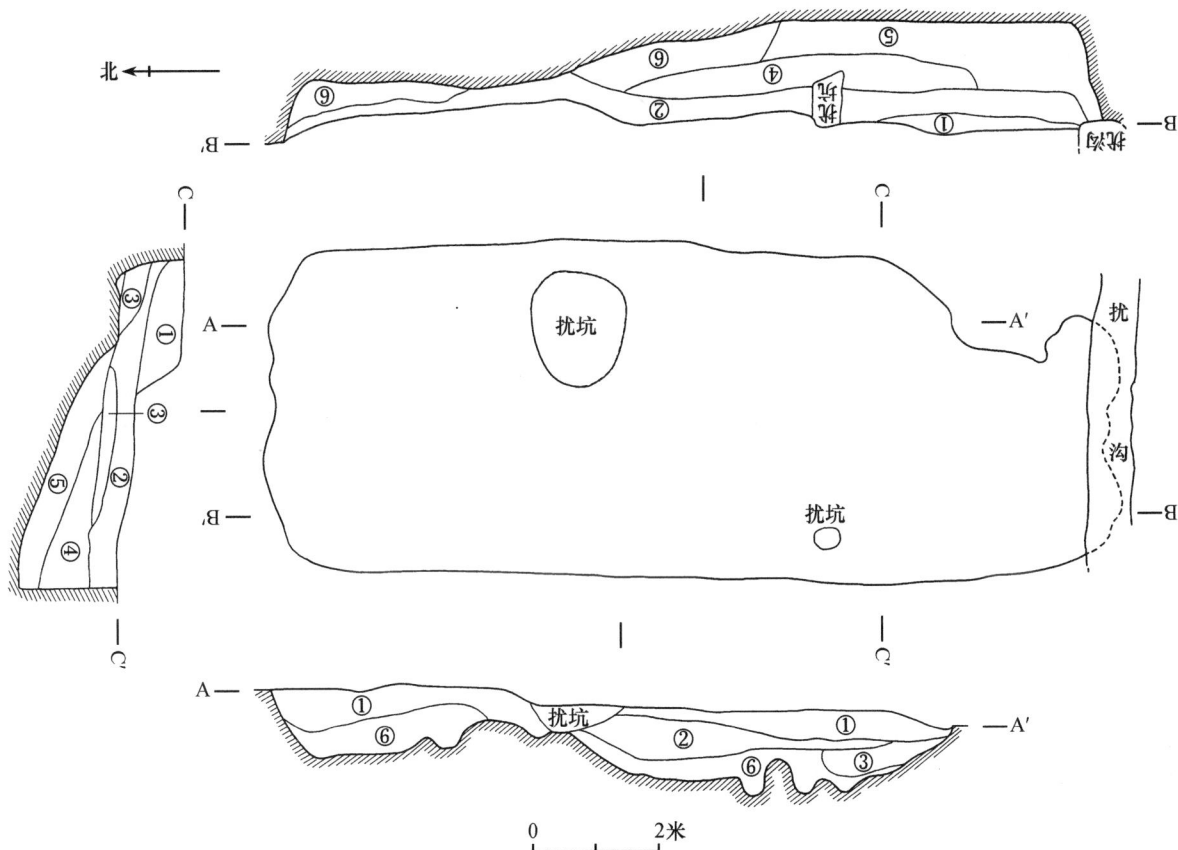

图一八〇　木屑溪遗址H4平剖图

二、渣　坑

共8个，根据口部形状可分为圆形、不规则形和形状不明三类。

（一）圆形

6个，分别为ZK2、ZK3、ZK4、ZK5、ZK6、ZK7，较为集中分布在T1411和T1412内，且均被杂乱的炉壁残块覆盖。由于各探方地层堆积情况不一，上述各坑开口于所在探方的②层或③层下，向下打破④层及以下地层。鉴于上述各坑形制结构和堆积情况相似，现以ZK2介绍如下。

ZK2　位于T1411东南部和T1412西南部。口部平面基本呈圆形，近直壁，平底，底部有一层较薄的煤渣硬面。口部直径2.4～2.7、深0.4米（图一八一）。坑内堆积无明显分层，土色黑灰，土质较软，结构较疏松，包含有红烧土颗粒、炭屑等，出土有少量冶炼罐残片、炉壁残块。

（二）不规则形

1个，即ZK8。

ZK8 主要分布在T1313、T1413、T1314、T1414内，并向西延伸至T1312和T1412东部，向南延伸至T1513北部和T1514西北部，向北延伸至探方外。开口于所在探方的第②层下，在T1414中部分打破第④层，其他探方中直接打破生土，该坑东部则被三个近现代扰坑打破。口部呈不规则形，斜壁内收，坑壁不规整，底部高低不平。发掘部分坑口南北最长9.7、最宽9，坑底最长9.1、最宽6.5米，最深约3.55米（图一八二）。坑内堆积分层明显，可分为三大层。根据土质、土色及包含物情况的不同，第1层可细分为四个亚层，而第2层可分为两个亚层。详述如下。

第1a层，土色黄，夹杂有较多细沙，土质软，结构较疏松，含有零星的炭屑。出土极少量青花瓷片，由于残碎较甚，不辨器形。厚0～0.75米。第1b层，主体呈青色，略泛黄，含有大量水锈，含有零星炭屑。土质较硬，结构较致密。出土遗物较少，均为陶瓷残片，其中部分为硬陶。可辨器形有板瓦，其中瓷片有青花、青瓷两类。厚0～1米。第1c层，主体呈黄色，略泛灰，土质较软，结构较疏松，包含较多炭屑。出土有少量冶炼罐残片。厚0～0.5米。第1d层，主体呈青色，略泛黄，含有大量水锈，土质较硬，结构较致密。未发现文化遗物。厚0～0.65米。

第2a层，主体呈青色，略泛灰，土质较硬，结构较致密。出土遗物多为施釉硬陶，多为酱色和黄色，可辨器形有盆、壶等。另有少量灰陶板瓦残片和瓷片，瓷片可分为青花、白瓷和黑瓷三类。厚0～0.3米。第2b层，整体呈黄色，略泛灰，土质较硬，结构较致密，含有零星炭屑和红烧土颗粒。出土遗物多为硬陶，另有少量灰陶板瓦残片和瓷片，瓷片可分为青花和白瓷两类。此外，还出土石斧1件。厚0～1.8米。

第3层，为炉渣堆积，结构疏松，包含较多的炉壁残块和使用过的冶炼罐，此外还有少量青花瓷片。厚0～1.5米。

（三）形状不明

1个，即ZK1，因未发掘完整，故整体形状不明。

ZK1 位于T1513东南部，部分位于该探方东隔梁下，南部延伸至探方外，未发掘完整。

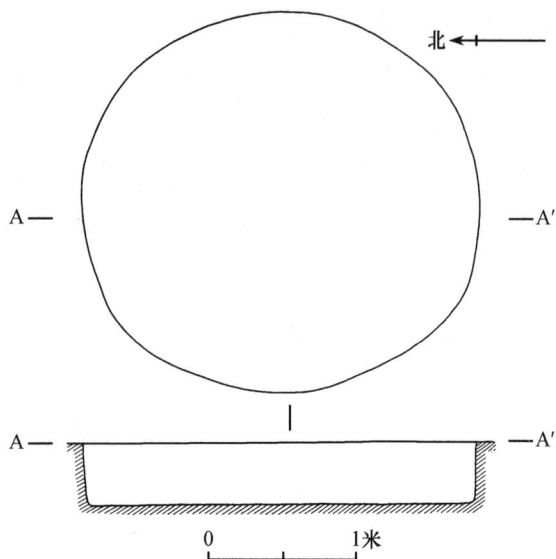

图一八一　木屑溪遗址ZK2平剖图

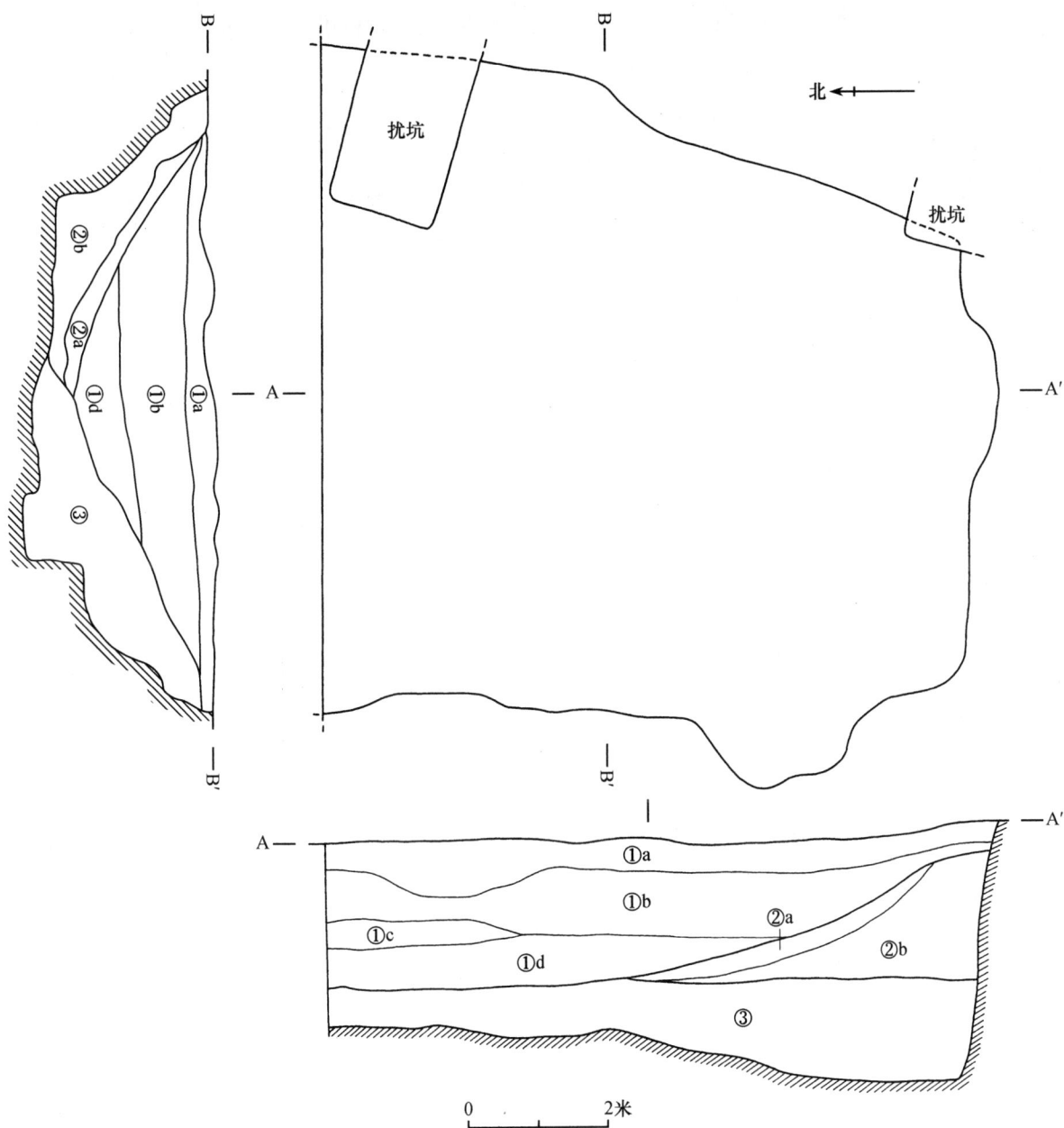

图一八二　木屑溪遗址ZK8平剖图

该坑开口于第2层下，向下打破第4层。发掘部分口部最长1.35、最宽0.8、最深0.83米（图一八三）。坑内堆积无明显分层，土色黑灰，土质较硬，结构较致密，含有大量煤渣。出土有少量炉壁残块和使用过的冶炼罐残片。

三、灶

仅发现1处，即Z1。

Z1位于T1507东南部。口部略呈长方形，方形火口位于西北部，火塘直壁，平底。周壁较为规整，红烧土辐射面厚约2厘米，并逐步向外辐射。口部长0.8、宽0.6、最深0.23米，灶门宽0.26米（图一八四）。灶膛内填土呈灰褐色，土质较软，结构疏松。包含有草木灰和碎石块，尤其是灶塘底部尚保存有一层较薄的草木灰。

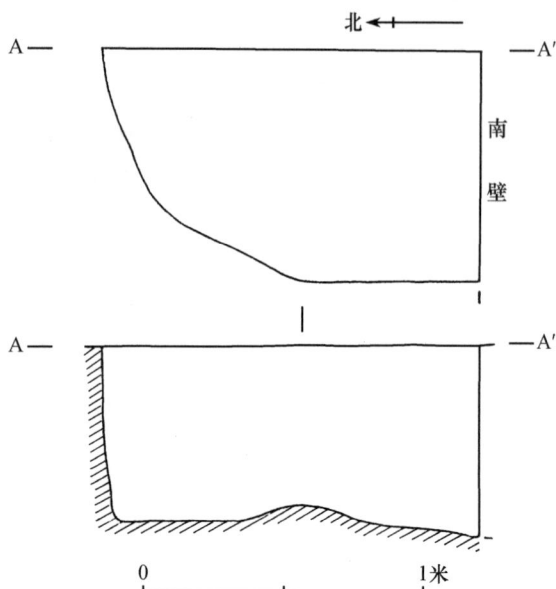

图一八三　木屑溪遗址ZK1平剖图

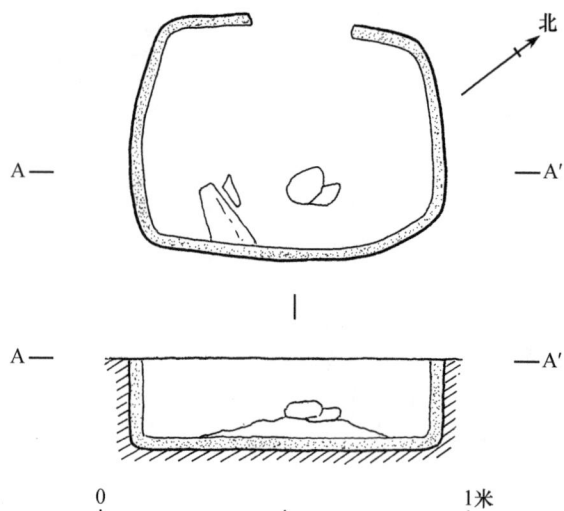

图一八四　木屑溪遗址Z1平剖图

四、炼　炉

2座，即L1、L2。仅存炉底红烧土辐射面，保存均不完整。残存部分平面形状呈长条形，斜壁，圜底。从剖面情况来看，辐射面从两侧向中间逐步增深，可知炉体中部受火最为严重。

L1　位于T1212、T1312中，由T1312西南部斜向延伸至T1212东北部，北端被江水冲毁。残长9、宽0.65～1.25米，红烧土辐射面最深0.3米（图一八五；图版九八）。L1附近的T1311、T1411、T1412、T1511中分布有大量的冶炼灰渣、冶炼罐残片和炉壁残块等，其中炉壁残块集中分布在T1412中，并有少量汉砖残块，应是L1废弃后的遗存。

L2　位于T2111西部，并延伸至西北部断崖，整体呈东南—西北向，南部被③层堆积破坏一部分。残长2.9、宽0.4～0.84米，红烧土辐射面最深0.16米，周围发现少量炉壁残块和冶炼罐残片（图一八六；图版九九）。

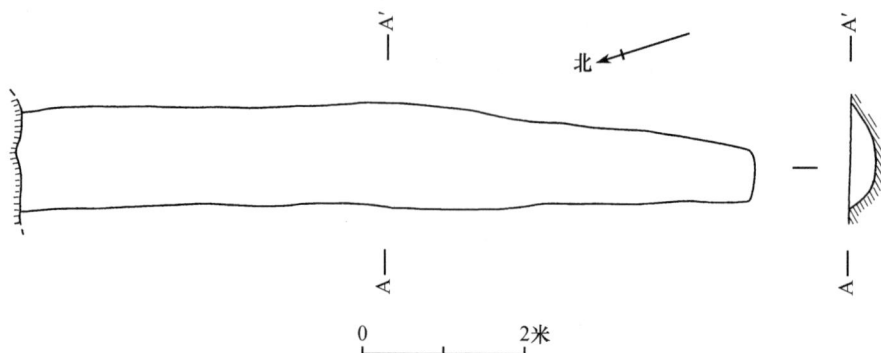

图一八五　木屑溪遗址L1平剖图

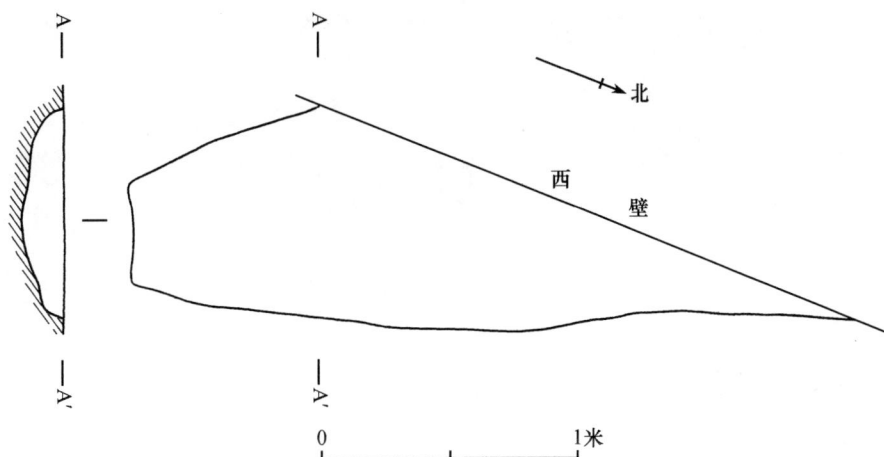

图一八六　木屑溪遗址L2平剖图

第三节　遗　物

木屑溪遗址出土遗物主要集中在各探方地层中，个别遗迹如H1、H4、ZK2、ZK8中也出土少量遗物。

一、第1层出土遗物

（一）瓷器

碗　1件。T1314①：1，敞口，尖圆唇，弧腹，矮圈足。釉色呈青灰色，器内底部有一周失釉带，器外底内不施釉。器外绘有青花图案，以三个圆形轮状花纹为主，中间填以三朵变形云纹。口径13.4、底径7.6、高5.1厘米（图一八七，1；图版一〇〇，1、2）。

（二）金属器

铜钱　2枚。均为圆形。T1414①：1，钱文为"四川铜币"，另一面中部为小篆 "汉"字。直径3.9厘米（图一八七，2）。T1414①：2，方孔，钱文为"崇祯通宝"。直径2、穿边长0.6厘米（图一八七，3）。

二、第2层出土遗物

第2层出土有生活遗物和冶炼遗物两类，其中生活遗物主要为陶器、瓷器和金属器。

（一）陶器

碗　1件。T1608②：1，敞口，圆唇，弧腹，平底，底附大圈足。红褐色胎，中上腹施酱色釉，釉层较薄，下腹及内外底皆素胎无釉。高4.8、口径17、底径9.4厘米。

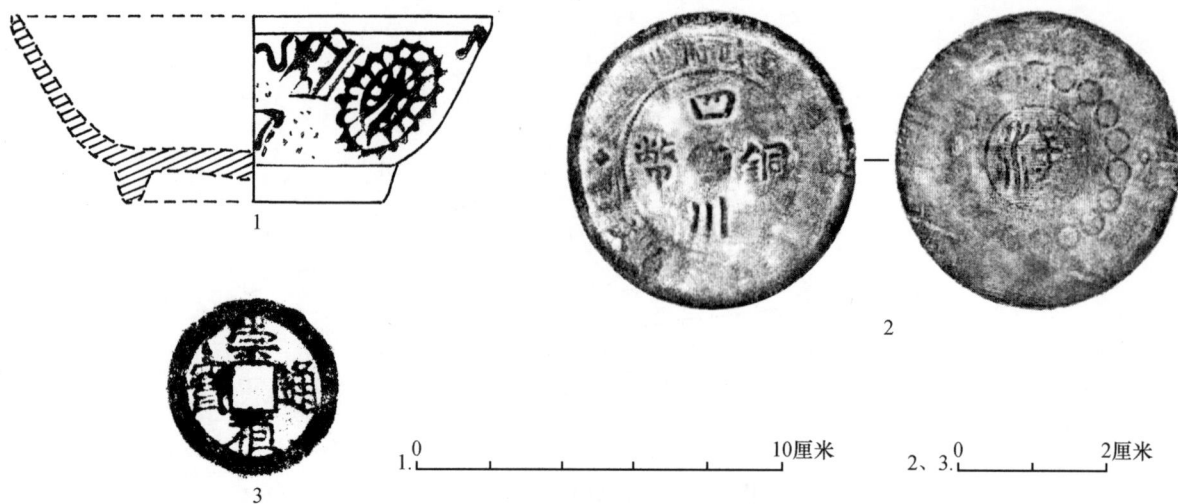

图一八七　木屑溪遗址第1层出土遗物

1. 瓷碗（T1314①：1）　2. 四川铜币（T1414①：1）　3. 崇祯通宝（T1414①：2）

（二）瓷器

多数为青花瓷，极少数为白地黑花瓷。器形主要为碗、盘、盏等。

碗　12件。可复原器均为敞口，尖圆唇，弧腹，底部有矮圈足。T1711②：1，釉色呈青灰色。器内底部有一周露胎涩圈，色圈外绘一周弦纹。外壁随笔绘出花草。口径13.5、底径7.8、高5.8厘米（图一八八，2）。T1512②：3，圈足底部素胎无釉。器内底部有一周露胎涩圈。口径14.6、底径6.4、高4.6厘米（图一八八，7）。T1505②：1，口沿外撇。釉色青灰，圈足底部素胎无釉。器内底部绘有花形图案，图案外部绘两周蓝釉弦纹，器外壁绘五束花草。口径12.8、底径4.8、高4.6厘米（图一八八，5；图版一〇〇，3）。T1505②：2，残存底部，器内底部点刺"歹工"二字（图一八九，2）。T1505②：3，残存底部，内底绘有一枝带叶花卉，并点刺一"庆"字（图一八九，4），外壁绘草花，外底中部有方胜形款。底径5.8、残高3.2厘米（图一八八，12）。T1513②：2，釉色呈暗青灰色，胎色呈青灰色。圈足及底足交接处素胎无釉，器内底部有一周露胎涩圈。器外壁上腹绘有蓝色团花图案。口径13.6、底径6.2、高4.2厘米（图一八八，6；图版一〇〇，5、6）。T1513②：3，釉色青色，青花色泽较鲜亮。口沿处施青釉，器外满绘连枝青花枝叶，器内底部绘两周弦纹。口径16、底径7.4、高7.3厘米（图版一〇〇，4）。T1406②：1，残存底部，器内底部点刺有字，其中一字可辨为"五"字，下字残缺不全，无法辨识（图一八九，5）。T1306②：1，器内底及外壁绘抽象花卉。口径12.6、底径4.6、高5.3厘米（图一八八，8）。T1605②：1，器外口沿及底部绘两周弦纹，两弦纹之间绘五朵花卉。口径12.8、底径4.4、高4.8厘米（图一八八，11）。T1605②：2，器内底部绘有花蕊状大花纹，并点刺一"清"字，器外上腹绘简单纹饰，难以辨明。口径12、底径4.5、高4.8厘米（图一八八，4；图一八九，3）。T1711②：2，残存底部。器内底部点刺一"恺"字（图一八九，1）。

盏　2件。敞口，沿微外撇，尖圆唇，圈足较高。T1513②：1，釉色青灰，青花色泽泛

图一八八　木屑溪遗址第2层出土瓷器

1、3、10. 盘（T1512②：2、T1514②：1、T1511②：1）　2、4～8、11、12. 碗（T1711②：1、T1605②：2、T1505②：1、T1513②：2、T1512②：3、T1306②：1、T1605②：1、T1505②：3）　9. 盏（T1513②：1）

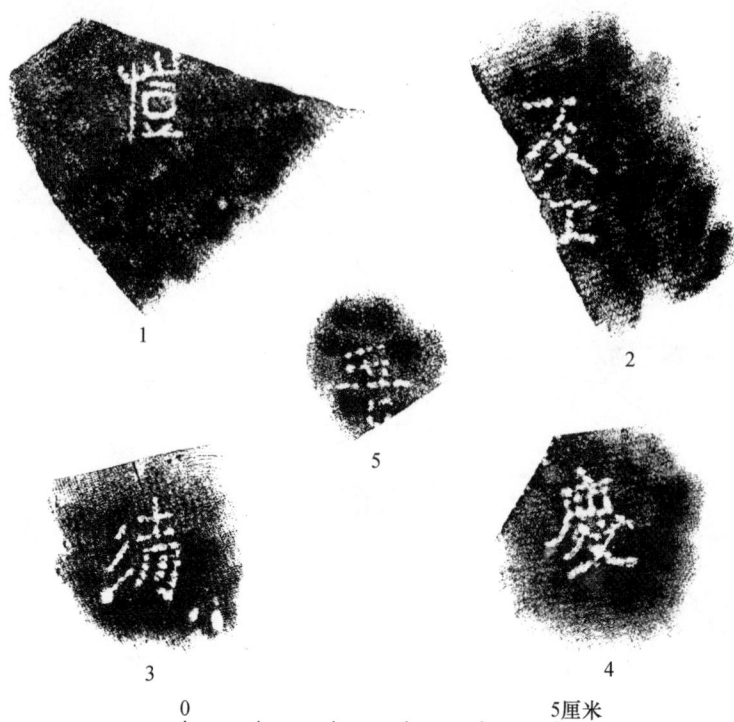

图一八九　木屑溪遗址第2层出土瓷器刻铭拓片

1. "愷"字刻铭（T1711②：2）　2. "歹工"刻铭（T1505②：2）　3. "清"字刻铭（T1605②：2）　4. "庆"字刻铭
（T1505②：3）　5. "五□"刻铭（T1406②：1）

蓝。圈足底部素胎无釉，呈青白色。口沿处绘有一周青釉。器内壁中部绘有两周弦纹，内底中部绘有一束花卉。器外壁满绘缠枝花叶图案。圈足外壁和足底均绘有两周弦纹。口径8.8、底径4.8、高5厘米（图一八八，9；图版一〇一，1~3）。T2112②：1，釉色青白。器外上腹绘有一周暗青色菱形花纹，内填绘太阳花。口径10、底径4.8、高3.9厘米（图版一〇〇，7）。

　　盘　4件。敞口，圆唇，浅弧腹，大平底，矮圈足。T1512②：2，釉色泛蓝。圈足素胎无釉。口沿处施一周蓝釉。残器内壁绘有两处抽象花卉，外壁近口沿绘有蓝花瓣，下有两横蓝釉。口径14、底径7、高4.4厘米（图一八八，1）。T1413②：6，器外壁绘龙纹，残片仅见龙尾（图版一〇〇，8）。T1514②：1，釉色青白，仅圈足底缘素胎无釉。器内壁满绘青花图案，中部有一周葵花形花瓣纹带，中部绘有一个变形动物纹。花瓣纹带至口沿有两区纹饰带，中部以一周弦纹分隔为内外两区。内区分为6段，外区分为8段，均用S形线分开，每段有一变形动物或一束花叶纹，二者相间分布。器外壁绘有3处变形动物纹。圈足内底中部绘有两周弦纹，中心有一菱形图案印章，内有字，难以辨识。器内底中部点刺一"畐"字。此外，该器有二次利用现象，当时使用时口沿处缺失一片，用一片釉色相近的碗的口沿粘补，粘结物质难以确定。粘补瓷片釉色青亮有光泽，外口沿下有宽细两周蓝釉弦纹，釉色鲜亮。口径14.3、底径8.8、高2.4厘米（图一八八，3；图版一〇一，5、6）。T1511②：1，沿外加厚一周。釉色呈青灰白色，底部素胎无釉。器内底部绘彩球飘带，残存动物一爪。器外近口沿处绘有蝙蝠形图案，残片仅存一只。口径24、底径14.4、高4.8厘米（图一八八，10；图版一〇一，4）。

（三）金属器

铜钱　5枚。均为圆形方孔。

崇祯通宝　1枚。T1506②：1，直径2.3、穿边长0.6厘米（图一九〇，1）。

乾隆通宝　1枚。T1413②：3，直径2、穿边长0.5厘米（图一九〇，5）。

咸丰通宝　1枚。T1612②：1，直径1.8、穿边长0.5厘米（图一九〇，3）。

同治通宝　1枚。T1611②：1，直径1.7、穿边长0.6厘米（图一九〇，4）

光绪通宝　1枚。T1413②：1，直径2.3、穿边长0.7厘米（图一九〇，2）。

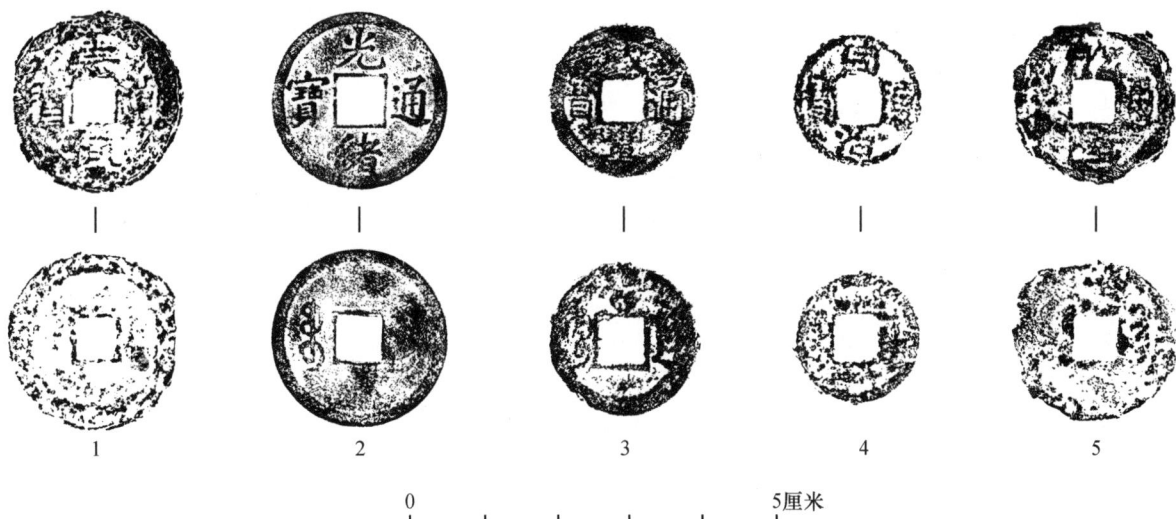

0 ————————— 5厘米

图一九〇　木屑溪遗址第2层出土铜钱拓片

1. 崇祯通宝（T1506②：1）　2. 光绪通宝（T1413②：1）　3. 咸丰通宝（T1612②：1）　4. 同治通宝（T1611②：1）

5. 乾隆通宝（T1413②：3）

铜簪　1件。T1405②：1，整体呈柳叶状，宽端微凹，尖端扁平。长13.2、宽端最宽0.9、尖端厚约0.15厘米（图一九一，1；图版一〇一，7）。

箭镞　1件。T1707②：1，双翼，翼面均布满鱼骨状凸棱，尖端已残，铤部剖面呈菱形。残长9.3、翼最宽2.3、铤长2.8厘米（图一九一，2；图版一〇一，8）。

（四）石器

石斧　1件。T1808②：1，墨绿色，单面刃，已残。最宽4.2、最厚1.4、残高7.1厘米。

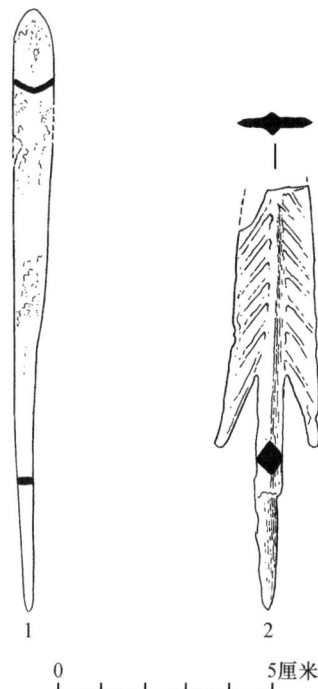

0 ————————— 5厘米

图一九一　木屑溪遗址第2层出土铜器

1. 铜簪（T1405②：1）　2. 箭镞（T1707②：1）

（五）冶炼遗物

冶炼罐　6件。均夹粗砂硬陶，敛口，方圆唇，筒腹，上腹微鼓，下腹斜收至底，平底微凹。器表及器内轮制弦纹痕迹较明显。T1405②：2，腹部以下开裂下堆。外部底面绝大部分未直接受火。冷凝区下部有淋泥现象。冷凝区外口径9.8、内口径4.4、高4厘米；冷凝罐内口径

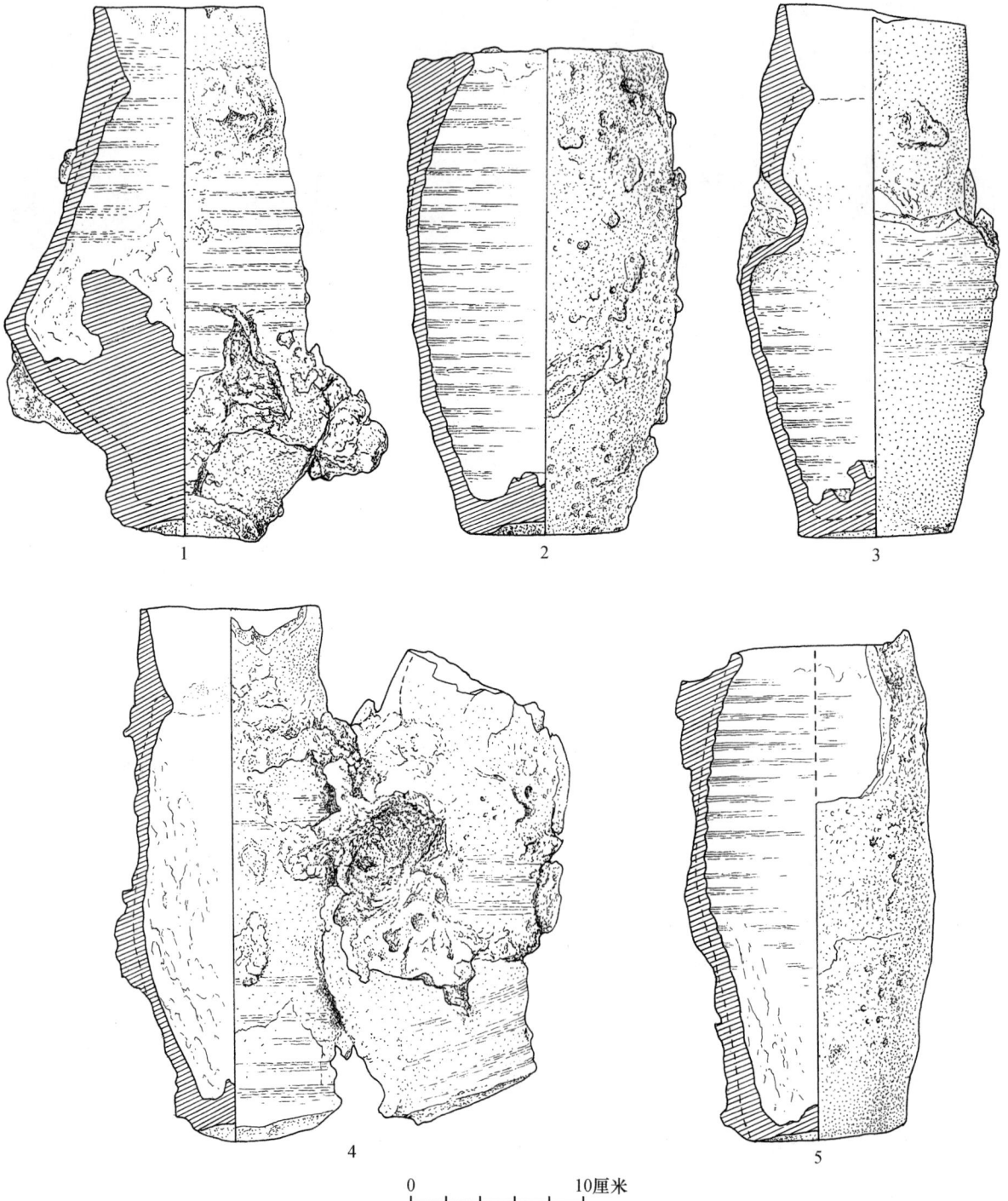

图一九二　木屑溪遗址第2层出土冶炼罐

1～5.冶炼罐（T1405②：2、3、5、4、7）

6、底径8.8、残高29.4厘米（图一九二，1；图版一〇二，1、2）。T1405②：3，口部外裹泥厚1.6厘米。外部底面中部未直接受火。外口径10～10.6、内口径8～8.5、底径9.5、高27厘米（图一九二，2；图版一〇二，3、4）。T1405②：4，双罐体粘连在一起。因火候很高，两罐腹部以下开裂下堆变形，其中一个下堆严重，因而堆贴粘连在另一个冶炼罐上。两罐外底中部有宽6厘米的区域未直接受火。以两罐底部中心计算，二者相距约13厘米，底部边缘相距3厘米。保存较好的冶炼罐冷凝区外口径10.4、内口径8.8、高4.8厘米；冶炼罐内口径6.8、底径9.8、高30厘米；变形严重者底径9.4、高约26厘米（图一九二，4；图版一〇四，1、2）。T1405②：5，中腹已严重下堆变形。外底部有宽6厘米的区域未直接受火。冷凝区下有粘接泥渣块的断痕带，断痕宽8厘米。罐体有淋泥现象。冷凝区外口径10.8、内口径10、高4.8厘米；冶炼罐内口径6.8、底径9、残高29厘米（图一九二，3；图版一〇三，1、2）。T1405②：6，双罐体粘连在一起。因火候较高，两罐在冶炼时下堆变形而粘在一起。以两罐底部中心计算，二者相距16厘米，底部边缘相距7厘米。外部底面大部分未直接受火。冷凝区外口径10、内口径8.6、高4.6厘米，冶炼罐底径分别为9和8.5、高约27厘米（图一九三；图版一〇四，3～5）。T1405②：7，唇较薄，外壁有裹泥。外口径9、内口径7.5、底径9、高27.5厘米（图一九二，5；图版一〇三，3、4）。

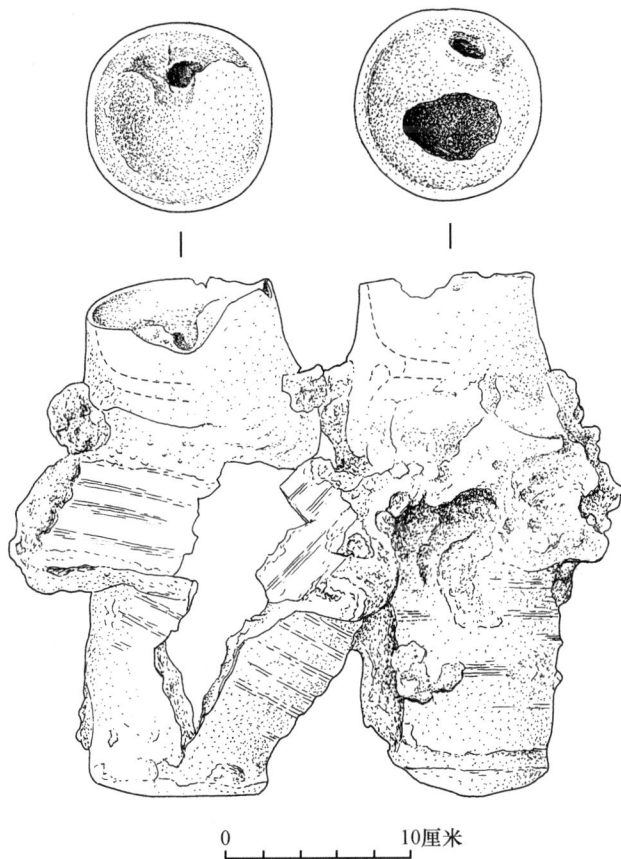

图一九三　木屑溪遗址第2层出土冶炼罐（T1405②：6）

三、第3层出土遗物

第3层出土有生活遗物和冶炼遗物两类，其中生活遗物主要为陶器和瓷器，另有极少量石器。

（一）陶器

板瓦　T1711③：7，泥质灰陶。拱面素面无纹，内壁为布纹。长22.3、宽17.5～19.5、厚1厘米（图版一○五，4）。

碟　T1611③：15，泥质红褐陶。敞口，圆唇，弧腹，矮圈足。素面无纹。口径9.2、底径3.5、高2.5厘米。

（二）瓷器

多数为青花瓷，极少数为黑釉瓷。器形主要为碗、盏、碟、杯、勺、盘、盆等。个别器形残碎较甚，仅可辨其形，文中不再介绍。

碗　14件。可复原器均为敞口，尖圆唇，弧腹，底部有矮圈足。釉色青灰，胎色灰白。个别器内底部点刺有字，多为姓氏。T1306③：3，残存底部，器内底部点刺一"明"字（图一九五，5）。T2011③：1，残存底部，器内底部点刺一"马"字（图一九五，4）。T1711③：5，外壁绘四组抽象花卉。口径13.8、底径7.4、高5.4厘米（图一九四，9）。T1711③：6，内底中部绘有小圆圈，外壁绘抽象花卉。口径12.8、底径6.3、高5.6厘米（图一九四，4）。T1611③：2，器内底部有一周露胎涩圈，外底内部素胎无釉。内口沿及底各绘一周弦纹，器外用青褐色蓝釉满绘缠绕枝蔓花卉，几乎成网状。口径14.3、底径7.4、高6.4厘米（图一九四，6；图版一○五，1）。T1611③：4，器内底部有一周露胎涩圈，圈足底缘失釉。器内底部绘出圆圈，口沿外壁及近底处各绘有一周弦纹，外壁绘有五朵团花，颜色呈蓝黑色。口径11、底径7.2、高6厘米（图版一○五，3）。T1611③：5，残存碗底，内底有两周弦纹，形成圆圈，圈中部绘有花卉，并点刺一"悦"字，外底内部绘有菱形印章形纹饰。残高6.4、底径8.2厘米（图一九四，7；图一九五，3）。T1611③：7，圈足底缘露胎。器内底部绘有一朵菊花，内沿绘大点水滴纹，器外壁满绘大朵菊花纹。口径12.6、底径7、高6.2厘米（图一九四，1）。T1611③：8，口沿内外绘一周弦纹，外口沿弦纹下绘变形植物叶纹，中腹绘仰莲纹。口径13.6、底径7.2、高5.8厘米（图一九四，5）。T1611③：11，残存碗底，内底点刺一"元"字（图一九五，2）。T1711③：8，残存碗底，内底点刺一"李"字（图一九五，6）。T1711③：9，残存碗底，内底点刺一"正"字（图一九五，7）。T1811③：1，器内底部有一周露胎涩圈，外底内部素胎无釉。内口沿处绘一周弦纹，近底处又绘两周弦纹，内底中心绘一圆点，器外壁绘团花。口径12、底径6.8、高5.8厘米（图一九四，2）。T1811③：3，残存底部，器内底部画三道，另点刺一"正"字（图一九五，1）。

图一九四　木屑溪遗址第3层出土瓷器

1、2、4~7、9. 瓷碗（T1611③：7、T1811③：1、T1711③：6、T1611③：8、T1611③：2、T1611③：5、T1711③：5）
3. 瓷碟（T1611③：3）　8. 瓷盘（T2111③：1）

　　盏　1件。T1412③：1，敞口，折沿，尖圆唇，矮圈足。釉色青白，青花色泽较鲜亮。口沿处绘一周弦纹，器内近底处绘两周弦纹，内底绘有草叶纹。器外壁绘写意草叶纹。口径9.2、底径5.4、高4.6厘米。

　　碟　1件。T1611③：3，敞口，浅弧腹，圆唇，矮圈足。釉色青白，器内底部有一周露胎涩圈，外底内部素胎无釉，呈灰白色。内口沿处绘有宽窄不等的两周弦纹，近底处绘两周弦纹，外口沿处绘有一周弦纹。口径13.6、底径7.2、高2.6厘米（图一九四，3；图版一〇五，2）。

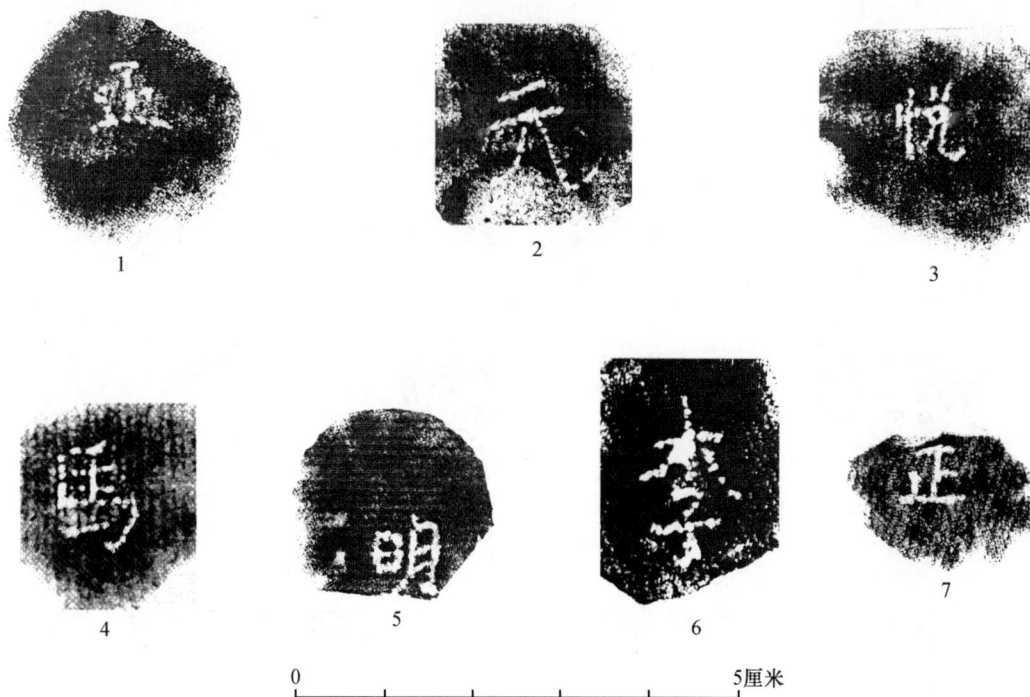

图一九五　木屑溪遗址第3层出土瓷器刻铭拓片

1、7. "正"字刻铭（T1811③：3、T1711③：9）　2. "元"字刻铭（T1611③：11）　3. "悦"字刻铭（T1611③：5）

4. "马"字刻铭（T2011③：1）　5. "明"字刻铭（T1306③：3）　6. "李"字刻铭（T1711③：8）

盘　1件。T2111③：1，敞口，浅弧腹，尖圆唇，矮圈足，器外底部微凸起，形成小脐。釉色呈暗青灰色，器底内外均素胎无釉，胎色呈暗青灰褐色。口沿外绘一周弦纹，内壁近口沿处绘有一周花叶纹。口径18.7、底径9.2、高3.6厘米（图一九四，8）。

（三）石器

刻槽石器　1件。T1508③：1，半透明，中部刻出深槽。长11、宽5、厚3.2厘米（图一九六，2；图版一〇五，5）。

（四）铜器

铜簪　1件。T1612③：2，一端呈柳叶形，在叶边压印有小方块带状纹。尖端为圆柱状。长10.3、宽端最宽1厘米（图一九六，1；图版一〇五，6）。

（五）冶炼遗物

冶炼罐　11件。均夹粗砂硬陶，敛口，方圆唇，筒腹，上腹微鼓，下腹斜收至底，平底微凹。器表及器内轮制弦纹痕迹较明显。T1603③：1，尚未用于冶炼。胎厚薄不均匀，上薄下厚，陶色不一，上部多呈浅灰酱褐色，下部则多为蓝灰色，中部有大块的黑色斑块。外口径10、内口径8.4、底径9、高27厘米（图一九六，3；图版一〇六，1）。T1603③：2，口沿以上接装泥质冷凝区，口沿处裹泥厚0.8厘米。从裹泥现象看，应为稀泥，在上部冷凝区接好以

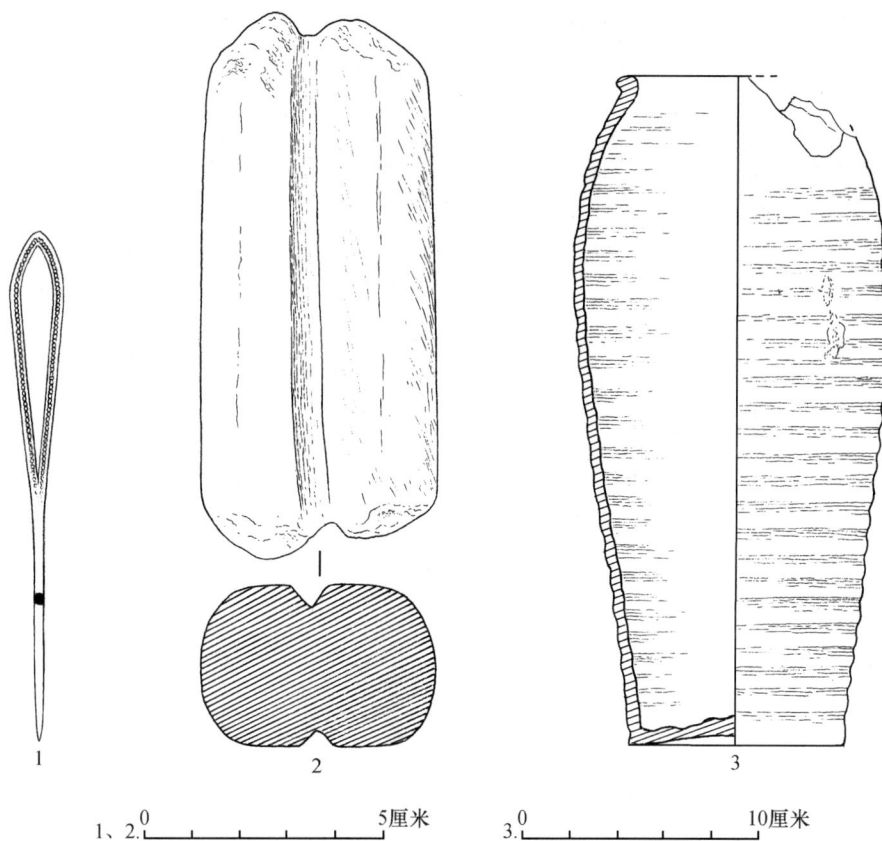

图一九六　木屑溪遗址第3层出土遗物

1. 铜簪（T1612③：2）　2. 刻槽石器（T1508③：1）　3. 冶炼罐（T1603③：1）

后，罐体裹泥，而裹泥处基本不涉及冷凝区。绝大部分裹泥已烧成黑色玻璃状结面，布满气泡孔。外底有部分区域呈月牙形玻璃状烧结面，其他部分则未直接受火。罐内已无残渣。外口径10、内口径8、底径9、高约26厘米（图一九七，1；图版一〇六，2）。T1603 ③：3，外壁残存有裹泥，口残。外口径11.2、内口径9.2、底径9.2、高27厘米（图一九七，2；图版一〇六，3）。T1504③：1，下部因受火已严重变形，并开裂。可能因直接置于蹲砖上冶炼的原因，外底部有宽约7厘米的未直接受火区。外口径10、内口径8、底径10、高27厘米（图一九七，3；图版一〇七，1、2）。T1504 ③：2，上部冷凝区底部封泥已不存。冷凝区直口，方唇，口微外侈。外口径 12.4、内口径10.8、高5厘米。罐体中腹一侧因高温已严重变形外鼓，并有开裂缝。从罐体涂泥的情况，可能是二次使用，最可能的是因使用时罐体已开裂，所以在开裂处裹上更厚的泥层，以试图使冶炼时罐体不再开裂，但结果却并不理想。罐体绝大部分已烧成黑灰色带气泡的玻璃状结面。外底部大部分存在暗酱褐色玻璃状结面，并且一侧粘附有厚泥。冷凝区外侧上部3~4厘米高的区域呈浅黄灰色，说明这一区域没有与火接触，烧成温度明显较低，因为冷凝区受火线并不够平整，因此说明封火的泥层亦不齐整。也可以这样推测，因罐下部燃料为煤，火焰上燃并不高。因为受火线处并没有涂泥层的断痕，所以仍难以确指使用涂泥层封盖炉内火焰。冶炼罐内口径9~10、底径约8、高28厘米，含冷凝区通高33厘米（图一九七，5；图版一〇七，3、4）。T1504 ③：3，下腹部开裂两处较宽的裂缝。一侧中部以下粘附一个

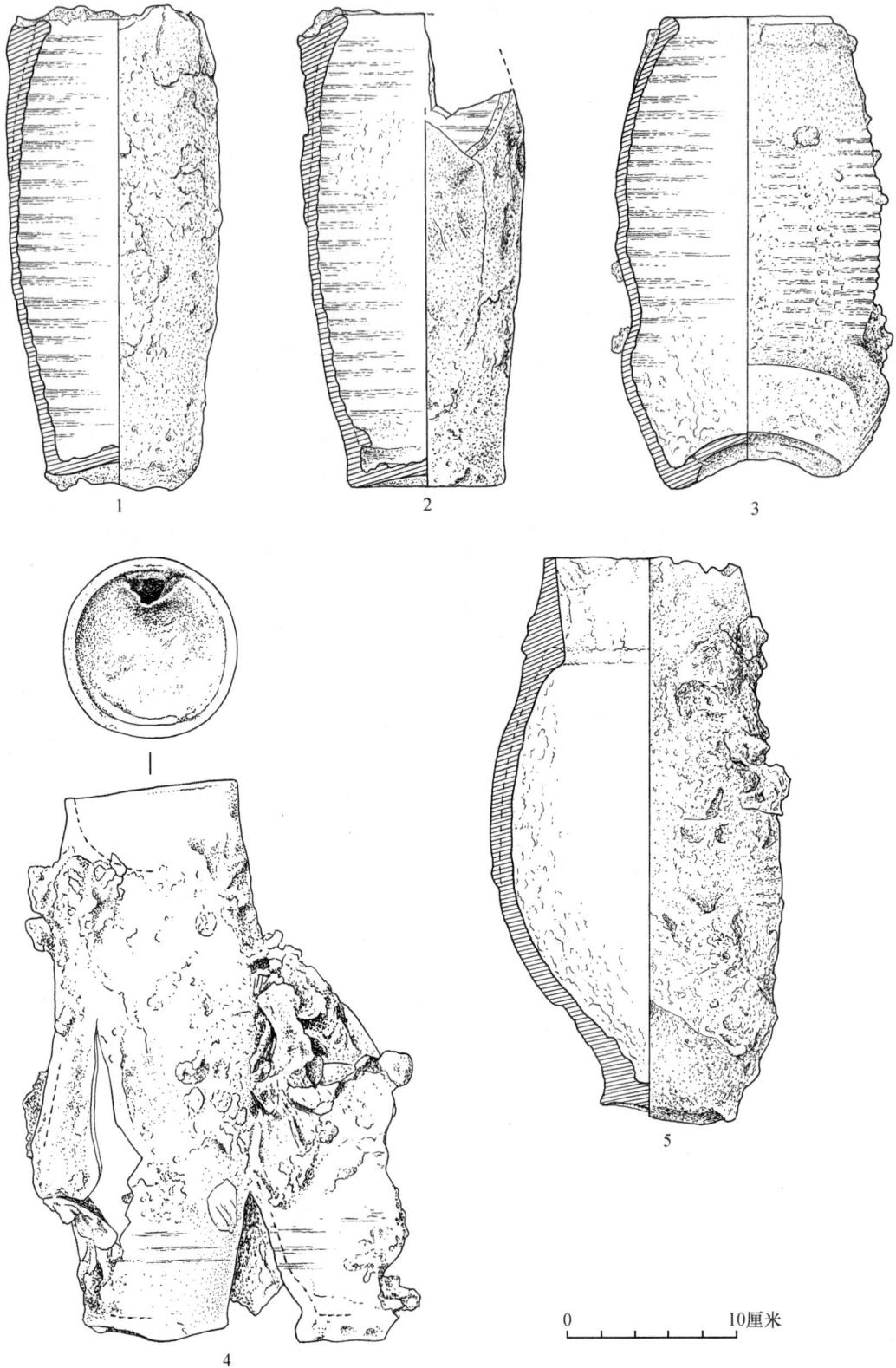

图一九七　木屑溪遗址第3层出土冶炼罐（一）

1~5.冶炼罐（T1603③：2、T1603③：3、T1504③：1、T1504③：3、T1504③：2）

严重变形的冶炼罐残片，因冶炼温度高，罐体已下堆严重。罐底未经直接受火。冷凝区口部以下有受火强弱的分界线，分界线宽3~4厘米。线以上呈灰蓝色，并有氧化锌形成的白色晕斑；线以下有一周宽约4厘米的略凸鼓的气泡带，呈玻璃状结面。气泡带粘有大块煤矸石渣块。从保存完好的冷凝区看，透气孔位于一侧，长2、宽1厘米。透气孔系用竹或木制小棍靠一侧壁放置，然后填封盖料土并捣实，最后抽出小棍形成。底兜最低处位于透气孔的另一侧。冷凝区口沿上及底兜内残存有较多的灰白色氧化锌，氧化锌表面上有刮抹痕，推测是在锌呈半液态时收取形成。总体来看，冷凝区与罐体温差较为明显。冷凝区内口径9、外口径10.46、高4.6厘米，冶炼罐底径9、含冷凝区通高32厘米（图一九七，4；图版一〇八，1、2）。T1504③：4，口部以上残存有冷凝区，高4.8厘米。中腹已变形下堆，近底部两侧开裂，造成中腹内凹，并严重错位。外口径9.5~10.5、内口径7.5~8.5、底径10、含冷凝区通高30.5厘米（图一九八，1；图版一〇八，3、4）。T1504③：5，口部变形，近口部残存有裹泥，底面未直接受火。外口径约10.8、内口径约8、底径10、高28厘米（图一九八，2；图版一〇九，1、2）。T1504③：6，一侧粘接有很大块炼渣块，内有煤饼，煤饼规格7厘米×8厘米，煤饼之间相隔有炼渣。渣块宽16、高15~20、厚12厘米。另一侧粘有较小块渣块。底部有少部分未直接受火。从冶炼罐情况推测，封盖炉火用的是渣块与渣灰。外口径10、内口径7.8、底径10、高27厘米（图一九八，5；图版一一〇，1、2）。T1504③：7，口部以上残存有冷凝区，外口径9.8、内口径8.2、高5厘米。冶炼罐通体没有粘附物。外口径9、内口径6.8、底径10厘米，含冷凝区通高33.5、罐高28厘米（图一九八，4；图版一〇九，3、4）。T1504③：8，有两处开裂缝，变形严重。外口径10.4、内口径8.6、底径10、高27厘米（图一九八，3；图版一〇六，4）。

矿石　1件。T1307③：1，可能为铅锌矿石。长20.3、宽15、厚8厘米（图版一一〇，3）。

煤饼　1件。T2112③：2，圆饼状。厚约3、直径约11.5厘米（图版一一〇，4）。

四、第4层出土遗物

第4层出土遗物主要为陶器和瓷器，另有少量石器。

（一）陶器

器足　1件。T1310④：3，仅存袋足，泥质灰陶，夹有细砂。残高8.2厘米（图一九九，3）。

器座　1件。T1310④：4，夹砂褐陶。敞口，圆唇，斜腹，平底微凹。素面无纹。口径14.6、底径9.6、高6.4厘米（图一九九，4）

（二）瓷器

碗　1件。T1306④：2，残存碗底。器内底部点刺有字，可辨认的有"字"字（图版一一一，1）。

盏　1件。敞口，尖圆唇，弧腹，矮圈足。T1411④：1，器外口沿下绘一周青花卷云纹，

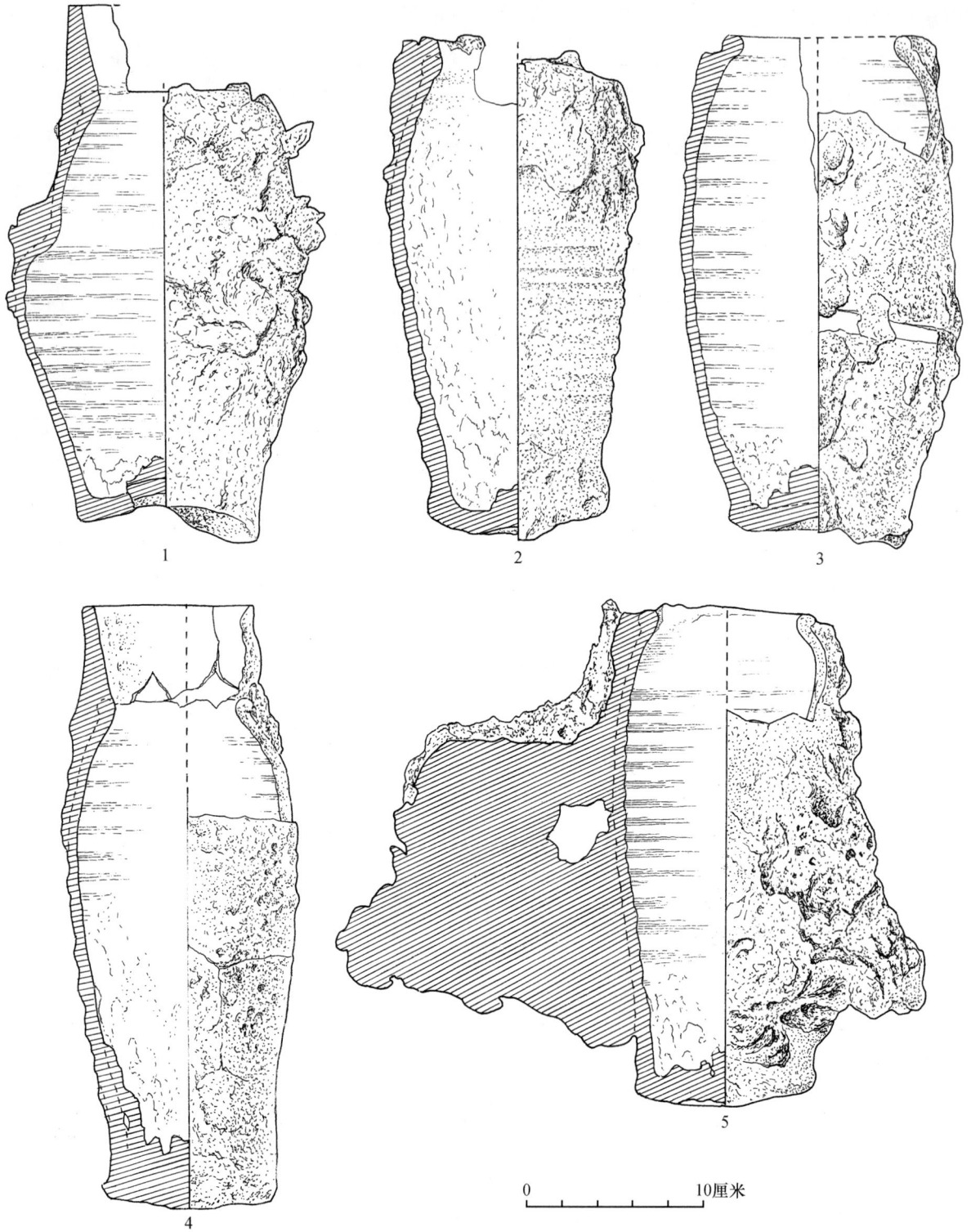

图一九八　木屑溪遗址第3层出土冶炼罐（二）

1~5.冶炼罐（T1504③：4、T1504③：5、T1504③：8、T1504③：7、T1504③：6）

近底处草绘一周仰莲纹。口径9、底径3.7、高4.8厘米（图一九九，1）。

盆　1件。T1504④：1，胎呈红褐色，夹有少量砂石颗粒。敞口，圆唇，斜腹，平底。近口处附加一周泥料，形成垂沿。内外壁皆施黑褐色厚釉，内外底素胎无釉。口径19、底径8.4、高5.4厘米（图一九九，2）。

（三）石器

石斧　2件。青灰色。长方形，平顶。T1310④：1，刃部残。宽4.1～4.6、顶部平面宽1.1、最厚1.3、残高7.9厘米（图一九九，5）。T1310④：2，双面刃。宽4.5～5、顶部平面宽0.8、最厚1.6、残高7厘米（图一九九，6）。

（四）冶炼遗物

冶炼罐　1件。T1311④：1，夹粗砂硬陶，筒腹，平底微凹。器表及器内轮制弦纹痕迹较明显。尚未用于冶炼。胎色为暗红褐色。胎内包含有较多的细小石英、砂石颗粒，应经过筛选。最大腹径位于中腹部。外口径8.6、内口径7.2、底径8.8、高27厘米（图一九九，7）。

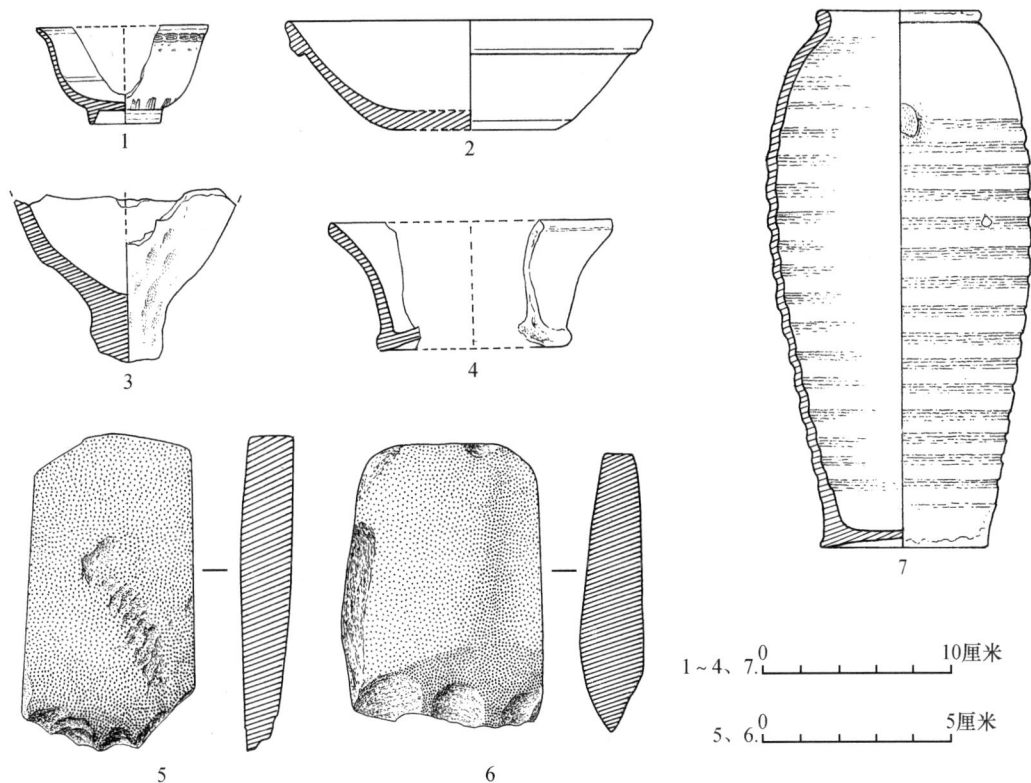

图一九九　木屑溪遗址第4层出土遗物

1. 瓷盏（T1411④：1）　2. 瓷盆（T1504④：1）　3. 器足（T1310④：3）　4. 器座（T1310④：4）　5、6. 石斧（T1310④：1、T1310④：2）　7. 冶炼罐（T1311④：1）

五、第5层出土遗物

第5层出土遗物均为生活用器，可分为陶器、瓷器和石器。

（一）陶器

瓮　1件。T1411⑤：1，泥质暗红褐色陶。敛口，内折沿，鼓肩，斜腹至底，小平底。近口处有对称四系，残存一个，上腹有明显的拍打痕和轮制弦纹。口径31、底径15、高47厘米（图二〇〇，1；图版一一一，7）。

（二）瓷器

碗　2件。青花瓷，釉色呈白青灰色。敞口，尖圆唇，矮圈足。T1411⑤：2，斜腹。底部露胎。口沿处绘有蓝釉弦纹。器内底部绘海草形纹，草纹外绘两周弦纹。器外壁从上到下绘有四周弦纹，弦纹间填绘有六组飘带纹。口径16.8、底径6.4、高6.9厘米（图二〇〇，2；图版一一一，3、4）；T1411⑤：3，弧腹。青花图案呈黑蓝色。器内底部图形不明，器外绘有变形人面图案，眼、眉、口、头发均绘出。口径12、底径4.4、高5厘米（图二〇〇，3；图版一一一，2）。

盘　1件。T1504⑤：1，敞口，方唇，斜弧腹，平底内凹。釉呈白青色，较暗，足缘露胎。口径13.4、底径7、高2.8厘米（图二〇〇，4）。

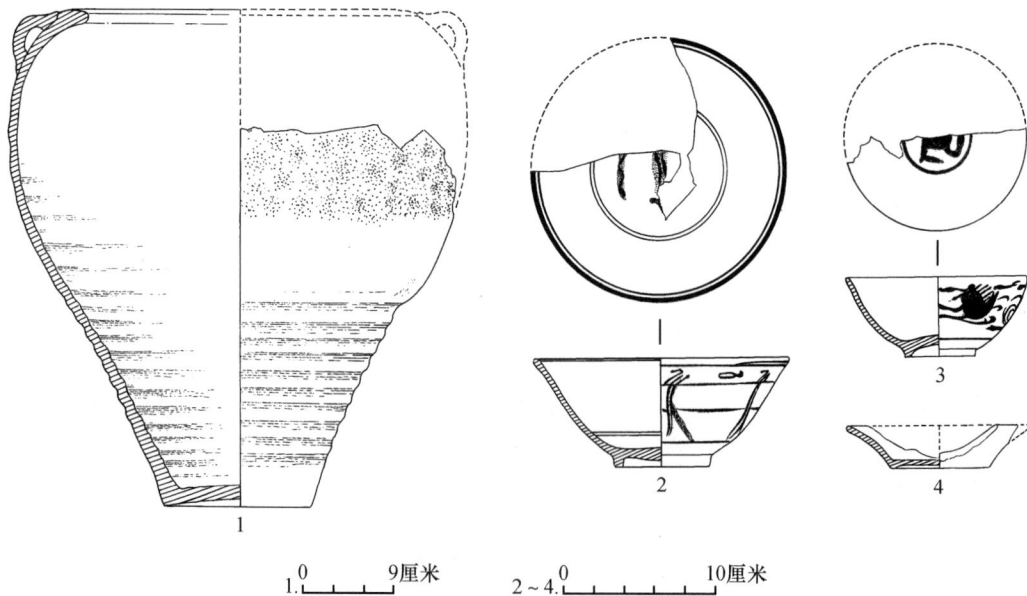

图二〇〇　木屑溪遗址第5层出土遗物

1. 陶瓮（T1411⑤：1）　　2、3.瓷碗（T1411⑤：2、T1411⑤：3）　　4.瓷盘（T1504⑤：1）

六、第6层出土遗物

第6层出土遗物可分为陶器、瓷器和石器。

（一）陶器

纺轮　1件。T1311⑥：4，泥质灰陶。外形呈截尖锥形，中间有一圆孔。直径1.8～3.5、高2.2厘米（图二〇一，1）。

（二）瓷器

盏　1件。T1411⑥：1，敞口，圆唇，弧腹，矮圈足。釉色呈豆青色。胎较厚，胎色灰白。器内底部有一周无釉涩圈，圈足下缘素胎。口径9.8、底径2.3、高4.4厘米（图二〇一，4）。

（三）石器

石锛　4件。双面刃。T1311⑥：1，石质呈青灰色。斜平顶。宽2.8～3.8、顶部平面宽0.9、最厚1.4、高5.8厘米（图二〇一，2；图版一一二，1）。T1311⑥：2，石质呈青灰色。平顶，刃残。宽3～3.6、顶部平面宽0.8、最厚1、残高5.2厘米（图二〇一，3；图版一一二，2）。T1311⑥：3，石质呈青黄色。尖顶。宽1.7～2.7、顶部平面宽0.4、最厚0.6、高6厘米

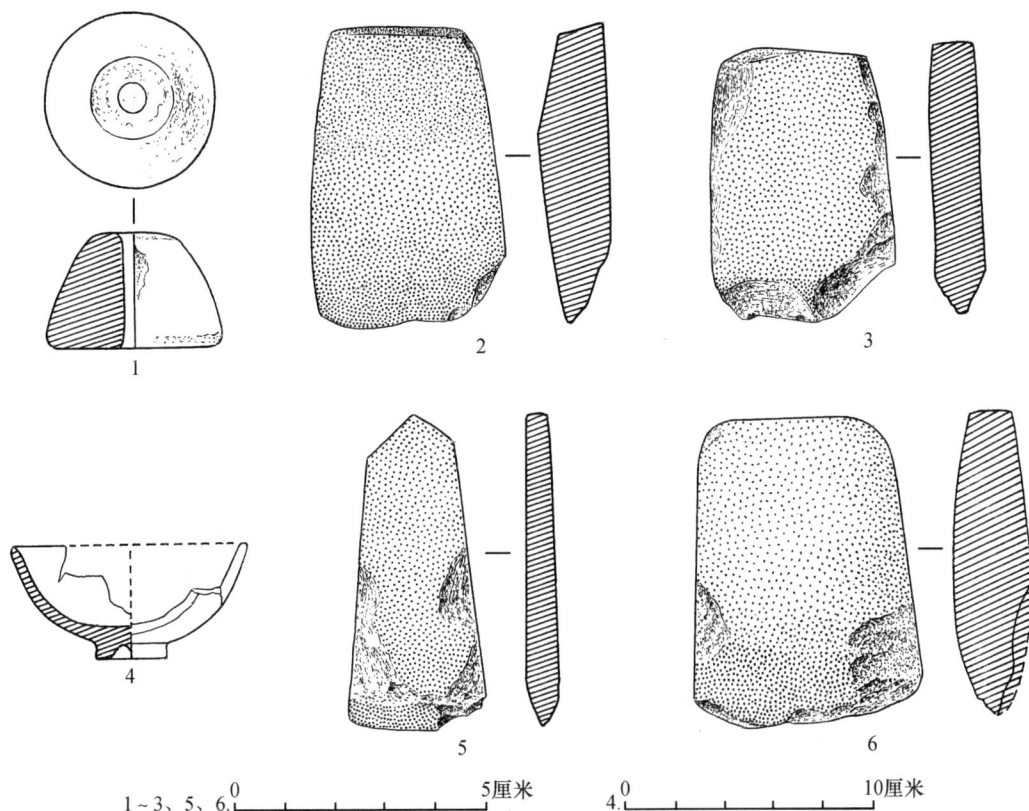

图二〇一　木屑溪遗址第6层出土遗物

1.纺轮（T1311⑥：4）　　2、3、5、6.石锛（T1311⑥：1、T1311⑥：2、T1311⑥：3、T1311⑥：5）　　4.瓷盏（T1411⑥：1）

（图二〇一，5；图版一一二，3）。T1311⑥：5，石质呈青灰色。平顶，双面刃，刃残。宽4~4.7、顶部平面宽0.9、最厚1.5、残高5.9厘米（图二〇一，6；图版一一二，4）。

七、第7层出土遗物

第7层出土遗物均为石器。

石锛　4件。T1410⑦：1，石质呈青灰色。斜平顶，单面刃，已残。宽3.5~4、顶部平面宽 1、最厚1.4、高6.8厘米（图二〇二，1；图版一一二，5）。T1411⑦：1，石质呈灰色。弧顶，刃部已残。宽4~4.5、顶部平面宽1、最厚1.3、残高9.8厘米（图版一一二，6）。T1411⑦：2，石质呈灰色。尖顶，双面刃。宽2~2.7、最厚0.8、高7.1厘米（图二〇二，2；图版一一二，7）。T1411⑦：3，石质呈暗蓝灰色，制作粗糙。平顶，顶残，单面刃。宽4.1~4.6、最厚1.6、残高8厘米（图二〇二，4；图版一一二，8）。

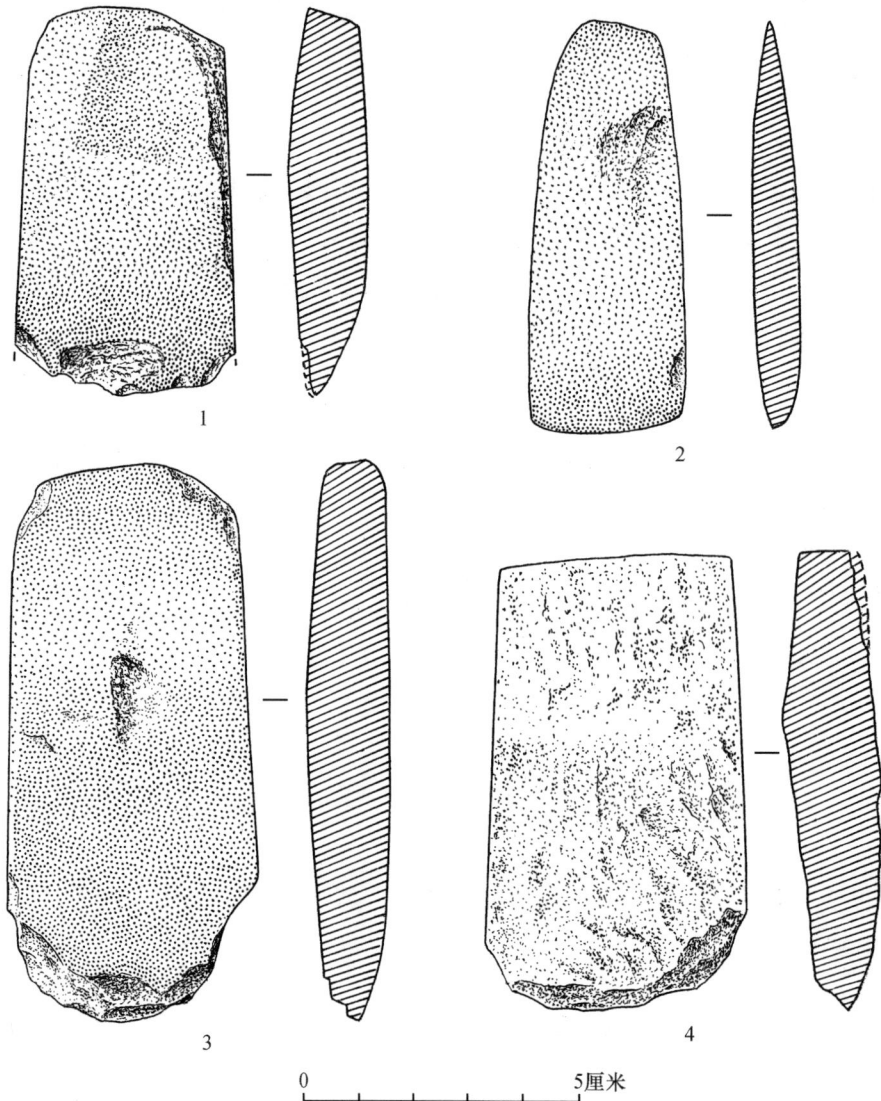

图二〇二　木屑溪遗址第7层出土遗物

1~4. 石锛（T1410⑦：1、T1411⑦：2、T1411⑦：1、T1411⑦：3）

八、H1出土遗物

H1出土遗物只有金属器。

金属器

铜片 1件。H1：1，器体较薄，中部有一圆孔。残长4、宽4.1厘米，厚0.8毫米（图二〇三，2）。

九、H2出土遗物

H2出土遗物可分为陶器和石器。

（一）陶器

滴水 1件。H2：2，泥质灰陶，模印云纹。高5.5、残宽11.5、厚1.1厘米（图版一一一，5）。

（二）石器

石斧 1件。H2：1，石质呈青色。弧顶，双面刃，已残。残件最宽6、最厚2.8、残高13.3厘米（图二〇三，1）。

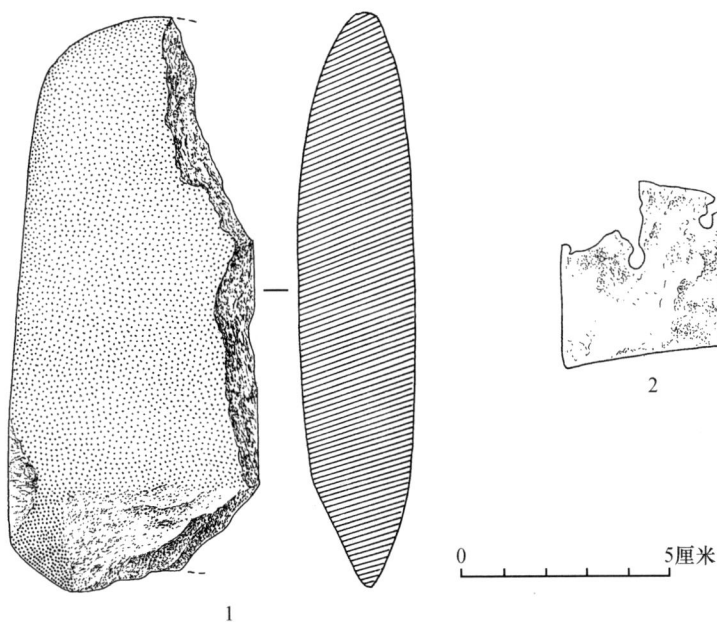

图二〇三 木屑溪遗址H1、H2出土遗物
1.石斧（H2：1） 2.铜片（H1：1）

十、H4出土遗物

H4出土遗物可分为陶器和瓷器两类。

（一）陶器

筒瓦　1件。H4：22，泥质灰褐色陶。拱面素面无纹，内壁为布纹，且印痕清晰。长29、残宽12.5、厚0.16、舌长4厘米（图版一一一，6）。

滴水　6件。均为泥质灰陶，模印卷云纹。H4：23，高6.3、残长11.5厘米（图二〇四，8）。H4：24，残高4.2、残长10厘米（图二〇四，7）。H4：25，残高4.5、残长8.5厘米（图二〇四，6）。H4：27，残高4.5、残长8.3厘米（图二〇四，5）。H4：28，残高4.5、残长6.3厘米（图二〇四，3）。H4：29，残高4、残长8.5厘米（图二〇四，2）。H4：30，残高4.8、残长6厘米（图二〇四，1）。

瓦当　1件。H4：26，泥质灰陶，模印花卉。推测直径12、边轮宽1厘米（图二〇四，4）。

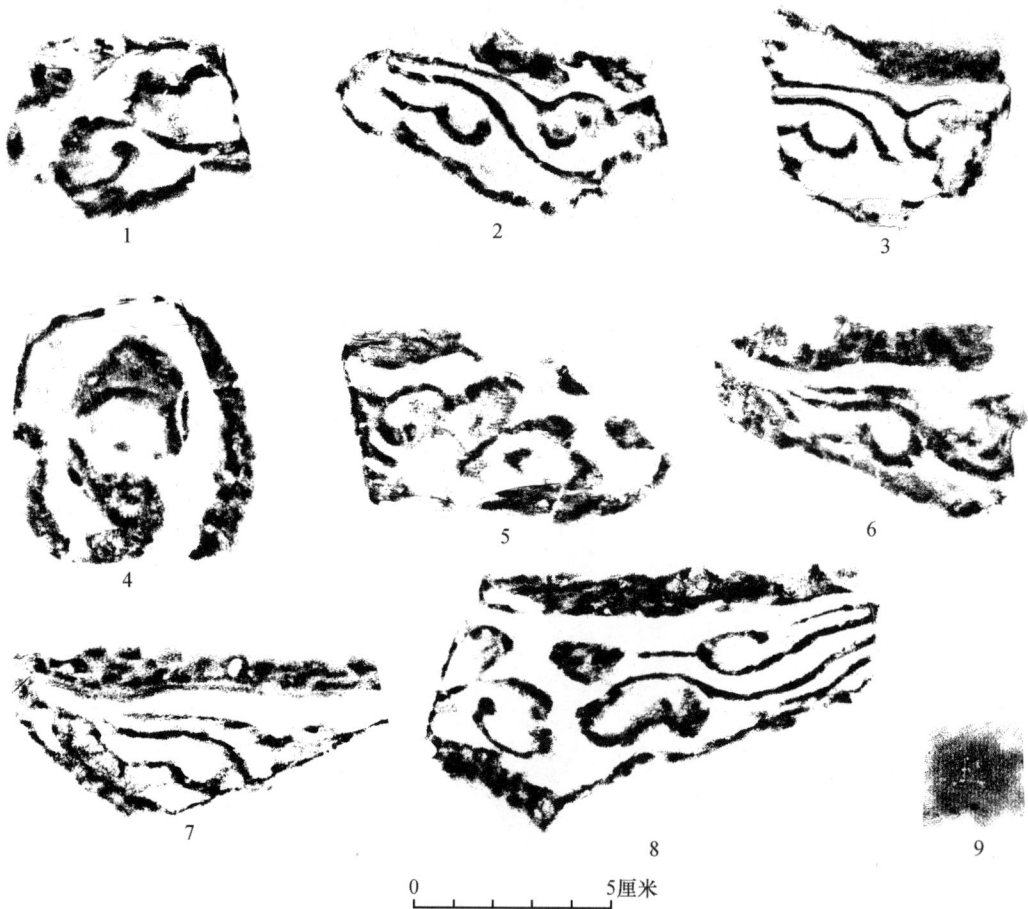

图二〇四　木屑溪遗址H4出土遗物纹饰拓片

1~3、5~8.滴水（H4：30、29、28、27、25、24、23）　4.瓦当（H4：26）　9."王"字刻铭（H4：9）

（二）瓷器

绝大多数为青花瓷，另有少量白地黑花瓷和黑瓷。

碗　15件。均为残器。敞口，口沿外撇，尖圆唇，弧腹，青花瓷碗均为矮圈足。釉色青灰。H4：1，圈足下缘露胎，口沿及碗内底部有个别失釉斑点。碗内底绘有一幅花石图，中立一块奇石，两侧分别为花草，下端绘有地面，图案周围绘一周弦纹。器外壁绘有五丛花卉。口径15.4、底径6.6、高5.4厘米（图二〇五，2；图版一一三，1～3）。H4：2，形体较大。青花色泽比较暗。圈足下缘露胎。器内底部绘有大团花，口沿内有一周纹饰带。器外壁满绘大朵写意花卉图案。口径21.6、底径8.7、高8.2厘米（图二〇六，9；图版一一三，4～6）。H4：4，

图二〇五　木屑溪遗址H4出土瓷器（一）

1～5.瓷碗（H4：12、1、18、19、11）　6.瓷盘（H4：14）

残存底部。器内底部绘写意花卉。底径4.3、残高3.4厘米（图二〇六，2）。H4：5，残存底部。器内底部随笔绘飘带。底径6.2、残高2.6厘米（图二〇六，3）。H4：7，残存底部。器内底部绘太阳放射纹。底径4.2、残高3厘米（图二〇六，4）。H4：9，残存底部。器内底部绘一束花，并点刺一"王"字（图二〇四，9）。外底有"大明成化年造"字款，字体拙劣。底径5.2、残高2.4厘米（图二〇六，11；图版一一四，3、4）。H4：10，残存底部。器外近足处绘有一周心形如意卷云纹，中腹绘花枝纹。底径6.3、残高5厘米（图二〇六，7）。H4：11，釉色呈青黑色。器内底部绘虾形图案，器外绘有阔叶植物。口径14.4、底径6.2、高6厘米（图二〇五，5）。H4：12，青花色泽呈黑灰色。器内底部绘抽象花卉和飘带，器外壁则绘一棵草花与一丛草叶相间。口径15.4、底径5.4、高6.4厘米（图二〇五，1）。H4：16，器内外均绘有莲花图案。口径10.2、底径4.5、高4.6厘米（图二〇六，1；图版一一四，5）。H4：18，

图二〇六　木屑溪遗址H4出土瓷器（二）

1～9、11.瓷碗（H4：16、4、5、7、39、21、10、36、2、9）　10.瓷盘（H4：3）

器内底部绘有植物、蝎子等图案。器外纹饰分上下两区，上区绘龟背纹，下区绘奇石、花草、树木。口径14.8、底径5.6、高6.4厘米（图二〇五，3；图版一一四，6）。H4∶19，青花呈青黑色。器内底部绘有草叶，器外中上腹绘花卉，下腹绘有一周卷叶纹。口径16.6、底径 4.4、高 6 厘米（图二〇五，4）。H4∶21，胎色呈青灰色，外壁中上腹及内壁施黑釉，釉色黑中泛灰，外壁下腹及底素胎无釉。口径10.3、底径3.8、高4.8厘米（图二〇六，6）。H4∶36，内底绘一丛阔叶花卉，外壁草绘图案，圈足有削足痕。底径3.4、残高2.8厘米（图二〇六，8）。H4∶39，内底绘一丛阔叶花卉，外壁草绘图案。底径6.4、残高3.4厘米（图二〇六，5）。

盘　2件。青花瓷。敞口，斜弧腹，浅盘，矮圈足。H4∶3，花边口沿，微折沿，壁厚。器内釉色青白，器外则呈青绿色，开片明显，圈足下缘及内露胎，胎呈灰白色。器内底部在三圈弦纹中绘一云龙图案，龙的眼鼻清楚可辨。器内近口沿处绘有一周卷云纹带。口径18.4、底径10、高3.8厘米（图二〇六，10；图版一一四，1、2）。H4∶14，器外绘有草叶纹，器内底部亦绘有青花纹饰。口径14.6、底径7.8、高2.7厘米（图二〇五，6）。

十一、ZK2出土遗物

均为冶炼罐。均夹粗砂硬陶，筒腹，平底微凹。器表及器内轮制弦纹痕迹较明显。

冶炼罐　2件。ZK2∶1，上腹微鼓，下腹斜收至底。严重变形，中腹以下有一大的开裂缝。上部粘附有大块冶炼罐残片，应是另一冶炼罐变形粘结形成。冷凝区下处淋泥现象清晰。底径9.6、残高27厘米（图二〇七，1；图版一一五，1、2）。ZK2∶2，敛口，方圆唇。腹部以

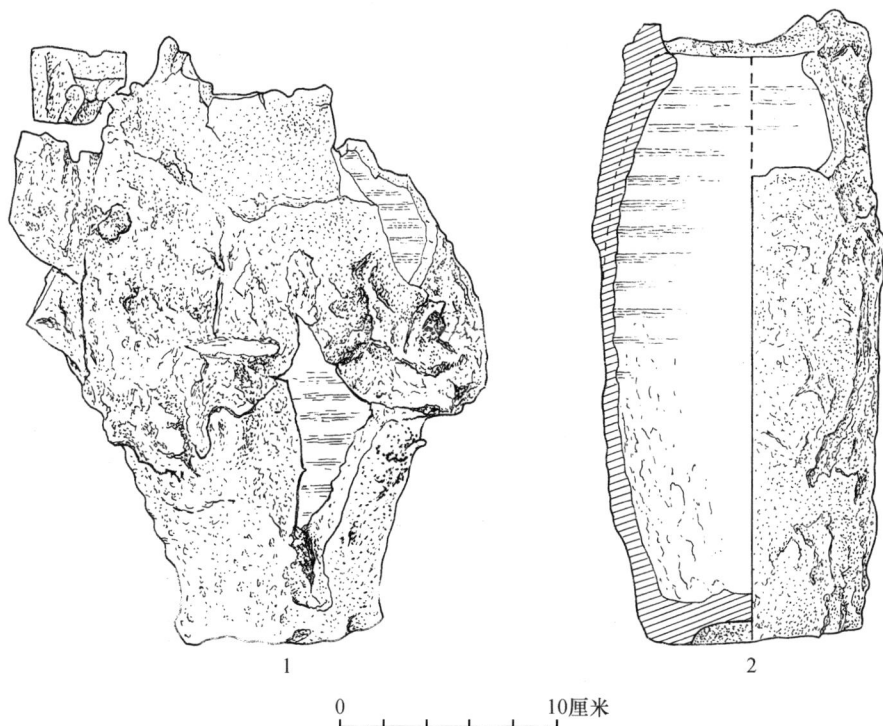

图二〇七　木屑溪遗址ZK2出土冶炼罐

1、2.冶炼罐（ZK2∶1、2）

下已开裂，使罐体上下粗细接近，鼓腹现象不明显。口内径6.4、底径10、高27.4厘米（图二〇七，2；图版一一五，3、4）。

十二、ZK8出土遗物

（一）瓷器

碗　ZK8③：11，青花瓷，残存底部。釉色呈青灰色褐色。器内底部中划出"卍"字符号，另点刺一"馬"字（图二〇八，7）。

（二）石器

凿　ZK8②b：1，石质呈青绿色。平顶，双面刃。宽2.8～3.7、厚0.8～1.3、高5.5厘米（图二〇八，6）。

（三）冶炼遗物

冶炼罐　9件。均夹粗砂硬陶，敛口，卷沿，方圆唇，筒腹，下腹斜收至底，平底微凹。器表及器内轮制弦纹痕迹较明显。ZK8③：2，尚未用于冶炼。陶色呈暗酱褐色，夹有较多的小粒度砂石颗粒，应经过筛选。最大腹径位于腹中部。外口径8.8～9.4、内口径7～7.5、底径8.5、高24.5厘米（图二〇八，4；图版一一九，1）。ZK8③：3，冷凝区已无存。略有变形。外部底面部有宽5厘米的区域未直接受火，且内凹严重。罐体冶炼时有淋泥现象。外口径9.5～10.5、内口径7～7.5、底径10、高27厘米（图二〇八，1；图版一一六，1、2）。ZK8③：4，器外裹泥较厚，内渣表面较致密，质量较重。下底粘结有一大块煤矸石。外口径11.2、内口径9.2、底径9、罐高26.5厘米（图二〇八，2；图版一一六，3、4）。ZK8③：5，小平底。冷凝区以下罐口部淋泥现象明显。外底面受火严重。外口径11、内口径8.5、底径7.5、通高31厘米（图版一一七，1、2）。ZK8③：6，中腹以上粘结有较多渣块，罐体淋泥处位于口部和腹部。罐底部被泥遮盖。内口径7～8.5、底径8、通高30厘米（图版一一七，3、4）。ZK8③：7，罐体受高热严重变形，中腹以上弯向一侧。冷凝区内残存有较多的氧化锌，特别是透气孔内氧化锌颗粒较粗。外腹冷凝区以下淋泥现象明显。罐底中部内凹，大部分未直接受火。冷凝区口径10、罐底径9厘米（图版一一九，2～4）。ZK8③：8，外口径10.7、内口径7.5、底径8.5、高26.5厘米（图版一一八，1、2）。ZK8③：9，罐体淋泥现象明显。外口径10.8～11、内口径8～8.5、底径8、高约29厘米（图二〇八，3；图版一一八，3、4）。ZK8③：10，尚未用于冶炼。胎色为蓝灰或暗红褐色。胎内包含有较多的细小石英、砂石颗粒，应经过筛选。最大腹径位于中腹部，肩部有一"×"形刻画记号。外口径10、内口径8、底径8.7、高24.5厘米（图二〇八，5）。

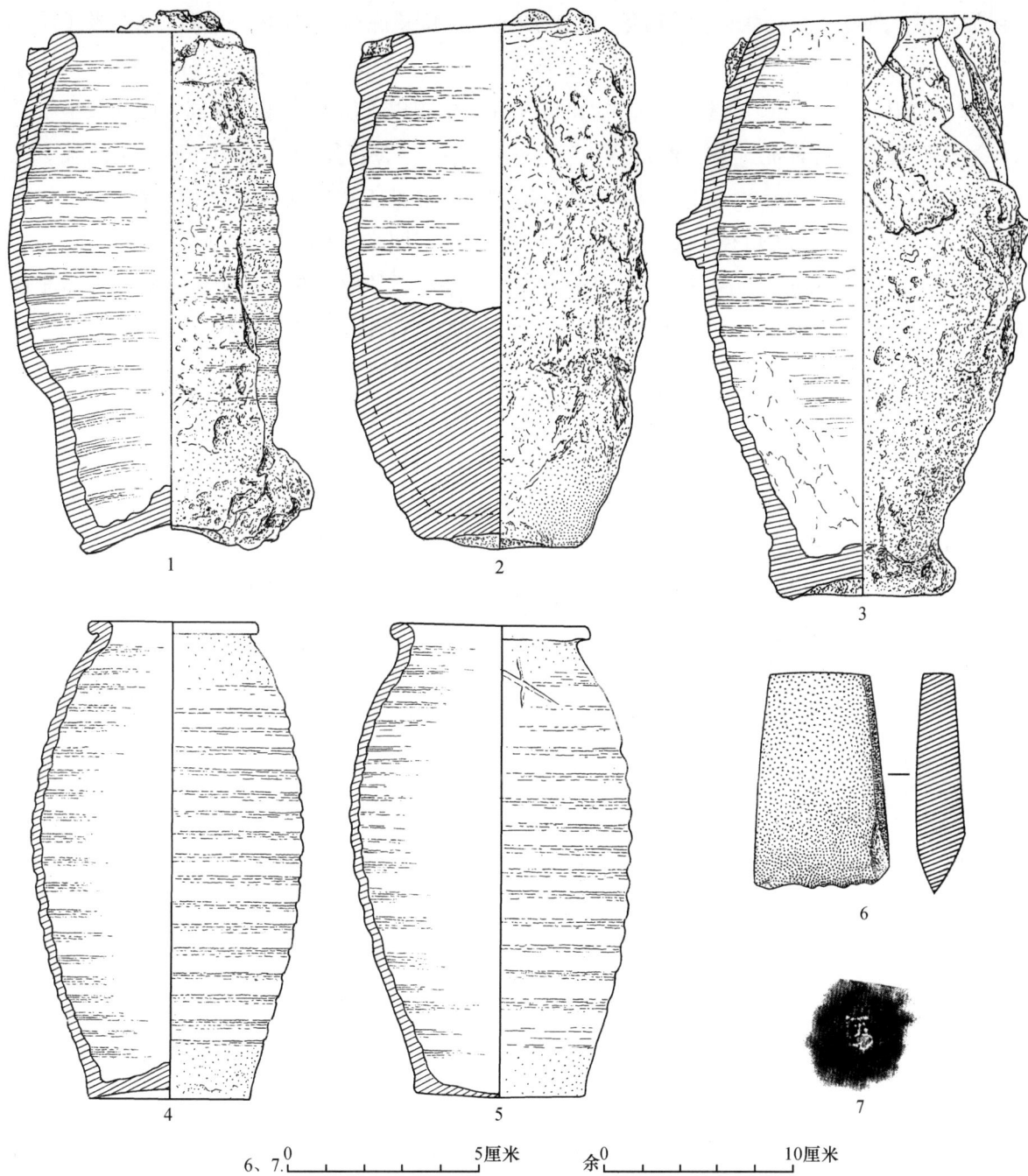

图二〇八　木屑溪遗址ZK8出土遗物及刻铭拓片

1~5.冶炼罐（ZK8③：3、4、9、2、10）　6.石凿（ZK8②b：1）　7."馬"字铭拓片（ZK8③：11）

十三、采 集 遗 物

（一）冶炼遗物

木采：1，冷凝区保存较好。已严重变形。中腹缺失一大块，有明显下堆现象。在冷凝区与罐口相接区域有一周稀泥下垂带，烧成温度高，以上则未直接受火。说明在放入炉内冶炼之前用泥较稀，外底未直接受火。冷凝区口径11厘米，冶炼罐底径8.6厘米，通高30.6厘米（图二〇九，1；图版一二二，1、2）。木采：2，冷凝区无存。外口径9、内口径6.8、底径约8、高27厘米（图版一二〇，1）。木采：3，冷凝区无存。中腹以下有宽裂缝。外部底面一大半未受火。冶炼时罐体淋过稀泥。外口径8.5～9.5、内口径7～7.5、底径9.5、高约26厘米（图版一二〇，2）。木采：4，冷凝区无存。腹部有两处宽裂缝，底部未直接受火。冶炼时罐体淋有稀泥现象。外口径9～9.5、内口径7～7.5、底径9.5～10、高27厘米（图版一二〇，3）。木采：5，冷凝区无存。外部底面未直接受火，上部裹泥较厚，裹泥层厚约2厘米。罐体有部分淋稀泥现象。外口径8～8.5、内口径6.5～7、底径9、高约27厘米（图版一二〇，4）。木采：6，冷凝区无存。口部外裹泥，裹泥层厚2厘米。冶炼时罐体淋有稀泥现象。外口径8.4、内口径7、底径9.5、高24.5厘米（图版一二一，1）。木采：7，两个罐体粘连在一起，其中一个已下堆变形。另一个腹部大块缺失。冷凝区保存较好。罐底中心相距约15厘米，两罐边缘相距最近约5.5厘米。下堆的罐体外底直接受火严重，另一罐罐外底则绝大部分未直接受火。因变形下堆挤压的原因，另一罐已向外倾斜。从冷凝区下看，罐体部分区域有泥渣粘接痕。冷凝区外口径10.5～11.5、内口径9～10、底径8.5、通高32厘米（图二〇九，2；图版一二二，3、4）。木采：8，口部已残，罐外底面未直接受火（图版一二一，2）。木采：9，口部已残。冶炼中有

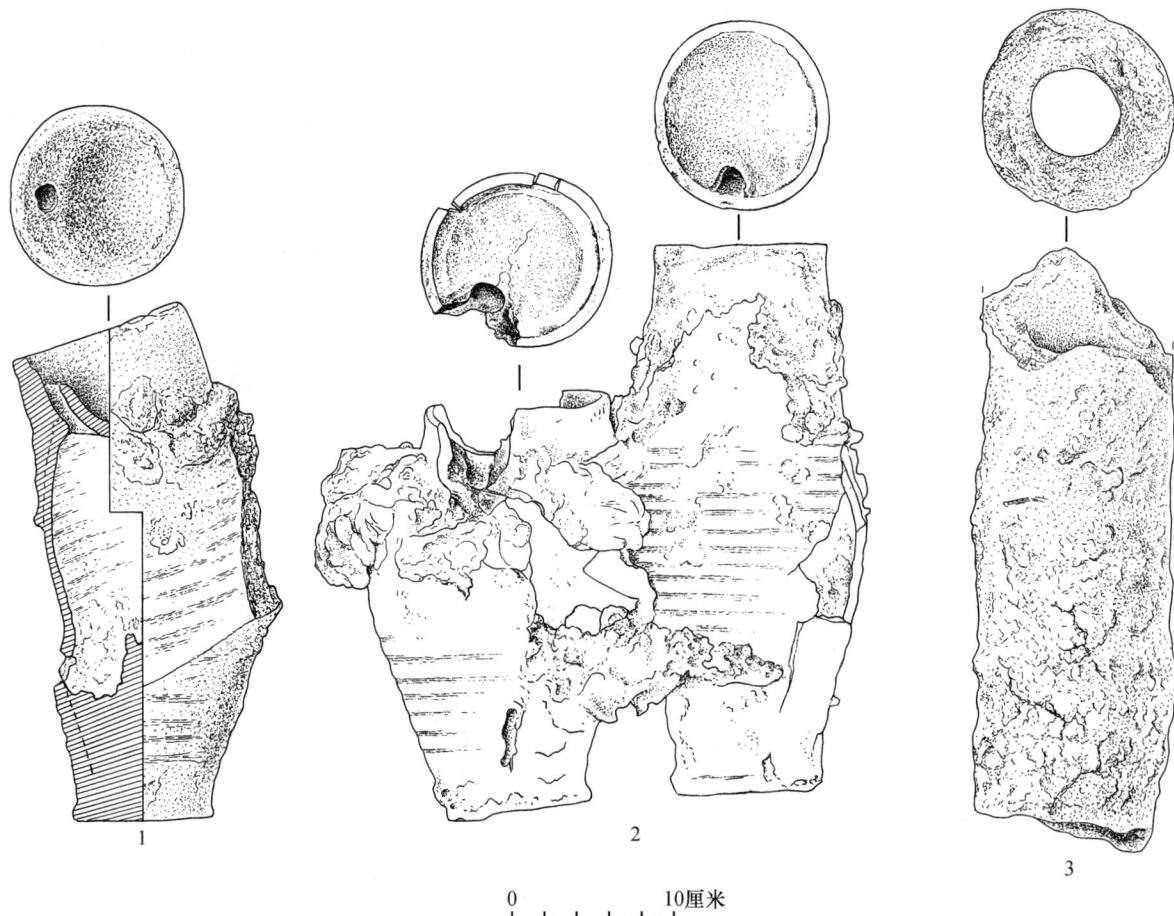

0　　　　　10厘米

图二〇九　木屑溪遗址采集冶炼罐及鼓风管

1、2.冶炼罐（木采：1、7）　3.鼓风管（木采：11）

淋泥现象。底径9、高27厘米（图版一二一，3）。木采：10，口部已残。冶炼中淋泥现象明显。外口径8、内口径6.5、底径9、高27厘米（图版一二一，4）。

鼓风管　木采：11，夹砂褐陶，外壁呈黄灰白色，内壁呈灰白色，内壁未直接受火。内层土内夹有层状红褐色筋。残长35.5、外壁直径11.6~12、内径5.2~5.4、壁厚3.2厘米（图二〇九，3；图版一二二，5、6）。

（二）金属器

均为铜钱，共11枚，皆圆形方孔。

五铢　1枚。木采：1，直径2.4、穿边长1.1厘米（图二一〇，1）。

货泉　2枚。木采：2、3，直径2.1、穿边长0.7厘米（图二一〇，2、3）。

大泉五十　1枚。木采：4，直径2.6、穿边长1厘米（图二一〇，4）。

开元通宝　1枚。木采：7，直径2.3、穿边长0.7厘米（图二一〇，5）。

崇祯通宝　6枚。直径2.3、穿边长0.6厘米。木采：5，背文"一分"（图二一〇，6）；木采：6，钱背穿上"重"，穿下一星（图二一〇，7）；木采：8~11，皆光背（图二一〇，8~11）。

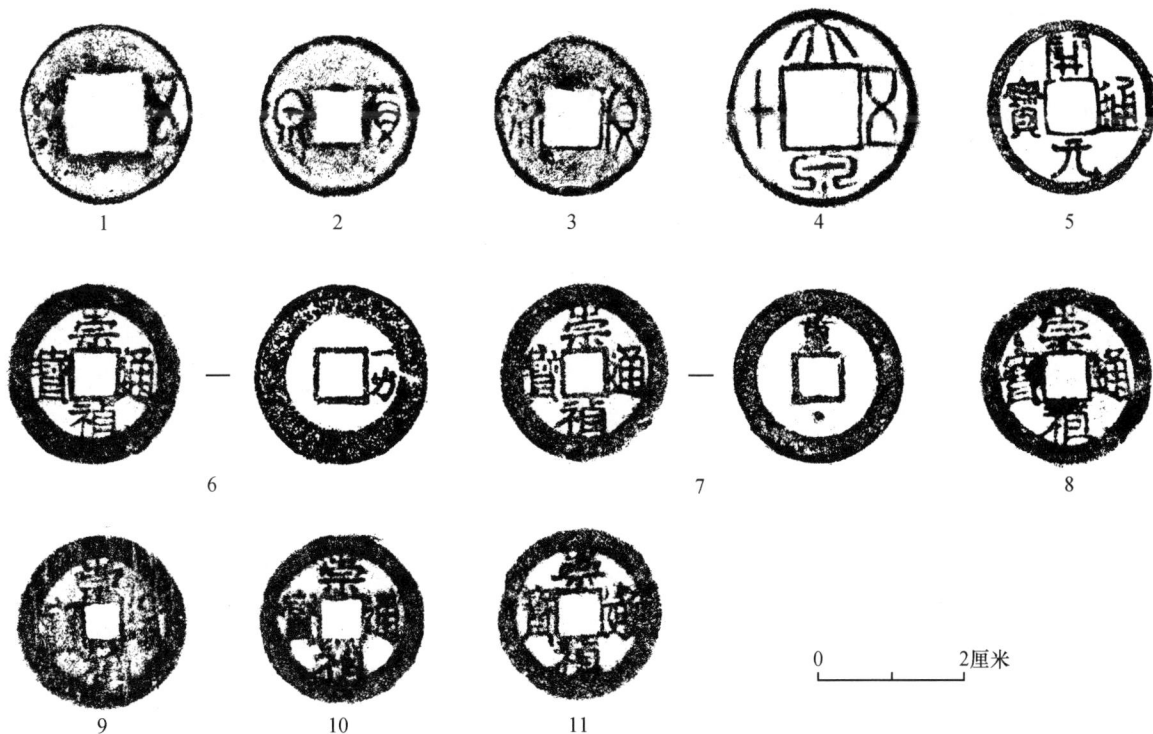

图二一〇　木屑溪遗址采集铜钱拓片

1.五铢（木采：1）　　2、3.货泉（木采：2、3）　　4.大泉五十（木采：4）　　5.开元通宝（木采：7）

6~11.崇祯通宝（木采：5、6、8~11）

第八章　丰都庙背后炼锌遗址的技术分析

为探讨庙背后遗址的冶炼技术和它的持续时间，选择了70多件样品进行元素组成、微观结构、热释光、光释光和AMS-[14]C年代测定工作，现将检验结果报告如下。

一、技术路径与分析结果

研究古代冶金遗址所反映的冶炼技术，需要对遗址中所包含的矿石、炉渣、燃料、炉壁、金属制品及其他有关遗物进行分析，选择的样品既要在年代上有代表性，在器物种类上也要有代表性，本次选择的样品包括炼锌冶炼罐、炉壁、燃料、炉渣及金属锌样品，为了测定其年代，还对底层堆积的黄土和出土木炭、骨骼进行了采样。实验方法是首先对采集的样品进行宏观观察，然后根据检测目的选择不同的实验方法。

对于冶炼罐、炉渣和金属锌样品，是取样后利用环氧树脂镶嵌，研磨抛光后在显微镜下观察，拍摄组织照片，并用扫描电镜及其所带的能谱仪分析样品的成分，本次检测在日本国立历史民俗博物馆完成，所用的扫描电镜为日本电子JEOM-850型，能谱仪为飞利浦PV9550型，激发电压为20kV，由于采用了铍窗口检测，原子序数小于11（Na）的元素不能检测，选择的21件样品的名称及成分分析结果见表1和表2，显微组织（背散射电子相或二次电子像）如图1~图32。扫描电镜只能给出样品的成分，为检测其结构，又选择样品在日本国立历史民俗博物馆采用理光MD2/JADE5型X-射线衍射分析仪进行X-射线衍射分析，其中样品7307-4的衍射谱如图33。

为了判定该遗址的年代，选择13件含碳物质，包括碳酸锌、木炭和骨骼，进行AMS-[14]C测年，碳十四测年结果见本书第九章表1；选择20件冶炼罐残片、填兜和烧土进行热释光测年，在遗址不同地层选择黄土样品12件进行光释光测年，目前这些实验正在进行之中。

表1　部分样品的扫描电镜能谱分析结果（一）

	扫描部位	Mg	Al	Si	P	S	K	Ca	Ti	Mn	Fe	Cu	Zn	图
7300冶炼罐片及附着渣	面扫平均	1.2	14.1	50.5		0.1	5.3	6.2	1.8	0.2	9.3	0.1	7.8	
	高锌区域	1.5	2.7	17.5		0.1	0.2	0.1	0.1	0.2	13.3	0.1	64.1	1
	高铁区域		0.3	1.4		0.1		0.5	0.2		95.2		2.3	
	高锌颗粒					0.1	0.1	0.1			13.5	0.1	86.1	2
	ZnS颗粒		0.3	1.4	0.4	28.6	0.1	0.2	0.1	0.1	6.6	1.7	61.5	
7301冶炼罐片及附着渣	高锌亮处	1.2	2.7	25.6		0.2	0.7	1.3	0.3	0.4	11.7	0.3	56.2	3
	低锌暗处	0.3	10.2	48.6		0.4	5.0	5.1	1.1	0.7	13.1	0.1	15.5	
	暗处铁颗粒		0.3	1.5		0.3		0.2	0.1	0.2	95.3		1.9	4
	高铁区域		0.2	1.2	0.2	0.4		0.4	0.1	0.3	94.0	0.6	2.6	

续表

	扫描部位	Mg	Al	Si	P	S	K	Ca	Ti	Mn	Fe	Cu	Zn	图
7304 炉壁附着渣	面扫平均	1.4	17.0	61.6	0.1		5.7	1.9	1.4		9.5		1.7	5
	高铁颗粒	1.5	9.9	10.8		0.1	1.2	0.4	30.3	0.4	43.7	0.2	1.5	
	高锌颗粒	0.2	2.0	4.2		0.8	0.2		0.1	0.2	1.6	1.0	89.7	6
7305-1 炉渣	面扫平均	0.8	22.1	64.4		0.2	5.2	0.5	1.2		4.7	0.1	0.3	
	S颗粒		5.4	13.4	1.1	66.1	2.3	0.9	0.8	0.5	3.1	1.4	5.0	
	亮线高锌区	2.3	19.5	18.5		0.1	1.3	1.0	0.7	0.2	17.0	1.4	37.9	7、8
	边部内侧	2.1	16.5	54.3			5.4	8.9	1.5		10.5		0.9	9
	炉渣边部	0.2	2.9	37.9		0.2	0.2	1.2	0.1		1.0	0.4	56.1	
7305-2炉渣	面扫平均	1.9	20.7	54.9		0.1	3.5	6.5	1.4	0.1	8.8	0.1	0.4	10
7305-3 炉渣	面扫平均	1.7	20.4	52.8		0.5	4.8	6.2	1.4	0.2	11.3	0.1	0.3	11
	高铁颗粒1	2.3	6.1		0.6	1.1	0.6	1.7	0.2		69.2	0.6	17.7	
	铁颗粒2		2.1	5.2	0.2	0.1	0.1	0.3	0.7	0.3	91.2			12
	高锌颗粒		0.5	2.3	0.3	33.7	0.2		0.1		0.7	0.3	62.0	
	铜锌颗粒	0.1	0.6	1.3	0.1	1.1	0.1	0.2	0.1	0.2	1.4	59.2	35.6	
	炉渣边部1	4.9	13.2	41.8	0.2		4.0	2.6	1.7	0.2	18.6	0.1	12.8	13
	炉渣边部2	0.4	25.2	47.3			0.2	4.7	0.1	0.1	0.7		21.4	
	边部内侧	2.2	13.9	55.5			6.5	9.1	1.5		10.7		0.7	
7305-4 炉渣	面扫平均	2.4	21.1	51.1			9.6	2.5	1.1	0.1	10.7		0.2	14
	高铁颗粒			0.7	0.1	27.9	0.2	0.5			69.6		1.1	
	高铁颗粒	0.6	3.2	6.1		0.1	0.5	0.8	0.5	1	86.6	0.13	0.4	
	高铁颗粒	0.1	1	0.7			0.6	1.6	20.1	2.9	72.6		0.4	
	高锌颗粒		0.9	10.3	0.1	0.1	0.2	0.1	0.1	0.1	1.5	0.3	86.2	
	铜锌颗粒	0.6	4.1	5.4			0.4	0.3			1.7	54.5	33.0	
7305-5 炉渣	面扫平均	2.1	15.5	56.5			5.0	7.1	1.5		12.4		0.1	
	基体中白点	6.5	38.8	17.1			0.8	3.1	1.4	0.2	26.6		5.5	15
	FeS 颗粒				0.5	33.1	0.1	0.2	0.2		65.2	0.6	0.1	
	面扫	1.0	14.6	35.0		0.6	2.2	2.0	0.3		43.8		0.5	
	块状亮处	1.0	39.7					0.4	0.1		55.6		3.2	16
	条状亮处	1.5	2.9	24.7			0.7	1.0	0.2	0.2	68.8			
	暗处	0.5	14.5	44.7		1.5	3.6	3.6	1.2	0.1	30.0	0.2	0.2	
7305-6 炉渣	面扫平均	1.5	12.1	51.7			1.8	7.1	0.9	0.1	16.1	0.1	8.7	
	基体中白点	1.6	5.5	1.2		0.1	0.1	0.1	5.1	0.5	83.8		2.2	17
	基体中白点	2.2	23.6	34.0		0.1	1.6	1.2	0.5		16.0		20.9	
	炉渣表面1	2.5	15.8	31.4	0.1	0.1	2.9	8.6	0.9	0.8	15.8	0.5	20.6	18
	炉渣表面2	1.6	10.3	25.6		0.1	2.8	16.0	1.0	0.7	18.4		23.4	
7305-7 炉渣	面扫平均	2.1	15.9	52.7			5.2	4.3	1.1	0.1	16.1	0.1	1.0	19
	基体中白点	2.1	18.6	41.0			4.7	1.6	2.2	0.3	26.3		2.2	
	基体中白点	3.5	31.9	16.4	0.1		1.7	0.8	1.4	0.2	36.3		6.2	
	炉渣表面	1.7	19.7	48.2		0.1	7.3	1.3	1.4	0.2	13.5	0.3	6.4	

续表

扫描部位		Mg	Al	Si	P	S	K	Ca	Ti	Mn	Fe	Cu	Zn	图
7306-1 炉渣	面扫平均	1.4	25.8	53.9		0.6	5.4	0.5	1.3		9.8		0.1	
7306-2 炉渣	面扫平均	0.8	17.8	70.3		0.5	6.0	0.3	0.9		3.3	0.1	0.2	20
	铜锌颗粒	2.7	9.7	20.5		27.3	7.4	1.4	2.5		1.6	22.7	10.5	
	硫锌颗粒	0.9	13.1	26.9		27.2	0.1	1.3	3.7	0.2	2.0	4.9	18.4	
	高铁颗粒	10.8	33.3	24.7			8.8	0.2	0.1	1.5	29.2			
7306-3 炉渣	面扫平均	1.4	22.3	55.2			3.7	4.4	1.2		8.6		1.0	
	高铁颗粒	0.1	3.5	6.3	0.2	10.6	3.8	0.6	0.3		73.2	0.5	2.1	21
	高铁颗粒	1.7	27.1	48.9			12.2	0.4	1.3		12.5		0.5	
7306-5 炉渣	面扫平均	2.3	15.5	50.2			5.1	8	1.4	0.2	18	0.1	2.3	22
	铁颗粒			1.2	0.2	1.9	0.9	0.2	0.1		95.6			
	黑色条处	0.6	23.2	46.6			2.2	19.9	0.6		5.5	0.3	1.1	23
	白色点处	6.1	43.2	13.0			1.2	0.5	0.3	0.1	14.6		21.1	
7306-7 炉渣	面扫1	1.6	22.4	64.2		0.6	6.4	0.8	1.3		2.8			
	面扫2	1.6	14.4	55.2			5.4	10.0	1.6		8.8		2.7	
	FeS				0.8	37.2					61.8		0.2	24、25
	铁颗粒													
7306-8 炉渣	面扫平均	2.8	14.7	57.0			5.1	13.3	1.2		5.5		0.1	26
	FeS	0.5	2.6	2.7	1.4	11.5	6.4	0.3	1.4	0.1	72.8		0.3	
	Fe			0.8		0.9	1.0	0.1	0.1		96.9		0.2	
7306-10 炉渣	面扫1	2.7	16.6	54.4			5.3	8.1			11.0	0.2	1.7	
	面扫2	2.9	14.0	58.9			6.1	11.1	1.5		5.5			
	铁颗粒	1.7			0.1	0.2	0.2	0.1	0.1	0.2	95.3		2.1	27
	硫锌颗粒		0.4	2.8	0.4	28.0	0.4	0.5	0.3	0.1	4.5	0.3	62.5	
	高锌颗粒	2.0	18.0	28.9	0.2	0.1	2.7	1.8	0.6		4.2		41.6	
	高锌颗粒	2.4	10.8	46.2		0.2	3.4	5.8	1.5	0.4	17.4		12.0	
	高铁颗粒	0.2	7.1	6.2			0.1	0.2	0.2		74.5		11.5	
7307-3 炉渣	面扫平均	1.9	27.4	52.2		0.2	10.4	0.2	1.1		8.0	0.1	0.5	28
	高铁颗粒	1.6		4.8	0.4	3.8	0.4	1.1	0.5	0.2	86.8	0.5		29
	高铁颗粒		1.0	2.1		0.8	0.6	0.3	0.1		91.1		0.1	
	硫锌颗粒	0.3	2.6	29.0	0.7	38.4	0.8	1.9	2.1	0.3	5.0	2.1	16.8	
	硫锌颗粒	0.4	13.1	19.2	0.1	15.3	3.3		6.4		4.1	1.5	37.7	
	高锌颗粒	0.2	1.9	15.6	0.2		0.3				1.0	0.1	80.7	
7307-4 ZnCO₃	面扫平均		0.2	1.3	0.2	0.1	0.1	0.1	0.2				98.0	
7307-5 炉渣	面扫平均	0.2	2.3	26.8		0.4	0.9	1.1	0.1	0.4	13.2	0.3	54.3	
	玻璃状渣	0.7	12.0	46.3		0.6	4.7	6.3	1.6	0.4	11.4		16.0	
	白色相		0.5	17.9		0.2	0.1	0.1		0.1	9.8		71.4	30
	黑色相	0.2	7.6	54.7		0.2	5.3	6.5	0.4		9.6		15.6	

表2　部分样品的扫描电镜能谱分析结果（二）

		Mg	Al	Si	P	S	K	Sn	Ca	Ti	Mn	Fe	Cu	Zn	图
7307-2 炉渣	面扫平均	1.3	22.0	47.5		0.6	3.7		4.2	1.2		15.6	0.2	0.6	
	高磷		0.2	32.2	64.2	2.0						1.1		0.4	31
	高铁	1.3	6.8	17.2		12.3	2.1	0.3	1.2	13.2	0.5	44.2	0.9	0.2	
	高锡	1.4	5.7	16.0				64.1	1.4		0.2	11.3			32
	高锡	0.5	15.2	19.4		2.2		58.6	0.7	0.2		1.3	2.0		

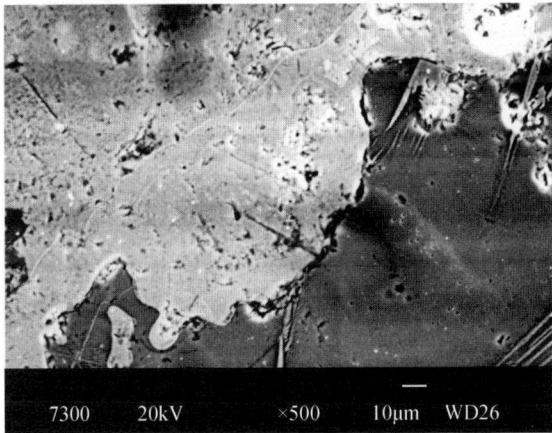

图1　7300冶炼罐壁附渣
左上部铁含量高，右下部锌高

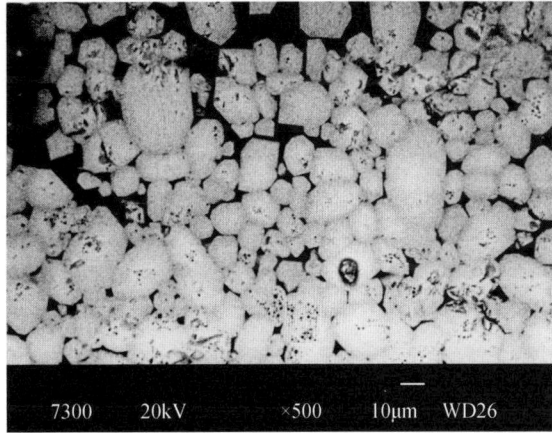

图2　7300冶炼罐壁附渣
白色部位高锌

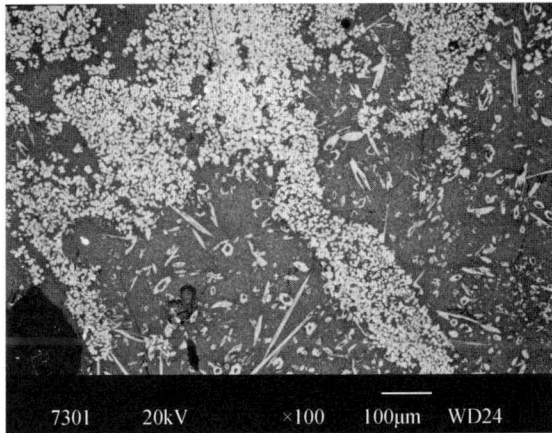

图3　7301冶炼罐壁附渣
白色点状部位高锌

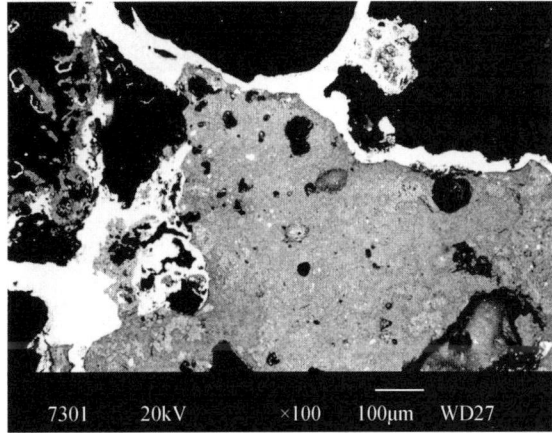

图4　7301冶炼罐壁附渣
白色亮处为铁

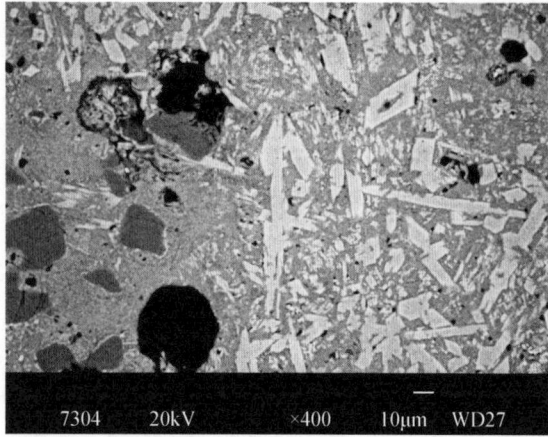

图5　7304炉壁附着渣

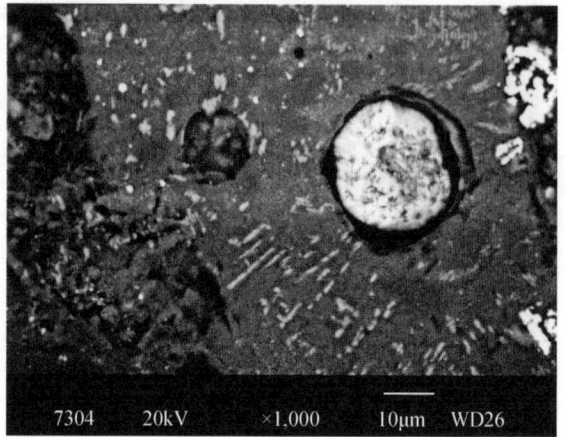

图6　7304炉壁附着渣

白色颗粒为锌颗粒

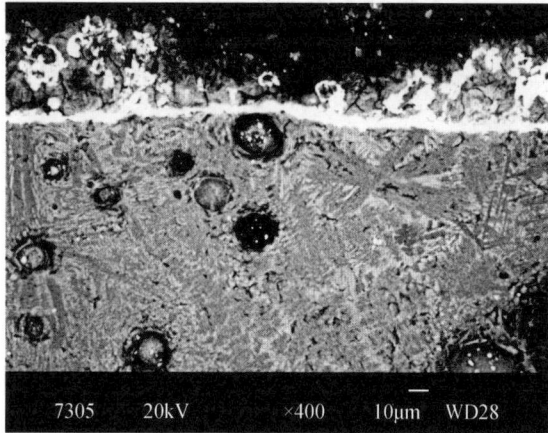

图7　7305-1炉渣

上部白线为高锌处

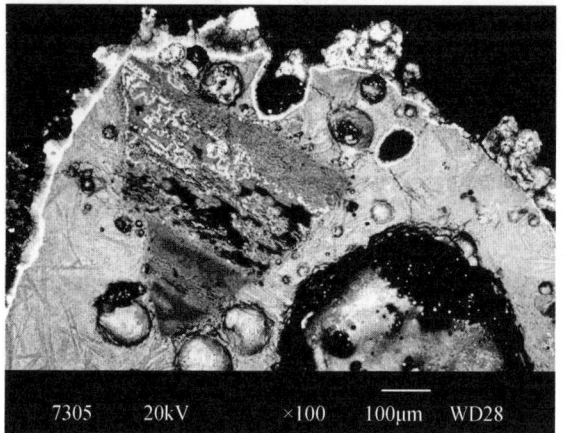

图8　7305-1炉渣

边部白线及颗粒为高锌处

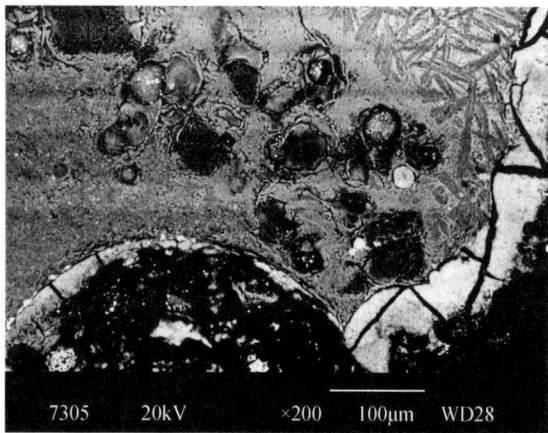

图9　7305-1炉渣

右下部亮处锌高，内侧锌低

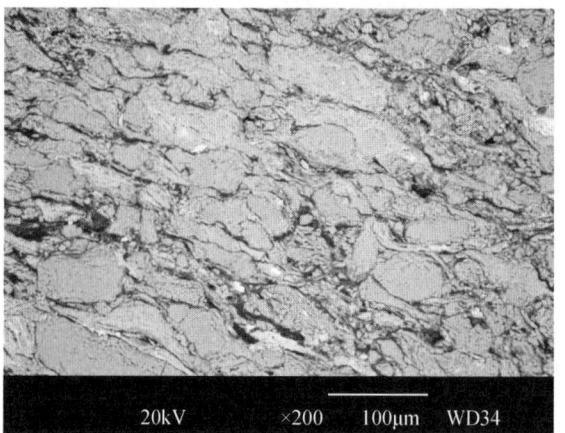

图10　7305-2炉渣

煤的组织

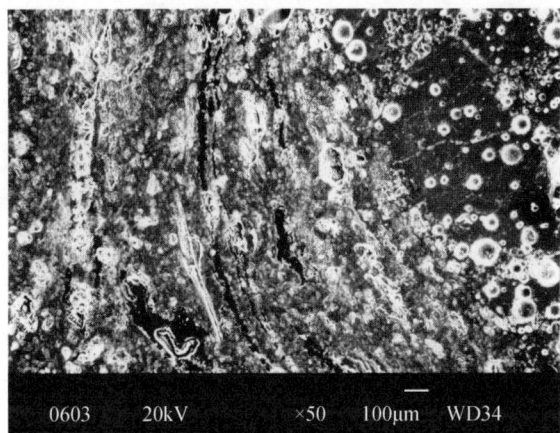

图11　7305-3炉渣

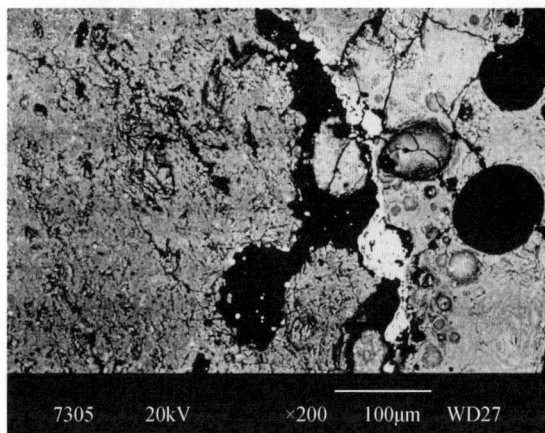

图12　7305-3炉渣

中间白亮处为FeO颗粒

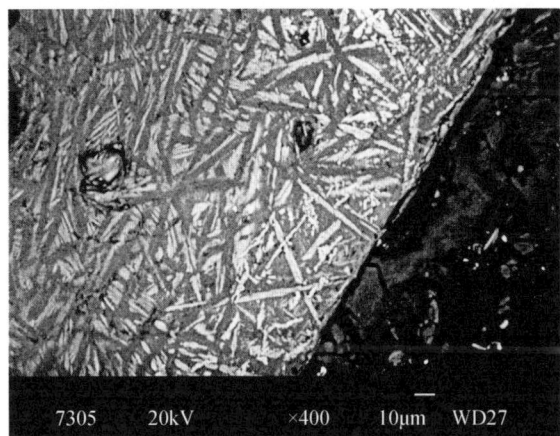

图13　7305-3炉渣

边部外侧（右下侧）锌高

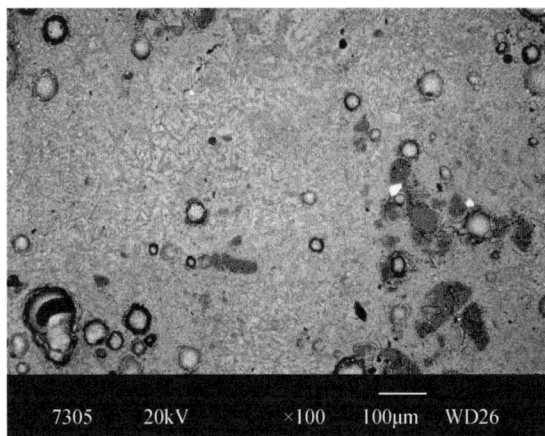

图14　7305-4炉渣

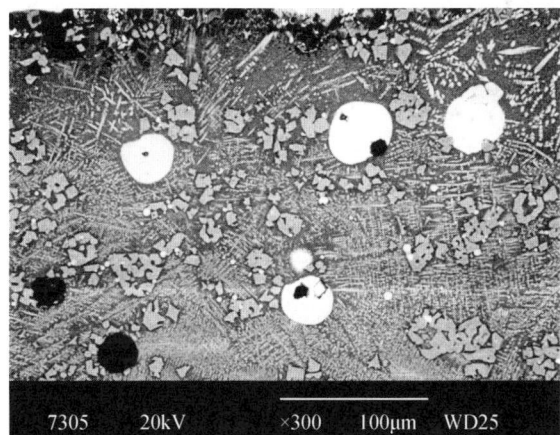

图15　7305-5炉渣

白色点状为FeS，灰色为Al-Zn-Fe相

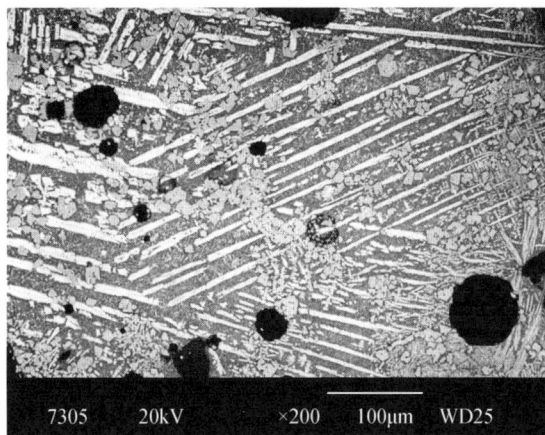

图16　7305-5炉渣基体

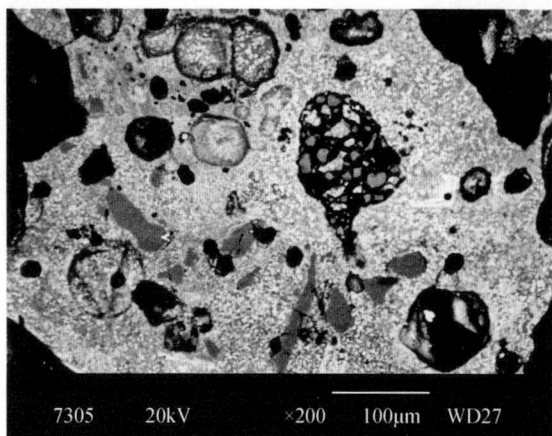

图17　7306-6炉渣

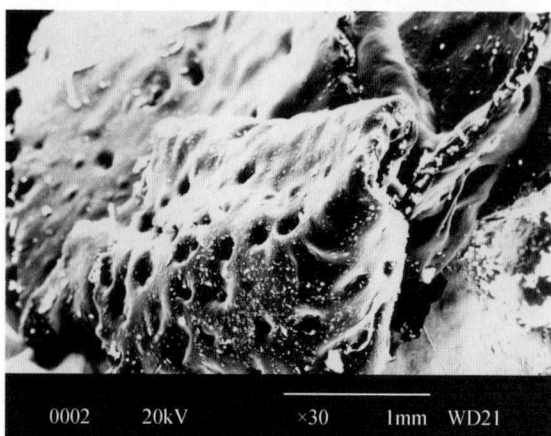

图18　7306-6炉渣表面直接扫描

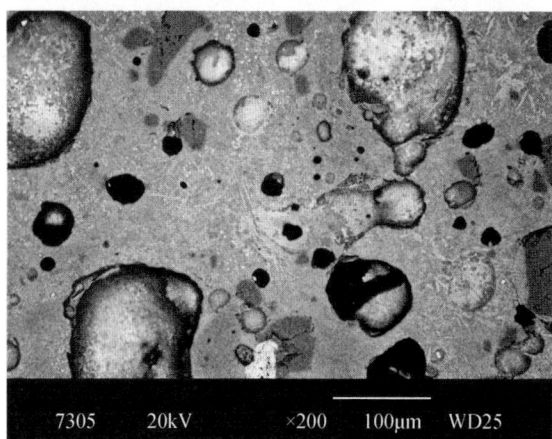

图19　7305-7炉渣

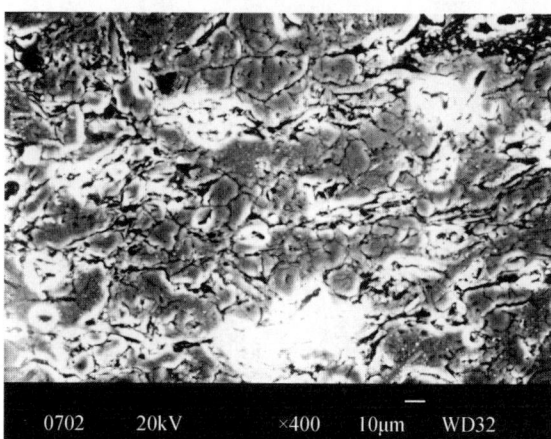

图20　7306-2炉渣

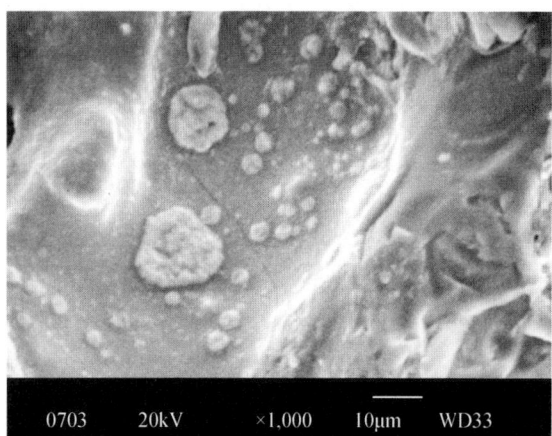

图21　7306-3炉渣

气孔中铁颗粒

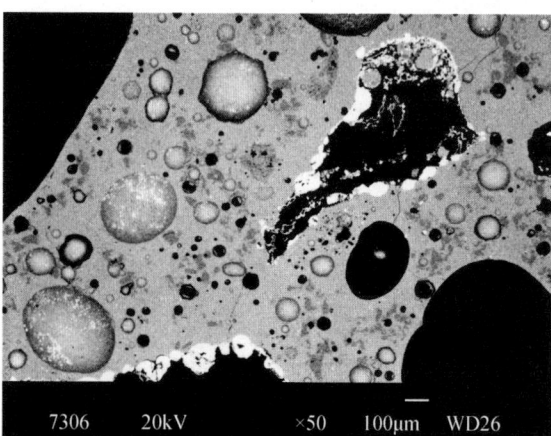

图22　7306-5炉渣

白色点处为铁颗粒

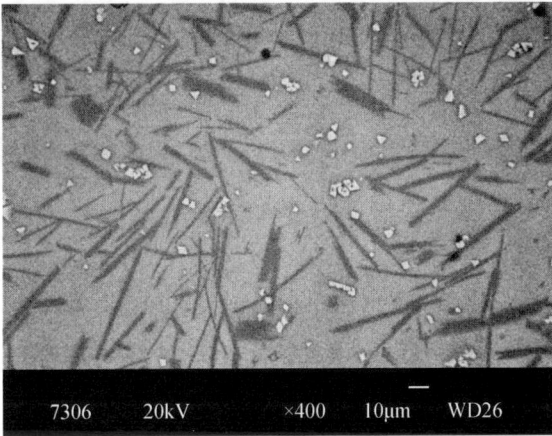

图23　7306-5炉渣面扫

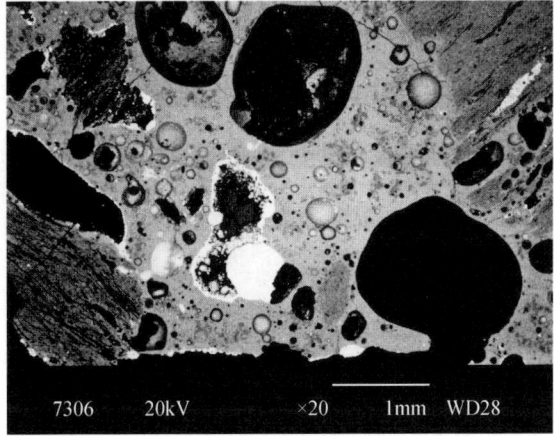

图24　7306-7炉渣

白色点及圆圈处为FeS颗粒，右下方表面小白点为铁颗粒

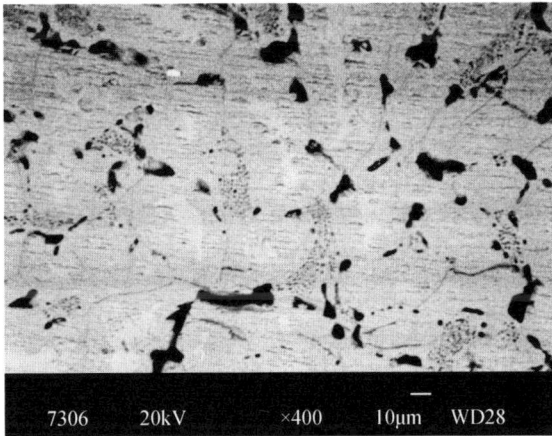

图25　7306-7炉渣FeS颗粒面扫

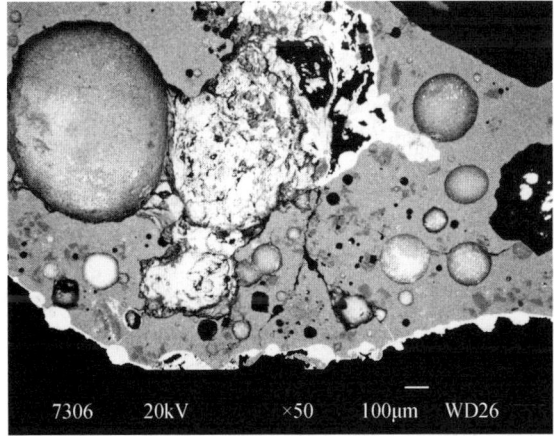

图26　7306-8炉渣

边部铁颗粒

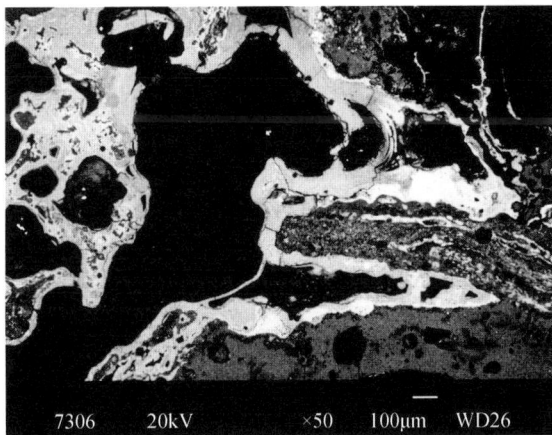

图27　7306-10炉渣

中间亮处为铁

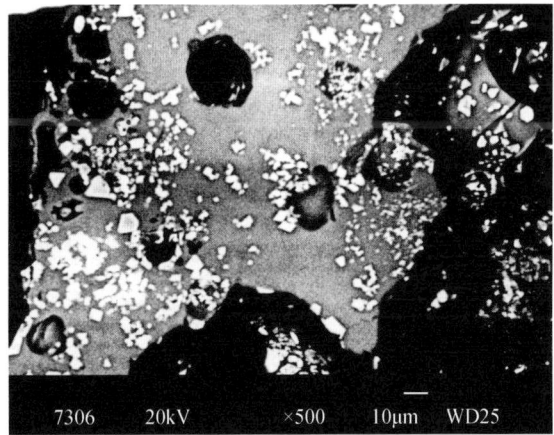

图28　7306-3炉渣

白色点处为ZnS，基体锌含量较低

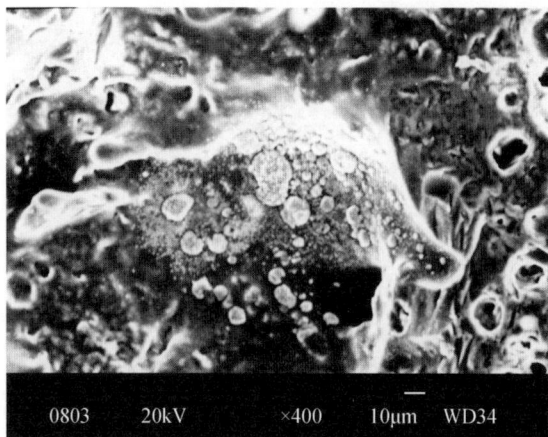

图29　7307-3炉渣
气孔中铁颗粒

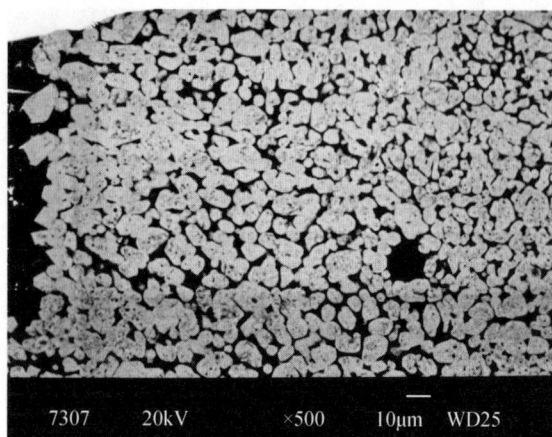

图30　7307-5炉渣
白色处锌高，黑色处锌低

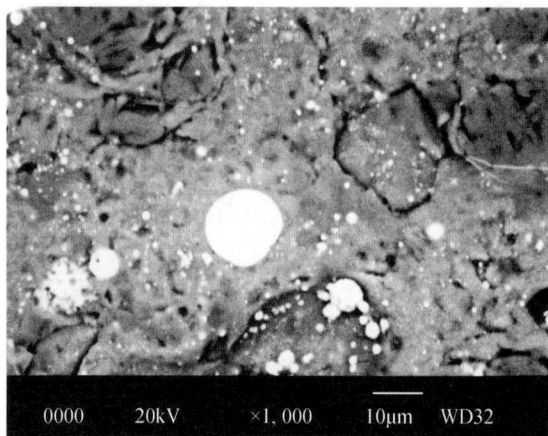

图31　7307-2炉渣
白色高铁颗粒

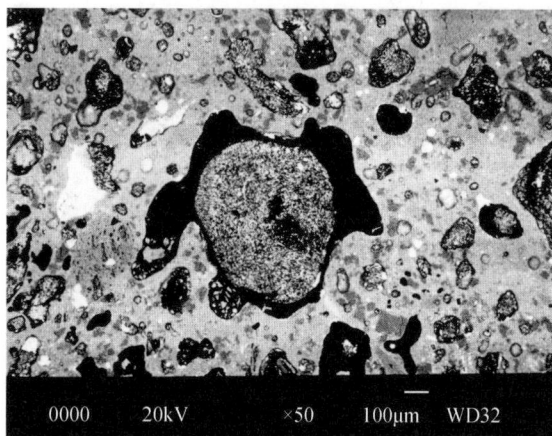

图32　7307-2炉渣
孔中有Sn-Fe-Si颗粒

二、讨　　论

1. 关于古代炼锌起源之争

　　黄铜（铜锌合金）的使用在我国为时很早，目前考古发现的最早的黄铜器有3件：1件半圆形铜片出土于陕西临潼姜寨仰韶文化一期遗址（公元前4700—前4000年）；1件长条形铜笄，发现于陕西渭南仰韶文化晚期遗址（约公元前3000年）；1件黄铜锥出土于山东胶县三里河龙山文化遗址（公元前2300—前1800年）。这三件黄铜器具有早期铜器的特征，也是世界上最早的黄铜器物。然而，这种早期的黄铜炼制技术并没有发展起来，在此后的二千余年中，我国经历了辉煌的青铜时代，从夏商周三代到秦汉，铜和青铜制器无数，可至今为止尚未发现一件是黄铜质的，黄铜在中国绝迹了，可以这么说，不管我国史前的黄铜是怎样获得的，有一点是可以肯定的，即这种技术并没有被认识和掌握，更没有得到发展并流传下来；这些早期的黄铜只是一种偶发性的产物，并不是作为一种冶金技术积累、发展的结晶。它们是在原始冶炼条件下

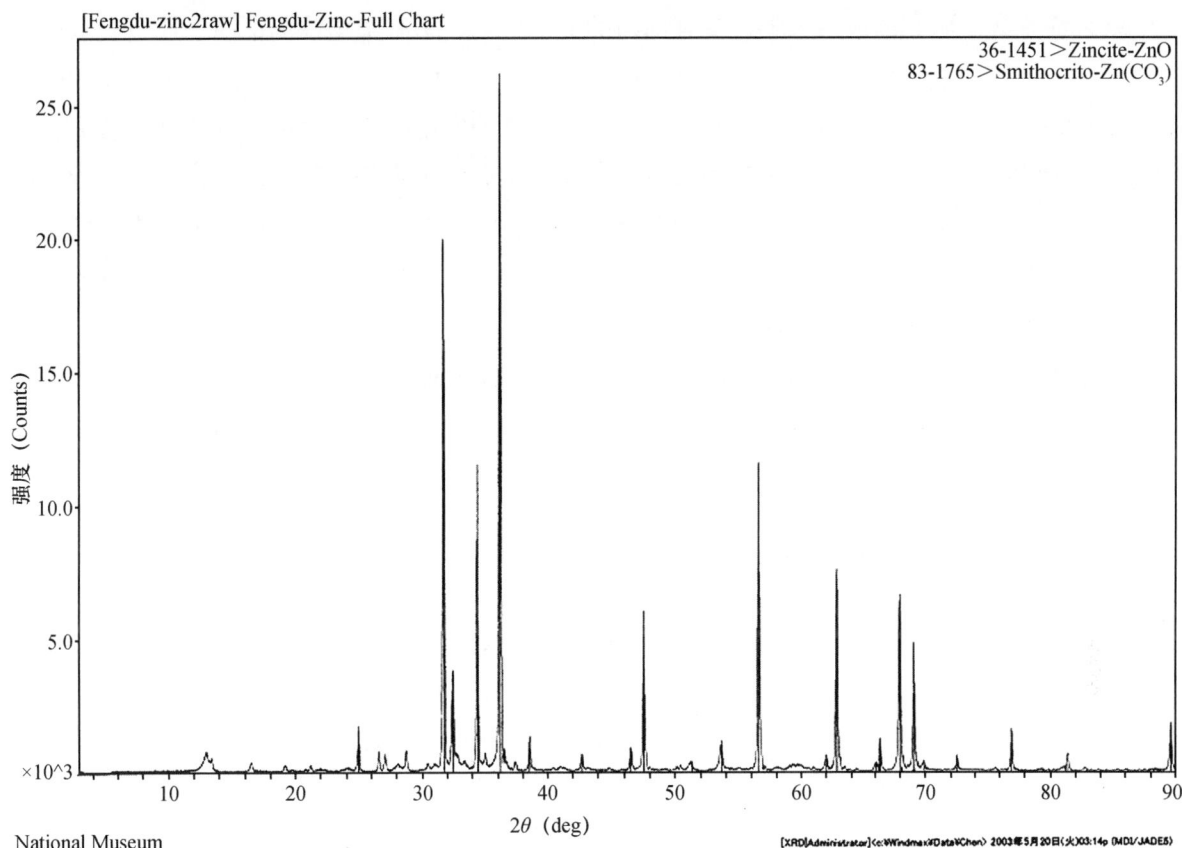

图33　样品7307-4的X-射线衍射谱

偶然得到的产物，并非用金属锌与金属铜熔炼而成，因此不能把黄铜的出现时间与锌的炼制时间混为一谈。

我国古代炼锌究竟起源于何时？最早可上溯到什么朝代？目前还不太清楚，我国科技史界从20世纪20年代起就展开了争论。主要有两种说法，一种认为古代炼锌的时间可上推到10世纪。立论的根据是明代李时珍《本草纲目》书中《金石·铅》的条目下转载了《宝藏畅微论》书中的一段话，其中关键性的一句是"倭铅可勾金"。据考证，《宝藏畅微论》一书是五代时期轩辕述所撰，成书于918年，既然那时已有倭铅，那么炼锌术应早于10世纪。但近年一些学者核对了《康熙字典》等权威性较强的几部古籍，其中所收录的《宝藏畅微论》有失段落，恰恰无"倭铅可勾金"一句，则认为有可能是李时珍著书时所添加，不能作为10世纪就能炼锌的依据。

另一种观点认为宋代已能炼锌，根据是《宋史·食货志》上有载："初，蔡京主行夹锡钱……每缗用铜八斤，黑锡半之，白锡又半之。"意思是宋代蔡京当权时所铸的夹锡钱币，其中黑锡（铅）的含量是铜的一半，白锡（锌）的含量又是铜的一半。并且曾有人对一枚宋代钱币作了化学分析，结果是：Cu55.49%，Pb25.80%，Zn13.15%，几乎与宋史所述"黑锡半之，白锡又半之"相吻合。但后来不少学者经过对大批的北宋年间的钱币（共322枚）进行定量分析，竟无一枚宋钱的含锌量超过1%的，因此关于宋代就已把锌作为一种金属用于铸造钱币的说法也似乎站不住脚了。

就目前炼锌史研究的成果来看，既有确凿的文字记载，又有实物检测证明，比较一致的结论应该是：我国能熟练地炼制金属锌的时间不会晚于16世纪后半叶，即大约在明代万历年间。

近年来，有一些国外学者通过研究印度的古代文献和发掘印度西北部炼锌遗址后认为，印度是最早发明炼锌术的国家，先于我国数百年。比较中印两国古代的炼锌术，发现两者均采用了泥罐蒸馏法，冶炼的温度大致相同，但两者在冷凝方式上截然不同。因此国外学者有的认为两国的炼锌技术各自独立发展起来，也有认为中国的炼锌术来自印度。中、印古代炼锌术的关系究竟如何，因匮于充足的佐证材料，尚难定论。

不过从我国明代炼锌的规模和产品纯度来看，炼锌术决非短期所能形成，必有其起源和发展的一个过程，或源于古代的炼金术、炼丹术，或融合了外来的技术。因此通过判定重庆丰都炼锌遗址群的年代，可为解决我国古代炼锌术的起源问题提供十分珍贵的实物资料。

2. 庙背后炼锌遗址所反映的技术

传统炼锌皆采用火法高温还原的方法，即将锌的氧化物在高温下用碳质还原剂（木炭或煤）进行还原，生成单质锌。但是，由于氧化锌还原反应的温度在1000℃以上，而锌的沸点只有907℃，因此，反应生成的锌，实际上是气态的，一旦产生就变为蒸气而极易挥发掉。所以，普通的冶炼方法是很难得到金属锌的，也正是由于这一原因，炼锌术的发明是比较晚的。庙背后遗址出土炼锌冶炼罐所反映的炼锌方法非常巧妙，它利用一种比较容易制作的陶罐作为反应冶炼罐，利用反应过程中上下温度差造成的自然蒸馏效应，使锌蒸气在上方冷凝，而获得金属锌。

第九章 结 语

经过持续两年的考古发掘与多学科持续深入研究，最终确认了庙背后遗址是一处较大规模的古代炼锌遗址，正是由于该遗址性质的确定，进而也确认了重庆丰都地区存在迄今为止我国考古发现最早的大规模古代炼锌遗址群。通过对庙背后、木屑溪等遗址的发掘，首次从考古实物上具体明确了中国古代炼锌的技术过程。单质锌作为古代发明冶炼技术最晚的金属，冶炼罐蒸馏炼锌法是我国古代人民独创，在世界范围内起源较早，但文献资料较少，考古发掘资料更是一无所有，庙背后、木屑溪等遗址的发掘，填补了中国古代冶金史中的有关空白，是三峡库区文物考古工作中一项独特的重大成果，因此，庙背后遗址的发掘成果被评为重庆三峡库区2003年度十项重要考古发现之一。庙背后遗址和木屑溪遗址除了主体为明代炼锌遗存外，还发现了少量晚期巴文化、汉代至南朝时期、唐代遗存，以及丰富的宋代和明清时期遗存，为研究这一区域古代社会的发展状况以及重庆地区的考古学文化的发展序列提供了重要的考古资料。现就各时期遗存总结认识如下。

一、晚期巴文化遗存

晚期巴文化遗存未发现相关遗迹，均为遗物。集中发现在庙背后遗址Ⅴ区第3、4层，Ⅲ区的第3、4层也有少量发现。可以明确时代的主要为陶器，以夹砂陶为大宗，器形主要为尖底器（2002ⅢT1910③b：1，2002ⅤT0202③：1、2，2002ⅤT0203③：1，2002ⅤT0202④：10，2004ⅤT0604④：4）、鬲（2002ⅢT2111④：3，2002ⅢT1710④：6、7，2002ⅤT0605④：5）、罐（2002ⅢT2002③a：5，2002ⅤT0202④：12）、壶（2002ⅤT0202④：11）、高领瓮（2002ⅤT0305④：9）、瓮（2002ⅢT1611③b：3，2002ⅤT0204②：1，2002ⅤT0208③：2）、甑（2002ⅤT0605④：4，2002ⅤT0305④：8）、器盖（2004ⅤT0905④：5）、杯（2002ⅤT0202③：3，2002ⅤT0202④：8）等，时代在春秋中期至战国时期。从文献记载来看，春秋中晚期至战国时期，巴人的活动地域十分清楚，在四川盆地东部建有巴国，巴国的范围不仅包括现在的重庆市，还包括今四川阆中及其以下的嘉陵江流域和支流渠江流域，以及陕南安康盆地一带。

晚期巴文化的典型遗址为云阳李家坝，该遗址位于重庆市云阳县高阳镇青树村，处在长江北侧支流彭溪河东岸。遗址规模大，经过多次发掘[1]，遗存内涵丰富，延续时间长，从春秋中、晚期至西汉早期，涵盖了晚期巴文化的发展历程。出土的陶器主要有圆底器、平底器、圈足器、三足器等，器形主要有花边口沿釜、小平底罐、圜底罐（釜）、鬲、甗、鼎、高领罐、壶、豆、盂、折沿盆、尖底杯、尖底盏等。就陶器而言，花边口沿釜（罐）、圜底罐（釜）、鬲、甗、高领罐、壶、豆、盂、折沿盆、尖底杯、尖底盏和器盖是该文化类型最具代表性的器类。有研究者认为该遗址代表了一种新的文化类型，可将其称为"李家坝类型"[2]。其中鬲、甗、鼎、折沿盆、高领罐、壶、豆、盂等应受到楚文化因素影响。从文献上看，"巴子时虽都江州，或治垫江，或治平都，后治阆中"[3]，巴国国都的屡次西迁，可能就与战国中期楚国的势力西进有关。

根据已经发表的材料，属于晚期巴文化李家坝类型的遗存主要分布在四川盆地东部边缘和三峡地区，也就是重庆忠县以东至峡江一带的长江两岸地区。属于这一文化类型的遗址基本都分布在长江及其支流的江边一、二级台地上，由于受到地理环境的制约，其聚落规模均不太大，居住活动区部分一般不超过数万平方米，小的甚至不足1万平方米。居住区可见有房屋、窖穴和陶窑等。房屋多为地面式建筑，发现有木骨泥墙，也发现有干栏式建筑。墓地与居住区相距很近，墓地也在江边的台地边缘。在遗址中多有网坠甚至鱼骨等出土，由此可见当时人们的生活与江河和捕鱼活动关系密切。

丰都庙背后遗址发现的晚期巴文化遗存与云阳李家坝遗址出土的遗存极为相似，应属晚期巴文化"李家坝类型"，因而丰都地区也应该属于该文化类型的分布范围。有学者指出，晚期巴文化在继承早期巴文化的基础上，融合了巴国文化，特别是巴国的青铜文化，使得巴地文化与巴国文化融合为一体。尽管由于地理环境的作用，在不同的地域，晚期巴文化存在着一定的差别，但其文化的共性特征是比较明确的[4]。

二、汉代至南朝时期遗存

该时期遗存主要发现于庙背后遗址Ⅱ～Ⅴ区，且主要集中在Ⅲ区，木屑溪遗址也有少量发现。主要为遗物，未发现相关遗迹。遗物主要为瓦当（2004ⅢT1408③：3，2004ⅢT1320③：1，2004ⅢT1314③b：1，2004ⅢT1312③：3，2004ⅢT1412③：5，2002ⅢT1809③a：2，

① 四川联合大学历史系考古专业：《1994～1995年度四川云阳李家坝遗址的发掘》，《四川大学考古专业创建三十五周年纪念文集》，四川大学出版社，1998年，第374～422页；四川大学历史文化学院考古学系、云阳县文管所：《云阳李家坝遗址发掘报告》，《重庆库区考古报告集（1997卷）》，科学出版社，2001年，第209～243页；四川大学历史文化学院考古学系、云阳县文管所：《云阳李家坝东周墓地发掘报告》，《重庆库区考古报告集（1997卷）》，科学出版社，2001年，第244～288页；四川大学历史文化学院考古学系、重庆市文化局、云阳县文物管理所：《重庆云阳李家坝东周墓地1997年发掘报告》，《考古学报》2002年第1期；四川大学考古学系、云阳县文物管理所：《云阳李家坝遗址2001年度发掘简报》，《南方民族考古》（第十三辑），科学出版社，2017年，第91～126页。

② 罗二虎：《晚期巴文化李家坝类型初论》，《四川大学学报》（哲学社会科学版）2004年第5期。

③ （晋）常璩撰，任乃强校注：《华阳国志校补图注》卷一，《巴志》，上海古籍出版社，1987年，第27页。

④ 赵炳清：《先秦时期巴文化的形成与演变研究》，《长江文明》（第二十六辑），吉林文史出版社，2017年。

2004ⅢT1413④：6，2004ⅣT0703②：1）、印纹条砖（2004CFXYMⅡT4L3炉砖，2004ⅣT1005③：3，2002ⅤT0303③：3），另有少量的板瓦（2004ⅢT1313③：9，2004ⅢH14：3）、筒瓦（2002ⅢT2111④：1、2，2004ⅢH15：2）、碗（2002ⅢT1811③b：9，2002ⅢT1909③a：1，2002ⅢT1811③b：10，2002ⅢT2010③a：2，2002ⅢT1909③a：2）、钵（2004ⅢT1412③：1）、豆（2002ⅤT0607③：17）、盆（2002ⅢT2009③a：1，2002ⅢT1811③b：11，2004ⅣT0805③：1，2002ⅤT0408④：2）、俑（2004ⅤT0707③：1，2004ⅤT1006③：8），以及青瓷罐残片（2002ⅤT0509③：2）和铜钱，其中铜钱有"半两""五铢""货泉""大泉五十""直百五铢"，涵盖了两汉、新莽和蜀汉等多个时期，说明了此地汉文化的持续兴盛。同时，不排除这些遗存的年代进入魏晋南朝时期。

先秦时期，丰都属巴国，曾作过国都，春秋时称"巴子别都"。《华阳国志》载："巴子时虽都江州，或治垫江，或治平都，后治阆中。其先王陵墓多在枳。"①对此，《水经注》云："又迳东望峡，东历平都，峡对丰民洲，旧巴子别都也。〈华阳〉记曰，巴子虽都江州，又治平都，即此处也，有平都县为巴郡之邑矣。"②到了秦汉时期，丰都先属枳县，后属平都县。在清代就曾发现有"枳左尉印"封泥（图二一一，3），被著录在《封泥考略》③一书当中。《华阳国志》载枳县"土地确瘠，时多人士，有章、常、连、黎、牟、阳（杨），郡冠首也"，平都县大姓有"殷、吕、蔡氏"④。东汉和帝永元二年（90年），丰都从枳县析出，单独设县，属益州巴郡。《后汉书》载："巴郡，十四城，江州……垫江、安汉、平都、充国……"⑤因城东有平都山，故名平都县。汉献帝初平元年至建安五年（190～200年），又隶益州永宁郡。三国蜀汉延熙十七年（254年），平都县并入临江县（今忠县），属梁州巴郡。《太平寰宇记》云："永元二年，分枳县地置平都县，取界内平都山为名。蜀延熙中，省入江都县，隋义宁二年复置，改为丰都焉。"⑥从东汉永元二年到蜀汉延熙十七年省入临江县，平都县作为巴郡属县，存在了164年。

庙背后遗址Ⅴ区出土有1件封泥（2002ⅤT0607③：25），印文为"平都丞印"（图二一一，2），这是目前唯一出土在汉代平都县境内与管理者有关的实物。与汉代平都县管理者有关的另一实物，是2000年云南省水富县楼坝镇乌龟石湾M12出土的一枚阴刻桥钮的铜印章，该印印台边长2.4厘米，厚1.35厘米，钮高1.15厘米，宽1.7厘米，印文四字，阴刻篆文，发掘报告将印文释为"平掌都印"，并将这批墓葬的年代定在东汉中期⑦。但"掌"字似乎应是

① （晋）常璩撰，任乃强校注：《华阳国志校补图注》卷一，《巴志》，上海古籍出版社，1987年，第27页。
② （北魏）郦道元著，谭属春、陈爱平点校：《水经注》（卷33），岳麓书社，1995年，第494页。
③ （清）吴式芬、陈介祺：《封泥考略》（卷七），《汉县邑道官印封泥·尉·巴郡》，《中国古代封泥考略汇编》，影印光绪三十年（1904年）石印本，第2册，广西师范大学出版社，2021年，第227页。
④ （晋）常璩撰，任乃强校注：《华阳国志校补图注》卷一，《巴志》，上海古籍出版社，1987年，第30、31页。
⑤ （西晋）司马彪、（南朝宋）范晔：《后汉书》，《志第二十三·郡国五·巴郡》，第12册，中华书局，1965年，第3507页。
⑥ （宋）乐史：《宋本太平寰宇记》，中华书局，2000年，第283页。
⑦ 杨世钰、赵寅松主编：《大理丛书·考古文物篇》卷五（本篇主编田怀清、黄德荣），云南民族出版社，2009年，第2358～2382页。原载云南省文物考古研究所编：《云南考古报告集（二）》，云南科技出版社，2006年。

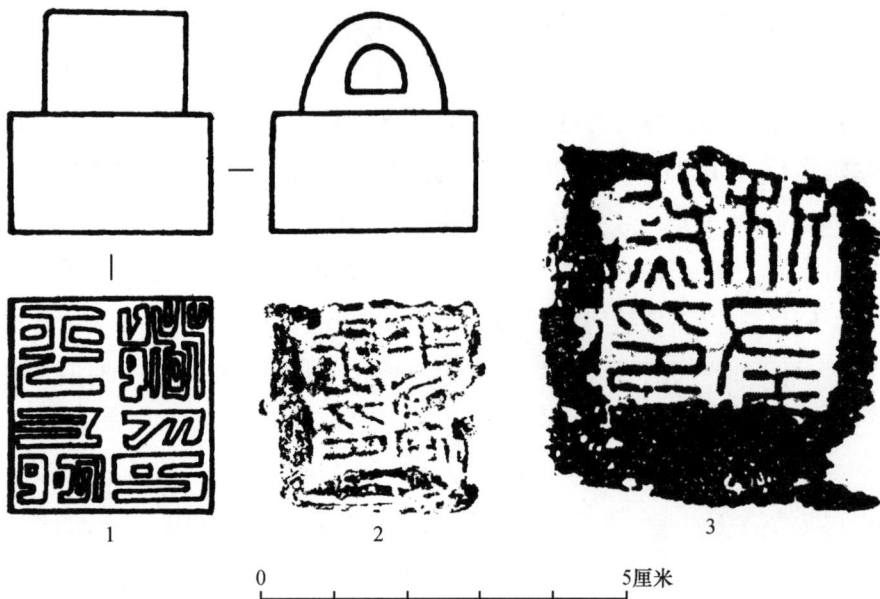

图二一一　印章与封泥
1. 平都长印　2. 平都丞印　3. 枳左尉印

印刷校订有误，而实应为"长"，二字同音，容易出现错误，即便如此，此印也应释为"平都长印"（图二一一，1）。墓葬所在的水富县与四川省接壤，临近金沙江，是水路要道，更是早期汉文化入滇的主要通道。水富县在东汉时为朱提县，有研究者据此认为"平都长印"的印主祖籍应是朱提县，并由此探讨了东汉时期"西南夷"地区的道路交通、汉文化的影响以及中原王朝对当地的政治经略问题①。

考古资料表明，凡是长江三峡地区沿江两岸海拔适宜的土质台地上，与庙背后遗址一样，在许多遗址内都发现有两汉时期的遗存，且该时期的居址集中分布在 100～200 米海拔范围内，在 200 米以上分布者甚少②。汉代遗物以砖瓦遗存发现的最多，其中汉砖的普遍发现与汉墓的众多分布有关。随着三峡水利工程的建设，在重庆地区发现了不少汉代墓葬，有研究者对其进行研究，指出在重庆地区西汉早期仍然占主导地位的巴文化到了西汉中晚期就已经完全被汉文化所取代了，但在新旧文化交替的同时，汉文化内部又形成了代表地方特色的新因素，并且在地域分布上也有差别③。三峡地区在汉以前该地人口仍以巴人为主，生产力水平未发生较大的改变和发展④。进入汉代，在稳定的政治背景下，有更多的移民愿意前往巴地，随着汉人的进入，更为先进的农业技术进入三峡，巴文化便较为迅速地融入汉文化中。外来移民的增加、农业技术的提高，也促使三峡地区人口不断增长，相应的遗址和墓葬数量也不断增多⑤。

---

① 刘钻兰：《"平都长印"相关问题研究》，《汉字文化》2021年第7期。
② 谭觅：《运用 GIS 技术探索三峡地区东周至汉代遗址空间分布规律》，吉林大学硕士学位论文，2015年。
③ 艾露露：《重庆地区汉代墓葬的初步研究》，吉林大学硕士学位论文，2007年。
④ 蓝勇：《长江三峡历史地理》，四川人民出版社，2003年，第163、164页。
⑤ 谭觅：《运用 GIS 技术探索三峡地区东周至汉代遗址空间分布规律》，吉林大学硕士学位论文，2015年。

　　两汉时期的三峡地区在各方面发展已基本与关中地区和中原地区同步，这一区域汉代经济文化的繁荣，还与铁器的普及有着莫大的关系。庙背后Ⅴ区遗址H5内发现有与冶铁有关的炭粒、炼渣、炉壁和鼓风管等。其中炼渣出土量较大，从断面看，个别炼渣内尚存有未燃烧的木块，并夹杂有陶器残片。Ⅴ区T0405④层也出土有可能与冶铁相关炉壁和鼓风管残块。根据炉壁的形态推测，可能是铸铁熔炉。这些冶铸铁器遗物的出土，说明当时三峡地区铁器冶铸手工业较高的普及程度。铸铁熔炉与鼓风管的耐火材料与中原地区冶铁耐火材料大致相同，从一定程度上表明其冶铸技术的发展已与中原地区基本同步，这与文献记载汉代巴蜀地区较为发达的冶铁业相吻合。三峡地区汉代农业生产的深度开发与发展需要大量的铁制农具和生产工具，设立较多的铁器铸造手工作坊也许是满足这一需要的较好途径。三峡地区考古发现的汉代铁器数量较多[①]，也与其与全国基本同步发展的冶铁技术水平密切相关。

　　三峡地区具有较为优越的地理位置，气候适宜，随着社会生产力的逐步提高，到了汉代已初步摆脱了较为封闭的地理环境制约，在社会经济、文化等许多方面开始形成了与全国同步发展的局面，这些汉文化历史特征也能够在三峡地区古代遗存中得到较为充分的反映和证明。丰都庙背后遗址出土的汉代至南朝时期遗物从一定程度上反映了该时期三峡地区社会发展的面貌特征。

三、唐代遗存

　　遗址内典型的唐代遗存发现不多，遗迹主要为墓葬，出土有少量遗物。其中庙背后遗址Ⅲ区M2、M5共出土21枚"开元通宝"，Ⅴ区M3出土了1件饼形足碗。此外，庙背后遗址Ⅲ区第3层，以及木屑溪遗址分别出土和采集有少量"开元通宝"铜钱。M3出土的饼形足碗（2002ⅤM3∶1）和四川邛崃窑出土的同类器较为相似，应属唐代遗物。

四、宋代遗存

　　宋代遗存主要分布在庙背后遗址Ⅴ区和铺子河遗址，典型遗迹有庙背后遗址Ⅴ区G2、H1、H3、H4和遗迹性质不明的W1，以及铺子河遗址H1。

　　该时期的出土遗物以釉陶及与制陶相关遗物为主，另有少量黑釉、白釉、青釉或青白釉瓷器。陶器主要为釉陶，包括执壶、碗、盏、碟、盘、盆、罐、炉、研磨器、铫、烤茶罐等，另有匣钵、匣钵盖、支柱、垫座、垫饼、支圈、支钉等各类窑具。陶器烧制粗劣，胎体厚重，釉层厚薄不均，且釉色较杂，均为日常生活用器，其供应对象应是当时的民间大众群体。所有的釉陶均采用蘸釉法，多数仅在口沿施釉，另有不少仅在内壁施釉，外壁则为半釉。从流釉情况来看，均采用仰烧，批量生产的器物，如碗、盏、碟采用齿形支圈套烧技术，执壶等则采用垫

---

　　① 邹后曦、白九江：《三峡地区东周至六朝铁器的考古发现及相关问题的初步探讨》，《江汉考古》2008年第3期。

烧方法。经过调查，丰都县兴义镇至高家镇数十千米的沿江区域分布着多处同类型的窑址，说明此时民窑发展的盛况。

关于制陶作坊的年代问题。2001年至2002年，山西省考古研究所曾在铺子河遗址进行大规模发掘，在遗址的第Ⅲ区发现有两座陶窑，以及大批量釉陶器和窑具。此次铺子河遗址虽然也发掘出土了不少制陶遗物，但鉴于发掘面积较小，没有初次发掘时种类丰富。发掘者将铺子河遗存分为四期，其中第三期遗存即为上述制陶遗存，时代为宋代[1]。此外，与该遗址近在咫尺的老院子窑址[2]，以及距离相对较远的大沙坝窑址[3]也发现有同时期的遗存，陶器风格相似，其中大沙坝遗址的发掘者将遗址的年代进一步地推定在北宋晚期或南宋时期。

庙背后Ⅴ区出土了三件带有明确纪年的文字材料，Ⅴ区G2出土了1枚"建炎通宝"（2004ⅤT1105G2：2），"建炎"是南宋高宗的第一个年号，起讫时间为公元1127～1130年，共计4年。Ⅴ区H1出土有1件刻铭陶片（2002ⅤH1：104），残存"興十年潤六"五字，应为"绍兴十年润六月"。绍兴为南宋高宗的第二个年号，绍兴十年即公元1140年。此外，在Ⅴ区T1205②b层还出土1件带有刻铭的碾槽（2004ⅤT1205②b：22），铭文为"乾道元年十月囗"[囗]"宅使用大富大贵"。乾道是南宋孝宗的第二个年号，乾道元年即公元1165年，上距南宋立国（1127年）38年。虽然这件碾槽出土在第2层中，但是Ⅴ区第2层出土的其他遗物和Ⅴ区发现的宋代典型遗迹，以及铺子河、老院子、大沙坝遗址出土的同类遗物别无二致，其时代应该同时。因此，从庙背后Ⅴ区的发掘情况来看，这批宋代遗物的时代可确切至南宋早期，同时也不排除这批遗存会早至北宋晚期的可能。

值得注意的是，无论是制陶作坊本身生产的产品，还是出土的同时期各类釉色瓷器，多与茶文化有关。如盏、碗、执壶、研磨器、碾槽、铫、焙茶器、烤茶罐等。宋代是茶文化非常繁荣的时代，当时主要为发酵茶，在煎茶与点茶之前，先取出相应的茶饼焙茶，以去除潮气，然后将焙好的茶饼研磨成茶叶末，该遗址出土的研磨器、碾槽就是这道工序使用的工具。其次是制作茶汤，宋代以煎茶和点茶最为流行。煎茶就是将茶叶进行煎煮，根据需要，煎茶的器皿可大可小，大可用铫，小可用带柄的烤茶罐，两种器皿均带有短流，以便倾倒。点茶是宋代另一种饮茶方式，此法始于民间，后经蔡襄在其茶文化名著《茶录》中详加介绍之后，很快在民间广泛流传。而宋徽宗《大观茶论》再度详解点茶之法，于是上行下效，此法迅速成为宋代茶饮文化的主流，甚至出现"斗茶"文化，北宋陶谷《清异录》载："近世有下汤运匕，别施妙诀，使汤纹水脉成物象者，禽兽、虫鱼、花草之属，纤巧如画，但须臾即就幻灭。此茶之变也，时人谓之'茶百戏'。"[4]点茶就是将茶叶末调制成膏状置在茶盏中，用沸水冲泡，此时

---

① 山西省考古研究所、重庆市文物局：《丰都铺子河遗址考古发掘报告》，《重庆库区考古报告集·2001卷》，科学出版社，2007年，第1705～1770页。

② 湖南省文物考古研究所、长沙市文物考古研究所等：《丰都老院子窑址发掘简报》，《重庆库区考古报告集·2001卷》，科学出版社，2007年，第1771～1787页。

③ 湖南省文物考古研究所、长沙市文物考古研究所等：《丰都大沙坝窑址发掘简报》，《重庆库区考古报告集·2001卷》，科学出版社，2007年，第1662～1674页。

④ （宋）陶谷：《清异录》卷下，《茗荈门》"茶百戏"条，《宋元笔记小说大观》，第1册，上海古籍出版社，2001年，第121、122页。

所需的器皿就是执壶和盏。尽管由于点茶与煎茶手法不同，各个环节的茶具有一定的差异，但是茶盏的使用却是二者共有的。

庙背后遗址和铺子河遗址除了制陶作坊本身生产的茶具之外，上述典型遗迹内还出土少量黑、白、青和青白等各种釉色的盘、碟、盏、碗，这或许是当时的生产者使用的器物。这些瓷器分属众多窑口，有景德镇湖田窑（2002ⅤH3：28、33）、重庆涂山窑（2002ⅤH1：4、21，2004CFXYPT5H1：16、17、18）、重庆合州窑（2002ⅤH1：16、19）、浙江龙泉窑（2002ⅤH1：92）等。此外，在庙背后遗址Ⅱ区和Ⅴ区的唐宋时期地层中也发现不少宋代瓷器，有景德镇湖田窑（2002ⅡT1009④：2）、浙江龙泉窑（2002ⅤT0305③：2，2002ⅤT0506③：1）和重庆涂山窑（2002ⅤT0607③：4）产品。以上诸窑口瓷器，以黑瓷最为多见，这种现象的产生有一定的背景，那就是当时盛行的茶文化。有学者对成都平原地区出土的宋代茶具进行研究[①]，指出四川盆地出土的瓷质茶盏有黑瓷、白瓷、青瓷和青白瓷等各种釉色，但常用的还是黑瓷茶盏，作为比试点茶技巧的斗茶中更是如此。建窑黑釉茶盏因作为北宋皇室点茶与斗茶的御用之物，黑釉茶盏的生产在宋代也随之风行。"四川盆地从北宋早中期开始，迅速涌现出来大量黑瓷生产窑场，现在已经发现的有成都平原边缘的龙门山脉浅丘地带的金凤窑、瓦缸坝窑，成都平原南部的西坝窑、坛罐窑，川东平行岭谷地带的涂山小湾窑、酱园窑、荣昌窑、清溪窑，以及川北山地的广元窑等。小底足的黑瓷茶盏成为这些窑场的主导产品，大量出现于北宋中晚期，一直流行至南宋晚期。"

此外，在庙背后遗址Ⅲ区还发现1件铜押印（2002ⅢT2511②：1），造型独特，印钮为人物骑马状，虽然重庆中国三峡博物馆也有馆藏，且被定为清代遗物，但从印风来看，其时代或应是宋元时期。该印印面长3.9、宽1.9厘米。印文四字，疑为"合同陈□"，最后一字暂未辨识。结合遗址内发现的制陶遗存，不排除和当时陶器交易合同文书押印有关。

五、明代冶炼遗存

经过调查，庙背后遗址Ⅰ～Ⅴ区的江岸上均分布有大量的冶炼遗物。但从发掘情况来看，庙背后遗址Ⅱ区、Ⅴ区、铺子河遗址冶炼规模最大，其他位置的冶炼遗迹则显得较为零星，其中庙背后遗址Ⅲ区未发现冶炼遗迹。出土遗物较为丰富，除了与冶炼活动有关的冶炼罐、炉壁、炼渣、炉渣之外，还出土有大量的明清时期陶瓷器和少量金属器，我们在此主要讨论冶炼遗存。

（一）关于冶炼遗址的年代问题

从各发掘区的地层关系来看，与冶炼相关的遗迹均开口于明清时期地层下，打破宋代地层或生土层，说明冶炼遗迹的年代当不早于宋代，并不晚于清代。庙背后遗址Ⅱ区、Ⅳ区、Ⅴ区，木屑溪和铺子河遗址均发现有冶炼罐，且形制基本一致，均为敛口、卷沿、厚圆唇、深鼓

---

① 黄晓枫：《成都平原考古发现的宋代茶具与饮茶习俗》，《四川文物》2012年第2期。

腹、平底，根据多年的考古调查和发掘材料可知，这类冶炼罐只见于丰都、忠县长江沿岸同类遗址，且时代较早，结合出土资料和碳十四测年数据，此类冶炼罐的流行时代在明代中晚期。而以形体较大，器身瘦长，敞口、斜直腹、小平底为主要特征的冶炼罐则主要流行在清代早中期，甚至可上溯至明末时期[①]。

木屑溪遗址H4出土一件行草书"大明成化年造"款的青花瓷碗碗底（H4∶9），在忠县临江二队[②]、丰都铺子河遗址[③]均有发现。研究者认为，这类瓷器款式的字体与宣德、成化时期官窑青花瓷的楷书款有明显区别，可确定为后期仿品。而历史上仿宣德、成化瓷器的两个高峰，第一个高峰是始于嘉靖，盛于万历，止于崇祯时期；第二个高峰为清代早期，盛于康、雍、乾三代。更重要的是铺子河遗址中宣德、成化年款瓷器同时出现，很可能是后期的寄托款瓷器。通过考察三峡地区出土的明代青花瓷器[④]，推测铺子河炼锌遗址寄托款青花瓷的年代应早于万历晚期，大致在嘉靖至万历早期，而临江二队炼锌遗址出土的寄托款瓷器则大体在隆庆至万历早期。尤其是通过对铺子河遗址遗迹和地层之间的关系来分析，该遗址的炼锌遗存年代最早应不晚于嘉靖早期。因此，从考古出土遗存来看，推论出单质锌冶炼的起始年代应不晚于嘉靖早期。关于单质锌冶炼的绝对年代，通过对忠县临江二队、石柱老厂坪、庙背后遗址样品进行碳十四测年，其中临江二队第一期炼锌遗存可进一步确定在永乐到正统年间，很可能就在宣德年间，其绝对年代已经进入明代早期的纪年范围，与倭源白水铅的文献记载或可互相印证[⑤]。北京大学考古文博学院对庙背后遗址地层、冶炼罐和炉渣中的7个木炭样品进行AMS-^{14}C测年[⑥]（表1），测年结果表明，其时代大体在明代中晚期。

此外，在庙背后遗址Ⅱ区还发现一个较为特殊的现象，即明清时期地层堆积较厚，最厚的地方深达7米。该区的整体地势表明，Ⅱ区地表早期可能存在一条较浅的冲沟，地势较为低洼，后来经过洪水的多次淤积，最终被淤平。并从该区ZK19的开口层位看，Ⅱ区内最早的冶炼遗迹与其他大量的冶炼遗迹之间有一层较厚的淤积土层相隔。这个现象说明，早期冶炼活动开始后不久，长江沿岸曾发生过一次较大的洪水，将该区内的冶炼设施冲毁并淤埋。这次洪水过后，大规模的冶炼活动才正式开始，但是，在接下来的冶炼时期内，又有几次小规模的洪水泛滥，而对冶炼遗迹的最后一次破坏性扰乱应在明崇祯年间，这可能与遗址的废弃有直接的关系。

①　李大地、白九江、袁东山：《炼锌考古探析》，《江汉考古》2013年第3期。又载重庆市文物局、重庆市移民局编：《重庆炼锌遗址群》，科学出版社，2018年，第187～191页。

②　重庆市文化遗产研究院：《忠县临江二队炼锌遗址发掘简报》，《南方民族考古》（第10辑），科学出版社，2014年。

③　山西省考古研究所、重庆市文物局：《丰都铺子河遗址考古发掘报告》，《重庆库区考古报告集·2001卷》，科学出版社，2007年，第1705～1770页。

④　陈丽琼、董小陈：《三峡与中国瓷器》，重庆出版社，2010年。

⑤　白九江：《中国古代单质锌始炼年代新考》，《重庆炼锌遗址群》，科学出版社，2018年，第192～203页。

⑥　陈建立：《中国古代金属冶铸文明新探》，科学出版社，2014年，第423页。

表1 庙背后遗址AMS-¹⁴C年代测定结果[①]

遗址	实验室编号	¹⁴C年代（BP）	校正年代（1σ，公元）	所属朝代
庙背后	BA04196	400 ± 40	1440（57.7%）1520 1590（10.5%）1620	明
	BA04199	385 ± 40	1440（51.9%）1520 1590（16.3%）1630	明
	BA04200	345 ± 40	1480（23.3%）1530 1550（37.3%）1640	明
	BA04201	325 ± 40	1510（54.1%）1600 1610（14.1%）1640	明
	BA04203	385 ± 40	1440（51.9%）1520 1590（16.3%）1630	明
	BA04204	330 ± 40	1490（68.2%）1640	明
	BA04206	330 ± 40	1490（68.2%）1640	明

（二）冶炼过程

锌在明代被称为"倭铅"，明末的宋应星在其所著的《天工开物》中对锌的冶炼做过记载："凡倭铅，古书本无之，乃近世所立名色。其质用炉甘石熬炼而成。繁产山西太行山一带，而荆、衡次之。每炉甘石十斤，装载入一泥罐内，封裹泥固，以渐砑干，勿使见火拆裂。然后逐层用煤炭饼垫盛，其底铺薪，发火煅红，罐中炉甘石熔化成团，冷定毁罐取出。每十耗去其二，即倭铅也。此物无铜收伏，入火即成烟飞去。以其似铅而性猛，故名之曰倭云。"[②] 但由于内容过于笼统简略，使后人难以明了当时冶炼的关键技术过程。当代学者对古代炼锌技术的实物研究只能借助于对云贵地区至今仍在进行冶炼的一些炼锌作坊的近代传统冶炼工艺的认识。通过对庙背后等冶炼遗址的发掘，首次获得了极为丰富的与古代炼锌有关的遗迹和遗物等实物资料，从冶炼炉基、炉壁残块、冶炼器具、矿石、燃料到金属成品等，较为全面系列地揭示了古代炼锌技术的特点和冶炼过程。

1. 炼炉

根据重庆炼锌遗址群的发掘情况来看，炼锌炉的类型比较多，不同的时期有不同的式样，主要有"铅"（音yuan，有的地方也发yan音）炉、马槽炉、爬坡炉和马鞍炉等。根据发掘情况来看，庙背后遗址炼锌炉有两种。

第一种为圆形或椭圆形炉，属于"铅"炉。如庙背后遗址Ⅱ区的L3、L4，Ⅴ区的L1、L2、L3有可能属于该炉型。炉口大致呈椭圆形或圆形，炉壁较为直立，略带弧度，炉的基础坑系就地挖土建成，底部有一层厚3~5厘米的混合有煤炭粉或颗粒的较黏泥土，可能经过轻夯，个别有炉口和风道。以庙背后遗址Ⅴ区L2为例，长径3.05米，短径2.35米，残深0.55米，炉子为自然通

[①] 引自陈建立：《中国古代金属冶铸文明新探》，科学出版社，2014年。

[②] （明）宋应星：《天工开物》卷一四，《五金·倭铅》，《丛书集成续编》，上海书店，1994年。

风，建有通风道。该炉型还需要有更多的考古发现加以确认。

第二种呈长方形，为马槽形炉。如庙背后遗址Ⅳ区的L5、L6，木屑溪遗址的L1、L2。以木屑溪遗址L1为例，红烧土辐射面残长9米，最宽1.25米，红烧土辐射面最深0.3米。其中在庙背后遗址Ⅳ区L5、L6两座炼炉方向基本一致，很可能就是一体，因晚期破坏而成为目前现状。此外，还在上述两座炼炉的一侧还发现有呈直线分布的柱洞，应是搭建的防雨设施遗存，这种遗存在丰都秦家院子、丰都袁家岩[①]、忠县临江二队遗址[②]也有发现。

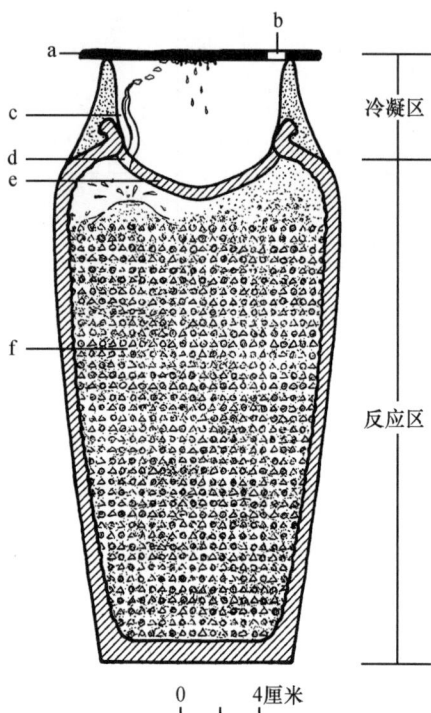

图二一二　冶炼罐炼锌工艺复原示意图
（引自：《重庆炼锌遗址群》，科学出版社，2018年）
a.冷凝盖　b.排气孔　c.锌蒸气与锌块　d.气道
e.冷凝窝（兜）　f.反应物料（锌矿+煤）

2. 冶炼器具

冶炼器具由冶炼罐和冷凝区两部分组成。冶炼时首先在冶炼罐内装满矿石原料和还原剂（煤），之后在罐的口部用耐火泥上接一节，该区域的外口径一般在9.5厘米左右，高5.5厘米左右。最后在该区域内部做出内凹的窝形泥质或沙质底兜，兜窝深一般在5厘米左右，与最上部的盖板一起形成冶炼罐的冷凝区，用来盛接冶炼出的气态锌，然后经过不断淋泥，冷凝形成液态的金属锌。此外，还要在底兜的边沿处做出一个长约2厘米、宽约1厘米，略呈长方形的气道，以便冶炼出的气态锌从冶炼罐下部向上逸出。气道可能用片状物预埋入要捣实的泥盖中形成。锌矿和还原剂高温下在冶炼罐中反应，产生的锌蒸气通过气道上升至低温冷凝区冷凝在"铅"窝中。其中排气口起到调节气压和排出废气的作用（图二一二）。

（1）冶炼罐

炼锌冶炼罐主要经过合泥、制坯、成形、焙烧等多道工序制成，为夹砂硬陶，陶质耐高温。外口径10厘米左右、内口径6～8厘米、最大腹径15厘米、底径7～10厘米、高度在19～30厘米之间。在装好矿石的冶炼罐入炉冶炼之前，罐体周身再裹一层湿泥，以确保罐体在高温冶炼过程中不致破裂。从已使用过的冶炼罐外观看，罐体大部分被烧炼成琉璃状结面，表面光滑，多呈黑色，极似玻璃感较强的黑釉层。有的粘附有大块的近泡沫状渣块，渣内有较多、较密、较大的气孔。少量的冶炼罐在冶炼过程中罐体中腹因受火温度过高而变形开裂。每个冶炼罐只能使用一次，但是也有重复利用的现象。

① 重庆市文化遗产研究院、丰都县文物管理所：《重庆丰都炼锌遗址群2004～2005年发掘报告》，《江汉考古》2013年第3期。又载重庆市文物局、重庆市移民局编：《重庆炼锌遗址群》，科学出版社，2018年，第56～86页。

② 重庆市文化遗产研究院、忠县文物局：《忠县临江二队炼锌遗址发掘简报》，《南方民族考古》（第10辑），科学出版社，2014年。改动后载入重庆市文物局、重庆市移民局编：《重庆炼锌遗址群》，科学出版社，2018年，第100～133页。

冶炼罐存在从早到晚、从小到大、从矮到高的器型演变过程，罐底从早到晚也存在从平底到尖底的器型变化过程。

（2）冷凝区

从冷凝区底兜用料看，可分为三种。第一种，沙质土羼粉煤灰；第二种，沙质土羼炉灰；第三种，纯沙质土，与江岸淤沙土一致，明显是就地取土。从一些底兜颜色和受火温度看，可分为三层；与罐内矿料和还原剂接触的下层表面，受火温度很高，形成层较薄的近琉璃状结面，大致呈黑色，有较大的气孔。中间部分最厚，呈黑灰色，结构较为疏松。上表层为一层厚约0.3厘米的沙质土，呈较为鲜亮的黄色或姜黄色，结构非常疏松，暂难以断定其颜色成因。

个别冷凝区的周壁、口沿及口沿外、气道处仍可见到较多的白色氧化锌。这个现象说明，在锌蒸汽的冷凝过程中，尽管做出了圜底的底兜，但液态锌仍难以全部汇聚到窝底，相当一部分还滞留在窝壁，难以析出提取。当然，还有少部分气态锌从冷凝区上盖下的空隙逸出散发到空气中，也会变成微小的锌颗粒回落到地面或随风飘走。

此外，从冶炼罐上接的冷凝区部分外周壁受火温度情况来看，冷凝区下部与罐口相接处断面多呈蜂窝状，有很多、很密、较细小的气孔，冷凝区上部断面则一般与厚胎的质陶器胎类似，不见有明显的气孔，该区域未直接受火或受火温度较低。由此现象推测，在冶炼过程中应存在一个界面，能将冷凝区与下部罐体分开，以保护冷凝区不直接受火，以保证锌蒸汽能在冷凝区内冷凝。但从现存的迹象看，没有明显的涂泥分隔层在冶炼罐口部形成断茬现象。

3. 原料

根据炉渣的成分分析，庙背后炼锌遗址可能采用氧化矿或菱锌矿（炉甘石，$ZnCO_3$矿）与当地土产的煤炭冶炼。传统的蒸馏法炼锌，只能使用氧化锌矿，不能用硫化矿；若是硫化矿，必须先焙烧方能使用。据地质资料记载，距庙背后遗址约50千米的石柱与丰都县交界地带有大型锌矿。

4. 燃料

冶炼燃料主要为煤，一般在炼炉旁边建有整煤池，以便将煤加工整理成冶炼用的煤饼，当然，冶炼时还要用少量的木炭助燃。煤在中国古代被称为石炭，考古发掘及文献记载表明，宋代以后对煤的开采利用已经非常普遍，其开采区域也比较广泛。但总体上来看，宋代的采煤区主要分布在今河南、河北、山东、陕西以及苏北地区[1]。到了明代，人们对煤炭的认识更加深入，且可以区分不同的煤种。《天工开物》载："凡煤炭普天皆生，以供锻炼金石之用。南方秃山无草木者，下即有煤，北方勿论。煤有三种：有明煤、碎煤、末煤。明煤大块如斗许，燕、齐、秦、晋生之。……碎煤有两种，多生吴、楚。……末煤如面者，名曰自来风。泥水调成饼，入于炉内，既灼之后，与明煤相同，经昼夜不灭，半供炊爨，半供熔铜、化石、升

---

① 王仲荦：《古代中国人民使用煤的历史》，《文史哲》1956年第12期。

朱。"①《本草纲目》又载："石炭，南北诸山产处亦多。昔人不用，故识之者少。今则人以代薪炊爨，锻炼铁石，大为民利。"②庙背后遗址出土有煤饼，并发现有煤矸石以及整煤池，说明当是炼锌确实使用的煤作为燃料。

5. 冶炼操作

锌矿和还原剂煤在使用前都须经敲碎、过筛，然后，再混合、拌匀。矿与煤的混合比例，要视矿的品位而定，品位越高，需用还原煤的量越大。现在，一般高品位的锌矿每吨配加800千克无烟煤，低品位的矿每吨配加500千克。料配好以后就可往冶炼罐内填装。在加完矿料后，将冶炼罐内的矿料捅紧，接着，再加上一层细炉灰，并浇上少量泥浆水。然后，在冶炼罐的一侧边缘插一瓦工刀或类似的铁板，用石锤或铁铊打压罐面，使其压紧、下陷而形成凹陷的窝，然后撤出瓦工刀，从而留下一个月牙形的通气口，即成兜。然后用泥条自冶炼罐上部向上盘10厘米左右，形成一个空腔，加上盖子后即成一个冷凝腔。罐盖的边缘上应有一个小缺口，在加盖时，缺口必须与兜窝的蒸馏气道（通气口）在相反的一侧。一般，在做完所有的兜后就可开始加盖。加盖后，除排气口外，周围必须用泥封好，不过目前在庙背后遗址还没有发现盖子。

下一步，在平整好的炉膛平台上铺一层木炭，然后置放整理好的煤饼和装好料的冶炼罐，冶炼罐之间也要填煤饼。根据出土炉膛和冶炼罐的大小，在一个平台可置60～80个冶炼罐。上完冶炼罐后，用大小合适的炉渣块充填冶炼罐之间的空隙，然后再覆盖上一层稀泥，并将其抹平。这一方面是为了固定冶炼罐，另一方面也是为了形成隔热带，以控制冶炼罐上端的温度，使反应过程中冶炼罐上端的温度明显低于炉体。在炼渣中发现有大量的大型渣块，这些渣块显然是用泥块烧成，气孔多而空隙大，明显就是封火的稀泥烧结成的遗物。这种处理方法导致几种迹象：冶炼罐上下两部分的烧成温度不一，罐体上部温度明显低于下部，冷凝区外壁的颜色呈灰白色，显然是由于涂泥保护未直接受火的结果。而冷凝区以下部分因直接受到高温烧烤，颜色呈灰黑色，相当部分器表已烧成琉璃结面，几近黑釉状。冷凝区内罐兜下部与矿料和还原剂的接触面烧结严重，几成琉璃状，而上面烧成温度明显很低，呈灰白色，基本上仍保持原使用土色和硬度。

点火后最关键的是控制好冷凝区的火候，使这一部分的火候明显低于下部罐体，以保证锌蒸汽在冷凝区顺利冷凝并汇集于罐兜内。在蒸馏过程中，冶炼罐反应部位的温度在1200℃以上，而冶炼罐上部的温度只有800℃左右，这样，就能保证在冶炼过程中，锌蒸气能及时地冷凝。封盖以后，加煤升温，一般需再烧20小时左右。但反应完成与否主要还是凭经验，通常是"夜观火昼看烟"，其意即为若在夜里，烧到不冒火焰为止；若为白天，烧到不见冒烟为止。一般一炉大致需要烧24小时。炉子熄火后，冷却5～6小时后，取出兜中的锌块，即得到纯度达95%～98%左右的毛锌（一个窝一块）。

---

① （明）宋应星：《天工开物》卷一一，《燔石·煤炭》，《丛书集成续编》，上海书店，1994年。
② （明）李时珍：《本草纲目》卷九，《金石·石炭》，《文津阁四库全书》，商务印书馆，2005年。

6. 产品

1984年，当地村民在现庙背后遗址Ⅱ区开挖坡脚时，在土内的一块石板上发现了十余块类似银制品的金属块，经鉴定分析为锌锭。其中有三块呈长方形，形体较大，其余金属块则相对较小。较大者长度在20厘米左右，宽度在15厘米左右，厚度在5厘米左右。这些金属块底面平齐，上面呈弧形，形制较为规矩。说明当时从冶炼罐中得到的锌块，在出售前就地加工成了较大块的锌锭。

7. 废弃物处理

从木屑溪遗址发现的长槽形炼炉来看，炼炉位于江岸的较高位置，这里地势较为平坦，但面积较小，向上则是较为陡峭的山坡。一般情况下，废弃物一般要堆积在地势较为低洼的地方，木屑溪遗址的冶炼废弃物主要向地势较低的江岸方向倾倒，历次洪水不断冲刷，最终导致遗址面积越来越小。目前，在临近发掘区的断崖向水面方向延伸至少40米的江滩上，遍布冶炼遗物，这是后期因雨水和长江洪水搬运的结果。

（三）余论

在古代，锌又被称作白铅、水锡、白水铅、倭铅等，由于金属锌的熔点和沸点较低，分别是419.4℃和907℃，冶炼技术要求较高，冶炼相对较为困难，所以被认识和掌握其冶炼技术也就最晚。在历史悠久的用冶炼罐冶炼铜、银等金属的技术基础上，我国古代发明创造了具有自己特色的炼锌技术。根据考古发掘和炉渣分析结果可以认定，重庆炼锌遗址群所采用炼锌工艺已经十分成熟，它采用的是"下火上凝法"的炼锌工艺，印度的炼锌工艺显著的特点是：炼锌罐是倒置的，即开口向下，炼炉分上下两室，上室为高温反应区，下室为低温冷凝区。由于反应罐是倒置的，因此，在配料中，除了矿和还原剂煤外，通常还配入适量白云石、硼砂和氯化盐等，以增强反应物的烧结性，防止因粉末化而造成塌陷。这一点，也与中国的炼锌工艺大不相同。因此，我国开创的"下火上凝法"的炼锌工艺与印度拉贾斯坦邦的"上火下凝法"炼锌工艺并称世界古代两大炼锌技术体系。

中国古代单质锌的冶炼生产不仅在国内大规模流通、应用，也曾大量供应国外市场，其产品远销至日本、印度、欧洲等地。约在16～18世纪，中国的金属锌开始传入欧洲，被称为"tutenague"，纯度达98%以上。英国布里斯托尔（Bristol）于1738年开始生产锌。1746年德国化学家马格拉夫（S.A.Marggraf）将异极矿（$H_2Zn_2SiO_5$）与木炭共置于密封器皿中煅烧，制出金属锌。19世纪平罐炼锌法在法国、比利时得到发展。

关于我国古代炼锌的起源时间问题，由于缺乏实物资料，特别是考古材料的空缺，有关的学者依据古代文献资料中的有关记载和对出土文物的化学分析结果，同时结合黄铜铸币的出现情况等做过推测，一般认为我国锌的冶炼最早可能出现于北宋末年（12世纪初），有学者认为开始于明代初年（15世纪初），也有学者提出不会早于明万历年间（16世纪后期到17世纪初）。20世纪初，在广东省发现带有"明万历十三年乙酉"字样的锌锭，含锌98%。《天工开物》一书中对炼锌技术仅有一百余字的简略记载，我们对我国古代的早期炼锌技术的了解程度几乎是空白。当代学者对古代炼锌技术的实物研究最初只能借助于对云贵地区至今仍在进行冶炼的一些炼锌作坊的近代传统冶炼工艺的认识。因而，庙背后等冶炼遗址不仅对考古界，对冶金史界也是一个全新的课题。

最后，需要特别指出的是，在重庆市丰都县境内发现如此众多的、分布集中的古代较早期的炼锌遗址群，这在中国考古中实属罕见。这些遗址在沿江两岸得以较为完好地保存下来，共同组成了一个极具研究价值的、迄今为止考古发现的中国古代最早的、特大规模的炼锌遗址群。可以预期，通过对该遗址群的综合研究，必将为解决我国古代炼锌的起源问题和揭示其技术特点提供极为丰富的、完整的、系统的、科学的考古实物资料；也使丰都乃至重庆地区成为我国古代冶金考古和冶金史研究中不可或缺的中心之一。

附　　录

附录一　Large scale zinc production in Fengdu, Chongqing, in the Ming period

Wenli Zhou[1,2*]　Marcos Martinón-Torres[1]　Jianli Chen[2]　Haiwang Liu[3]

(1. Institute of Archaeology, University College London, 31-34 Gordon Square, London WC1H 0PY, UK

2. School of Archaeology and Museology, Peking University, Beijing 100871, China

3. Henan Provincial Archaeology Institute, Zhengzhou 450000, China)

Abstract: The unique zinc distillation technology in ancient China has not fully understood because no production remains have been found and studied before. The discovery of near 20 zinc smelting sites (of Ming Dynasty, 1368~1644 AD) along the Yangtz River in Fengdu, Chongqing, southwest China since 2002 allows a detailed technological reconstruction of zinc production. This paper presents the analytical results of production remains, including retorts (distilling-pots), slag, zinc ore and metal, from three of these sites with OM, SED-EDS and EPMA-WDS. Analytical results show that the sophisticated installations for zinc distillation were retorts made of pots, condenser, pockets (condensation-nest) and lids, all of which were well designed to meet specific performance characteristics. The retorts were charged with iron-rich oxidic zinc ores, coal and charcoal; under around 1200℃ and highly reducing condition were achieved to reduce zinc ores; the zinc vapour formed within pots was collected in the condensers. The Mass production of zinc in Fengdu was probably set up to supply governmental mints.

Key words: Zinc distillation, retort, coal, brass, mints

1. Introduction

Zinc was one of the important metals in the ancient world, primarily as an essential component of the alloy brass. Brass was usually made by the cementation process, whereby metallic copper, zinc ores and charcoal were heated in crucibles and brass formed directly through the absorption of zinc vapour

---

* Corresponding author. Institute of Archaeology, University College London, 31-34 Gordon Square, London WC1H 0PY, UK.

E-mail addresses: juliazhouwl@gmail. com (W. Zhou), m. martinon-torres@ucl. ac. uk (M. Martinón-Torres) jianli_chen@pku. edu. cn (J. Chen), haiwangliu@yahoo. com. cn (H. Liu) by the copper, rather than by alloying two liquid metals (Bayley 1984; Bayley 1998; Martinón-Torres & Rehren 2002; Rehren 1999a; Rehren 1999b). This technique was required because of the extreme volatility of metallic zinc (it boils at 907℃), which means zinc immediately volatilises when it forms from the ore (around 1000℃), and it reoxidises as soon as it comes in contact with air. Thus complex reduction and condensation installations, rather than ordinary smelting furnaces, are necessary to produce metallic zinc.

While brass cementation was widespread in the ancient world, only India and China produced unalloyed zinc on an industrial scale. Indian zinc production, based on the principle of distillation by descending, first appeared about 1000 years ago, boomed during the 14th to 16th centuries, and ceased in the 19th century at Zawar, northwest India (Craddock et al. 1998). In contrast, the Chinese zinc smelting process was based on the principle of distillation by ascending, which seems fundamentally different from the Indian one. Chinese zinc was mainly used for making brass coins in the Ming and Qing dynasties (16th to 19th centuries); some was traded via European merchants to the world (Bonnin 1924; Craddock & Hook 1997; de Ruette 1995; Souza 1991). Traditional zinc smelting was still in operation in southwest China until the late 20th century.

Since the 1920s, a number of Chinese and British scholars have studied Chinese zinc smelting technology and its history, especially its inception, based on three sources of evidence: historical records (Mei 1990; Zhang 1923; Zhang 1925; Zhao 1984; Zhou 1993; Zhou 2001), scientific analyses of ancient brass coins (Bowman, Cowell, & Cribb 1989; Cowell et al. 1993; Dai & Zhou 1992; Zhou & Fan 1993) and field surveys of traditional zinc production (Craddock & Zhou 2003; Hu & Han 1984; Xu 1998; Zhou 1996). A major gap in our understanding of ancient Chinese zinc production, however, is the lack of detailed technological reconstructions based on the study of ancient production remains. Recently excavated zinc production installations in Chongqing provide an excellent opportunity to address this issue. Recently excavated zinc production installations in Chongqing provide an excellent opportunity to address this issue, indicating that the studies of zinc smelting technology in China have progressed to a new stage of field surveys and scientific analyses of archaeological production remains.

2. Zinc smelting sites in Chongqing

Since 2002, about 20 zinc smelting sites have been found on banks of the Yangtze River in Fengdu county, Chongqing, southwest China (Fig.1). They were all located on the first terraces of the banks at altitudes of 150-170 m. A peculiar type of sand-tempered pots with clear evidence of high temperature exposure was regarded as a diagnostic feature to identify these as zinc smelting sites. In additions, furnace foundations, minerals, zinc metal, slag and coal were also excavated at these sites.

In 2001-2005, three contemporary sites, Miaobeihou, Puzihe and Muxiexi, were excavated.

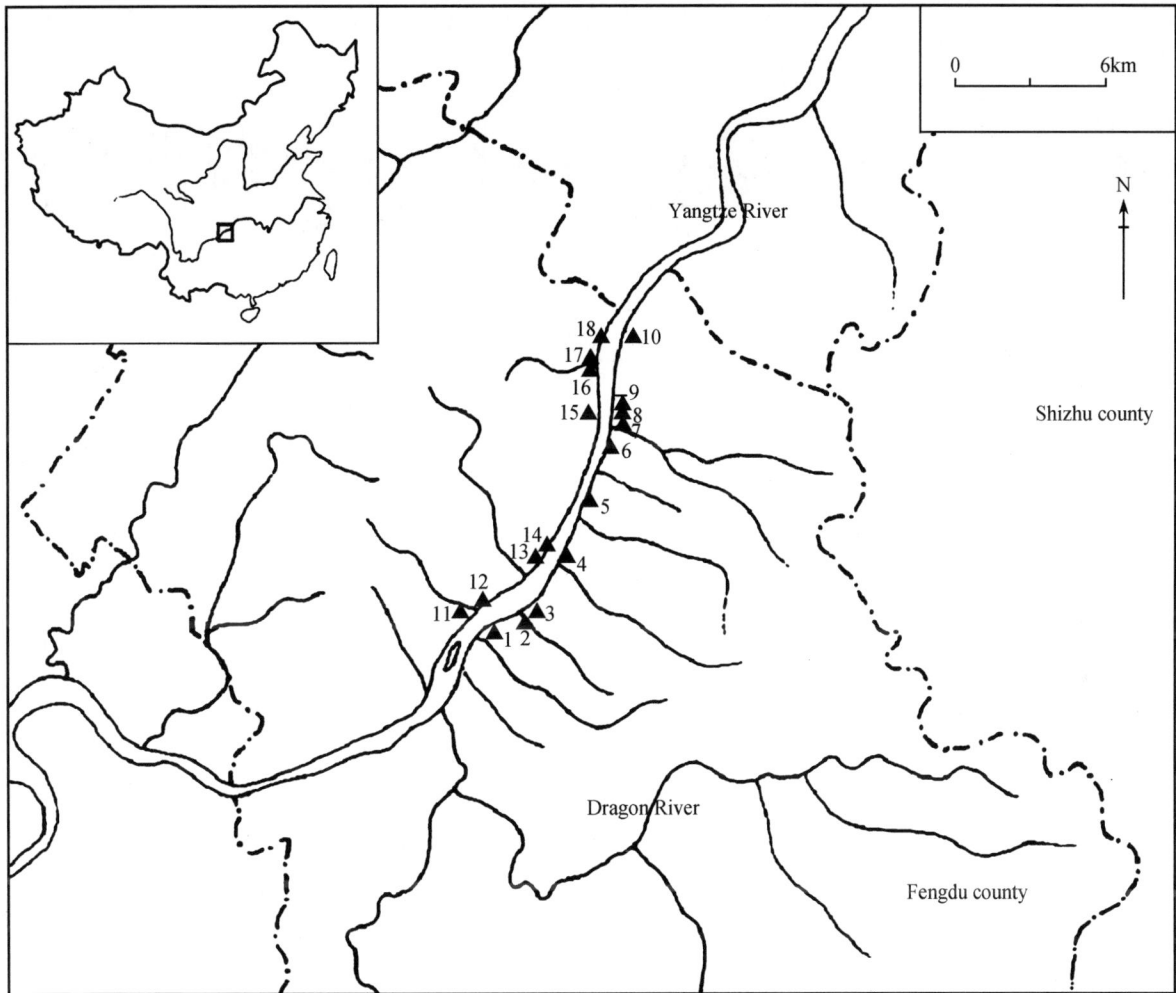

Figure 1　Distribution map of zinc smelting sites in Fengdu.

1. Daoliuzi, 2. Miaobeihou, 3. Puzihe, 4. Muxiexi, 5. Shaxizui, 6. Qingjiayuan, 7 Yuanjiayan, 8. Shidiba, 9. Yuxi, 10. Hejiaba, 11. Jiudaoguai, 12. Langxi, 13. Chixi, 14. Qingyuan, 15. Tingxi, 16. Hezuishang, 17. Tangfang, 18. Xiaoshuangxi (modified after Liu Haiwang).The Laochangping lead-zinc ore deposits in Shizhu lie 50 km southeast of these sites

Miaobeihou site covers the first terrace over a length of more than 1000 meters. Abundant smelting debris and several round furnace foundations were found. One furnace foundation is about 3 cm long and 2.3 cm wide. Around one of the furnace foundations, there is a series of vestiges composing a relative whole zinc-smelting workshop. A working shed, a coal preparation pit, a charging pit (装料池), a working platform（碎料处）and a waste pit were identified beside the furnace foundation. In other sites, rectangular furnaces resembling the trough furnaces used in traditional zinc smelting were excavated. One rectangular furnace at Puzihe (Fig.2) is 15.2 m long and 1.3 m wide; the distances between furnace-bars are 12-14 cm (Shanxi Provincial Archaeology Institute & Chongqing Municipal Bureau of Cultural Heritage 2007). At Jiudaoguai site, a working shed, 7.8 m long and 1.6 m wide, was situated at the end of one rectangular furnace. A working platform and waste pits were found by the furnace.

　　Smelting remains from Miaobeihou site were initially studied by Liu and colleagues (Liu et al.

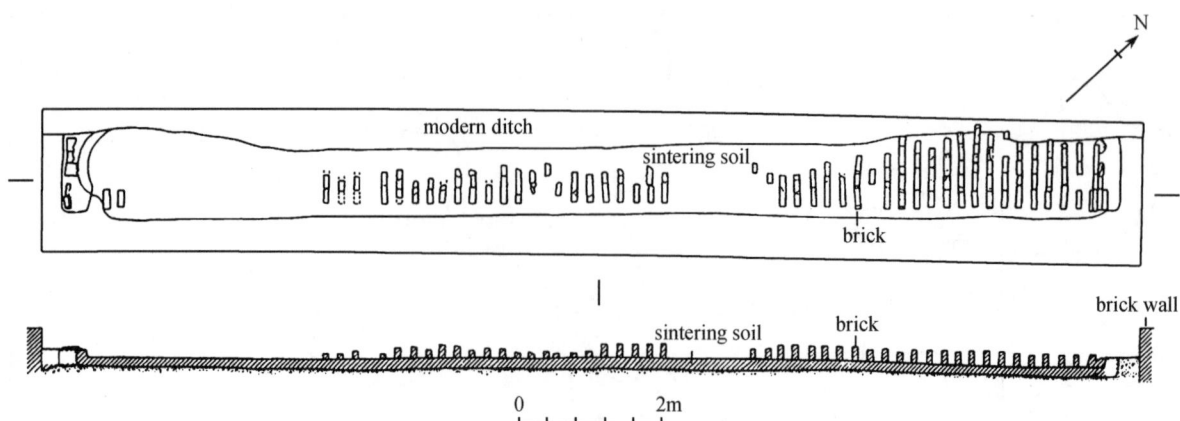

Figure 2　Furnace Y2 at Puzihe site (modified after Shanxi Provincial Archaeology Institute & Chongqing Municipal Bureau of Cultural Heritage 2007, 1762).

2007). They confirmed that the ceramic pots were used as retorts for zinc distillation and the site could be dated by radiocarbon dating to the 15th-17th centuries AD, corresponding with the Ming dynasty (AD 1368-1644). A preliminary technological reconstruction was made about the raw materials, structures of furnaces and retorts, and smelting process. However, more detailed scientific analyses of different types of production remains were necessary to reconstruct the zinc smelting technology in detail, potentially allowing the future mapping of temporal and regional variants. This paper aims to contribute a more thorough understanding of zinc smelting technology in Fengdu, using Miaobeihou as the main case study. Different ceramic fabrics used to make different parts of retorts are characterised, their raw materials are identified and the adaptation of formal and material properties to optimise performance characteristics is assessed. The original charge, zinc products and metallurgical process taking place within the retorts are established by analysing raw materials, zinc metal and metallurgical residues. Following the Miaobeihou case study, futher smelting remains from the sites of Puzihe and Muxiexi are also examined for comparative purposes. Based on archaeological evidence, analytical results and documents on traditional zinc smelting, the technology of zinc production in Fengdu is reconstructed.

3. Methods

A wide range of metallurgical remains from Miaobeihou were selected for analysis, including possible ores, zinc metal, retorts and slag. Several samples were chosen for each category of materials in order to assess their internal variability. For comparison, a few retort and slag samples from Puzihe and Muxiexi were also selected. Samples were named as three capital letters followed by a number. The first two letters refer to site (YM for Miaobeihou, CM for Muxiexi, YP for Puzihe); the third letter denotes the material type (O for ore, Z for zinc, B, M, T for bottom, middle and top parts of retorts respectively). The samples were mounted in epoxy resin and polished to 1μm for Optical Microscopy

(OM), Scanning Electron Microscopy-Energy Dispersive Spectrometry (SEM-EDS) and Electron Probe Micro Analysis-Wavelength Dispersive Spectrometry (EPMA-WDS) examinations.

The OM used was Leica DM LM. Mircophotographs were taken at regular magnifications in plane polarised reflected light (PPL) and cross polarised reflected light (XPL).

The SEM used is a Philips XL30 Environmental SEM with an Oxford Instruments INCA spectrometer package. The polished blocks were carbon coated. They were observed in secondary electron (SE) and backscattered electron (BSE) modes at regular magnifications, and analysed using the EDS system. The acceleration voltage applied to all analyses was 20 kV, the working distance 10 mm, the spot size 5.0-5.6, the beam current adjusted to a deadtime of 35%-40% and the livetime 50 seconds. Given the heterogeneous nature of most of the samples studied, the bulk compositions of the samples were obtained by averaging five measurements of large areas of 2 by 2.5 mm taken at 50x. Similarly, the ceramic matrices of pots were analysed at 800x (100 by 150 μm), avoiding large inclusions; the glassy phases of slag were studied at 200x (400 by 600 μm); individual phases were probed by measuring spots of a few micrometers in diameter. Results were combined with oxygen by stoichiometry where appropriate. The confidence limits of the SEM-EDS are about 0.3%, but values below this limit are reported for indicative purposes. Sodium was neglected in analyses of samples rich in zinc (minerals, condensers, pockets and slag), because both Na Kα and Na Kβ peaks overlap with the Zn Lα peak.

EPMA-WDS was employed to detect minor and trace elements in metallic zinc samples. The EPMA used is a JEOL JXA 8600 with an intergrated operating system for the WDS analysis. The acceleration voltage applied was 20 kV, the beam current 5×10^{-8} A, the acquisition time 50 seconds. Three certified reference materials (41X4380Zn2, 41X0336Zn2, 41X0336Zn6) and three zinc samples were analysed at 1000x (150 by 200 μm) ten times. Three crystals were used: TAP (thallium acid phtalate) for the Lα line of As; PET (pentaerythritol) for the Lα lines of Sb, Sn, Ag and Cd, the Mα lines of Pb and Bi, and the Lβ line of In; LIF (lithium fluoride) for the Kα lines of Zn, Fe and Cu. The nominal detection limits of these elements are about 0.03%, but again analytical results below the limits are presented.

4. Results

4.1　Minerals

Four mineral samples from Miaobeihou were analysed. YMO1-1, YMO1-2 and YMO2 are heavily weathered, porous, brick red mineral fragments with white or shiny minerals filling in cavities. They are rich in ZnO (31%-42%) and FeO (19%-30%), and contain 5%-6% SiO_2, around 0.5% each CaO and MgO, and around 0.2% Al_2O_3 and CdO, with low analytical totals of 64%-73%, consistent with the presence of carbonates and hydroxides not detected by the EDS system (Table 1). They display finely intergrown oolithic structures of red minerals (iron oxides), and white minerals (zinc carbonates) (Fig.3). The minerals growing in the cavities are zinc carbonates and zinc silicates (Fig.4). A fourth sample, YMO3, primarily consists of zinc silicates and quartz, so it is richer in SiO_2 (68.1%) and lower in FeO (3.0%) (Table 1).

Table 1 Average bulk compositions of four mineral samples from Miaobeihou (wt%). Analyses by SEM-EDS.

Sample	MgO	Al_2O_3	SiO_2	Cl	CaO	FeO	ZnO	CdO	PbO	Total
YMO1-1	0.5	0.2	5.0	-	0.6	29.5	37.1	0.2	-	73.1
YMO1-2	0.7	-	6.4	-	0.4	19.4	42.4	0.3	-	69.6
YMO2	0.3	0.2	5.1	0.1	0.6	26.3	31.3	0.2	-	64.1
YMO3	0.3	0.8	68.1	0.1	0.5	3.0	32.9	0.1	0.1	105.9
YMO1-1	0.7	0.3	6.9	-	0.9	40.3	50.6	0.3	-	100.0
YMO1-2	1.0	-	8.4	-	0.6	28.4	61.2	0.4	-	100.0
YMO2	0.5	0.3	7.7	0.1	0.9	41.0	49.2	0.3	-	100.0
YMO3	0.3	0.8	63.5	0.1	0.5	3.1	31.5	0.1	0.1	100.0

Note: both unnormalized (top half) and normalized (bottom half) results are presented.

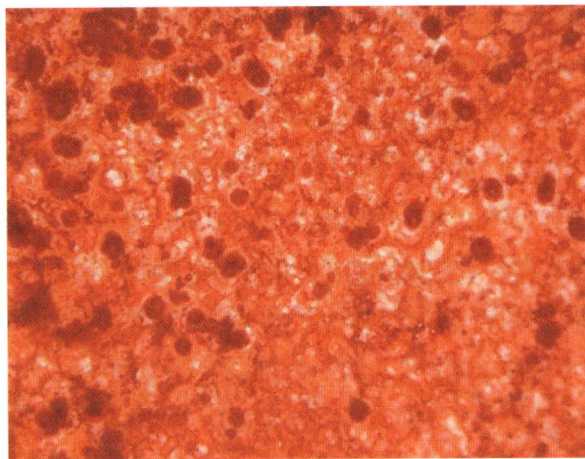

Figure 3   Finely intergrown oolithic structure of YMO2, XPL at 200x, width of picture 0. 5 mm.

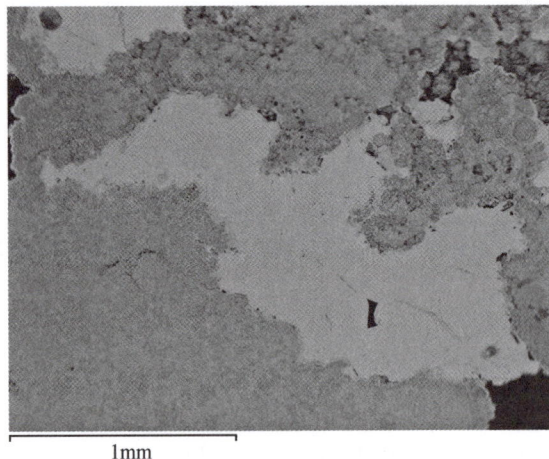

Figure 4   Zinc silicates (white) embedded in the oolithic structure (grey) of YMO1-1, BSE at 50x.

4.2   Zinc

Over 10 zinc ingots were found at Miaobeihou in the 1980s. Three of them were rectangular, 20 by 15 cm and about 5 cm thick (Fig.5), one of which was analysed by ICP-AES and identified to be zinc of 99.21% purity (Liu et al. 2007). Others were planoconvex, roughly 10 cm long and 6 cm wide.

Recent excavations at Miaobeihou discovered a few small irregular-shaped lumps of metallic zinc. The three samples analysed are high purity metallic zinc with a few small lead-rich prills and euhedral intermetallic iron-zinc phases, $FeZn_{13}$ (Fig.6). EPMA-WDS results confirm that their main impurities are lead and iron (Table 2). YMZ1 and YMZ3 contain about half percent of lead, while

Figure 5　One of the zinc ingots discovered at Area II of Miaobeihou site in the 1980s.

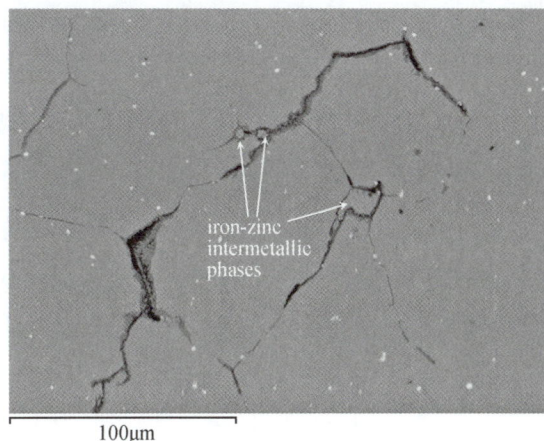

Figure 6　Intergranular corrosion (grey and dark), iron-zinc intermetallic phases and tiny lead-rich prills (white) in YMZ1, BSE at 500x.

YMZ2 has less than 0.1% lead. Their iron contents are all below 0.1%. Other trace elements (arsenic, copper, silver, indium and cadmium) are below the detection limits (0.03%). The white patina on the surfaces is primarily composed of basic zinc carbonates and zinc sulphates. The outer parts bear earth minerals and coal fragments, which were probably incorporated from soils during burial.

Table 2　Average compositions of zinc samples (1000x). Analyses by EPMA-WDS.

Sample	Zn	Fe	As	Cu	Ag	Pb	In	Bi	Cd	Total
YMZ1	98.08	0.05	0.01	0.01	-	0.41	0.01	0.01	0.01	98.59
YMZ2	98.99	0.02	-	-	0.01	0.06	0.01	-	0.01	99.10
YMZ3	98.41	0.04	-	-	-	0.42	0.01	0.01	0.01	98.90

4.3　Retorts

The retorts from the three sites share similar forms, consisting of four parts: pot, condenser, pocket and lid (Fig.7). The ceramic pot is the main body of a retort, which would contain the raw materials. A cylindrical ceramic condenser (pocket) is built on top of the rim of the pot. Inside the condenser there is a ceramic partition with a hole on one side and a concave upper surface where the zinc would be collected as it condensed. The opening of the condenser is covered by a disc-like lid. Analytical results of ceramic pots, condensers and pockets from three sites are presented as below.

Pots

The pots are wheel-thrown flat-bottomed jars, usually 25-30 cm in height. Their flat bases are circular with diameters of 7-10 cm; the bodies open gradually to diameters of 11-16 cm and then close progressively; the rims are flared outwards with internal diameters of 6-9 cm. Their capacity is estimated at about 2 L. The pot bodies are about 0.6-1.0 cm thick and gradually become thinner from

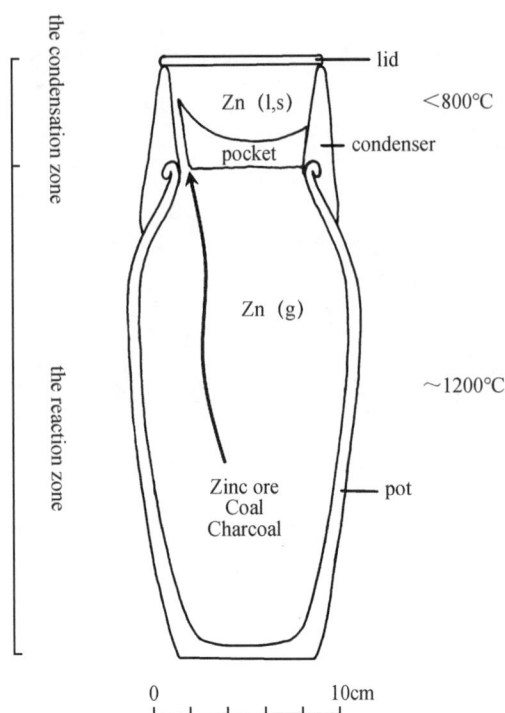

Figure 7　Reconstruction of a retort (g-gas, l-liquid, s-solid)

the bases to the rims. The colours of unused pots range from yellow, red and brown to grey due to variable firing conditions. The used pots are bluish grey, bluish black or black, indicating the strong reducing conditions required by zinc smelting. Some used pots were externally covered by lute which was highly vitrified and had coal ash fragments embedded, indicating that coal would have been the fuel employed to fire the furnaces.

Six pot samples from Miaobeihou, three from Muxiexi and three from Puzihe were analysed and found to have similar compositions and characteristics. The ceramic matrices are composed of 66%-72% SiO_2, 19%-24% Al_2O_3, 3%-6% FeO and low levels of alkali and earth alkali oxides, their sum being about 4% (Table 3). The ZnO contents of most samples are around detection limits, while some of the used samples from Puzihe and Muxiexi contain over 1% ZnO, such as YPB5 and CMB4.

Table 3　Average matrix (800x, top half) and bulk (50x, bottom half) compositions of pot samples from three sites (wt%), nomalised to 100%.Analyses by SEM-EDS.

Site	Sample	Na_2O	MgO	Al_2O_3	SiO_2	P_2O_5	SO_3	Cl	K_2O	CaO	TiO_2	MnO	FeO	ZnO
Miaobeihou	YMM1	0.4	0.6	19.1	72.3	0.1	-	-	2.1	0.3	0.9	-	4.2	-
	YMM3	0.3	0.7	20.1	70.7	0.1	-	-	3.1	0.1	1.0	-	3.9	-
	YMM9	0.2	0.8	22.1	67.0	0.1	-	-	2.7	0.2	1.1	-	5.8	-
	YMM10	0.2	0.7	21.6	68.1	0.2	-	-	2.7	0.2	1.0	-	5.3	-
	YMM13	0.3	0.7	23.6	65.9	0.2	-	-	2.8	0.2	1.0	-	5.3	-
	YMM14	0.2	0.7	21.9	69.9	0.1	-	0.1	3.0	0.2	0.8	-	3.0	0.1
Puzihe	YPM1	0.2	0.7	21.9	67.3	0.2	-	-	3.0	0.3	1.2	-	5.1	0.1
	YPM3	0.5	0.6	21.7	67.4	0.2	0.1	-	3.0	0.1	1.1	0.1	5.1	0.1
	YPM4	0.2	0.6	20.0	70.7	0.1	0.1	-	2.6	0.1	1.1	-	4.4	0.1
	YPB5	0.7	0.5	19.8	70.0	0.1	0.1	-	2.1	0.3	1.1	-	4.1	1.2
Muxiexi	CMT3	0.7	0.6	21.0	67.2	0.1	-	-	3.1	0.2	1.0	-	5.2	0.9
	CMM3	0.3	0.5	20.2	71.9	0.1	-	0.1	2.2	0.2	1.0	-	3.3	0.2
	CMB4	0.5	0.5	16.6	72.0	0.1	-	-	2.3	0.2	0.8	-	4.4	2.6
	CMB5	0.4	0.5	19.7	71.7	0.1	-	-	2.4	0.3	1.0	-	3.3	0.6

Continued

Site	Sample	Na₂O	MgO	Al₂O₃	SiO₂	P₂O₅	SO₃	Cl	K₂O	CaO	TiO₂	MnO	FeO	ZnO
Miaobeihou	YMM1	0.3	0.5	14.8	77.7	0.2	-	-	1.7	0.3	0.8	-	3.6	0.1
	YMM3	0.2	0.7	17.3	73.8	0.1	-	-	2.8	-	0.9	-	4.1	0.1
	YMM9	0.2	0.6	18.7	69.9	0.1	0.1	-	2.4	0.2	1.0	-	6.8	-
	YMM10	0.1	0.6	18.2	71.3	0.1	0.1	-	2.4	0.2	0.9	-	6.0	0.1
	YMM13	0.2	0.5	18.4	72.1	0.1	-	-	2.2	0.3	0.8	0.1	5.3	-
	YMM14	0.1	0.5	16.8	76.5	0.2	0.1	0.1	2.3	0.1	0.7	-	2.5	0.1
Puzihe	YPM1	0.3	0.7	19.0	70.3	0.1	-	-	2.8	0.3	1.0	-	5.4	0.1
	YPM3	0.5	0.4	17.1	73.2	0.1	0.1	-	2.3	0.1	1.0	-	4.8	0.4
	YPM4	0.1	0.5	16.1	75.6	0.1	-	-	2.3	0.1	0.9	0.1	4.1	0.1
	YPB5	0.7	0.5	15.9	73.0	0.0	0.1	-	1.8	0.3	0.9	-	5.1	1.7
Muxiexi	CMT3	0.8	0.5	15.4	73.9	0.2	-	-	2.0	0.1	0.8	0.1	4.2	2.0
	CMM3	0.4	0.3	15.1	78.2	0.1	-	0.1	1.5	0.2	0.9	-	2.8	0.4
	CMB4	0.5	0.4	13.1	75.6	0.1	0.1	-	1.8	0.2	0.8	-	5.0	2.4
	CMB5	0.3	0.5	15.9	76.6	0.1	-	-	1.7	0.2	0.8	-	3.1	0.8

Note: YMM10, YMM13, YMM14, YPM1 and YPM4 are unused pots, while the others are used ones.

The fabrics of all pot samples contain 10-15 vol% of large ill-sorted inclusions ranging from 50 μm up to 2 mm large. They are sub-angular and show low sphericity. Most of the large inclusions are internally cracked quartz grains (Fig.8), which are partially debonding from or dissolving into the surrounding ceramic. The internally cracked quartz grains are caused by the large thermal behaviour mismatch between the quartz grains and the surrounding glass phase, indicating a firing temperature of about 1200℃ (Martinón-Torres et al. 2008; Ohya et al. 1999). A few feldspar grains, mostly potassium feldspar, are identified in unused samples; in used ones, the feldspar grains are totally molten, only leaving relict structures, confirming that the firing temperature was over 1050℃ (Wolf 2002, 41). In unused samples, ferruginous concretions vary in size up to 2 mm large; in used ones, most of the ferruginous concretions are molten and some iron-rich crystals have precipitated. In addition, smaller partially dissolved quartz grains are abundant in the matrices and are likely to have derived from the clay rather than being intentional temper. A few small inclusions, such as zircon, rutile and monazite, are also found in the fabrics.

The unused pots, mostly fired in a relatively oxidising atmosphere, show extensive vitrification of the ceramic matrix. The used pots generally exhibit continuous vitrification structures with medium bloating pores (2-10 μm diameter) (Fig.9), which might be taken as an indication of smelting temperature being higher than the original firing temperatures by about 50-100℃ (cf. terminology in Maniatis & Tite 1981; Tite et al. 1982). Nevertheless, the reducing atmosphere involved in zinc smelting usually lowers the vitrification temperature by about 50℃ (Maniatis & Tite 1981) and zinc contamination during use would flux the ceramic. Therefore, it can be inferred that the smelting

Figure 8   Internally cracked quartz grains (grey) and
ferruginous concretions (white) in unused retort YMM14,
BSE at 50x.

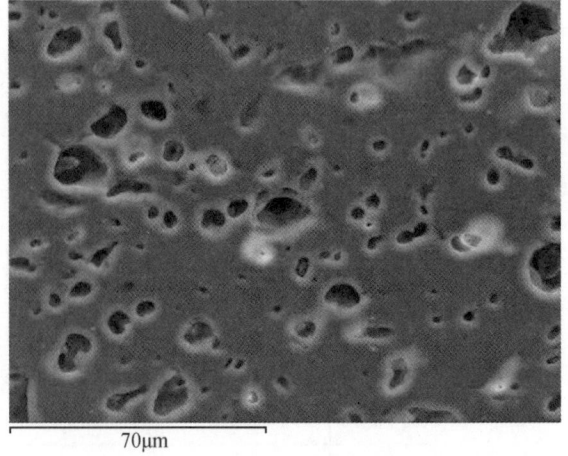

Figure 9   The continuous vitrification structure of used
YMM3, SE at 800x.

temperature was similar to or slightly higher than the firing temperature of pots, estimated at about 1200℃. The bottom parts were sometimes exposed to a higher temperature as indicated by their larger bloating pores (10-50μm diameter).

Condensers

Cylindrical accessories of about 5 cm in height were built onto the rims of the pots, with the top ends thinner than the ends connected with the pots. They show a variety of colours ranging from yellow, brown and grey to black. Whitish or greenish substances adhere to the internal surfaces and the rims of condenser fragments, while only a limited amount of white deposits appear on the external surfaces. A few condenser fragments still preserve parts of pockets attached to their internal surfaces (Fig.10).

The condenser fabrics from the three sites show high levels of ZnO contamination, varying from 6% to 39%. To estimate the original compositions of unused condensers, the ZnO contents were omitted, and the data renormalised to 100%. Compared to the pot fabrics, the condensers show more variable compositions, containing similar SiO_2 (64%-75%), lower Al_2O_3 (13%-18%), but higher levels of FeO (6%-9%), K_2O (2%-6%), CaO (1%-3%) and MgO (1%-2%). They also have slightly higher amounts of SO_3, P_2O_5 and Cl (Table 4).

The condenser fabrics contain over 30 vol% of ill-sorted inclusions. Most of them are angular quartz grains, ranging from 10 μm up to 500 μm large. There are also a significant number of feldspar grains which show no evidence of thermal distortion. The most remarkable inclusions are coal ash fragments with layered structures. These fragments vary in sizes, up to 2 mm long. A few coal fragments rich in carbon are also recognised due to their black colour under BSE imaging, low analytical totals and minor amounts of sulphur (Fig.11). Three samples (YMT1, YMT3 and YMT17) contain higher proportions of coal (ash) fragments, resulting in their relatively higher contents of CaO. There are only small amounts of coal (ash) fragments in the other samples.

Table 4　Average bulk compositions (50x) of condenser samples from three sites (wt%), normalised to 100%. Analyses by SEM-EDS.

Site	Sample	MgO	Al₂O₃	SiO₂	P₂O₅	SO₃	Cl	K₂O	CaO	TiO₂	MnO	FeO	ZnO
Miaobeihou	YMT1	1.3	12.3	46.1	0.2	0.3	0.1	2.9	2.0	0.5	0.1	5.8	28.4
	YMT3	1.4	14.4	57.7	0.2	0.1	0.3	2.3	2.2	0.8	0.1	7.9	12.6
	YMT8	0.8	9.1	50.8	-	0.1	-	1.6	0.8	0.7	-	4.1	32.0
	YMT12	1.2	13.7	55.8	0.2	0.3	0.1	2.9	0.9	0.8	-	5.7	18.4
	YMT17	1.3	16.5	63.8	0.1	0.1	0.1	2.5	1.9	0.9	0.1	7.0	5.7
	YMT19	1.0	10.2	43.1	0.2	0.6	0.2	1.2	0.9	0.5	0.1	3.7	38.3
	YMT20	0.9	11.5	56.0	0.3	1.1	0.2	4.7	0.9	0.7	0.1	5.0	18.6
	YMT22	1.1	14.5	59.8	0.3	0.2	-	2.1	1.3	0.9	0.1	7.0	12.7
Puzihe	YPT1	1.2	17.0	65.1	0.2	0.2	0.2	1.9	1.1	1.0	0.1	6.9	5.1
	YPT2	0.7	9.1	44.5	0.2	-	0.1	1.3	0.6	0.4	0.0	3.7	39.4
	YPT6	1.1	15.3	64.3	0.3	0.2	0.2	2.4	0.7	0.9	0.1	6.9	7.6
Muxiexi	CMT1	1.3	12.4	60.6	0.5	0.3	0.1	2.5	1.8	0.6	0.2	5.1	14.6
	CMT2	1.4	13.0	64.7	0.3	0.1	-	2.9	1.1	0.8	0.1	5.2	10.4
	CMT4	1.5	11.2	60.8	0.2	-	0.2	2.4	0.7	0.7	0.2	5.3	16.8
Miaobeihou	YMT1	1.8	17.2	64.5	0.2	0.4	0.2	4.0	2.7	0.7	0.2	8.1	
	YMT3	1.6	16.5	65.9	0.2	0.1	0.4	2.7	2.5	0.9	0.2	9.0	
	YMT8	1.2	13.4	74.5	-	0.1	0.1	2.4	1.2	1.0	0.1	6.0	
	YMT12	1.5	16.8	68.3	0.2	0.4	0.1	3.6	1.1	1.0	-	7.0	
	YMT17	1.4	17.5	67.6	0.1	0.1	0.1	2.7	2.0	1.0	0.1	7.4	
	YMT19	1.6	16.5	69.9	0.3	1.0	0.3	1.9	1.5	0.8	0.2	6.0	
	YMT20	1.1	14.1	68.8	0.4	1.4	0.2	5.8	1.1	0.9	0.1	6.1	
	YMT22	1.3	16.6	68.6	0.3	0.2	-	2.4	1.5	1.0	0.1	8.0	
Puzihe	YPT1	1.3	17.9	68.5	0.2	0.2	0.2	2.0	1.2	1.1	0.1	7.3	
	YPT2	1.2	14.9	73.3	0.4	0.1	0.1	2.1	0.9	0.7	0.1	6.2	
	YPT6	1.2	16.6	69.6	0.3	0.2	0.2	2.6	0.8	1.0	0.1	7.4	
Muxiexi	CMT1	1.5	14.6	70.9	0.6	0.4	0.1	2.9	2.1	0.7	0.2	6.0	
	CMT2	1.6	14.5	72.1	0.4	0.1	-	3.3	1.2	0.9	0.1	5.8	
	CMT4	1.8	13.5	73.2	0.2	-	0.2	2.8	0.8	0.9	0.2	6.4	

Note: the bottom half rows show the same results after neglecting ZnO and renormialising to 100%.

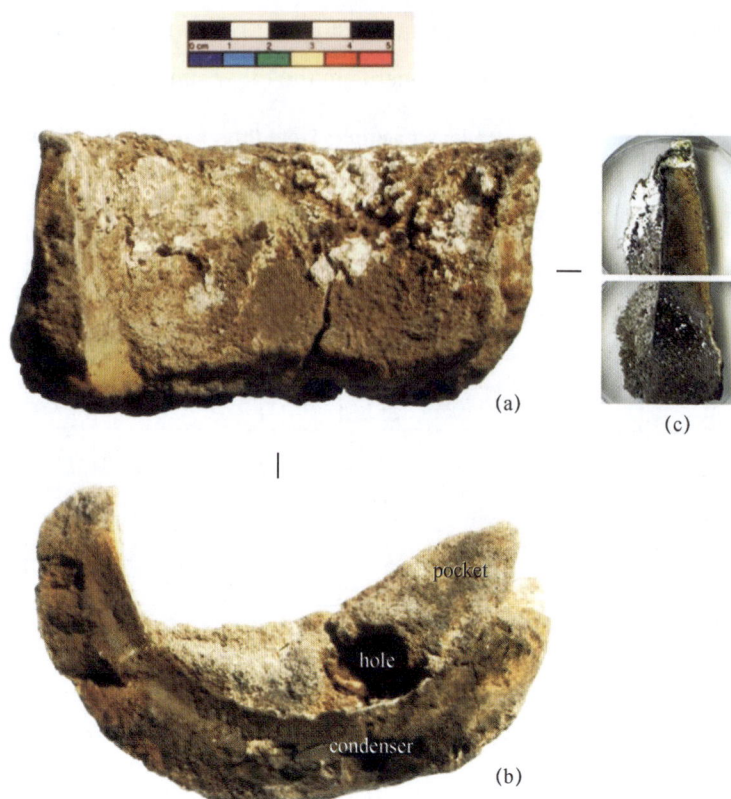

Figure 10   A condenser fragment YMT1 with part of the pocket and white deposits. (a) internal surface of the condenser; (b) bottom view; (c) vertical cross section.

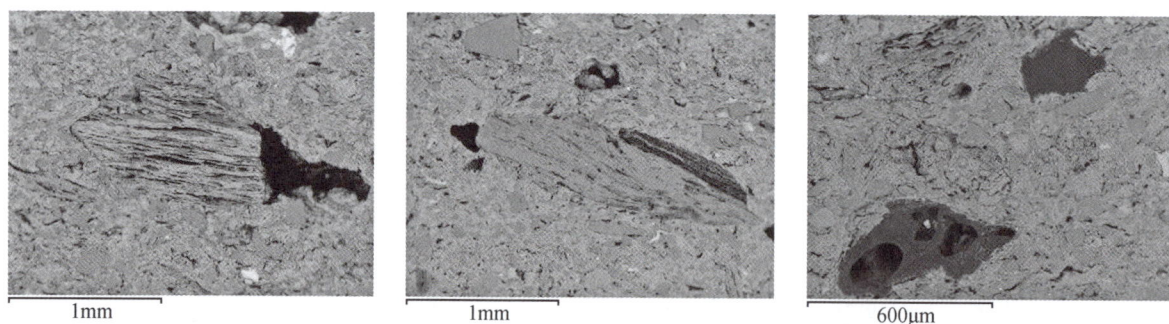

Figure 11   Different appearances of coal (ash) fragments in YMT17. Left: a burnt coal ash fragment, BSE at 100x; middle: a mineral-rich coal fragment with a small area rich in carbon (black), BSE at 50x; right: two carbon-rich coal fragments, BSE at 50x.

In some parts of the condensers, zinc-rich phases, mostly zinc oxide and carbonates, are deposited within the matrices and filling cracks. Even some mineral inclusions are heavily contaminated by zinc. The greenish and whitish crusts adhering to the condensers are mostly zinc oxide and zinc carbonates, with some post-depositional zinc sulphate and chloride minerals. A few droplets of metallic zinc with diameters of 50-500 μm are trapped within the crusts, in addition to a small number of siliceous minerals and coal (ash) fragments.

The upper parts of condensers are not vitrified, indicating that they were exposed to temperatures lower than 800℃; the lower parts are highly vitrified with large bloating pores, the sizes of which increase from the rims of pots downwards (Fig.12). Thus there are distinct temperature gradients above and below the rims of pots. This would help keep the condensers relatively cool, thereby facilitating the condensation of the zinc vapour.

Pockets

Pockets are the concave horizontal ceramic dishes placed within the condensers where the metallic zinc collects. They separate the smelting pots from the cooler condensation area. Rectangular holes, generally 2 cm long and 1 cm wide, can be found on one side of pockets, where the thickness of the pockets is larger than the opposite side (Fig.13). These holes would connect the reaction zone with the condensation zone, allowing zinc vapour to rise. They are quite friable and not always recovered. Only four samples from Miaobeihou were collected for analyses.

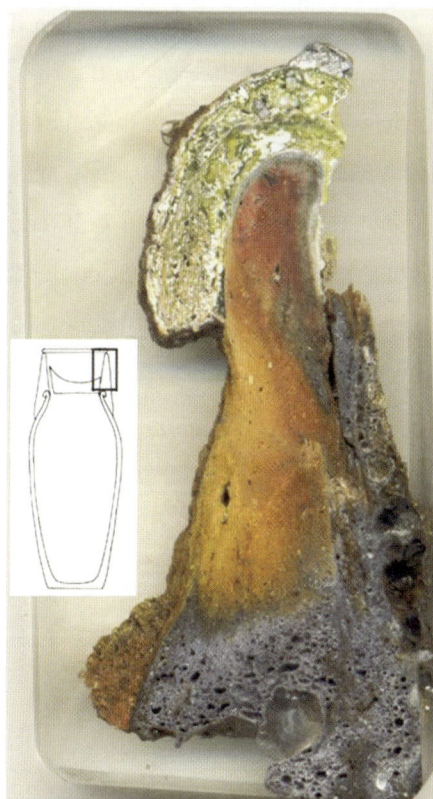

Figure 12　The cross section of YMT8, showing that the top part of the condenser is not vitrified but the lower part is heavily vitrified. Note the thick zinc oxide crust adhering to the inner side of the rim.

hole (a)

(b) (c)

Figure 13　A pocket from Miaobeihou. (a) side view showing the side with the hole is thicker; (b) the upper surface; (c) the bottom surface.

The uneven bottom surfaces of the pockets display imprints of the charge below, suggesting that the charges filled the pots to the rims before fresh clay was applied to form the pockets. The bottom surfaces are more vitrified than the upper parts, so they are better preserved. The two samples (YMT2 and YMT8) from the lower parts examined are vitrified, porous with small round bloating pores and larger irregular voids. Their bulk compositions are similar to those of condensers, with only sightly higher Al_2O_3 and lower SiO_2 contents (Table 5). Like in the condensers, a few large inclusions with layered structures are likely coal (ash) fragments. The main inclusions are quartz grains: a few large ones and higher amounts of semi-molten small ones.

Table 5   Average bulk compositions (50x) of pocket samples from Miaobeihou site (wt%), normalised to 100%. Analyses by SEM-EDS.

Sample	MgO	Al_2O_3	SiO_2	P_2O_5	SO_3	Cl	K_2O	CaO	TiO_2	FeO	ZnO
YMT2	1.5	18.8	63.1	0.2	0.3	0.3	2.9	2.4	1.0	7.6	1.9
YMT8	1.6	18.0	60.2	0.2	0.3	0.6	4.6	1.9	1.0	5.0	6.6
YMT1	1.0	12.0	34.2	0.3	0.3	0.1	0.9	1.6	0.5	3.4	45.7
YMT12	0.7	7.2	25.3	0.3	1.1	0.2	0.6	0.4	0.2	1.7	62.3
YMT2	1.5	19.2	64.4	0.2	0.3	0.3	3.0	2.4	1.0	7.7	
YMT8	1.8	19.3	64.2	0.2	0.3	0.7	4.9	2.1	1.1	5.4	
YMT1	1.8	22.1	63.0	0.5	0.6	0.2	1.7	3.0	0.9	6.2	
YMT12	1.8	19.2	67.0	0.7	3.0	0.6	1.5	1.2	0.6	4.4	

Note: each sample gives two compositional results with (top half) and without (bottom half) ZnO contents.

Figure 14   Quartz, feldspar, coal fragments and zinc carbonates in the pocket fabric of YMT1, BSE at 50x.

In most cases, the upper parts of pockets are partially missing, perhaps caused by the artisans scraping off zinc rich materials for resmelting after the zinc ingots were collected at the end of the process. The two samples from the upper parts (YMT1 and YMT12) are not vitrified but heavily contaminated by zinc. Large inclusions up to 1 mm in diameter consist of quartz, potassium feldspar and coal fragments, while small inclusions are mainly quartz (Fig.14).

4.4   Slag

Slag here refers to the metallurgical residues left within the pots after the smelting. The slag is rusty, porous and quite vitrified. The slag is generally adhering to the internal surfaces of the lower parts of pots, where in some cases small fragments of coal and charcoal can still be seen trapped inside the slag (Fig.15). There are also small lumps of porous and fragile slag detached from the pots, which means it is possible that the pots were reused after removing the 'loose' slag. The five slag samples from Miaobeihou analysed contain substantial amounts of SiO_2 (29%-54%) and Al_2O_3 (5%-13%). This enrichment can be explained by the contribution of the ceramic to the melt: lumps of ceramic with partly dissolved quartz grains can be frequently identified. They are also rich in FeO, ranging from 10% to the extreme value of 46% in YMB5. These samples contain variable levels of ZnO (3%-10%), CaO (3%-10%), MgO (2%-4%), BaO (0.2%-6%) and SO_3 (0.5%-2%) (Table 6). The slag samples are very heterogeneous, which is also manifested in their microstructures. The most common phases in the slag are described as below.

Figure 15　Slag adhering to the bottom of the pot, YMB1.

Table 6　Bulk compositions (50x, top half) and glassy matrix (200x, bottom half) of slag samples from three sites (wt%), normalised to 100%. Analyses by SEM-EDS.

Site	Sample	MgO	Al_2O_3	SiO_2	P_2O_5	SO_3	Cl	K_2O	CaO	TiO_2	MnO	FeO	CuO	ZnO	BaO	PbO
Miaobeihou	YMB1	3.5	10.4	44.6	0.3	2.3	0.2	1.4	5.3	0.5	0.1	20.7	0.1	8.8	1.8	-
	YMB2	2.3	12.6	53.6	0.2	1.1	0.2	2.3	4.5	0.7	0.2	11.4	0.1	8.4	2.4	-
	YMB3	1.8	8.3	31.7	0.2	2.1	0.3	1.0	3.2	0.4	0.3	42.3	0.2	2.6	5.5	0.1
	YMB4	2.3	10.8	53.4	0.1	1.6	0.3	1.8	5.2	0.7	0.1	11.9	0.1	9.6	2.0	0.1
	YMB5	4.0	5.6	28.8	0.4	0.5	0.2	0.3	9.7	0.2	0.2	45.8	-	4.1	0.2	-
Puzihe	YPB1	1.3	15.3	58.2	0.3	0.4	0.3	3.4	2.1	0.8	0.1	9.7	0.1	6.8	1.2	-
	YPB5	3.3	13.1	41.3	0.2	0.6	0.1	1.0	7.5	0.6	0.1	28.6	0.2	3.1	0.3	-
Muxiexi	CMB1	3.8	7.3	33.1	0.2	0.8	0.2	0.5	5.1	0.3	0.2	32.8	0.1	14.3	1.3	-
	CMB4	3.0	9.1	45.8	0.3	1.4	0.1	1.4	5.3	0.3	0.2	15.6	0.1	15.2	2.1	0.1
	CMM1	2.3	12.1	57.9	0.2	0.6	0.1	1.8	3.5	0.4	0.2	15.6	0.1	3.4	1.8	-
Miaobeihou	YMB1	3.0	12.0	51.9	0.1	0.8	0.1	1.8	5.7	0.7	0.2	13.7	-	8.3	1.7	-
	YMB2	2.6	12.8	55.9	0.1	0.5	-	2.3	5.0	0.8	0.2	9.2	-	8.2	2.4	-
	YMB3	2.5	12.5	57.2	0.2	0.3	0.1	2.4	6.6	0.7	0.4	8.2	-	5.5	3.4	-
	YMB4	3.0	10.5	54.1	0.1	0.9	0.2	2.0	5.7	0.6	0.2	10.8	-	9.8	2.1	-
	YMB5	4.8	8.8	49.3	0.4	1.0	0.3	0.8	12.8	0.4	0.4	14.0	-	6.6	0.4	-
Puzihe	YPB1	1.7	16.3	59.8	0.2	0.3	0.2	3.9	2.6	1.0	0.2	5.1	-	7.8	0.8	0.1
	YPB5	3.7	16.6	58.1	0.2	0.5	0.1	2.2	10.0	0.9	0.2	4.0	0.1	3.1	0.3	-
Muxiexi	CMB1	5.8	9.2	42.8	0.2	1.1	0.3	0.9	7.0	0.4	0.2	15.0	-	15.4	1.6	0.1
	CMB4	3.0	9.7	51.3	0.3	0.8	0.1	1.7	5.7	0.5	0.2	10.0	-	14.2	2.5	-
	CMM1	2.7	13.2	58.9	0.1	0.5	0.1	1.9	3.9	0.6	0.3	12.3	-	3.6	1.9	-

Figure 16　Zinc sulphide (yellow), metallic iron (dark) and voids (white) in YMB2, XPL at 200x, width of picture 0.5 mm.

Within the glassy phases of slag, a variety of primary phases are crystallised from the silicate melt, including feldspar (plagioclase and barium feldspar), zinc-rich spinel, olivine, pyroxene and melilite. They are generally richer in zinc than the corresponding natural minerals. YMB3 contains a large number of crystals of barite, $BaSO_4$, consistent with the higher BaO levels.

Clusters of zinc sulphide and metallic iron are frequent (Fig.16). Zinc sulphides appear as round globules containing about 6% iron, and as tiny flower-like crystals certainly crystallised from the melt. The metallic iron contains minor amounts of arsenic, zinc, copper and phosphorous. In some areas, iron prills have corroded away, leaving voids where iron oxides are sometimes redeposited. The presence of secondary iron oxides in cracks, pores and surfaces denotes that metallic iron was originally more abundant than apparent today. In YMB5, calcium carbonates are also deposited on the pores, resulting in the high CaO level.

In addition, residues of coal fragments are identified in most of slag samples (Fig.17), as well as some relicts of charcoal fragments that can be clearly recognised through their cell structures in YMB1, YMB2, YMB3 and YPB1 (Fig.18). This indicates that both mineral and vegetal carbon were part of the charge.

A few residual inclusions of zinc silicates (2~3 mm large) are found in CMM1 and CMB1. Sometimes they appear to have recrystallised internally as angular, cored crystals with lower FeO levels in the cores and higher FeO levels (up to 10%) towards their surfaces. However, these inclusions still retain the shapes of original minerals with cracks throughout them. It is likely that zinc silicate

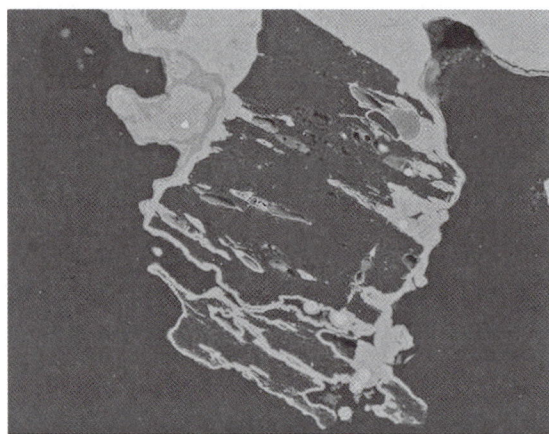

300μm

Figure 17　Coal in YMB1, BSE at 200x.

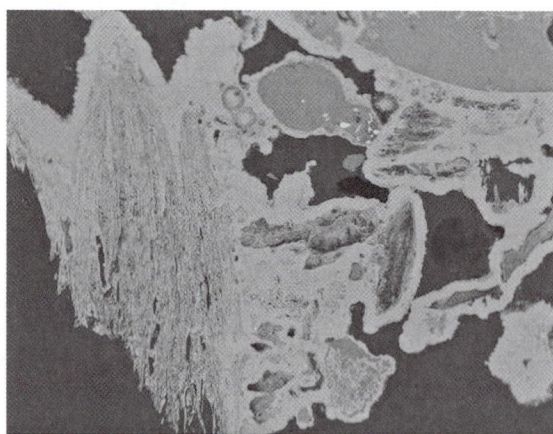

1mm

Figure 18　Charcoal in YMB1, BSE at 50x.

crystals from the ores partially melted into the slag and later recrystallised internally to the iron-bearing zinc silicates. Their presence here suggests that zinc silicate minerals, probably hemimorphite, could not be reduced to metal as easily as zinc oxides or carbonates, which probably explains the higher ZnO content in these samples. In CMB1, metallic iron prills, zinc oxides with ~15% of FeO and zinc-rich spinel are embedded within a cluster of iron-bearing zinc silicate crystals (12% FeO). Furthermore, a lump of pure zinc oxide (~500μm in diameter) is identified with zinc silicate crystals growing between it and the slag melt (Fig.19). The presence of zinc oxides and the absence of coal/charcoal probably suggest that the reducing agent was not sufficient for the reduction of zinc oxides, as confirmed by the absence of coal and charcoal residues in CMB1.

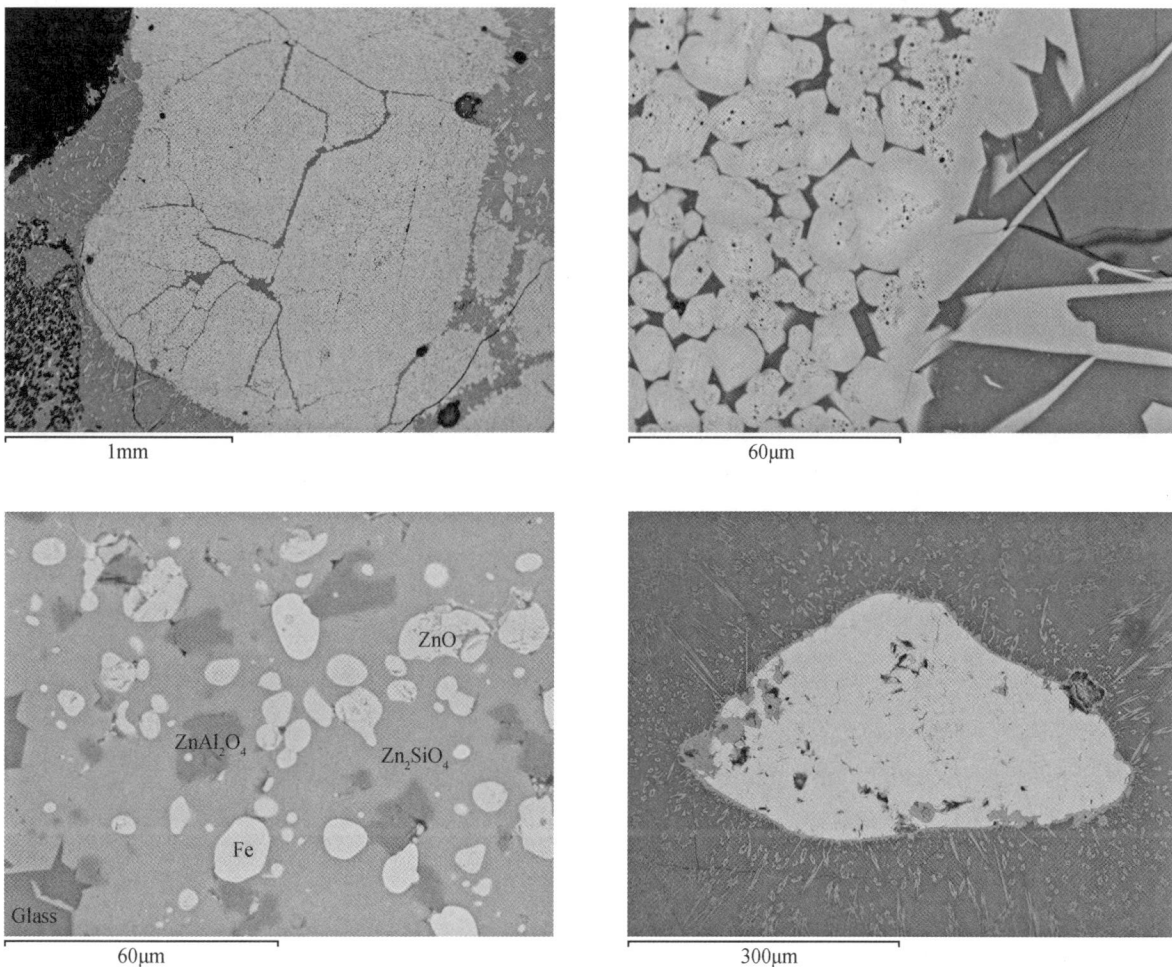

Figure 19　Top left: an inclusion of zinc silicate in CMM1, BSE at 50x; top right: enlarged detail of zinc silicate inclusion, BSE at 1000x; bottom left: metallic iron prills, zinc oxides with ~15% of FeO and zinc-rich spinel, $ZnAl_2O_4$, in iron-bearing zinc silicates (12% FeO) in CMB1, BSE at 1000x; bottom right: a lump of zinc oxide in CMB1, BSE at 200x.

5. Discussion

The extreme volatility of metallic zinc meant that sophisticate installations were required to reduce it and collect it from its ores. Based on the analytical work, the next sections will present a reconstruction of how this process was put in practice in Fengdu during the Ming period, as well as explanation of how the formal and material properties of the installation were optimised to meet the required performance characteristics, before turning to a broader contextualisation.

5.1　The distillation reactions

The metallurgical process taking place within the retorts involved two steps: the reduction of zinc ore in the lower reaction zone and the condensation of zinc vapour in the upper condensation zone (Fig.7).

The analytical results indicate that the charge was composed of zinc ore, coal and charcoal, while coal was also employed as fuel to run the furnaces. SiO_2 and Al_2O_3 in the slag were mostly contributed by the pot fabrics. The high amounts of FeO and ZnO most likely derived from ores, which are iron-rich oxidic zinc ores like the iron-rich mineral samples from Miaobeihou. The elevated levels of CaO, MgO and BaO and SO_3 might originate from the gangue of zinc ores. The higher levels of CaO, MgO, SO_3 and P_2O_5 in the slag were also likely resulting from the coal/charcoal ash.

In the reaction zone, oxidic zinc minerals, mainly smithsonite, would be first decomposed to zinc oxide and carbon dioxide at about 300℃.

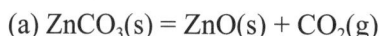

$$\text{(a) } ZnCO_3(s) = ZnO(s) + CO_2(g)$$

The carbon dioxide from zinc carbonates could react with carbon from coal and charcoal to produce carbon monoxide; in addition, initial oxygen present in the pots could also generate carbon monoxide through reaction with the solid carbon provided by charcoal and coal.

$$\text{(b) } C(s) + CO_2(g) = 2CO(g)$$
$$\text{(c) } 2C(s) + O_2(g) = 2CO(g)$$

As the temperature reached over 1000℃, zinc oxide was reduced to the metallic state by carbon monoxide. The carbon dioxide released could produce more carbon monoxide by reacting with coal and charcoal, thus keeping the reversible reaction to the right.

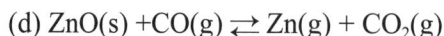

$$\text{(d) } ZnO(s) + CO(g) \rightleftarrows Zn(g) + CO_2(g)$$

An excess of carbon was required to reduce zinc oxide, as confirmed by the unreacted coal residues identified in most of the slag. A temperature of ~1200℃ was generally achieved in the reaction zone, as estimated by the temperature-induced mineral transformations and the degree of vitrification of the pots. Highly reducing conditions were kept during the process, as indicated by iron prills and zinc sulphide forming in the slag.

The zinc produced, in the form of vapour, ascended via the hole of the pocket to the condensation zone. Zinc vapour was liquified first when it reached the cooler lids and walls of condensers. Liquid zinc dripped onto the concave depressions of pockets and form cake-shaped ingots on cooling. The zinc droplets trapped in the zinc oxide crusts at the upper parts of condensers confirm that zinc was in a liquid state before solidification. There was a significant temperature drop slightly above the mouth of pots, as seen from the lower degree of vitrification of condensers and pockets. A reducing atmosphere was required to prevent the oxidation of zinc, but it was inevitable that some zinc was oxidised, forming the zinc-rich crusts documented in some condensers and pockets – which could be recycled –, and also being lost in the fumes.

At Miaobeihou, the raw zinc was obtained in the form of planoconvex cakes like the small ingots found in the 1980s; they were possibly remelted and cast into larger ingots like the rectangular ones (Fig.5). The raw zinc produced was of high purity, with involatile materials left in the slag and lead being the only impurity in the metal. Although only traces of PbO were detected in mineral and slag samples, zinc ores richer in lead can be assumed to have been used to produce the zinc metal with half a percent lead documented here. The zinc ores used were rich in iron, but only traces of iron entered the products with most of it staying in the slag.

5.2　Retort design

The different parts of retorts all exhibit reasonable formal and material properties suitable for their specific performance characteristics.

The pots have a shape of ordinary storage jars, thus having a large capacity to retain the charge. The similarities among pots from three sites in terms of shape, size, material (clay and quartz temper) and manufacturing technology suggest that there were specialised pottery workshops and kilns to make them, possibly near these zinc workshops. They are stable on their flat bottoms. The whole or part of bases of used retorts did not show firing traces, indicating that the pots were sitting on the furnace bars in the cases of rectangular furnaces. The increasing wall thickness of jars from the top to the bottom would not only maintain structural stability, but also provide enough strength to retain the charge. It would also increase the resistance to the chemical attack by the reacting charge at the bottom parts. The clay used for pots was quite refractory, with about 21% Al_2O_3, but not of the highly refractory fireclay type, as indicated by its relatively high FeO and K_2O levels. The addition of quartz improved their physical and thermal properties, as has been demonstrated by mechanical tests on ceramics tempered with sand (Kilikoglou et al. 1998; Tite et al. 2001). The cracks and pores developed in the clay-quartz system can arrest and stop crack propagation under mechanical and thermal stresses, therefore increasing the toughness and thermal shock resistance of these pots. In addition, the pots were fired at a high temperature of about 1200℃ before being used for smelting. This prefiring produced extensively vitrified fabrics with closed porosity which were more resistant to the corrosive attack of the charge, and limited the penetration of zinc vapour formed during smelting: it is noteworthy that ZnO levels in the pot fabrics rarely exceed 1% in spite of the high pressure of zinc vapour that must have developed during the reaction.

The condensers, hand-built with a different clay tempered with coal ash, were probably added to the pots at each smelting workshop. The condensers have thicker walls in the lower parts than the top parts, which not only contributed to structural stability, but also acted – together with the pockets – as a thick insulating barrier to contain the strong heat below the rims of pots. Compared to the pots, the condensers are made of less refractory clays with higher levels of alkali and alkaline earth elements and iron oxide. It was not necessary for condensers to be refractory as they were exposed to a much lower temperature ($< 800\,°C$) than the pots ($\sim 1200\,°C$) during the process. They were probably not prefired prior to smelting. The choice of coal ash fragments as temper for condensers might owe to several reasons, which are not mutually exclusive. Coal (ash) fragments could have contributed to the mechanical properties of the condensers like other platy or fibrous inclusions (such as mica and shell), which are effective at stopping crack propagation, thus increasing both toughness and thermal shock resistance (Tite et al. 2001). Secondly, some carbon still remaining in the coal ash could help to maintain a reducing atmosphere within the condensers to prevent the oxidation of zinc vapour. Both technical advantages have already been suggested for graphite temper employed in European crucibles (Martinón-Torres & Rehren 2009). Finally, it should be noted that coal ash was produced in abundance in zinc smelting furnaces. If it was not recycled, it would have to be dumped as waste. Thus the use of coal ash as temper in the condensers was probably out of practical considerations too.

The thick pockets with concave upper surfaces served as containers for collecting zinc and as insulating barriers from the strong heat in the reaction zone. The pocket fabrics were also less refractory than the pots but similar to the condensers. However, the fabrics are not compressed as tightly as pots and condensers, as shown by the porous vitrified lower parts and the upper parts which are heavily contaminated by zinc. Similarly to the condensers, the pockets would not need to be exposed to high temperatures, so the less refractory fabrics would be sufficient; they were not prefired before use. Finally, the top openings of condensers must have been closed by lids. At Miaobeihou, no lids have been found except a possible one – an iron fragment of 0. 4 mm thick. Few round iron lids have been found in Fengdu. A heavily corroded iron lid, 11. 6 cm in diameter and 0. 8 cm thick, was found at Zhangjiahe site near Miaobeihou (Hunan Provincial Archaeology Institute et al. 2007). More iron lids were also discovered at Dafengmen site in neighbouring Shizhu county during field survey in 2005. Iron lids could have been reused many times, which could explain their general scarcity in the archaeological record.

As for furnaces, the round foundations reported at Miaobeihou are not well preserved, so even their identification as furnaces remains questionable. The main type of furnaces are the rectangular ones found at other sites, which continued to be used by the traditional process until the end of last century (Xu 1998) (Fig.20). In the case of rectangular furnaces, retorts were placed on furnace bars; each furnace bar generally accommodated 3 retorts. If a furnace bar held 3 retorts, as was the case in the trough furnaces used in the traditional process, then an ordinary furnace with 30 furnace bars could accommodate 90 retorts. Even if one retort only produced less than 1 kg of zinc, one furnace with 90 retorts could produce about 50 kg zinc per firing.

The temperature control between the two chambers of the retorts was a key issue for successful zinc distillation. From the coal ash fragments visible on the external surfaces of the pots, it is inferred that coal was placed surrounding the pots. Coal briquettes, made of coal powder and clay, are more expected as all the traditional processes used coal briquettes. The clay binds coal together and its sintering makes coal briquettes strong enough to support the retorts and upper coal briquettes. No heat was supplied around the condensers, so the external surfaces of condensers are not vitrified. There is no clear evidence as to how the steep temperature drop was managed. In the traditional process, this was achieved by sealing the space between the top parts of retorts to keep the heat beneath (Xu 1998). Layers of coarse slag and fine slag, followed by a layer of slurry, were applied around the condensation chamber.

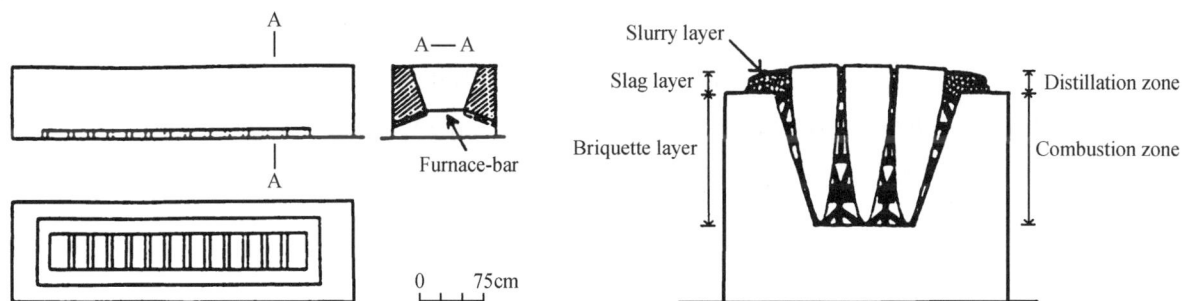

Figure 20　Trough furnaces used in Guizhou, southwest China in 1980s (Xu 1998)

5.3　Broader contextualisation

Lacking detailed information about site dimensions and relative chronologies, it is difficult to estimate the amount of zinc produced in Fengdu during the Ming period. Although it is possible that retorts would be re-used when the slag could be detached from the inside, the uncertainty about this point makes it even harder to gauge the yield of the site even by counting the number of pots preserved. There is no doubt, in any case, that the scale of production must have been impressive, since 20 sites and over 20 furnace foundations have been excavated by the river, and thousands of retorts litter the area. It is therefore surprising that no historical records have been found recording the mass production of zinc in this region and period. Zinc production at this scale must have consumed vast amounts of raw materials, especially zinc ores and coal, and it is likely that it supplied a governmental consumer.

The nearest zinc ore deposits are the Laochangping lead-zinc deposits in Shizhu, about 50 km to the southeast from the zinc smelting sites by the river. There is a long history of mining and smelting of copper, lead and silver in the mountainous Laochangping region since the Tang dynasty (AD 618-907). Zinc ores had been exploited at least since the late Ming dynasty. Inside an old mine named Yushi Cave, a geologist reported seeing a stela with inscriptions recording the opening ceremony for mining the cave in 1576 (Wang 1991), when in Fengdu mass production of zinc were in operation. The ores exploited in the cave are visually similar to the mineral fragments discovered at Miaobeihou. Therefore, it is most likely that the zinc smelting sites in Fengdu used ores from Shizhu. These ores could be transported via the Dragon River (Fig.1) to the Yangtze River.

Besides zinc ores, a great amount of coal was needed for zinc smelting, as it was used both as a reducing agent inside retorts and as fuel outside them. In ancient China, coal was widely used in everyday life and crafts, for example in iron smelting since the Song dynasties (AD 960-1279). A few coal deposits are known in Fengdu, which could have been exploited by the zinc smelters during the Ming period. In addition, coal could also be transported from other areas via the Yangtze River.

Although there are no direct historical documents recording Fengdu zinc industry in that period, it is known that, in the late Ming dynasty, zinc was mostly used to make brass coins, which was cast in the central mint in the capital Beijing as well as provincial mints in most provinces. The large-scale production of zinc in Fengdu was probably set up to supply alloying materials for minting. The location of these sites by the river, rather than in closer proximity to the mines, may have been driven by the government's desire to control production. Furthermore, the Yangtze River would provide a convenient means to ship the zinc ingots produced to the mints.

6. Conclusion

The analyses of metallurgical remains from three zinc smelting sites in Fengdu have allowed a detailed reconstruction of zinc production technology in this area during the Ming Dynasty. These sites used similar retorts composed of pots, condensers, pockets and lids, all of them well designed to meet different performance characteristics. This allowed the production of high-purity zinc on a very large scale, probably to supply governmental mints.

Field survey has revealed that a multiply of metallurgical operations that took place in Laochangping region, Shizhu, i. e. further from the Yangtz River and closer to the lead-zinc mine. There were large amounts of tap slag from lead, silver and copper smelting (Xie & Rehren 2009), but also zinc smelting retorts appearing externally different from those in Fengdu, which are the subject of ongoing analyses. It is hope that these detailed studies will allow us to progressively map the spatial and temporal variability of zinc smelting technologies, considering how they were adapted to different social and natural environments and specific political constrains.

Acknowledgements

This work is part of doctoral research of the first author at Institute of Archaeology, University College London, which is funded by Kwok foundation scholarship (2008-2011). It is also supported by the research project *Multidisciplinary Study of Zinc Smelting Sites in Fengdu, Chongqing* of the State Administration of Cultural Heritage of China. We are very grateful to Director Zou Houxi and Vice Director Yuan Dongshan from Chongqing Municipal Bureau of Cultural Heritage, Director Li Guohong from Fengdu County Bureau of Cultural Heritage, Professor Li Yanxiang from University of Science and Technology Beijing, Professor Wu Xiaohong from Peking University. Special thanks are given to Thilo Rehren and Paul Craddock for their invaluable advice and comments, to Kevin Reeves, Philip Connolly and Simon Groom for their technical supports.

References

Bayley, J. 1984, "Roman brass-making in Britain", *Historical Metallurgy*, vol. 18, no. 1, pp. 42-43.

Bayley, J. 1998, "The Production of Brass in Antiquity with Particular Reference to Roman Britain," in *2000 years of zinc and brass*, 2 edn, P. T. Craddock, ed., British Museum Press, London, pp. 7-26.

Bonnin, A. 1924, *Tutenag and Paktong* Oxford University Press, Oxford.

Bowman, S., Cowell, M., & Cribb, J. 1989, "Two thousand years of coinage in China: an analytical survey", *Historical Metallurgy*, vol. 23, pp. 25-30.

Cowell, M., Cribb, J., Bowman, S., & Shashoua, Y. 1993, "The Chinese cash: composition and production," in *Metallurgy in Numismatics 3*, M. M. Archibald & M. R. Cowell, eds., Royal Numismatic Society, London, pp. 185-196.

Craddock, P. T., Freestone, I. C., Gurjar, L. K., Middleton, A. P., & Willies, L. 1998, "Zinc in India," in *2000 years of zinc and brass*, 2 edn, P. T. Craddock, ed., British Museum Press, London, pp. 27-72.

Craddock, P. T. & Hook, D. R. 1997, "The British Museum collection of metal ingots from dated wrecks," in *Artefacts from Wrecks: Dated Assemblages from theLate Middle Ages to the Industrial Revolution*, M. Redknap, ed., Oxbow Books, Oxford, pp. 143-154.

Craddock, P. T. & Zhou, W. 2003, "Traditional zinc production in modern China: survival and evolution," in *Mining and Metal Production Throughout the Ages*, P. Craddock & J. Lang, eds., The British Museum Press, London, pp. 267-292.

Dai, Z. & Zhou, W. 1992, "Studies of the alloy composition of more than two thousand years of Chinese coins (5th century B. C. -20th century A. D.)", *Historical Metallurgy*, vol. 26.

de Ruette, M. 1995, "From *conterfei* and *speauter* to zinc: the development of the understanding of the nature of zinc and brass in post-Medieval Europe," in *Trade and discovery: the scientific study of artefacts from Post-Medieval Europe and beyond*, D. Hook & D. Gaimster, eds., Department of Scientific Research, British Museum, London, pp. 195-203.

Hu, W. & Han, R. 1984, "Ancient Chinese zinc smelting technology seen from traditional zinc smelting", *Chemistry* no. 7, pp. 59-61.

Hunan Provincial Archaeology Institute, Changsha Civic Archaeology Institute, Chongqing Municipal Bureau of Cultural Heritage, & Fengdu County Bureau of Cultural Heritage 2007, "Report on Zhangjiahe site in Fengdu," in *Archaeological Reports of Chongqing Reservoir in 2001*, Chongqing Municipal Bureau of Cutural Heritage & Chongqing Municipal Bureau of Immigration, eds., Science Press, Beijing, pp. 1698-1704.

Kilikoglou, V., Vekinis, G., Maniatis, Y., & Day, P. M. 1998, "Mechanical performance of quartz-tempered ceramics: part I, strength and toughness", *Archaeometry*, vol. 40, no. 2, pp. 261-279.

Liu, H., Chen, J., Li, Y., Bao, W., Wu, X., Han, R., Sun, S., & Yuan, D. 2007, "Preliminary multidisciplinary study of the Miaobeihou zinc-smelting ruins at Yangliusivillage, Fengdu county, Chongqing," in *Metals and mines: studies in archaeometallurgy*, S. L. Niece, D. Hook, & P. T. Craddock, eds., Archetype, London, pp. 170-177.

Maniatis, Y. & Tite, M. S. 1981, "Technological examination of Neolithic-Bronze Age pottery from central and southeast Europe and from the Near East", *Journal of Archaeological Science*, vol. 8, pp. 59-76.

Martinón-Torres, M., Freestone, I. C., Hunt, A., & Rehren, T. 2008, "Mass-produced mullite crucibles in medieval Europe: manufacture and material properties", *Journal of American Ceramic Society*, vol. 91, no. 6, pp. 2071-2074.

Martinón-Torres, M. & Rehren, T. 2002, "Agricola and Zwickau: theory and practice of Renaissance brass production in SE Germany", *Journal of Historical Metallurgy Society*, vol. 36, no. 2, pp. 95-111.

Martinón-Torres, M. & Rehren, T. 2009, "Post-medieval crucible production and distribution: a study of materials and materialities", *Archaeometry*, vol. 51, no. 1, pp. 49-74.

Mei, J. 1990, "Modern Chinese traditional zinc smelting", *China Historical Materials of Science and Technology*, vol. 11, no. 2, pp. 33-37.

Ohya, Y., Takahashi, Y., Murata, M., Nakagawa, Z., & Hamano, K. 1999, "Acoustic emission from a porcelain body during cooling", *Journal of American Ceramic Society*, vol. 82, no. 2, pp. 445-448.

Rehren, T. 1999a, "The same...but different": a juxtaposition of Roman and medieval brass making in central Europe," in *Metals in Antiquity*, S. M. M. Young et al., eds., Archaeopress, Oxford, pp. 252-257.

Rehren, T. 1999b, "Small size, large scale: Roman brass making in Germania Inferior", *Journal of Archaeological Science*, vol. 26, no. 8, pp. 1083-1087.

Shanxi Provincial Archaeology Institute & Chongqing Municipal Bureau of Cultural Heritage 2007, "Archaeological report of Puzihe site in Fengdu," in *Archaeological Reports of Chongqing Reservoir in 2001*, Chongqing Municipal Bureau of Cutural Heritage & Chongqing Municipal Bureau of Immigration, eds., Science Press, Beijing, pp. 1705-1770.

Souza, G. B. 1991, "Ballast goods: Chinese maritime trade in zinc and sugar in the seventeenth and eighteenth centuries," in *Emporia, Commodities and Entrepreneurs in Asian Maritime Trade, c. 1400-1750*, R. Ptak & D. Rothermund, eds., Steiner Verlag, Stuttgart, pp. 291-315.

Tite, M. S., Kilikoglou, V., & Vekinis, G. 2001, "Review article: strength, toughness and thermal shock resistnace of ancient ceramics, and their influence on technological choice", *Archaeometry*, vol. 43, no. 3, pp. 301-324.

Tite, M. S., Maniatis, Y., Meeks, N. D., Bimson, M., Hughes M. J., & Leppard, S. C. 1982, "Technological studies of ancient ceramics from the Near East,Aegean and Southeast Europe," in *Early Pyrotechnology. The evolution of the first fire-using industries*, T. A. Wertime & S. F. Wertime, eds., Smithsonian Institution Press, Washington D. C., pp. 61-71.

Wang, W. 1991, "Visit to Laochangping mining cave", *Historical Accounts of Shizhu*, vol. 13, pp. 51-54.

Wolf, S. 2002, "Estimation of the production parameters of very large medieval bricks from St. Urban, Switzerland", *Archaeometry*, vol. 44, no. 1, pp. 37-65.

Xie, P. & Rehren, T. 2009, "Scientific analysis of lead-silver smelting slag from two sites in China," in *Metallurgy and Civilisation: Eurasia and beyond*, J. Mei & T. Rehren, eds., pp. 177-183.

Xu, L. 1998, "Traditional zinc-smelting technology in the Guma district of Hezhang County," in *2000 Years of Zinc and Brass*, 2 edn, P. T. Craddock, ed., British Museum Press, London, pp. 115-131.

Zhang, H. 1923, "The origin of the use of zinc in China", *Science*, vol. 8, no. 3.

Zhang, H. 1925, "Further discussion on the origin of the use of zinc in China", *Science*, vol. 9, no. 9.

Zhao, K. 1984, "Further discussion on the origin of zinc in China", *Chinese Historical Materials of Science and Technology*, vol. 3.

Zhou, W. 1993, "A new study on the history of the use of zinc in China", *Bulletin of the Metals Museum*, vol. 19.

Zhou, W. 1996, "Chinese traditional zinc-smelting technology and the history of zinc production in China", *Bulletin of the Metals Museum*, vol. 25.

Zhou, W. 2001, "The emergence and development of brass-smelting techniques in China", *Bulletin of the Metals Museum*, vol. 34.

Zhou, W. & Fan, X. 1993, "A study on the development of brass for coinage in China", *Bulletin of the Metals Museum*, vol. 20.

附录二　Preliminary multidisciplinary study of the Miaobeihou zinc-smelting ruins at Yangliusi village, Fengdu county, Chongqing

Liu Haiwang　　Chen Jianli　　Li Yanxiang　　Bao Wenbo　　Wu Xiaohong　　Han Rubin
Sun Shuyun and Yuan Dongshan

Abstract: The Miaobeihou zinc-smelting site located at Yangliusi village in Fengdu county, Chongqing, was excavated between 2002 and 2004 in order to determine its date and the smelting techniques used. Slag, retort fragments and other materials were collected and analysed by chemical and metallurgical methods and dated by AMS-^{14}C radiocarbon. The results indicate that smithsonite and coal were used to produce zinc metal during the Ming dynasty. The zinc-smelting process found to have been carried out on this site closely matches the account given in the *Tian Gong Kai Wu*. The results of this excavation mark a major advance in our knowledge of the origins of zinc smelting in China: more field investigations, archaeological excavation and laboratory analysis work will be needed to take this further.

Key words: zinc, smelting, China, metallurgy, archaeology, excavation

Introduction

Figure 1　Drawing of the zinc-smelting process recorded in *Tian Gong Kai Wu*.

Despite the occasional very early occurrences of accidentally produced brass in China, deliberate metallic zinc production did not occur until the Jiajing period (AD 1552–1566) of the Ming dynasty, when zinc began to be produced on a large scale and used in the manufacture of brass. This late occurrence was due to the difficulty of the smelting process. The evidence comes from field investigations in Guizhou province (Zhou Weirong and Dai Zhiqiang 2002), although other researchers believe that zinc smelting began earlier than this date (Liu Guangding 1991; Xu Li 1986, 1998).

The *Tian Gong Kai Wu*, written by Song Yingxing at the end of Ming Dynasty (E-tu-Zen Sun and Shiou-Chuan Sun 1966) recorded zinc-smelting techniques (Fig.1). Since the 1920s Chinese scholars have carried out systematic, text-critical research into the origins, development and technology of zinc smelting in ancient China (Liu Guangding 1991; Mei Jianjun 1990; Xu Li, 1986, 1998; Zhang Hongzhao 1955; Zhao Kuanghua 1984, 1996; Zhou Weirong and Dai Zhiqiang 2002, and see Zhou Weirong in this volume, pp. 179–86). Others outside China have also researched this subject. Over the past 80 years, research into the origins of the zinc-smelting process has not shown great progress because of the lack of archaeological evidence. In the mid-1990s, Paul Craddock and Zhou Weirong (China Numismatic Museum) carried out field investigations into traditional zinc-smelting technology in southwest China to research its origin and development (Craddock and Zhou Weirong 1998, 2003).

In the 1980s, before the construction of the big dam of the Three Gorges of the Yangtze river, several smelting sites had been found on the southern bank of the Yangtze in Fengdu county, but no further investigation was carried out until 2002–04 when a site was excavated in Miaobeihou by the Henan Provincial Archaeology Institute (see Fig.2). Many samples of furnaces, ore, slag and other smelting remains were unearthed, some of which were collected for analysis in our laboratories. The results indicated that it was a zinc-smelting site. At the end of 2004, a research group with members from four institutions was established. More than 20 zinc-smelting sites were found in Fengdu county in the last year of field investigations and about 6000 square metres were excavated, of which the Miaobeihou site was just a small part. This paper reports on these new archaeological findings and the zinc-smelting technology seen at the Miaobeihou site.

Figure 2　Map showing the location of the Miaobeihou zinc-smelting site.

Fieldwork

Located in southwest China in the southeast Sichuan basin, the Miaobeihou zinc-smelting site at Yangliusi village, Fengdu county is part of Chongqing, a municipality directly under the control of central government. It shares borders with the provinces of Hubei, Hunan, Guizhou, Sichuan and Shaanxi. The Miaobeihou site was located on the southern bank of the Yangtze river (Fig.3). Almost all of the zinc-smelting sites found in Fengdu county were located on the lower terraces of the river at an altitude of about 150–170 m, convenient for transporting the ore and fuel to the site and to take away the zinc produced. A number of very important features were found during the excavation of the site including a furnace and unused smelting retorts (Figs 4 and 5). The retorts vary in size, with an average height of about 27 cm. Figure 6 shows a used retort excavated from the site. From this figure it can be seen that the pocket (see also Fig.7) and the gas passage are preserved, and furthermore that some zinc metal, zinc oxide and zinc white still adhere to the pocket. A great deal of zinc ore together with some iron tools (Fig.8), fragments of zinc ingots (Fig.9), coal and other remains (Fig.10) were also found.

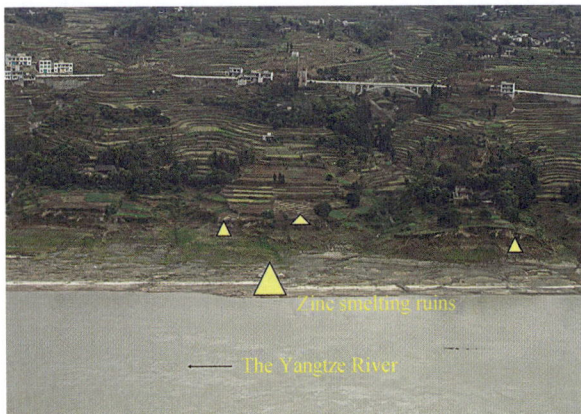

Figure 3　View of the terrain of the Miaobeihou site on the banks of the Yangtze river.

Figure 4　The excavated foundation of No. 1 furnace.

Figure 5　Unused retorts excavated from the site.

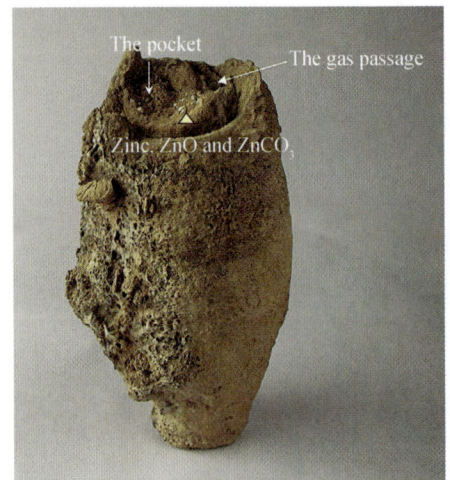

Figure 6　Used retort excavated from the site.

Figure 7　The pockets for collecting the zinc at the top of the retorts.

Figure 8　An iron tool found at the site. Very similar iron tools were recorded by Xu Li (1998: pl. 7), still in use in the mid-20th century.

Figure 9　Part of a zinc ingot excavated from the Miaobeihou site.

Figure 10　A piece of by-product, mainly oxidised zinc (which will have converted to carbonate).

Scientific examination

The debris of metal production was examined, in particular to discover the date and manufacturing technology, including the ores, fuel sources, smelting and processing techniques, the composition of the metal and its mechanical qualities. In order to determine smelting technologies, slag, retort fragments and other remains were collected from the site and analysed using metallographic microscopy, scanning electron microscopy with energy-dispersive spectrometry (SEM–EDS), X-ray diffraction (XRD) and inductively coupled plasma–atomic emission spectrometry (ICP–AES). The dates were provided using AMS-^{14}C radiocarbon methods.

Microstructural and chemical analyses

Compositional analysis of the alloys, slag and ores is significant to our understanding of the smelting techniques and the sources of ores. A scanning electron microscope (SEM) was used to observe the microstructures and compositions of polished sections of samples. An SEM with energy-dispersive spectrometer (EDS) was used to carry out the non-sampling quantitative analysis. This research was undertaken using a Japan Electron JEOM-850 SEM and a Philips PV9550 EDS. The excitation voltage was 20 kV. Since light elements such as carbon and oxygen whose atomic numbers are less than 11 could not be detected, only a qualitative analysis of the corroded objects or occluded trace elements could be given. Oxidised components could not be determined. To determine the average components, surface scanning was used with multifaceted scanning on different parts of the samples to discover the precise composition of each sample. Based on previous analyses, the lower confidence limits for this instrument may be established at 0.3 wt%; values below this limit can be taken as indicative only. The analysis results of eight samples are shown in Table 1 and the SEM images are shown in Figures 11–17. Samples 1–8 are slag and sample no. 12 is a piece of by-product (shown in Fig.10) which is a compound of zinc. In order to further elucidate their structure, other techniques were used such as metallography and XRD. Several were analysed with a Ricoh MD2/ JADE 5 XRD apparatus carried out at the National Museum of Japanese History.

A total of eight samples of slag, by-product, zinc oxide, zinc ore and a zinc ingot was analysed quantitatively using ICP–AES. The instrument used was a Prodigy model (made by Leeman-Labs Inc. , USA) at Peking University. The spectrometer had a wavelength coverage of 170–1010 nm and a resolution of 0. 001 nm. The following analytical parameters were used: coolant flow rate 14 L/min; atomisation air pressure 25 psi; high-frequency power 1. 1 kW; rotation speed of peristaltic pump 1. 2 ml/min and an integration time of 30 s repeated three times. The analytical results obtained for zinc (Zn), lead (Pb), silver (Ag), cadmium (Cd), arsenic (As) and antimony (Sb) are shown in Table 2.

Table 1　Normalised composition analysed by SEM–EDS (wt%).

Sample no.	Analysis area	Mg	Al	Si	S	K	Ca	Ti	Mn	Fe	Cu	Zn	Figure no.
1	Average	1.2	14.1	50.5	0.1	5.3	6.2	1.8	0.2	9.3	0.1	7.8	11 and 12
	1-A	1.5	2.7	17.5	0.1	0.2	0.1	0.1	0.2	13.3	0.1	64.1	
	1-B	tr	0.3	1.4	0.1	tr	0.5	0.2	tr	95.2	tr	2.3	
	1-C	tr	tr	tr	0.1	0.1	0.1	tr	tr	13.5	0.1	86.1	
	1-D	0.2	7.6	54.7	0.2	5.3	6.5	0.4	tr	9.6	tr	15.6	
2		1.2	2.7	25.6	0.2	0.7	0.9	0.3	0.4	11.7	0.3	56.2	
		0.3	10.2	48.6	0.4	5.0	5.1	1.1	0.7	13.1	0.1	15.5	
		tr	0.2	1.2	0.4	tr	0.4	0.1	0.3	94.0	0.6	2.6	
3	Average	1.4	17.0	61.6	tr	5.7	1.9	1.4	tr	9.5	tr	1.7	13
	3-A	1.5	9.9	10.8	0.1	1.2	0.4	30.3	0.4	43.7	0.2	1.5	
	3-B	0.2	2.0	4.2	0.8	0.2	tr	0.1	0.2	1.6	1.0	89.7	
4	Average	0.8	22.1	64.4	0.2	5.2	0.5	1.2	tr	4.7	0.1	0.3	14 and 15
	4-A	2.3	19.5	18.5	0.1	1.3	1.0	0.7	0.2	17.0	1.4	37.9	
	4-B	2.1	16.5	54.3	tr	5.4	8.9	1.5	tr	10.5	tr	0.9	
	4-C	0.2	2.9	37.9	0.2	0.2	1.2	0.1	tr	1.0	0.4	56.1	
5	Average	1.7	20.4	52.8	0.5	4.8	6.2	1.4	0.2	11.3	0.1	0.3	16
	5-A	4.9	13.2	41.8	tr	4.0	2.6	1.7	0.2	18.6	0.1	12.8	
	5-B	0.4	25.2	47.3	tr	0.2	4.7	0.1	0.1	0.7	tr	21.4	
	5-C	6.5	38.8	17.1	tr	0.8	3.1	1.4	0.2	26.6	tr	5.5	
	5-D	tr	tr	tr	33.1	0.1	0.2	0.2	tr	65.2	0.6	0.1	
6	Average	1.5	12.1	51.7	tr	1.8	7.1	0.9	0.1	16.1	0.1	8.7	17
	6-C	2.5	15.8	31.4	0.1	2.9	8.6	0.9	0.8	15.8	0.5	20.6	
	6-D	1.6	10.3	25.6	0.1	2.8	16.0	1.0	0.7	18.4	tr	23.4	
8	Average	0.2	2.3	26.8	0.4	0.9	1.1	0.1	tr	13.2	0.3	54.3	
12	Average	tr	0.2	1.3	0.1	0.1	0.1	0.2	tr	tr	tr	98.0	

Average = averages of three or five measurements of different areas in cross-section at low magnification

tr=trace

Table 2　Composition analysed by ICP–AES.

Sample no.	Sample	Zn(%)	Pb(%)	Ag(ppm)	Cd(ppm)	As(ppm)	Sb(ppm)
1	Slag adhered to retort wall	6.24	0.40	22		1838	30
2	Slag adhered to retort wall	8.16	0.42	10		2608	183
7	Slag	0.58	0.39	1	4	883	131
12	A piece of by-product	57.3	0.38	10	412	257	145
13	Slag adhered to retort wall	4.03	0.38	14		1604	78
14	Zinc oxide adhered to pocket	34.6	0.40	46	433	138	139
15	Zinc ore	16.1	0.39	9	527		9
16	Zinc ingot	99.2	0.72	21	125		

Table 3　Radiocarbon dates of the Miaobeihou site.

Lab code	14C age (BP, 1 σ)	Calendar age AD (68.2% probability)
BA04196	400 ± 40	1440–1520 (57.6%) or 1600–1620 (10.6%)
BA04199	385 ± 40	1445–1520 (51.8%) or 1590–1620 (16.4%)
BA04200	345 ± 40	1480–1525 (24.4%) or 1555–1635 (43.8%)
BA04201	325 ± 40	1510–1605 (53.7%) or 1615–1640 (14.5%)
BA04203	385 ± 40	1445–1520 (51.8%) or 1590–1620 (16.4%)
BA04204	330 ± 40	1490–1530 (19.6%) or 1535–1605 (37.1%) or 1615–1635 (11.5%)
BA04206	330 ± 40	1490–1530 (19.6%) or 1535–1605 (37.1%) or 1615–1635 (11.5%)

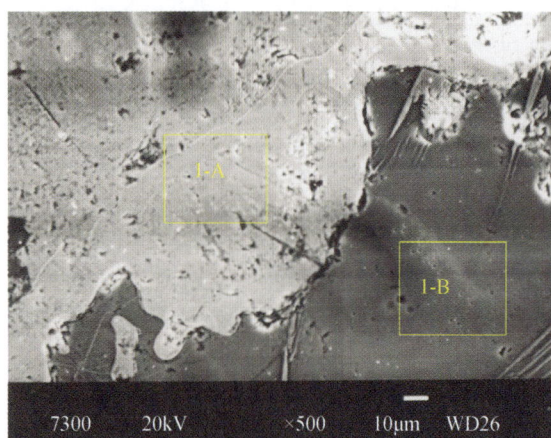

Figure 11　SEM image of polished section of slag No.1 adhered to retort wall, high zinc content in white area 1A (see Table 1 for analyses).

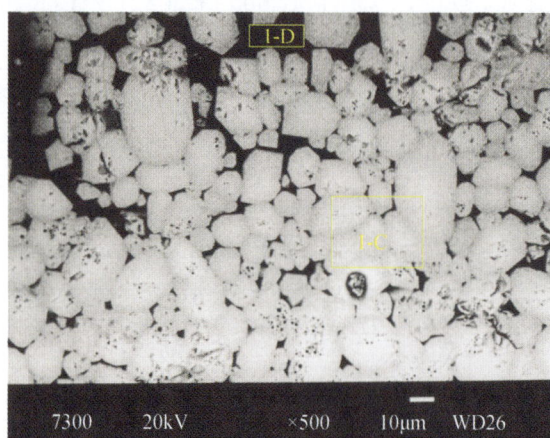

Figure 12　SEM image of slag No.2 adhered to retort wall, high zinc content in white area 1C.

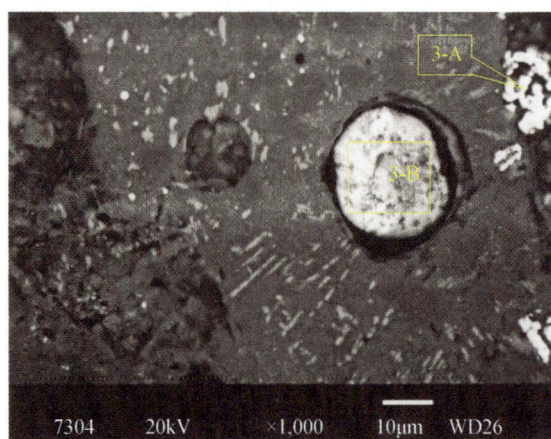

Figure 13　SEM image of slag No.3 adhered to retort wall with zinc-rich area 3B.

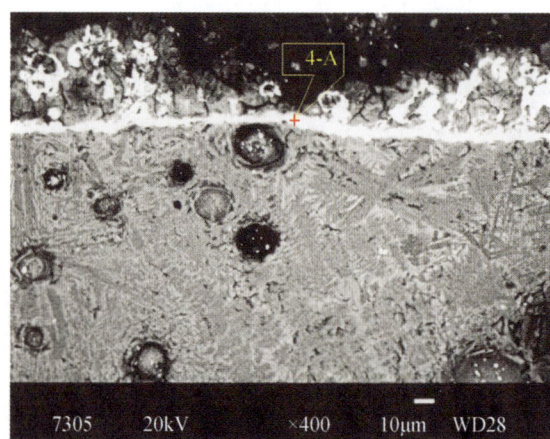

Figure 14　SEM image of the matrix of slag No.4, high zinc content at position 4A.

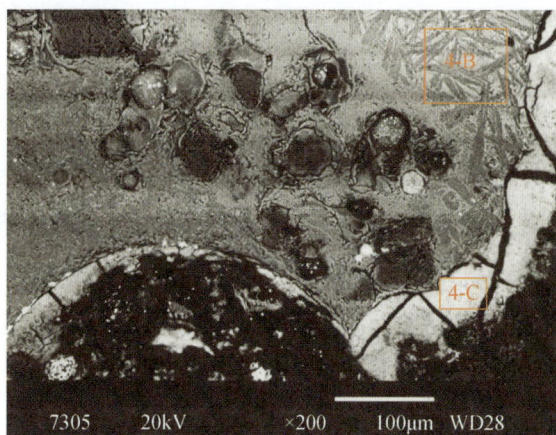

Figure 15　SEM image of the matrix of slag No.4 with high zinc content at 4C.

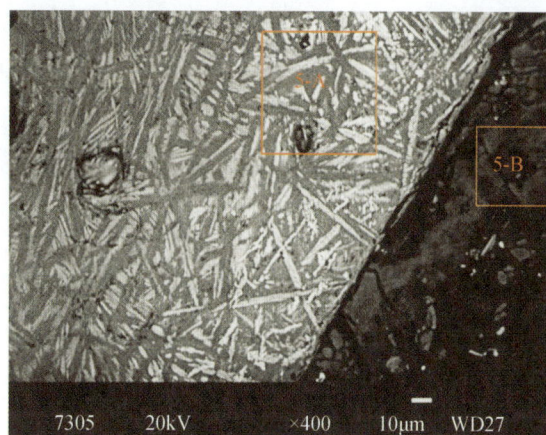

Figure 16　SEM image of the matrix of slag No.5.

From the results given in Tables 1 and 2 it can be concluded that the process taking place at the site was distillation for zinc smelting. Of the metals used in the past, zinc was the most difficult to smelt because it volatilises at about the same temperature (around 1000℃) that is needed to smelt the zinc ore. As a result it would form as a vapour in an ordinary furnace and immediately become re-oxidised and hence lost. Sample No. 12 (Fig.10), which was collected from a slag pit, is an example of this phenomenon: the main component was smithsonite ($ZnCO_3$) with a little zinc oxide (ZnO).

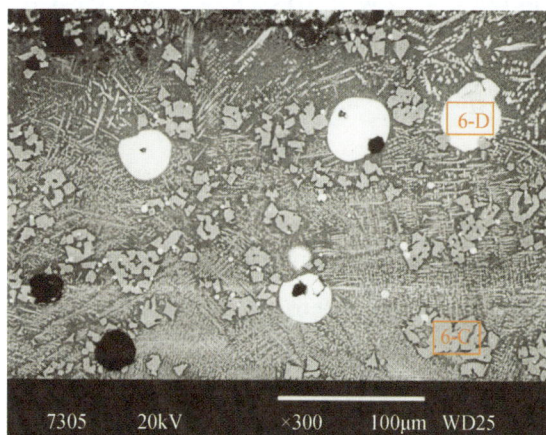

Figure 17　SEM image of the matrix of slag No.6.

Radiocarbon dating

Seven charcoal samples were taken from the various levels of the site and from the bottom of some of the retorts and furnaces for AMS-^{14}C dating. After acid-alkali-acid (AAA) treatment, charcoal samples were combusted by a Vario Elemental Analyser (Yuan Sixun *et al.* 2000). Pure carbon dioxide (CO_2) was collected and reduced to graphite on iron (Fe) powder by hydrogen gas in a vacuum system. Measurements of radiocarbon dates were performed by tandem accelerator mass spectrometry (AMS) at Peking University. All radiocarbon dates were converted to calibrated dates by OxCal v3.10 with the intcal104 calibration curve (Bronk Ramsey 2005). The results are shown in Table 3. Several retort and furnace wall samples were collected for dating by thermoluminescence (TL) and optically stimulated luminescence (OSL), the results of which will be discussed elsewhere, but it can be concluded that the Miaobeihou zinc-smelting site could date back about 400 to 500 years, somewhat earlier than the record in the *Tian Gong Kai Wu* published in 1637.

Discussion

Based on the archaeological excavations and the chemical analysis of the components of excavated retort, ore and slag samples, we conclude that the smithsonite was smelted with the local coal. The results are discussed below.

Raw materials used for zinc smelting

Many pieces of smithsonite ore were found during our excavations. There is evidence from geological investigation and field explorations that there are many large-scale smithsonite mines in Fengdu county and neighbouring areas. One mine is only about 50 km from the Miaobeihou site and the Longhe (Dragon river) could have been used for transporting the zinc ores. Coal was also found on the site and is still mined nearby today. The location of the site is thus very convenient for zinc production.

Structures of the furnace and retort

Furnace and retort structures are important to the study of zinc-smelting technology. The retorts are very similar to those depicted in the *Tian Gong Kai Wu* (Song Yingxing 1637): the majority are of earthenware with sand temper, but some are of earthenware with silt as filler. The average height of a retort is about 27 cm, the internal diameter of its mouth is 8 cm and the external diameter is 11 cm. The maximum diameter of the ventral part is 15 cm and the base is about 9 cm (Figs 5 and 6). The manufacture of the retorts involved a series of processes such as kneading the clay, modelling, forming and firing over a slow fire. The zinc ore was reduced in the retort with the coal acting as the reducing agent. The zinc vapours ascended to the low temperature region through the gas passage and condensed as molten zinc on the iron lid before dripping down into the pocket. The gas hole was essential to the control of air pressure and the discharge of waste gases during the process (Fig. 18).

It is instructive to compare the excavated No. 1 furnace foundation with the illustration in the *Tian Gong Kai Wu*. The excavation indicated that to build the furnace, a pit was dug about 55 cm deep with a 3–5 cm thick layer of coal powder and earth at the bottom to provide damp-proofing. The hearth was built on this. The interior of furnace 1 is about 305 cm long and 235 cm wide. The mouth and air vents were also found. This rectangular form of furnace found in the Miaobeihou site is similar to those depicted in the *Tian Gong Kai Wu* (the apparent triangular shape depicted is in reality no more than an attempt at perspective). A furnace with rectangular foundations was also excavated at the Jiudaoguai site not far away from the Miaobeihou site as shown in Figure 19. The Jiudaoguai furnace is about 550 cm in length and 100 cm in width. The structure of this furnace is the same as the *yan* (horse trough) furnaces described by Xu Li (1986) that operated in the mid-20th century in Guizhou province.

Smelting process

It is believed that the coal, generally broken and mixed with the smithsonite ore, was the main fuel and reducing agent for the smelting process at the site, and that the charcoal, which was found in small quantities confined to the bottom of the retorts, had been used only to ignite the charge.

Inferences concerning the smelting procedure can be made from the artefacts found on the site and also from recent and present-day smelting practice (Craddock and Zhou Weirong 2003; Xu Li 1986, 1998). After the smithsonite ore and coal were crushed and sifted, they were well mixed in the correct proportions. The ratio between ore and coal was correlated with the quality of the ore: the higher the ore quality, the larger the amount of coal. The mixture was packed into the retorts and a layer of fine-grained furnace ash with a little slurry was put on top of it. This was then carefully pressed down with a stone or iron hammer until the charge was packed tightly and a depression was created on the top. An iron plate was inserted to one side of the ashes on the top to keep a passage open through which the zinc vapour would pass to the top of the retort where it condensed, as illustrated in Figures 6 and 18. Clay was coiled around the rim of the retort to build up a pocket about 10 cm tall. Finally an iron lid was placed on top of the pocket and sealed with more mud, leaving only a small hole to act as a gas passage during the smelting process. The zinc condensed on the underside of the lid and dripped down into the collecting pocket.

The next step was to arrange the retorts in the hearths of the furnace. Based on the dimensions of the excavated hearths and retorts, there could have been about 60–80 retorts on a platform. Between

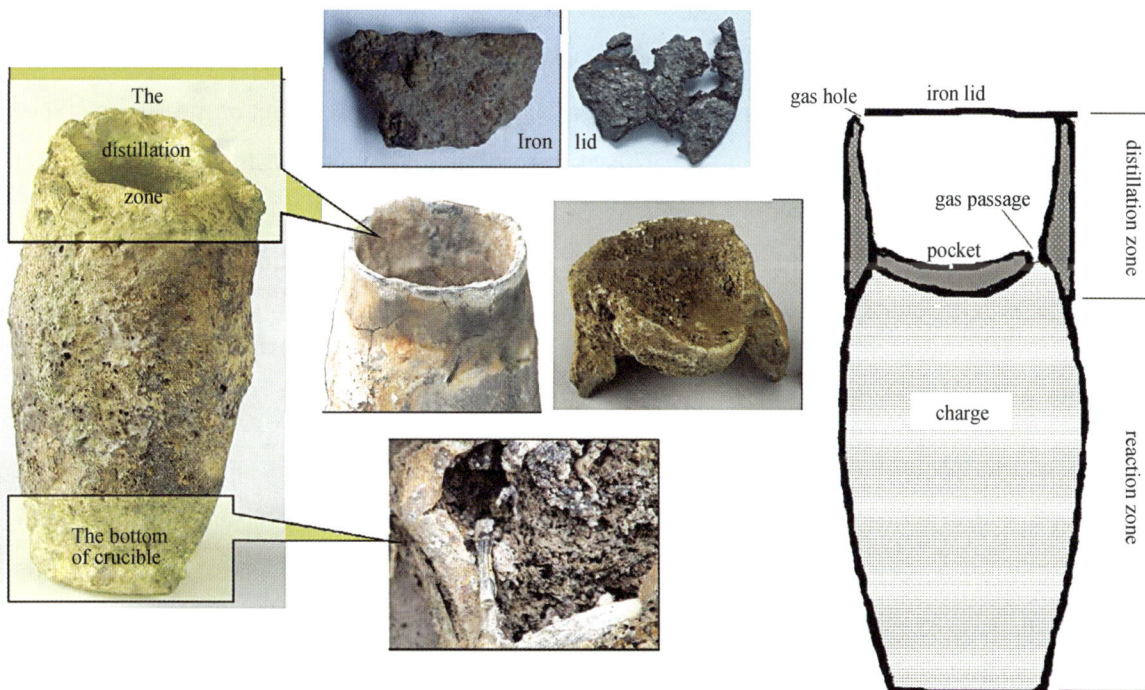

Figure 18　Used retorts and lids excavated from the Miaobeihou site with explanatory diagram.

Figure 19   A furnace with a rectangular foundation excavated at the Jiudaoguai site.

the hearth and the top of the walls of retorts there would have been gaps which were filled with suitably sized slag lumps and mud. This sealing was important to keep the temperature of the pockets above the retorts at a lower level than that of the retort during the smelting process and also to physically stabilise the retort. During the distilling procedure the temperature of that part of the retort where the reaction took place would have been about 1200℃ but the temperature in the upper pocket of the retort would have been about 800℃, which is essential for the rapid condensation of zinc vapour. It is estimated that it would have taken about 20 hours for the materials in the retorts to react completely after the lid was placed on the pocket. In practice it would generally have relied on the experience of the furnace master to decide when the reaction was complete. This was done by observing the flame during the night-time and the smoke during the daytime as it was emitted by the retorts through the small hole in the iron lid. After cooling the retorts for about 5–6 hours, the zinc ingots could be taken out of the pockets. Several fragments of zinc ingot, excavated in the 1970s at this site and now in the Institute of Cultural Relics of Fengdu county, were analysed by atomic absorption spectrometry (AAS) by the Chongqing Iron and Steel Company and found to contain about 95%–98% zinc. A piece of zinc ingot was analysed by ICP–AES for this paper and found to contain 99. 21% zinc – a high purity metal.

Date of the Miaobeihou site

The dating of the seven charcoal samples excavated from this site broadly agrees with the estimate by Zhou Weirong concerning the origin of zinc production in China (see Zhou Weirong, this volume, pp. 179–186). It is very unlikely, however, that Miaobeihou is the earliest site of zinc production in China because of its relatively developed technique and the large scale of the industry in this area. It must surely have taken a long time for the smelting technique to develop to the large scale and high technical level seen at this site.

Conclusions

The Miaobeihou zinc-smelting site is the first Chinese early zinc-smelting installation to be excavated. By using SEM– EDS, XRD and radiocarbon dating, the artefacts from the Miaobeihou zinc-smelting site were investigated. The findings show that the techniques used at the site were similar to those recorded in the *Tian Gong Kai Wu* and thus can represent the zinc-smelting technology at least of the Ming period. This site is only one of a group of similar sites in the locality and as zinc-smelting techniques are unlikely to have become so highly developed during a short period, it is probable that the origins of zinc smelting in this area are much earlier. More field investigations, archaeological excavation and laboratory analysis will be needed to take this further.

Acknowledgements

The research was supported by the National Natural Science Foundation of China (10405003), the State Administration of Cultural Relics of China (20050102) and the Japanese Society for the Promotion of Science. We would specially like to thank Professor Tsun Ko of the University of Science and Technology Beijing, Professor Tiemei Chen, Professor Liping Zhou, Dr Jianfeng Cui, Miss Yan Pan and Mr Shijun Gao of Peking University, Professor Mineo Imamura, Dr Tsutomu Saito, Dr Minoru Sakamoto and Dr Emi Koseto of the National Museum of Japanese History, for their useful supervision, advice and help in the research. Many thanks also to the Cultural Relics Administration Council of the Three Gorges Project for providing samples and useful materials.

References

Bronk Ramsey C. 2005. www. rlaha. ox. ac. uk/oxcal/oxcal. htm

Craddock, P. T. and Zhou Weirong, 1998. The survival of traditional zinc production in China. In *The Fourth International Conference on the Beginnings of the Use of Metals and Alloys (BUMA-IV), Shimane, Japan, 1998*, 85

Craddock, P. T. and Zhou Weirong, 2003. Traditional zinc production in modern China: survival and evolution. In *Mining and Metal Production through the Ages*, P. T. Craddock and J. Lang (eds). London: British Museum Press, 267–92.

E-tu-Zen Sun and Shiou-Chuan Sun (trans. and eds) 1966. *T'ien-kung K'ai-Wu: Chinese Technology in the 17th Century, by Sung Ying-Hsing*. Philadelphia: Pennsylvania State University Press.

Liu Guangding 1991. The history of zinc in China: re-investigation on the existence of Wo-chien in the Five dynasty. *Chinese Studies (Guo Xue Yan Jiu)* 9(2): 213–21 [in Chinese].

Mei Jianjun 1990. Traditional zinc smelting technology in modern China. *China Historical*

Materials of Science and Technology (Zhong Guo Ke Ji Shi Liao) 11(2): 22–6 [in Chinese].

Song Yingxing 1637 *Tian Gong Kai Wu. Vol. 14: Wu Jin* [*Five Metals*] [in Chinese].

Xu Li 1986. Traditional zinc-smelting technology at Magu, Hezhang county. *Studies in the History of Natural Sciences* 5(4): 361–9 [in Chinese].

Xu Li 1998. Traditional zinc-smelting technology in the Guma district of Hezhang county of Guizhou province. In *2000 Years of Zinc and Brass*, 2nd edn, P. T. Craddock (ed.). British Museum Occasional Paper 50. London, 115–32.

Yuan Sixun, Wu Xiaohong, Gao Shijun *et al.* 2000 The CO_2 preparation system for AMS dating at Peking University. *Nuclear Instruments and Methods in Physics Research B* 172: 458.

Zhang Hongzhao 1955. The origin of zinc use in China. *Science (Ke Xue)* 8(3): 1923 [in Chinese].

Zhao Kuanghua 1984. A re-study of the origin of zinc use in China. *Zhong Guo Ke Ji Shi Liao (China Historical Materials of Science and Technology)* 3: 15–23 [in Chinese].

Zhao Kuanghua 1996. An analysis of the chemical composition of Northern Song coins and a tentative study for the tinned coins. *Studies in the History of Natural Sciences* 5(3): 229–46 [in Chinese].

Zhou Weirong and Dai Zhiqiang 2002. *Qian Bi Shi He Ye Jin Shi Lun Ji* (*Papers on Numismatics and the History of Metallurgy*). Beijing: Zhonghua Book Company [in Chinese].

Authors' addresses

· Corresponding author: Chen Jianli, School of Archaeology and Museology, Peking University, China, 100871 (jianli_chen@pku. edu. cn)

· Liu Haiwang (Henan Provincial Archaeology Institute)

· Bao Wenbo, Wu Xiaohong (Peking University)

· Li Yanxiang, Han Rubin and Sun Shuyun (University of Science and Technology Beijing)

· Yuan Dongshan (Chongqing Archaeology Institute)

附录三　石柱矿区调查记

为解决炼锌所用锌矿来源问题，2004年10月25日至27日，由河南省文物考古研究所（今河南省文物考古研究院）刘海旺、重庆市文物考古所袁东山、北京科技大学李延祥、北京大学陈建立组成考察团队，联合对重庆市石柱县南部矿山地区进行田野调查。

10月25日

上午，一行人乘车自丰都出发，按计划沿龙河上行至武平镇（原属丰都茶元区），然后翻山到达石柱县城。龙河两岸峭壁陡立，中上游河床狭窄，枯水期流量较小，丰水期因地形原因水流湍急，且部分河段被巨大石块堵塞，难以满足行船的要求，仅下游近河口段有行船的可能。据此，我们认为矿石无法通过龙河水路从矿山运出，应该是通过陆路运至大江边进行冶炼。

下午，考察团抵达石柱县城，前往当地国土资源局矿产办咨询当地矿产情况，一位男性负责人和长期在石柱县矿区从事地质矿产的调查工作的王万知先生（已退休，曾任石柱县政协委员）对此进行了详细介绍。石柱县南部矿区储藏有较为丰富的银铅锌共生矿资源，以老厂坪为中心，分布面积达200平方千米，涵盖6、7个乡镇，这里曾是我国著名的金属矿区，20世纪50年代，李四光先生曾在此进行考察。含银的铅锌矿开采后留下的矿坑保留至今，估计有数十万吨矿渣。当地出产的矿石1吨中含铅量最多，另含银30～70克，含锌约80千克。由于贵州赫章的煤质好，能够更好进行矿石冶炼，石柱县开采的锌矿90%运至贵州赫章进行冶炼。

另外，考察团还了解到，由于矿产资源丰富，当地炼锌产业从古至今延续不断。六塘乡双岔河有较早的炼锌遗物，双岔河煤矿附近有炼银遗址。玉石洞曾经有一通碑刻，为明万历四年（1576年）因开矿落成庆典而刻，该碑在20世纪70年代初遭到破坏，王万知先生于20世纪80年代录有碑文，1990年前后碑刻全文载入石柱县政协文史资料内。碑文记载了当地曾用囚徒采矿冶炼，但是只采银而不采铅锌。石柱南的酉阳县后坪乡刘氏家族墓地曾存有一通石碑，记述该家族在明末清初的炼锌历史。此外，据当地人讲，有人曾在路边见过大型锌锭。在冷水发现有清代炼锌罐残片，而沙子镇（原名沙子区，位于老厂坪东北，距老厂坪约55千米）的土法炼锌活动一直持续至1995年。

10月26日

上午，考察团由石柱县城出发，从东南进入矿区，并在六塘乡冷水村发现一处2002年新建炼锌作坊，但一直未进行冶炼活动。作坊依山而建，并排建有两座形制相同的马槽形炉，两炉相距约2米，均由小砖砌成，炉内上口较宽，向底部逐渐收窄；底部设风眼52个（两边对应各

26个）。长约8米，宽约1米，高约1米，炉的两端有高出炉口的挡墙（图一）。在冶炼作坊的附近堆放有尚未使用的冶炼罐，罐体高大，尖底，陶色黄褐，系夹砂耐火土制成（图二）。

　　之后，考察团参观了龙潭乡氧化锌厂（图三）。该厂生产氧化锌的设备较为简陋，生产时首先将氧化锌矿石粉（多呈姜黄色粉状土，含有少量大小不一的浅姜黄色矿石块，矿石块断面有白色颗粒状炉矸石结晶体集群，含锌量一般在20%左右）用小翻车倾倒入炉内进行焙烧，焙烧炉为就地挖坑建成，炉下有火塘，使用电力鼓风，该工序的目的是将矿石中的水分和某些杂质去掉（图四；图五，1）。然后将焙烧过的矿粉块装入一上部密闭的炼炉内冶炼，矿石中的锌被高温还原后，呈气态上升，在上升过程中又与二氧化碳或一氧化碳气体化合成氧化锌气体，氧化锌气体经过约50米长的冷却通道冷却成为固体粉状，最后被抽装入袋子内。在连接炼炉的通道上建有冷却池，以便加快气态氧化锌的冷却，刚出炉的气态氧化锌高温高热，水池内的水被加热升温，不断有热蒸汽上升。最后收集氧化锌粉的装置为集束在一起的十几个口袋，口袋形状犹如农村磨面机使用的布袋，但是更加细长（图五，2）。

　　考察团行至龙潭乡铜塔村一带的山坳时，发现了大范围的炼渣堆积，渣体质硬而致密，断面呈琉璃状，多数块体较小，约5厘米见方，近扁平，相传为是明末至清代炼铅、银的遗存。这里是老厂坪矿区的中心区，老厂坪地势较为开阔，为山中平地，面积较大，故称坪

图一　六塘乡冷水村炼锌炉及其内部

图二　六塘乡冷水村冶炼罐

图三　龙潭乡氧化锌厂

图四　龙潭乡氧化锌厂矿石及粉碎矿石操作现场

1　　　　　　　　　　　　　　　　2

图五　龙潭乡氧化锌厂焙烧矿石操作现场及炼锌装置

1.龙潭乡氧化锌厂焙烧矿石　2.龙潭乡氧化锌厂炼锌装置

（图六）。近二十年来，当地重新开采氧化锌矿。小溪边淘洗的矿石或矿粉颜色较浅，呈浅黄色，而刚采出来的矿石粉块呈深黄褐色，推测这些矿石是古代采矿时遗留下来的（图七）。

考察团驱车至玉石洞（图八）。该洞地处一山间平地的山谷口部靠上位置，洞口宽约3米，高2米有余，洞口内有向下的斜坡道。进入洞内后，开始出现分叉洞，部分洞顶较低较窄，且一直向下延伸，仅容一人通行。因现在仍在洞的深处开采氧化锌矿石粉，故有电灯照明，不时有二人结组往洞外用竹篓背矿石粉，每背一篓矿石粉进出约需30分钟，一篓估计重量在100斤左右，每人每天背8个小时（往往达不到），平均得30元工钱，采矿工人都是附近的青壮年男性村民。该洞的形成应是开采氧化锌矿而成，顺矿脉采掘后，形成目前的洞体，越往下采掘越深，支洞也越多。据王万知先生介绍，该洞洞口原有一方石碣，是明代万历初年为开矿庆典而刻。

下午，考察团在洗脚溪走访了一位向姓老人，时年68岁，自称在矿区从事找矿工作已40余年，现在北山岭与亲戚合开一处氧化锌矿洞。据他所知，石柱县原三星乡五斗坪与丰都县武平镇（原属丰都茶元区）交界的山区中发现有大量古代冶炼罐，地点主要在大风门、三福头（属今丰都县太平坝乡）、罐子窑。在他的带领下，考察团行至北山岭（图九），山岭顶部现有一矿洞，洞口较小，矿洞暂时关闭，洞口外整齐码放着一些大块的氧化锌矿石。又行至阴山坪，

图六　老厂坪周边环境

图七　老厂坪炼渣及矿石

停车在半山腰，向下有一条能行驶汽车的盘山土路，在路边堆放有一堆呈黑色的原生矿石块，内有黑色发亮的结晶块颗粒（图一〇）。这里发现有冶炼罐残片及大面积的炼渣堆积，冶炼罐残片为耐火泥加石英砂石颗粒制成，胎较薄，平底，有烧烤过的痕迹，没有裹泥，推测并非炼锌用具，炼渣堆积应是炼铅或银的残渣。

图八　玉石洞洞口及内部

图九　北山岭矿洞及矿石

图一〇　阴山岭周边环境及矿石

10月27日

上午，考察团和作为向导的向老先生从原都会（双流坝）步行进山，考察大风门、罐子窑等古代冶炼遗址。都会村地处山间较大面积的坪坝，原为都会乡政府所在地，因乡镇合并而撤销。从现存建筑看，房子较多且排列整齐，临街房屋为门面房形式，可见这里曾经是一处较为繁华的山间场镇。据新编《石柱县志》记载，双流坝场在都会乡双流村，明代建场，地处石柱至彭水、酉阳古隘道上，附近有老厂坪等处开采银、铅、铜矿，集市兴隆，清代古道改线，矿场停办，场渐废衰。

考察团从双流村经九块石沟向大风口进发。九块石沟的命名，也与古代采矿冶炼有关，传说九块石是一位神仙看到采矿洞坍塌，施法将九块巨石搬至此处。在沟口近山脚处右侧立有一通石碑，字迹大多漫漶不清，详细内容难以辨认，从碑文下部所刻的众多人名推测，应为捐资功德碑，石碑左上方刻有清嘉庆三年字样。

由九块石沟向上翻山的过程中，在山口遇上一位中年男性，自称从丰都县茶元翻山而来，到这里约需步行两个小时（古代为一个时辰）。崎岖的山间小道上有较多的牛、马粪便，也发现有明清时期的青花瓷器残片。从山道的情况推测，矿石难以用牛马等负重驮运出山（图一一）。

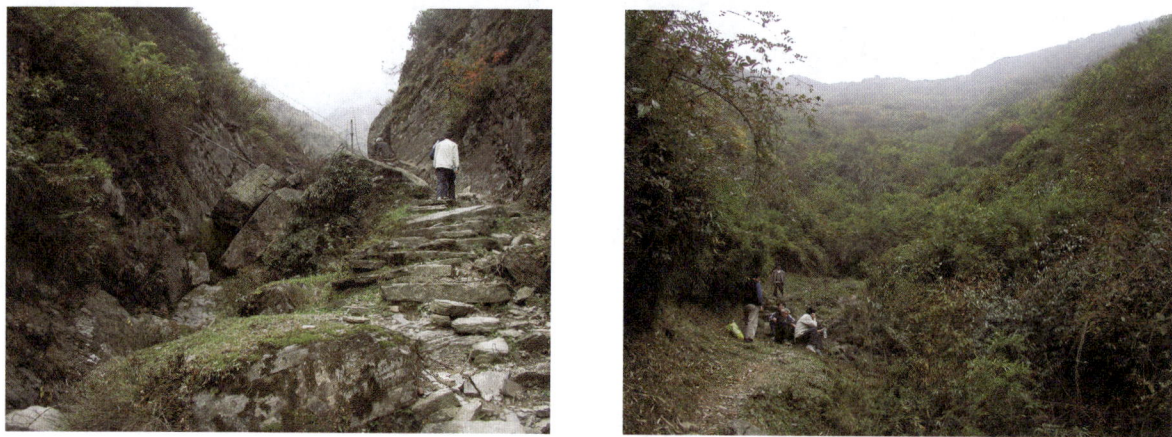

图一一　九块石沟周边环境

翻过相距不远的两架小的山梁，向下行即为大风门，由于两个山口相对，所以此处山风明显较大，这应该就是此地被命名为大风门的原因。整个大风门坝中堆满了冶炼炉渣、炼渣、冶炼罐残片，重量估计在数十万吨以上。这里有常年流水不断的小溪和常年有水的小湖，附近有较为丰富的氧化锌矿藏，更兼这里地势开阔，距双流坝很近，风力较大，满山林木茂盛（现今距大风门最近的山上山林已荡然无存，应是当时伐木冶炼而过度采伐有关），所以这里成了一个大规模且长时间存在的炼锌作坊地。大风门的山口处有几处像新翻动过不久的大土堆，为冶炼废弃物堆积（图一二）。从炉渣中包含的冶炼罐的残块特点看，应是炼锌蒸馏罐残片。与丰都出土的炼锌蒸馏罐比较，这里的蒸馏罐罐体明显较高，估计在50～60厘米，没有明显的鼓腹，斜直腹，小平底，直径在6厘米左右，口部内径约7厘米、外径约9厘米，罐体外有裹泥现象，耐火泥加砂石颗粒制成，内外壁有明显的轮制时留下的瓦楞纹（图一三，1、2）。冷凝区结构不清，有外接或套以喇叭口形冷凝区现象，地表没有发现冷凝区罐兜底泥封盖。在堆积内采集到几块圆形残铁片（图一三，3），其中的一块一面较为光滑，另一面粘附有较多的氧化锌残留物，直径在11厘米左右，相较丰都张家河遗址出土的圆铁盖明显较薄，厚度为2毫米左右，因此推测存在锻制的可能，而张家河遗址出土的铁盖明显为铸造。从罐内的余渣渣量看，炼渣很少，且多呈腐渣状，与丰都炼锌遗址相同。炉渣中有大块的疏松渣，可能为泥土烧结而成，也与丰都相同。地表上未发现炉子的痕迹。大风门用于冶炼的主要燃料同样是煤，矿区附近易于开采的煤以丰都茶元七股岩的煤质最佳，最适用于冶炼。

　　从大风门谷地向山里走，翻过一道小山梁和一个小谷地即到了罐子窑。这一地点一个山间小谷地，谷底也有一处小水塘，显系人工因地形加以拦截而成。池塘以下不远处有一小的且向下延伸的暗洞，山谷内雨水从此处排出。罐子窑地势远没有大风门开阔，但同样堆积有大量冶炼废弃物，冶炼炉渣等从山腰处沿山坡向谷底呈坡状堆积，冶炼罐的形制等均与大风门相同，在灰渣中发现有少量青花瓷器残片和白瓷碗残片。

　　大风门到罐子窑一线的山上树木很少，很大可能是与当时伐木烧炭冶炼有关（图一四）。新编《石柱县志》转载清乾隆四十年（1775年）《石砫厅志》："民间用铁，大山坪旧有数十厂，今以近厂木尽，次闭。"这说明清代大山坪一带曾进行过较大规模的冶铁活动，冶铁用木量很大，由于附近的山林采伐净尽而使冶炼活动被迫停止，因而不排除这一带炼锌活动的停止

图一二　大风门周边环境及炼锌遗存

| 1 | 2 | 3 |

图一三　大风门遗物

1.大风门冶炼罐（一）　2.大风门冶炼罐（二）　3.大风门铁冷凝盖

图一四 罐子窑周边环境

与"近厂木尽"有关。从这一带的冶炼蒸馏罐形制特征看，应是上承丰都庙背后等冶炼遗址蒸馏罐形制特点，中间稍有缺环，下传至贵州赫章等地近代炼锌作坊，蒸馏罐的形制演变也有缺环。由此推测，大风门和罐子窑一带炼锌时间大致在明末至清代中期，丰都炼锌遗址最晚属于明代中期至明代晚期早段。

据向老先生介绍，在距罐子窑不太远的白沙岭三府头一带也有类似的大规模的炼锌遗物堆积，未去。考察团在山内总共用时约6小时，后从罐子窑寻路下山，此地方圆几十平方千米的地域无人居住，道上林木茂盛，其中有一段小道穿行在密密的小竹林中，十分难行，坡陡道险。

后　记

　　庙背后遗址、木屑溪遗址田野发掘由时任河南省文物考古研究所副所长张志清同志担任领队，刘海旺具体负责主持，参与发掘工作的主要有朱汝生、刘栓、孙现民、张冲、赵红党、张朋祥、郭战、刘海宽、郁红强、伦凤军、肖全健、刘越峰，以及丰都县文物管理所李雪松、范吉川等。2002～2004年，在重庆市文化局的支持和丰都县文物管理所的全力配合下，我们圆满完成了田野考古发掘工作。当时采用边发掘边整理的工作模式，发掘工作结束后全部出土资料已移交当地文物部门，所有的修复、绘图、摄影工作也在发掘工地完成。

　　发掘期间，当时重庆市文化局三峡文物保护工作领导小组办公室相关负责同志刘豫川、邹后曦等到工地实地调研并确定进一步工作安排；丰都县文物管理所所长李国洪对发掘工作给予了大力支持；时任河南省文物局副局长孙英民，河南省文物考古研究所所长孙新民、副所长秦文生等到工地指导工作；北京大学陈建立、北京科技大学李延祥等同志应邀到发掘现场进行多学科联合研究并参加考古调查。需要特别指出的是，发掘期间，还曾得到北京科技大学柯俊先生、我院冶金史专家李京华先生的指导，李先生当时已年逾古稀，仍坚持长途跋涉，亲临现场。如今两位先生已经先后作古，而对我们的谆谆教诲却一直铭记在心！

　　本报告是集体劳动的成果，由刘海旺主持编纂，并完成报告初稿，其中第一、五、六、七、九章由刘海旺、孙凯执笔，第二、三、四章由刘海旺、王瑞雪执笔，第八章由陈建立、刘海旺执笔。检测分析工作由北京大学考古文博学院陈建立、中国科学院自然科学史研究所周文丽完成，并执笔相应内容，绘图工作由朱汝生完成，器物摄影工作由祝贺、王蔚波完成。

　　本报告的出版得到了国家文物局、重庆市文物局、重庆市文物考古研究院、丰都县文物管理所的大力支持，重庆市文物局王建国先生，重庆中国三峡博物馆李琳女士，丰都县文物管理所刘屏和曾启华女士为报告的出版提供了诸多帮助。在校稿过程中梁素萍、聂凡、牛维、孙广贺、朱江浩也付出了辛勤的劳动，科学出版社的张亚娜女士、闫广宇先生精心编校，指摘谬误，使报告增色不少。在此，我们谨表谢忱！由于认识水平有限，缺漏差误之处在所难免，惟愿抛砖引玉，望大方之家不吝赐教！

编　者

2023年8月

图版

庙背后炼锌遗址远景（西北向东南）

1.庙背后 I 区远眺（北向南）

2.庙背后 II 区远眺（北向南）

庙背后炼锌遗址 I 区、II 区远景

1. 庙背后Ⅲ区远眺（西北向东南）

2. 庙背后Ⅳ、Ⅴ区远眺（西北向东南）

庙背后炼锌遗址Ⅲ区、Ⅳ区、Ⅴ区远景

图版四

庙背后遗址现状（2023年，西北向东南）

1. 2004年李延祥、陈建立先生来现场考察合影

2. 2004年李延祥、陈建立先生刷洗冶炼罐标本

专家考察（一）

1. 2004年李京华先生到现场进行考古调查

2. 2004年李京华先生与刘海旺进行探讨

专家考察（二）

1. 2004年孙英民先生（右一）一行来现场考察

2. 2004年孙新民先生（右二）一行来现场考察

专家考察（三）

1. 2004年孙新民等先生到工地指导

2. 部分发掘人员合影

专家考察及发掘人员合影

1. 庙背后遗址早年采集
锌锭（一）

2. 庙背后遗址早年采集
锌锭（二）

3. 庙背后遗址早年采集
锌锭（三）

庙背后遗址早年采集锌锭

1. 2002年Ⅱ区发掘现场（一）（东南向西北）

2. 2002年Ⅱ区发掘现场（二）

2002年庙背后遗址Ⅱ区发掘场景

1. 2002年Ⅱ区断崖冶炼堆积剖面

2. 2002年Ⅱ区T0607南壁剖面

2002年庙背后遗址Ⅱ区剖面情况

1. 2004年庙背后Ⅱ区江岸地貌（西南向东北）

2. 2004年庙背后Ⅱ区发掘现场（东北向西南）

3. 2004年庙背后Ⅱ区周边环境（东南向西北）

2004年秋庙背后遗址Ⅱ区概况

1. 2004年庙背后Ⅱ区发掘现场（西南向东北）

2. 2004ⅡT4L3发掘现场（南向北）

2004年秋庙背后遗址Ⅱ区发掘场景

1. 2004 Ⅱ T5、T6遗迹分布（南向北）

2. 2004 Ⅱ T5东壁渣层（西向东）

2004年秋庙背后遗址Ⅱ区T5、T6遗迹分布及T5东壁渣层

1. 2004 Ⅱ T7、T8遗迹分布（南向北）

2. 2004 Ⅱ T7红烧土（南向北）

2004年秋庙背后遗址Ⅱ区T7、T8遗迹分布及T7红烧土分布

1. 2004ⅡT4L3出土冶炼罐（一）

2. 2004ⅡT4L3出土冶炼罐（二）

2004年秋庙背后遗址Ⅱ区L3及出土冶炼罐

1. 2004 II T6L4全景（南向北）

2. 2004 II T6L4底剖面（北向南）

2004年秋庙背后遗址 II 区 T6L4概况

图版一八

1. 2004ⅡT3ZK19全景（北向南）

2. 2004ⅡT3ZK19底部（北向南）

3. 2004ⅡT3ZK19出土冶炼罐

2004年秋庙背后遗址Ⅱ区T3ZK19概况

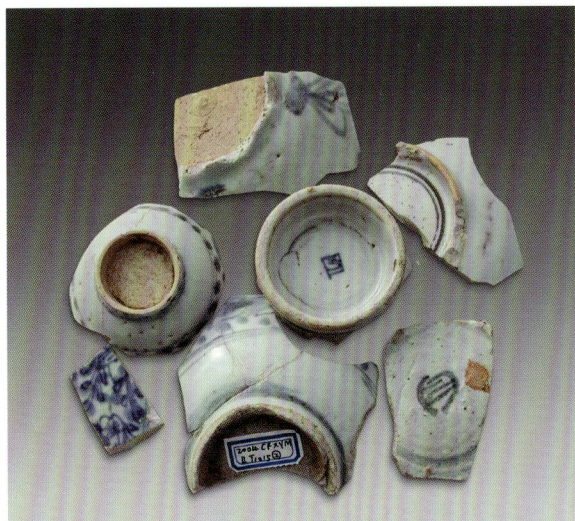

1. 2004ⅡT1015②层出土青花瓷器标本（一）

2. 2004ⅡT1015②层出土青花瓷器标本（二）

3. 2004ⅡT0917②层出土青花瓷器标本（一）

4. 2004ⅡT0917②层出土青花瓷器标本（二）

5. 釉陶壶（2002ⅡT1009④：1）

庙背后遗址Ⅱ区出土遗物（一）

1. 瓷碗（2002ⅡT0809③：1）

2. 瓷碗（2002ⅡT1006③：1）

3. 瓷碗（2002ⅡT1011③：1）

4. 瓷盘（2002ⅡT1009④：2）

5. 冶炼罐（2004ⅡT0917ZK3：1）（一）

6. 冶炼罐（2004ⅡT0917ZK3：1）（二）

庙背后遗址Ⅱ区出土遗物（二）

1. 冶炼罐（2004庙背后Ⅱ区江滩采：1）

2. 冶炼罐口部（2004庙背后Ⅱ区江滩采：1）

3. 冶炼罐（2004庙背后Ⅱ区江滩采：2）

4. 冶炼罐口部（2004庙背后Ⅱ区江滩采：2）

5. 冶炼罐（2004庙背后Ⅱ区江滩采：3）

6. 冶炼罐口部（2004庙背后Ⅱ区江滩采：3）

7. 冶炼罐口部（2004庙背后Ⅱ区江滩采：5）

8. 铁冷凝盖（2004Ⅱ区江滩采：10）

庙背后遗址Ⅱ区采集遗物（一）

1. 冷凝窝（2004庙背后Ⅱ区江滩采：4）

2. 冷凝窝及冶炼罐上口（2004庙背后Ⅱ区江滩采：6）

3. 冶炼罐底部（2004庙背后Ⅱ区江滩采：7）

4. 冷凝窝（2004庙背后Ⅱ区江滩采：8）

5. 冶炼罐上口（2004庙背后Ⅱ区江滩采：9）

6. 冶炼罐上口温度线（2004庙背后Ⅱ区江滩采：9）

庙背后遗址Ⅱ区采集遗物（二）

1. 庙背后Ⅲ区地貌（东北向西南）

2. 2002年Ⅲ区发掘现场（南向北）

庙背后遗址Ⅲ区概况（一）

1. 2004年庙背后Ⅲ区工作场景（西南向东北）

2. 2004年Ⅲ区探方分布（东南向西北）

庙背后遗址Ⅲ区概况（二）

1. 2004ⅢT1411北壁地层堆积情况（南向北）

2. 2004ⅢT0916H13、H14全景（东向西）

庙背后遗址Ⅲ区概况（三）

1. 铜印章（2002ⅢT2511②：1）（一）

2. 铜印章（2002ⅢT2511②：1）（二）

3. 印文（2002ⅢT2511②：1）

4. 陶俑（2002ⅢT2511②：2）

庙背后遗址Ⅲ区出土遗物（一）

1. 陶碗（2002ⅢT1811③b：10）

2. 陶盆（2002ⅢT2009③a：1）

3. 铜环（2002ⅢT1710③a：2）

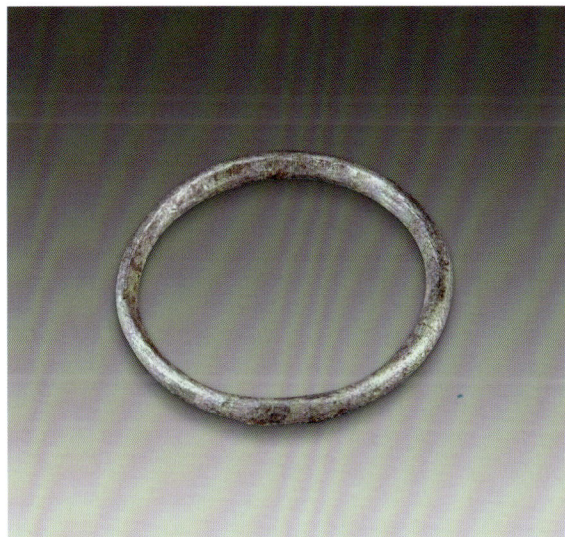

4. 银环（2002ⅢT1610③b：6）

5. 箭镞（2002ⅢT1709②b：1）

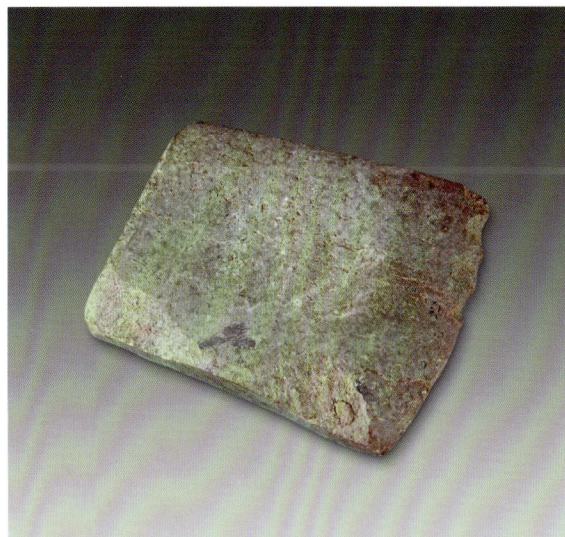

6. 石锛（2002ⅢT1711③a：1）

庙背后遗址Ⅲ区出土遗物（二）

1.瓦当（2004ⅢT1320③：1）

2.瓦当（2004ⅢT1412③：5）

3.方格纹陶片（2004ⅢT1312③：7）

4.板瓦（2004ⅢT1313③：9）

5.筒瓦（2004ⅢT1312H15：2）

庙背后遗址Ⅲ区出土遗物（三）

1. 庙背后Ⅳ区地貌（东南向西北）

2. 庙背后Ⅳ区发掘现场（东南向西北）

庙背后遗址Ⅳ区概况

1. 庙背后Ⅳ区遗迹分布（西北向东南）

2. 庙背后Ⅳ区T0803、T0804遗迹分布（东向西）

庙背后Ⅳ区遗迹概况（一）

1. 庙背后Ⅳ区ⅣT0803ZK8
（北向南）

2. 庙背后Ⅳ区T0904ZK5全景
（东北向西南）

3. 庙背后Ⅳ区T0904ZK5剖面
（西向东）

庙背后Ⅳ区遗迹概况（二）

1. 庙背后Ⅳ区T0904ZK18全景（东北向西南）

2. 庙背后Ⅳ区T0903L5红烧土（西北向东南）

庙背后Ⅳ区遗迹概况（三）

1. 庙背后Ⅳ区出土冶炼遗物（一）

2. 庙背后Ⅳ区出土冶炼遗物（二）

3. 冶炼罐（ⅣT0904ZK5：2）

庙背后Ⅳ区出土遗物

1. 2002CFXYMⅤ区部分探方分布（西北向东南）

2. 庙背后Ⅴ区2002年发掘场景（东向西）

庙背后Ⅴ区发掘概况（一）

1. 庙背后Ⅴ区远眺（2004年，西向东）

2. 庙背后Ⅴ区2004年发掘场景（东南向西北）

庙背后Ⅴ区发掘概况（二）

1. 2004年Ⅴ区发掘探方分布（北向南）

2. 2004ⅤT0504南壁地层标本提取土样

庙背后Ⅴ区发掘概况（三）

1. 庙背后2004年ⅤT1005内G1（局部，南向北）

2. 庙背后2004年ⅤT0906内G2（局部，东北向西南）

庙背后Ⅴ区遗迹概况（一）

1. 2002ⅤT1L1与ZK3
（东南向西北）

2. 2002ⅤT1ZK3出土冶炼罐

3. 2002ⅤL3（西向东）

庙背后Ⅴ区遗迹概况（二）

1. 2002年Ⅴ区T1L2全景（南向北）

2. 2002年Ⅴ区T1L2全景
（西南向东北）

3. 2002年Ⅴ区T1L2通风道
（东北向西南）

庙背后Ⅴ区遗迹概况（三）

1. 2002ⅤT1L2内炉壁堆积
（西南向东北）

2. 2002ⅤT1L2底部（南向北）

3. 2002ⅤT1L2通风道与H1
（东南向西北）

庙背后Ⅴ区遗迹概况（四）

1. L2出土炉壁残块（一）

2. L2出土炉壁残块（二）

3. L2出土炉壁残块（三）

庙背后Ⅴ区遗迹概况（五）

1. 2002ⅤT1L1炉壁堆积（西南向东北）

2. 2002ⅤT1L1底部（西南向东北）

庙背后Ⅴ区遗迹概况（六）

1. 庙背后Ⅴ区T0305内ZK2局部（南向北）

2. 2002ⅤT0506内W1局部（东北向西南）

3. 2002ⅤT0506W1陶罐套合情况

庙背后Ⅴ区遗迹概况（七）

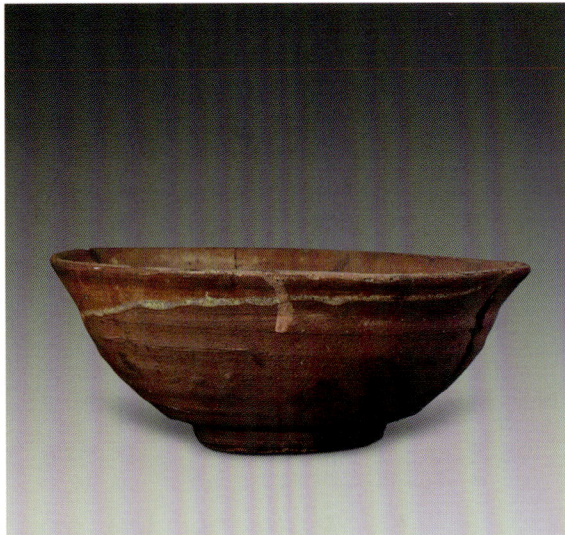

1. 陶碗（2004ⅤT1105②b：12）（一）

2. 陶碗（2004ⅤT1105②b：12）（二）

3. 陶碗（2004ⅤT1205②b：1）（一）

4. 陶碗（2004ⅤT1205②b：1）（二）

5. 陶碗（2004ⅤT1305②b：23）（一）

6. 陶碗（2004ⅤT1305②b：23）（二）

庙背后Ⅴ区出土遗物（一）

1. 陶盘（2004 V T1105②b：13）

2. 陶盘（2004 V T1105②b：14）

3. 陶盏（2004 V T0905②b：1）

4. 陶碟（2004 V T0905②b：2）

5. 陶双耳壶（2004 V T1105②b：19）

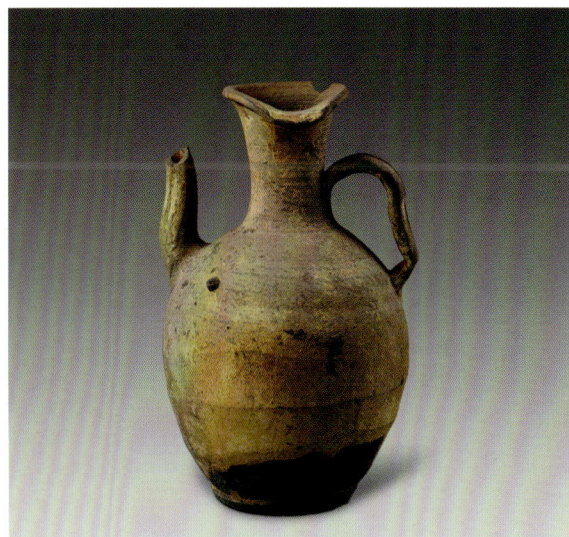

6. 陶执壶（2004 V T1305②b：24）

庙背后 V 区出土遗物（二）

1. 陶炉（2004ⅤT1205②b：32）

2. 陶盆（2004ⅤT1105②b：15）

3. 陶盆（2004ⅤT1305②b：18）

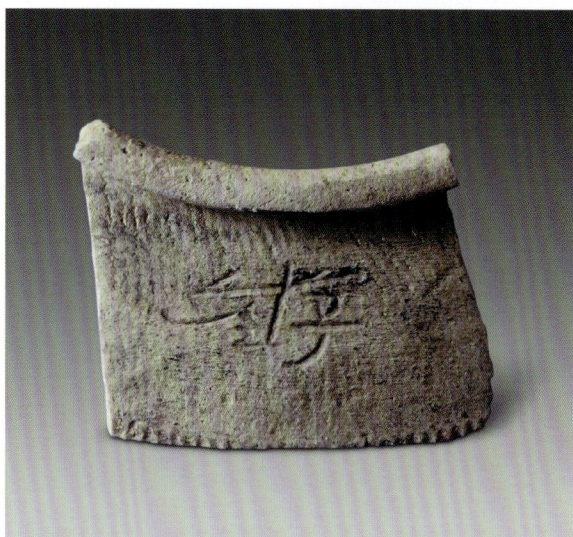

4. 陶瓮残片（2002ⅤT0204②：1）

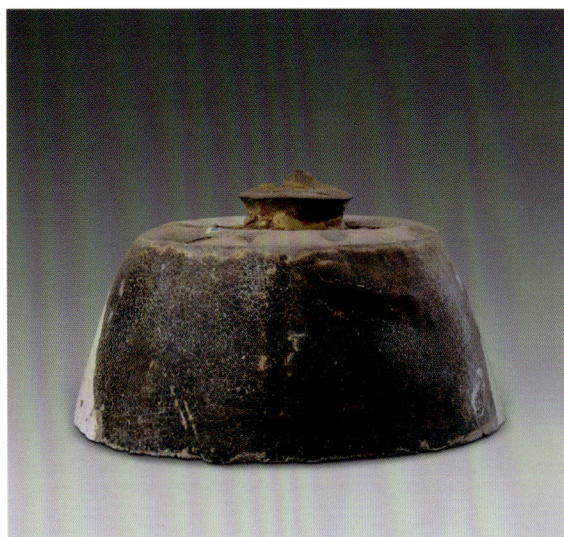

5. 陶器盖（2004ⅤT1105②b：3）

6. 陶器盖（2002ⅤT0607②：1）

庙背后Ⅴ区出土遗物（三）

1. 陶碾槽（2004ⅤT1205②b：22）（一）

2. 陶碾槽（2004ⅤT1205②b：22）（二）

庙背后Ⅴ区出土遗物（四）

1. 陶碾槽（2004ⅤT1305②b：22）

2. 陶碾槽剖面（2004ⅤT1305②b：22）

3. 陶模具（2004ⅤT1305②b：34）

4. 陶支钉（2004ⅤT1305②b：35）

5. 陶垫座（2004ⅤT1205②b：27）（一）

6. 陶垫座（2004ⅤT1205②b：27）（二）

庙背后Ⅴ区出土遗物（五）

1. 陶支柱（2004ⅤT1205②b：29）

2. 陶支柱（2004ⅤT1205②b：30）

3. 陶匣钵（2004ⅤT0906②b：6）（一）

4. 陶匣钵（2004ⅤT0906②b：6）（二）

5. 陶匣钵（2004ⅤT0906②b：6）（三）

6. 陶支圈（2004ⅤT0907②a：1）

庙背后Ⅴ区出土遗物（六）

1. 陶垫饼（2004 Ⅴ T1305②b：27）

2. 陶垫饼（2004 Ⅴ T1305②b：7）

3. 瓷碗残片（2002 Ⅴ T2②：1）

4. 瓷盘（2004 Ⅴ T0906②b：13）

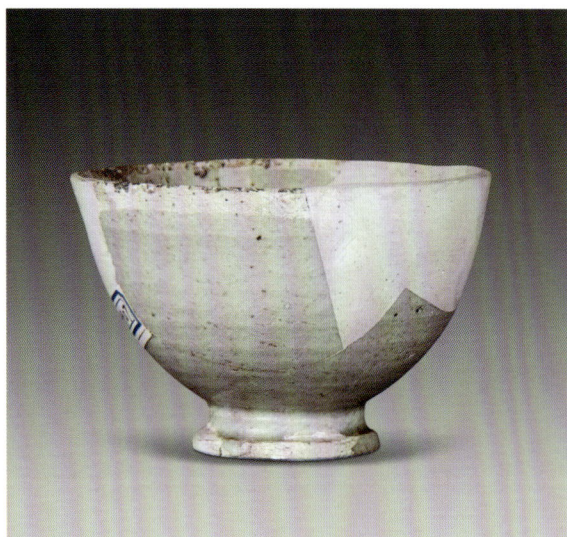

5. 瓷杯（2004 Ⅴ T1105②b：2）

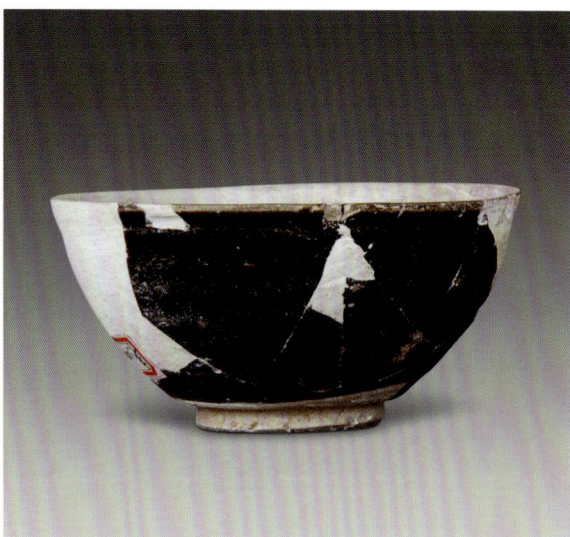

6. 瓷盏（2004 Ⅴ T0706②b：2）

庙背后Ⅴ区出土遗物（七）

1. 陶碗（2002ⅤT0607③：11）

2. 陶碗口部（2002ⅤT0607③：11）

3. 陶研磨器（2002ⅤT0306③：12）

4. 陶研磨器内壁（2002ⅤT0306③：12）

5. 陶豆（2002ⅤT0607③：17）

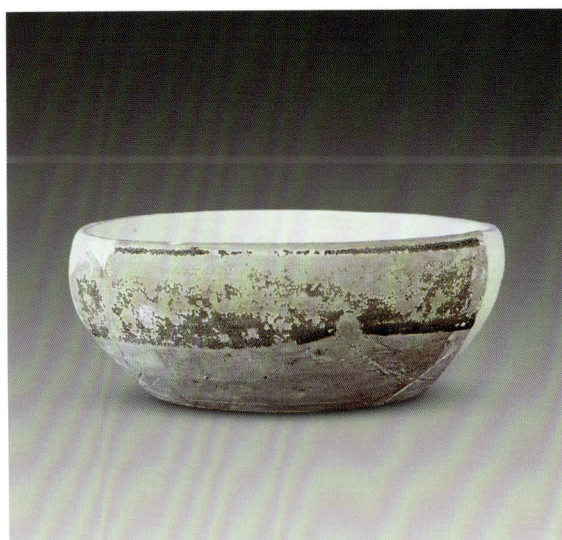

6. 陶钵（2002ⅤT0608③：2）

庙背后Ⅴ区出土遗物（八）

1.陶罐（2002 V T0405③：4）

2.陶罐口部（2002 V T0405③：4）

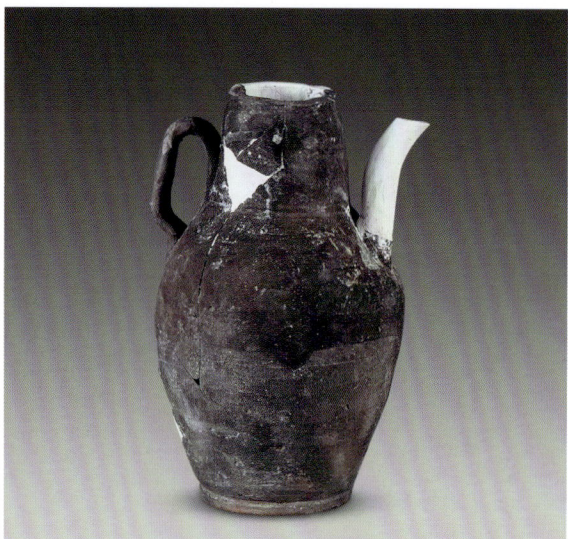

3.陶壶（2002 V T0406③：1）

4.陶网坠（2002 V T0607③：18）（左）、
（T0403③：1）（右）

5.封泥（2002 V T0607③：25）（一）

6.封泥（2002 V T0607③：25）（二）

庙背后V区出土遗物（九）

1. 瓷盘（2002ⅤT0305③：1）

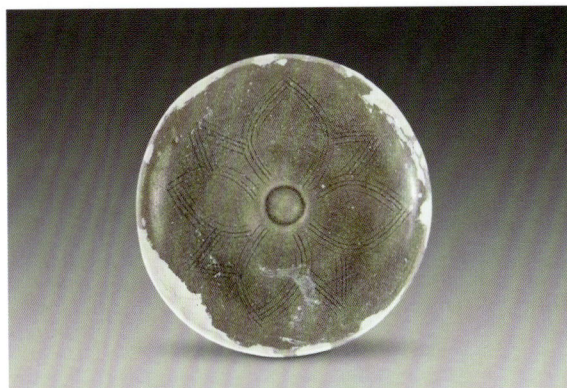

2. 瓷盘刻花（2002ⅤT0305③：1）

3. 瓷碗（2002ⅤT0305③：2）

4. 瓷碗内底（2002ⅤT0305③：2）

5. 瓷碗（2002ⅤT0506③：1）

6. 瓷碗（2002ⅤT0607③：4）

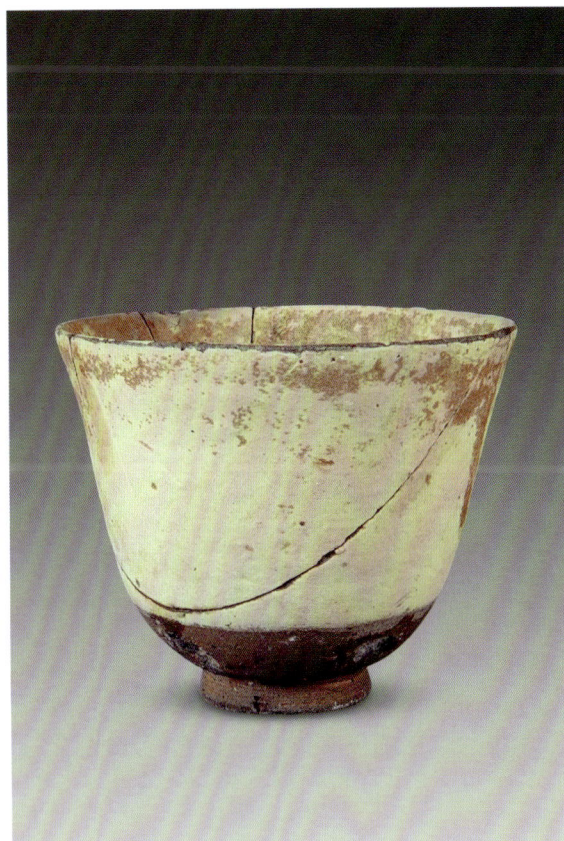

7. 瓷杯（2002ⅤT0507③：1）

庙背后Ⅴ区出土遗物（一〇）

1. 瓷罐（2002 V T0509③：2）

2. 石锛（2002 V T0205③：3）

3. 陶碗（2002 V T0202④：7）

4. 陶盆（2002 V T0408④：2）

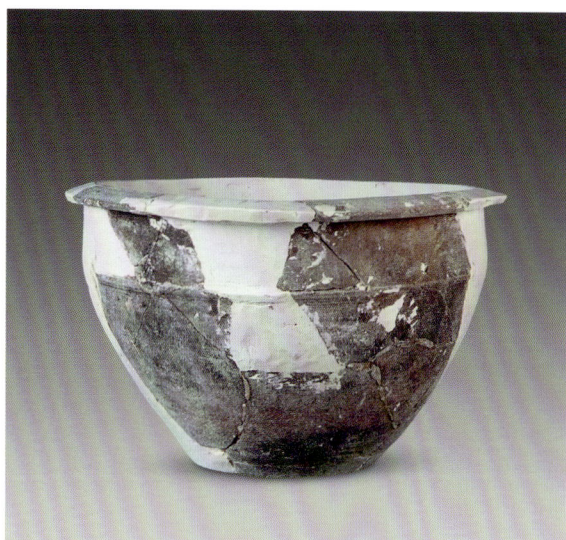

5. 陶瓿（2002 V T0605④：4）

6. 陶尖底器（2002 V T0202④：10）

庙背后 V 区出土遗物（一一）

1. 瓷碟（2004ⅤT1105G2∶4）（一）

2. 瓷碟（2004ⅤT1105G2∶4）（二）

3. 陶碗（2002ⅤH1∶35）

4. 陶盏（2002ⅤH1∶63）

5. 陶盏（2002ⅤH1∶67）

6. 陶盏（2002ⅤH1∶77）

7. 陶盏残片（2002ⅤH1∶100）

8. 陶盏残片（2002ⅤH1∶102）

庙背后Ⅴ区出土遗物（一二）

1. 陶盆（2002ⅤH1：27）

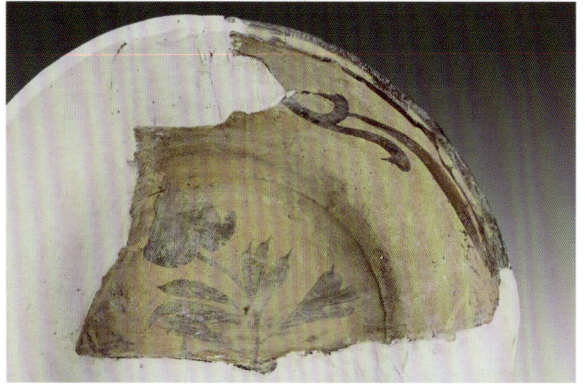

2. 陶盆内底（2002ⅤH1：27）

3. 陶罐（2002ⅤH1：59）

4. 陶罐（2002ⅤH1：60）

5. 陶罐（2002ⅤH1：61）

6. 陶罐（2002ⅤH1：98）

7. 陶烤茶罐（2002ⅤH1：56）

8. 陶铫（2002ⅤH1：54）

庙背后Ⅴ区出土遗物（一三）

1. 陶焙茶器（2002ⅤH1：55）

2. 陶执壶（2002ⅤH1：97）

3. 陶支柱（2002ⅤH1：57）

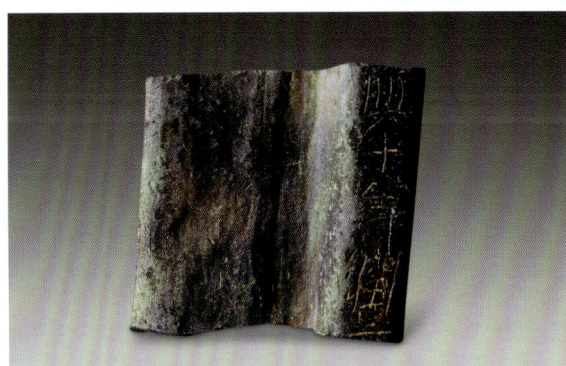

4. 刻铭陶片（2002ⅤH1：104）

5. 印纹陶片（2002ⅤH1：137）

6. 瓷碗（2002ⅤH1：12）

7. 瓷碗（2002ⅤH1：13）

8. 瓷碗（2002ⅤH1：94）

庙背后Ⅴ区出土遗物（一四）

1. 瓷碗（2002ⅤH1：23）

2. 瓷碗（2002ⅤH1：24）

3. 瓷碗（2002ⅤH1：16）

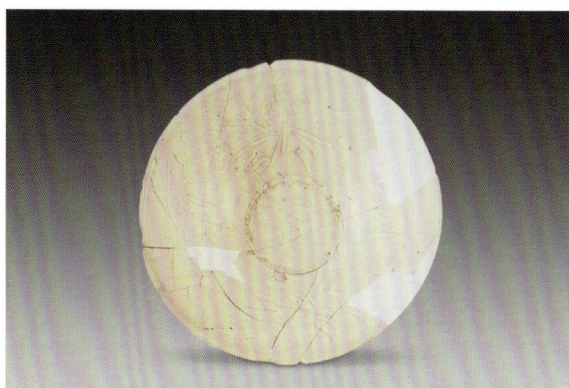

4. 瓷碗内壁（2002ⅤH1：16）

5. 瓷碗（2002ⅤH1：18）

6. 瓷碗（2002ⅤH1：95）

7. 瓷盘（2002ⅤH1：9）

8. 瓷盘（2002ⅤH1：10）

庙背后Ⅴ区出土遗物（一五）

1. 瓷盘（2002ⅤH1∶19）

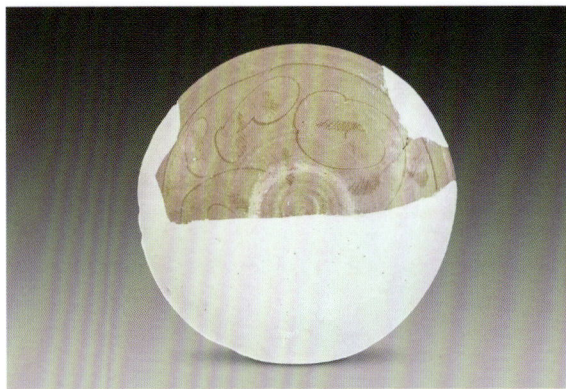

2. 瓷盘刻花（2002ⅤH1∶19）

3. 瓷盘（2002ⅤH1∶93）

4. 瓷碟（2002ⅤH1∶15）

5. 瓷碟（2002ⅤH1∶8）

6. 瓷盏（2002ⅤH1∶14）

7. 瓷盏（2002ⅤH1∶20）

8. 瓷盏（2002ⅤH1∶21）

庙背后Ⅴ区出土遗物（一六）

1.瓷盏（2002ⅤH1：4）

2.瓷盏（2002ⅤH1：5）

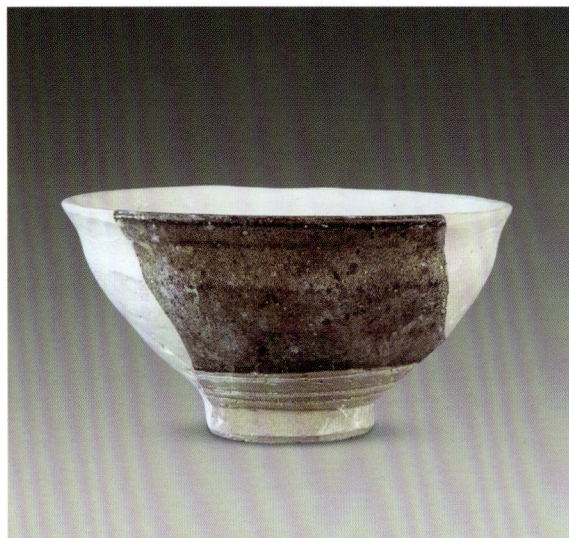

3.瓷盏（2002ⅤH1：25）

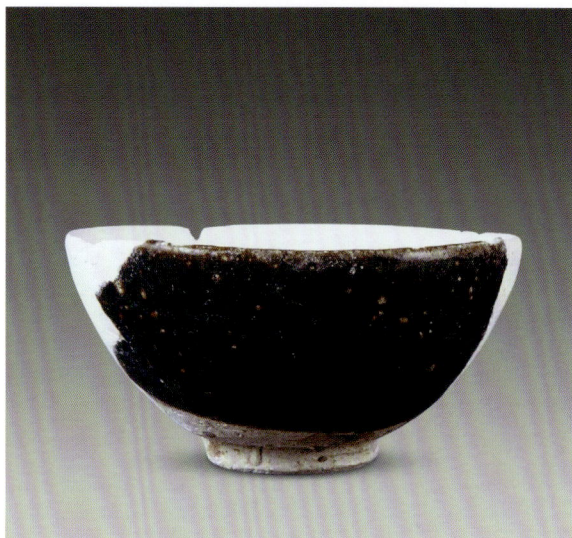

4.瓷盏（2002ⅤH1：6）

5.瓷盏（2002ⅤH1：7）

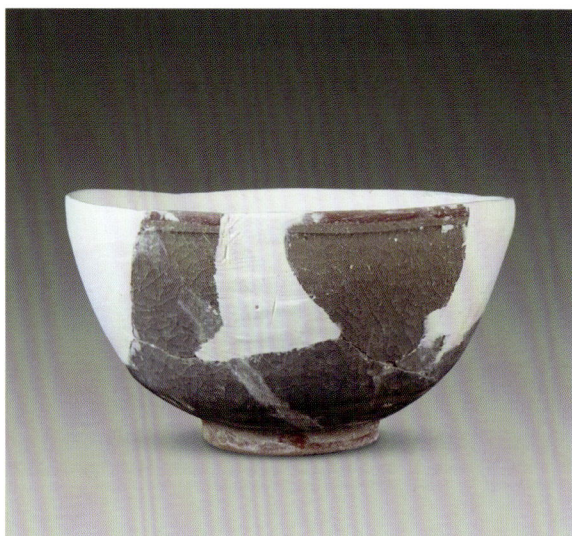

6.瓷碗（2002ⅤH1：92）

庙背后Ⅴ区出土遗物（一七）

1. 陶碗（2002ⅤH3：35）

2. 陶盘（2002ⅤH3：36）

3. 陶盏（2002ⅤH3：3）

4. 陶盏（2002ⅤH3：5）

5. 陶盏（2002ⅤH3：15）

6. 陶盏（2002ⅤH3：16）

7. 陶碟（2002ⅤH3：4）

8. 陶碟（2002ⅤH3：10）

庙背后Ⅴ区出土遗物（一八）

1.陶碟（2002ⅤH3：55）

2.陶盆（2002ⅤH3：60）

3.陶盆内部花纹（2002ⅤH3：61）

4.陶钵（2002ⅤH3：49）

5.陶执壶（2002ⅤH3：23）

6.陶执壶（2002ⅤH3：67）

7.陶研磨器（2002ⅤH3：58）

8.陶研磨器内部（2002ⅤH3：58）

庙背后Ⅴ区出土遗物（一九）

1. 陶鸟食罐（2002ⅤH3：20）

2. 陶束颈罐（2002ⅤH3：22）

3. 陶垫座（2002ⅤH3：21）

4. 陶网坠（2002ⅤH3：59）

5. 瓷碗（2002ⅤH3：30）

6. 瓷碗纹饰（2002ⅤH3：30）

7. 瓷碗（2002ⅤH3：26）

8. 瓷盏（2002ⅤH3：1）

庙背后Ⅴ区出土遗物（二○）

1. 瓷盏（2002ⅤH3：27）

2. 瓷盏（2002ⅤH3：29）

3. 瓷盏（2002ⅤH3：28）

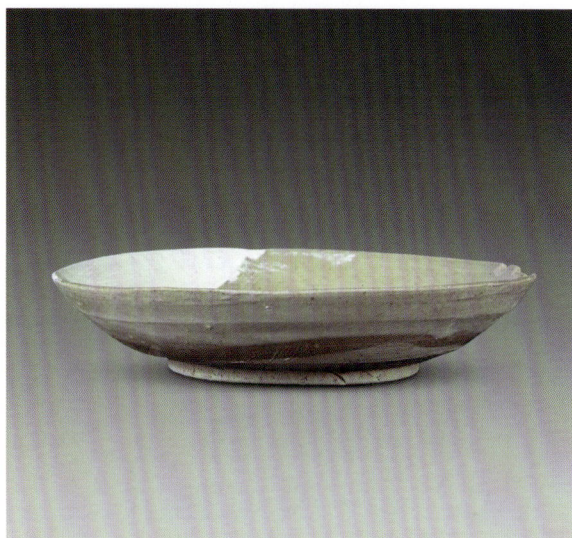

4. 瓷碟（2002ⅤH3：18）

5. 瓷碟（2002ⅤH3：33）

6. 瓷碟纹饰（2002ⅤH3：33）

庙背后Ⅴ区出土遗物（二一）

1. 陶盆（2002ⅤH4：93）

2. 陶炉（2002ⅤH4：89）

3. 釉陶灯残片（2002ⅤH4：106）

4. 陶器盖（2002ⅤH4：68）

5. 陶扑满（2002ⅤH4：48）

6. 陶支柱（2002ⅤH4：47）

7. 陶垫座（2002ⅤH4：45）

8. 陶垫饼（2002ⅤH4：97）

庙背后Ⅴ区出土遗物（二二）

1. 鼓风嘴（2002 V H5：2）（一）

2. 鼓风嘴（2002 V H5：2）（二）

3. 炉壁残块（2002 V H5：3）

4. 炉壁残块（2002 V ZK2：2）

5. 冶炼罐（2002 V ZK2：4）

6. 冶炼罐口部（2002 V ZK2：4）

庙背后 V 区出土遗物（二三）

1. 瓷碗（2002ⅤZK3：1）

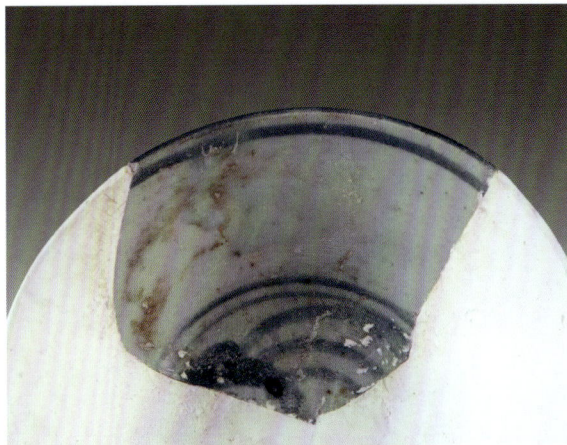

2. 瓷碗内壁（2002ⅤZK3：1）

3. 陶执壶（2002ⅤZK3：12）

4. 冶炼罐（2002ⅤZK3：4）（一）

5. 冶炼罐（2002ⅤZK3：4）（二）

6. 冶炼罐（2002ⅤZK3：4）（三）

庙背后Ⅴ区出土遗物（二四）

1. 冶炼罐（2002ⅤT1ZK3：5）

2. 冶炼罐（2002ⅤT1ZK3：6）

3. 冶炼罐（2002ⅤT1ZK3：7）（一）

4. 冶炼罐（2002ⅤT1ZK3：7）（二）

5. 冶炼罐（2002ⅤT1ZK3：8）（一）

6. 冶炼罐（2002ⅤT1ZK3：8）（二）

庙背后Ⅴ区出土遗物（二五）

1. 冶炼罐（2002 V T1ZK3：9）（一）

2. 冶炼罐（2002 V T1ZK3：9）（二）

3. 冶炼罐（2002 V T1ZK3：10）（一）

4. 冶炼罐（2002 V T1ZK3：10）（二）

5. 冶炼罐（2002 V T1ZK3：11）

6. 陶碗（2002 V M3：1）

庙背后 V 区出土遗物（二六）

1. 炉壁砖（2002ⅤT1L1：1）

2. 炉壁砖（2002ⅤT1L1：2）

3. 陶敛口罐（2002ⅤW1：3）

4. 陶束颈罐（2002ⅤW1：13）

庙背后Ⅴ区出土遗物（二七）

1. 冶炼罐（2004ⅤT1采：1）（一）

2. 冶炼罐（2004ⅤT1采：1）（二）

3. 冶炼罐（2004ⅤT1采：11）（一）

4. 冶炼罐（2004ⅤT1采：11）（二）

5. 炉壁残块（2004Ⅴ江岸采：2）（一）

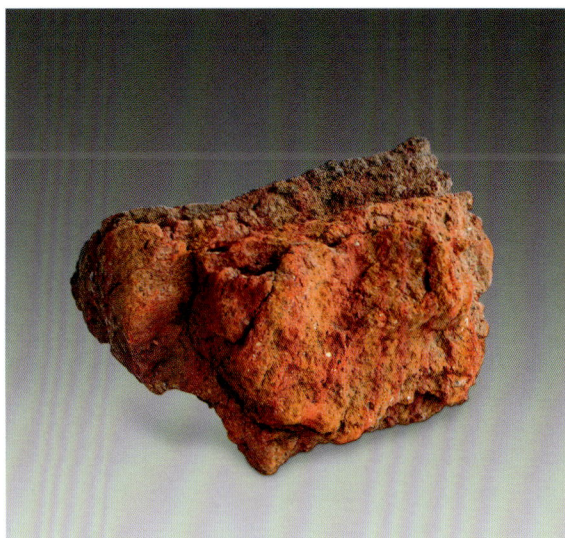

6. 炉壁残块（2004Ⅴ江岸采：2）（二）

庙背后Ⅴ区采集遗物（一）

1. 炉壁残块（2004 V 江岸采：3）（一）

2. 炉壁残块（2004 V 江岸采：3）（二）

3. 炉壁残块（2004 V 江岸采：6）（一）

4. 炉壁残块（2004 V 江岸采：6）（二）

5. 炉壁残块（2004 V 江岸采：7）（一）

6. 炉壁残块（2004 V 江岸采：7）（二）

庙背后 V 区采集遗物（二）

1. 炉壁残块（2004Ⅴ江岸采：8）（一）

2. 炉壁残块（2004Ⅴ江岸采：8）（二）

3. 炉壁残块（2004Ⅴ江岸采：11）（一）

4. 炉壁残块（2004Ⅴ江岸采：11）（二）

5. 炉壁残块（2004Ⅴ江岸采：14）（一）

6. 炉壁残块（2004Ⅴ江岸采：14）（二）

庙背后Ⅴ区采集遗物（三）

1. 炉壁残块（2004 V 江岸采：18）（一）

2. 炉壁残块（2004 V 江岸采：18）（二）

3. 炉壁残块（2004 V 江岸采：19）（一）

4. 炉壁残块（2004 V 江岸采：19）（二）

5. 炉壁残块（2004 V 江岸采：17）

6. 锌矿石（2004 V 江岸采：28）

庙背后 V 区采集遗物（四）

1. 铺子河遗址地貌（一）（西南向东北）

2. 铺子河遗址地貌（二）（西北向东南）

铺子河遗址概况（一）

1. 铺子河遗址坍塌情况

2. 铺子河遗址探方（局部，南向北）

铺子河遗址概况（二）

1. 铺子河遗址地层堆积（一）（西北向东南）

2. 铺子河遗址地层堆积（二）（东向西）

铺子河遗址地层堆积情况

1. 碗（2004CFXYPT5H1：2）

2. 碟（2004CFXYPT5H1：3）

3. 盏（2004CFXYPT5H1：13）

4. 盏（2004CFXYPT5H1：14）

5. 碗（2004CFXYPT5H1：17）（一）

6. 碗（2004CFXYPT5H1：17）（二）

7. 碗（2004CFXYPT5H1：18）（一）

8. 碗（2004CFXYPT5H1：18）（二）

铺子河遗址出土遗物（一）

1. 行炉（2004CFXYPT5H1：22）

2. 敛口罐（2004CFXYPT5H1：1）

3. 束口罐（2004CFXYPT5H1：28）

4. 直口罐（2004CFXYPT5H1：24）

5. 带流罐（2004CFXYPT5H1：23）

6. 壶（2004CFXYPT5H1：26）

铺子河遗址出土遗物（二）

1. 碟（2004CFXYPT5H1：16）（一）

2. 碟（2004CFXYPT5H1：16）（二）

3. 碗（2004CFXYPT2ZK5：1）（一）

4. 碗（2004CFXYPT2ZK5：1）（二）

5. 碗（2004CFXYPT2ZK5：3）

6. 碗（2004CFXYPT1ZK5：5）

7. 网坠（2004CFXYPT1ZK5：4）

8. 封盖残块（2004CFXYPT1ZK5：7）

铺子河遗址出土遗物（三）

1. 冶炼罐（2004CFXYPT1ZK5：8）（一）

2. 冶炼罐（2004CFXYPT1ZK5：8）（二）

3. 冶炼罐（2004CFXYPT1ZK5：9）（一）

4. 冶炼罐（2004CFXYPT1ZK5：9）（二）

铺子河遗址出土遗物（四）

1. 冶炼罐（2004CFXYPT1ZK5：10）（一）

2. 冶炼罐（2004CFXYPT1ZK5：10）（二）

3. 冶炼罐（2004CFXYPT2ZK5：11）（一）

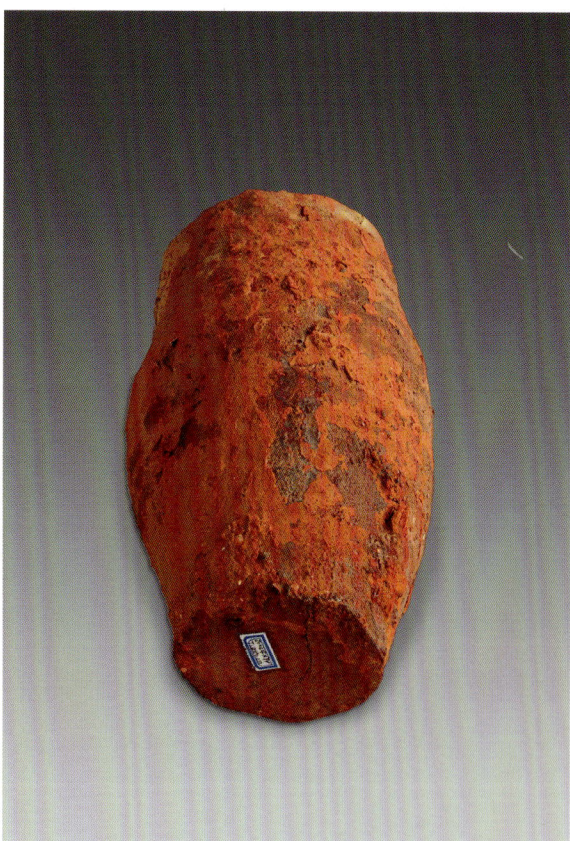

4. 冶炼罐（2004CFXYPT2ZK5：11）（二）

铺子河遗址出土遗物（五）

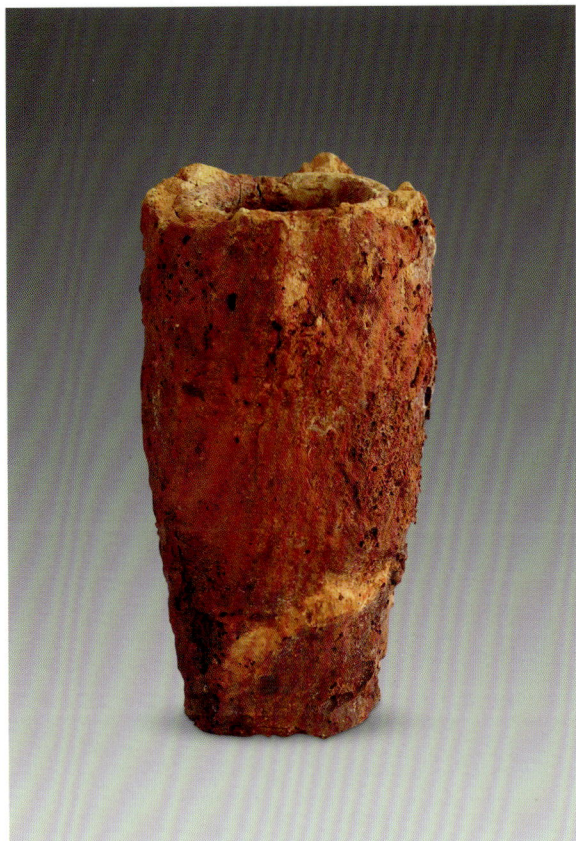

1. 冶炼罐（2004CFXYPT1ZK5：14）（一）

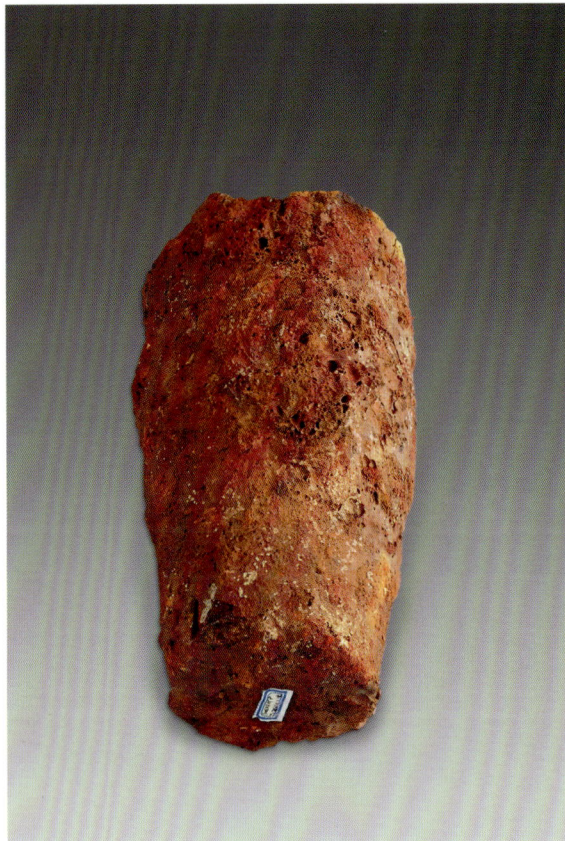

2. 冶炼罐（2004CFXYPT1ZK5：14）（二）

3. 冶炼罐（2004CFXYPT2ZK5：17）（一）

4. 冶炼罐（2004CFXYPT2ZK5：17）（二）

铺子河遗址出土遗物（六）

1. 冶炼罐（2004CFXYPT2ZK5：18）（一）

2. 冶炼罐（2004CFXYPT2ZK5：18）（二）

3. 冶炼罐（2004CFXYPT2ZK5：19）（一）

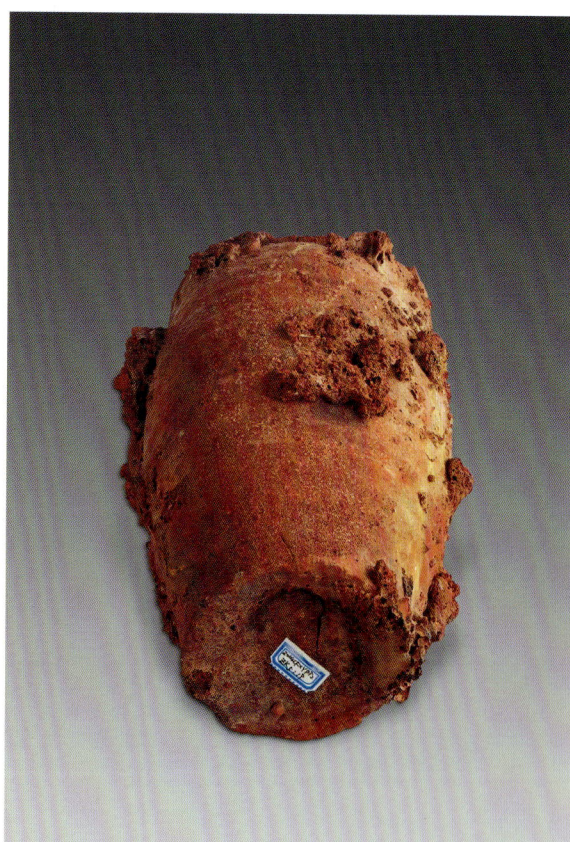

4. 冶炼罐（2004CFXYPT2ZK5：19）（二）

1. 冶炼罐（2004CFXYPT2ZK5：20）（一）

2. 冶炼罐（2004CFXYPT2ZK5：20）（二）

3. 冶炼罐（2004CFXYPT2ZK5：21）（一）

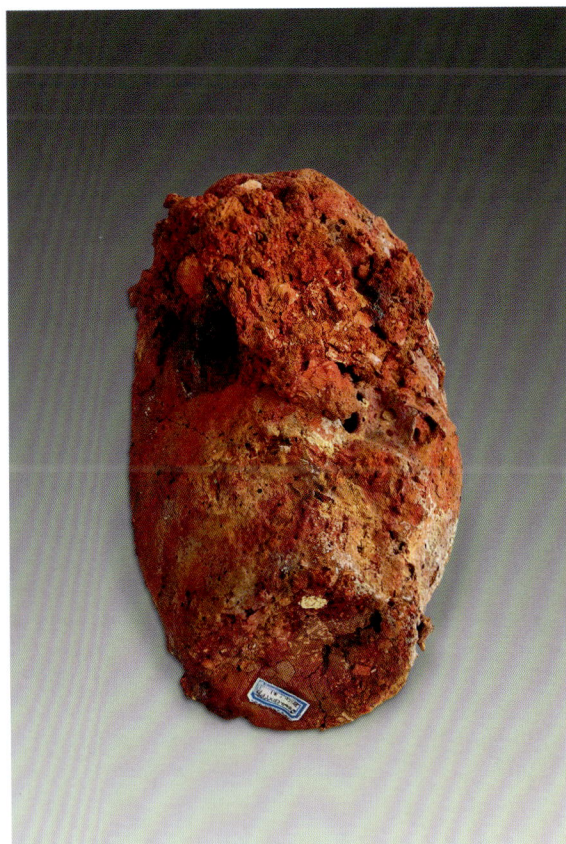

4. 冶炼罐（2004CFXYPT2ZK5：21）（二）

铺子河遗址出土遗物（八）

1. 冶炼罐（2004CFXYPT2ZK5：22）（一）

2. 冶炼罐（2004CFXYPT2ZK5：22）（二）

3. 冶炼罐（2004CFXYPT2ZK5：23）（一）

4. 冶炼罐（2004CFXYPT2ZK5：23）（二）

铺子河遗址出土遗物（九）

1. 冶炼罐（2004CFXYPT2ZK5∶24）（一）

2. 冶炼罐（2004CFXYPT2ZK5∶24）（二）

3. 冶炼罐（2004CFXYPT2ZK5∶25）（一）

4. 冶炼罐（2004CFXYPT2ZK5∶25）（二）

铺子河遗址出土遗物（一〇）

1. 冶炼罐（2004CFXYPT2ZK5：26）（一）

2. 冶炼罐（2004CFXYPT2ZK5：26）（二）

3. 冶炼罐（2004CFXYPT2ZK5：27）

4. 冶炼罐（2004CFXYPT2ZK5：28）

铺子河遗址出土遗物（一一）

1. 冶炼罐（2004CFXYPT2ZK5：37）（一）

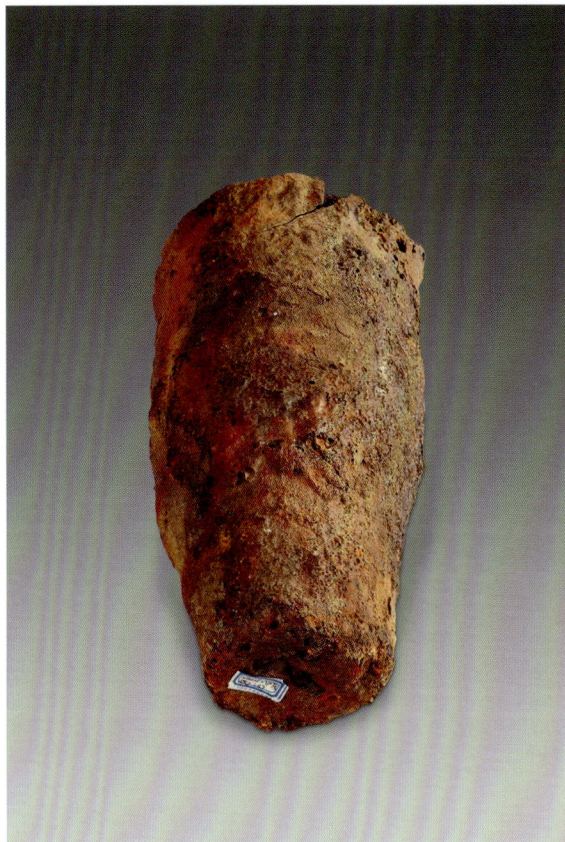

2. 冶炼罐（2004CFXYPT2ZK5：37）（二）

3. 冶炼罐（2004CFXYPT3ZK5：38）（一）

4. 冶炼罐（2004CFXYPT3ZK5：38）（二）

铺子河遗址出土遗物（一二）

1. 冶炼罐（2004CFXYPT3ZK5：40）（一）

2. 冶炼罐（2004CFXYPT3ZK5：40）（二）

3. 冶炼罐（2004CFXYPT3ZK5：41）（一）

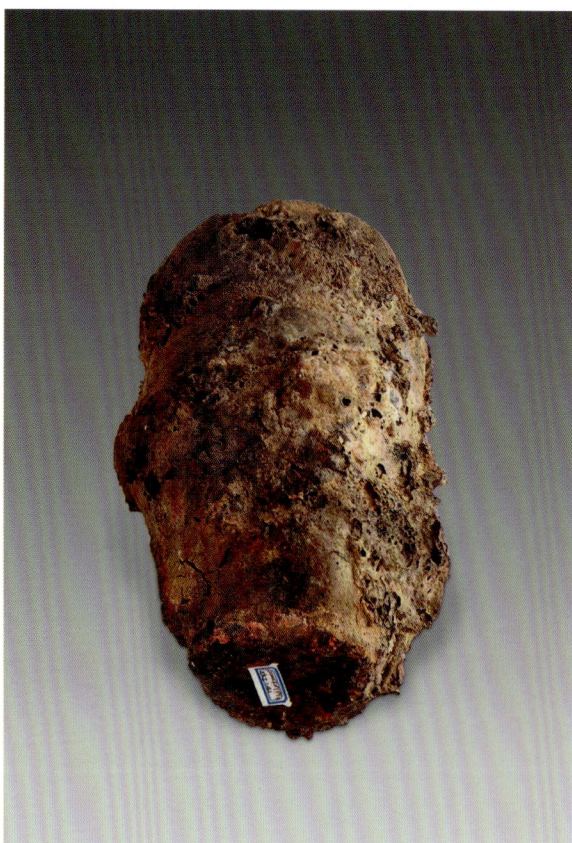

4. 冶炼罐（2004CFXYPT3ZK5：41）（二）

铺子河遗址出土遗物（一三）

1. 炉壁残块（2004CFXYPT2ZK5：30）（一）

2. 炉壁残块（2004CFXYPT2ZK5：30）（二）

3. 炉壁残块（2004CFXYPT2ZK5：31）（一）

4. 炉壁残块（2004CFXYPT2ZK5：31）（二）

5. 炉壁残块（2004CFXYPT2ZK5：32）

6. 炉壁残块（2004CFXYPT2ZK5：33）

7. 带渣层土块（2004CFXYPT2ZK5：34）

8. 带渣层土块（2004CFXYPT2ZK5：35）

1. 冶炼罐
（2004CFXYP采：1）（一）

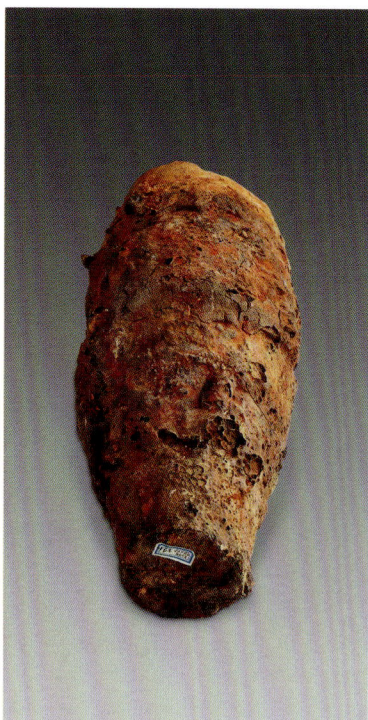

2. 冶炼罐
（2004CFXYP采：1）（二）

3. 冶炼罐
（2004CFXYP采：1）（三）

4. 冶炼罐
（2004CFXYP采：2）（一）

5. 冶炼罐
（2004CFXYP采：2）（二）

6. 冶炼罐
（2004CFXYP采：2）（三）

铺子河遗址出土遗物（一五）

1. 冶炼罐（2004CFXYP采：3）　2. 冶炼罐（2004CFXYP采：4）　3. 冶炼罐（2004CFXYP采：5）

4. 冶炼罐（2004CFXYP采：6）　5. 冶炼罐（2004CFXYP采：7）　6. 冶炼罐（2004CFXYP采：9）

铺子河遗址采集遗物

1. 木屑溪与长江（南向北）

2. 木屑溪上游（北向南）

木屑溪遗址发掘概况（一）

1. 木屑溪遗址发掘现场（西南向东北）

2. 木屑溪遗址发掘探方（东南向西北）

木屑溪遗址发掘概况（二）

1.木屑溪遗址地层堆积

2.木屑溪遗址出土冶炼遗物

木屑溪遗址发掘概况（三）

1. 木屑溪遗址江岸冶炼遗物（一）

2. 木屑溪遗址江岸冶炼遗物（二）

木屑溪遗址调查概况

1. 木屑溪遗址L1全景（南向北）

2. 木屑溪遗址L1剖面（东北向西南）

木屑溪遗址L1概况

1. 木屑溪遗址L2（局部）（东北向西南）

2. 木屑溪遗址L2炉壁块

木屑溪遗址L2概况

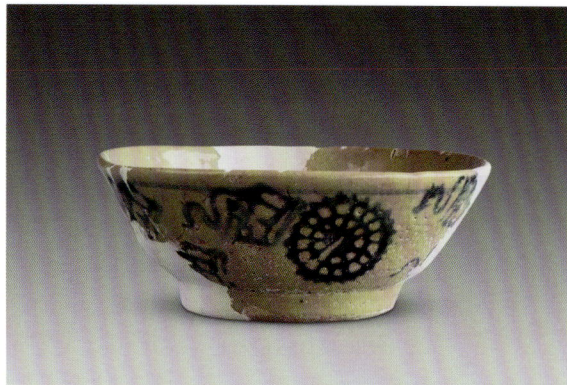

1. 瓷碗（2004CFXCM I T1314①：1）（一）

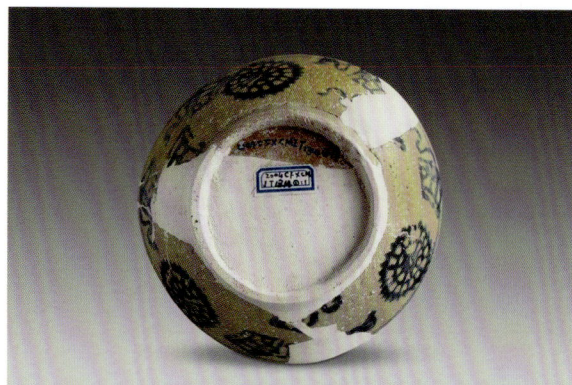

2. 瓷碗（2004CFXCM I T1314①：1）（二）

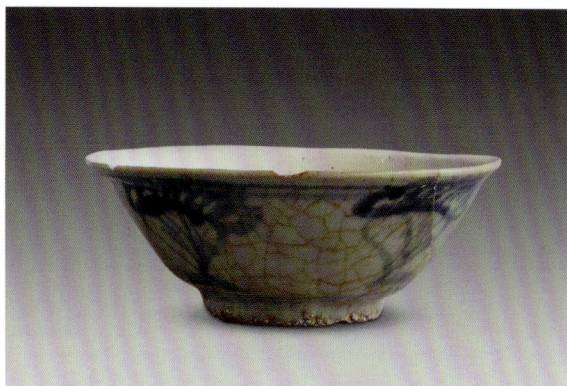

3. 瓷碗（2004CFXCM I T1505②：1）

4. 瓷碗（2004CFXCM I T1513②：3）

5. 瓷碗（2004CFXCM I T1513②：2）（一）

6. 瓷碗（2004CFXCM I T1513②：2）（二）

7. 瓷盏（2004CFXCM I T2112②：1）

8. 瓷盘（2004CFXCM I T1413②：6）

木屑溪遗址出土遗物（一）

1. 瓷盏（2004CFXCM I T1513②：1）（一）

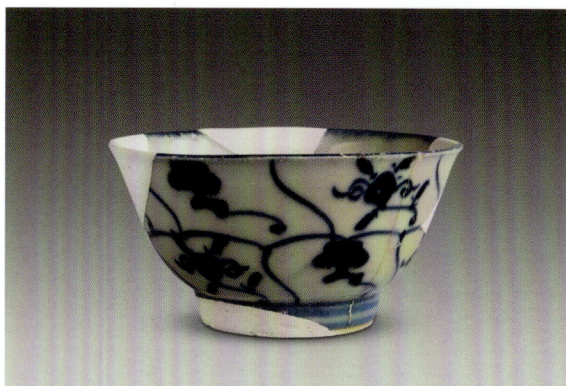

2. 瓷盏（2004CFXCM I T1513②：1）（二）

3. 瓷盏（2004CFXCM I T1513②：1）（三）

4. 瓷盘（2004CFXCM I T1511②：1）

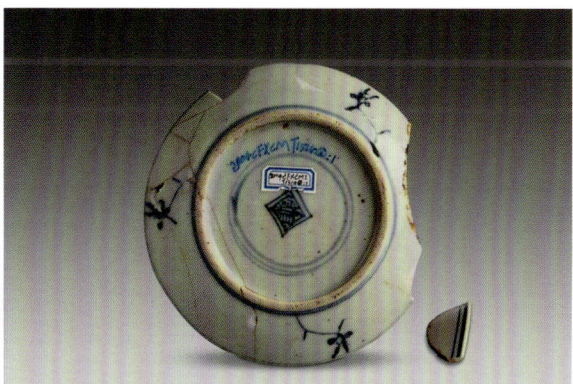

5. 瓷盘（2004CFXCM I T1514②：1）（一）

6. 瓷盘（2004CFXCM I T1514②：1）（二）

7. 铜簪（2004CFXCM I T1405②：1）

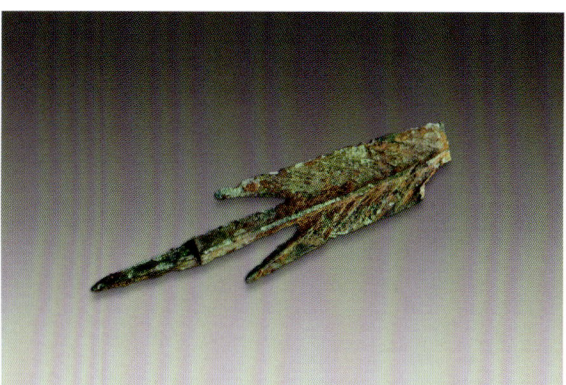

8. 铜镞（2004CFXCM I T1707②：1）

木屑溪遗址出土遗物（二）

1. 冶炼罐（2004CFXCMⅠT1405②：2）（一）

2. 冶炼罐（2004CFXCMⅠT1405②：2）（二）

3. 冶炼罐（2004CFXCMⅠT1405②：3）（一）

4. 冶炼罐（2004CFXCMⅠT1405②：3）（二）

木屑溪遗址出土遗物（三）

1. 冶炼罐（2004CFXCM Ⅰ T1405②：5）（一）

2. 冶炼罐（2004CFXCM Ⅰ T1405②：5）（二）

3. 冶炼罐（2004CFXCM Ⅰ T1405②：7）（一）

4. 冶炼罐（2004CFXCM Ⅰ T1405②：7）（二）

木屑溪遗址出土遗物（四）

1. 冶炼罐（2004CFXCMⅠT1405②：4）（一）

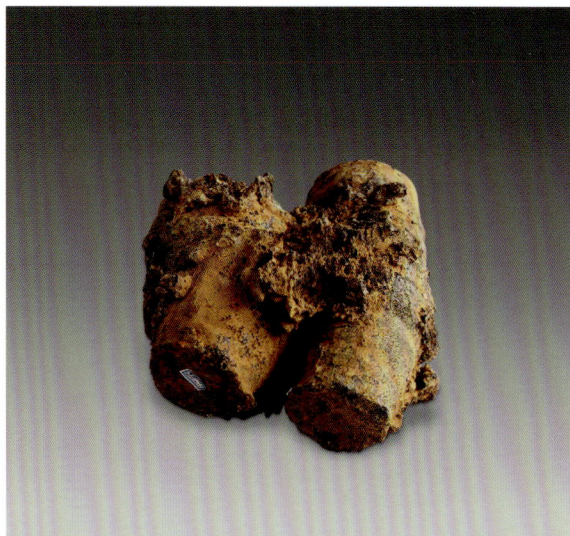

2. 冶炼罐（2004CFXCMⅠT1405②：4）（二）

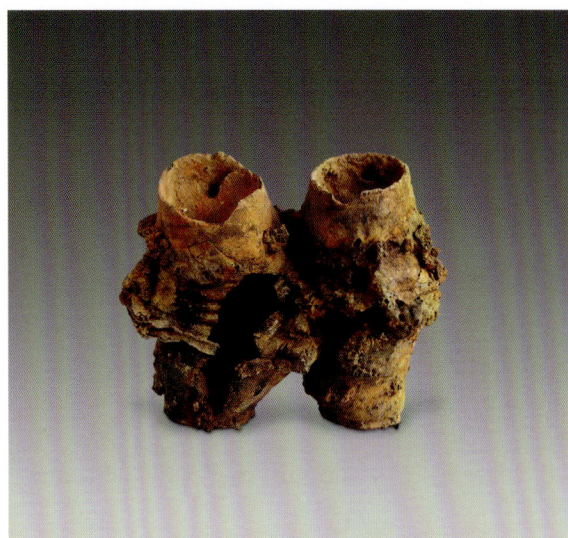

3. 冶炼罐（2004CFXCMⅠT1405②：6）（一）

4. 冶炼罐（2004CFXCMⅠT1405②：6）（二）

5. 冶炼罐（2004CFXCMⅠT1405②：6）（三）

木屑溪遗址出土遗物（五）

1. 瓷碗（2004CFXCM I T1611③：2）

2. 瓷碟（2004CFXCM I T1611③：3）

3. 瓷碗（2004CFXCM I T1611③：4）

4. 板瓦（2004CFXCM I T1711③：7）

5. 刻槽石器（2004CFXCM I T1508③：1）

6. 铜簪（2004CFXCM I T1612③：2）

木屑溪遗址出土遗物（六）

1.冶炼罐（2004CFXCMⅠT1603③：1）

2.冶炼罐（2004CFXCMⅠT1603③：2）

3.冶炼罐（2004CFXCMⅠT1603③：3）

4.冶炼罐（2004CFXCMⅠT1504③：8）

木屑溪遗址出土遗物（七）

1. 冶炼罐（2004CFXCMⅠT1504③：1）（一）

2. 冶炼罐（2004CFXCMⅠT1504③：1）（二）

3. 冶炼罐（2004CFXCMⅠT1504③：2）（一）

4. 冶炼罐（2004CFXCMⅠT1504③：2）（二）

木屑溪遗址出土遗物（八）

1. 冶炼罐（2004CFXCM Ⅰ T1504③：3）（一）

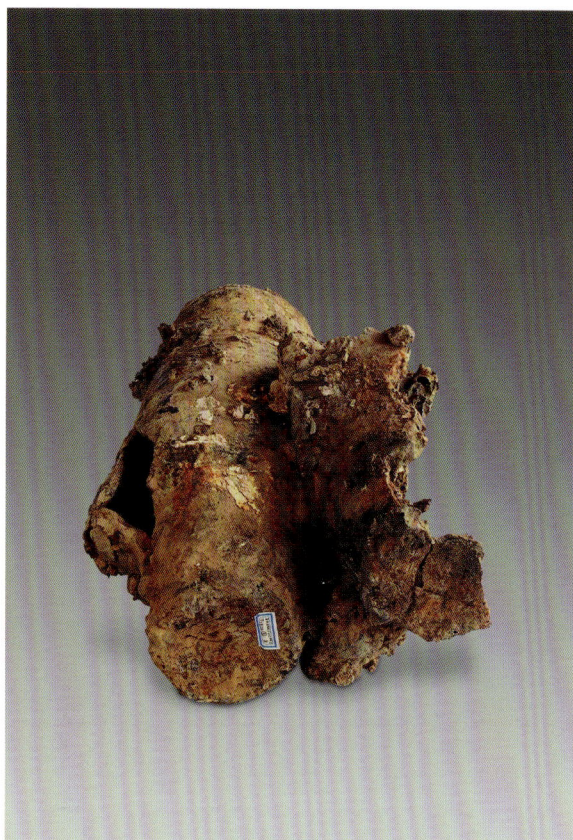

2. 冶炼罐（2004CFXCM Ⅰ T1504③：3）（二）

3. 冶炼罐（2004CFXCM Ⅰ T1504③：4）（一）

4. 冶炼罐（2004CFXCM Ⅰ T1504③：4）（二）

木屑溪遗址出土遗物（九）

1. 冶炼罐（2004CFXCM Ⅰ T1504③：5）（一）

2. 冶炼罐（2004CFXCM Ⅰ T1504③：5）（二）

3. 冶炼罐（2004CFXCM Ⅰ T1504③：7）（一）

4. 冶炼罐（2004CFXCM Ⅰ T1504③：7）（二）

木屑溪遗址出土遗物（一〇）

1. 冶炼罐（2004CFXCM I T1504③：6）（一）

2. 冶炼罐（2004CFXCM I T1504③：6）（二）

3. 矿石（2004CFXCM I T1307③：1）

4. 煤饼（2004CFXCM I T2112③：2）

木屑溪遗址出土遗物（一一）

1. 瓷碗残片（2004CFXCM Ⅰ T1306④：2）

2. 瓷碗（2004CFXCM Ⅰ T1411⑤：3）

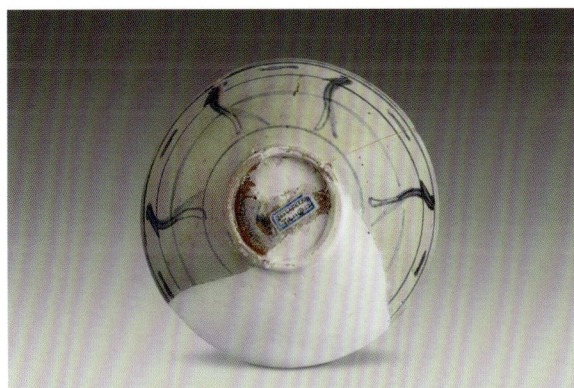

3. 瓷碗（2004CFXCM Ⅰ T1411⑤：2）（一）

4. 瓷碗（2004CFXCM Ⅰ T1411⑤：2）（二）

5. 滴水（2004CFXCM Ⅰ T1604H2：2）

6. 筒瓦（2004CFXCM Ⅰ T1407H4：22）

7. 陶瓮（2004CFXCM Ⅰ T1411⑤：1）

木屑溪遗址出土遗物（一二）

1. 石锛（2004CFXCMⅠT1311⑥：1）

2. 石锛（2004CFXCMⅠT1311⑥：2）

3. 石锛（2004CFXCMⅠT1311⑥：3）

4. 石锛（2004CFXCMⅠT1311⑥：5）

5. 石锛（2004CFXCMⅠT1410⑦：1）

6. 石锛（2004CFXCMⅠT1411⑦：1）

7. 石锛（2004CFXCMⅠT1411⑦：2）

8. 石锛（2004CFXCMⅠT1411⑦：3）

木屑溪遗址出土遗物（一三）

1. 瓷碗（2004CFXCMⅠT1307H4：1）（一）

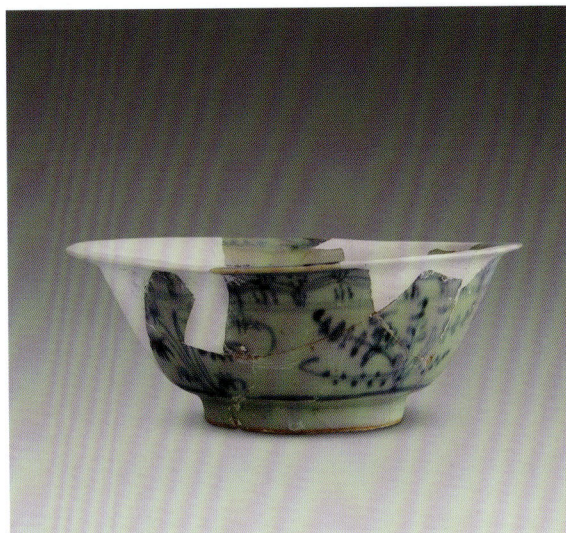

2. 瓷碗（2004CFXCMⅠT1307H4：1）（二）

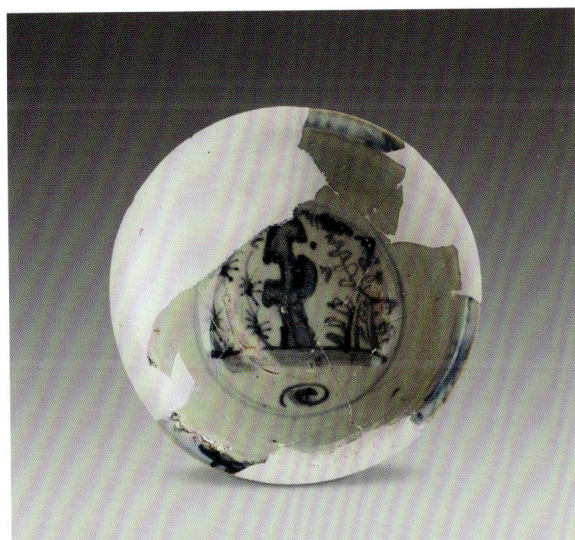

3. 瓷碗（2004CFXCMⅠT1307H4：1）（三）

4. 瓷碗（2004CFXCMⅠT1407H4：2）（一）

5. 瓷碗（2004CFXCMⅠT1407H4：2）（二）

6. 瓷碗（2004CFXCMⅠT1407H4：2）（三）

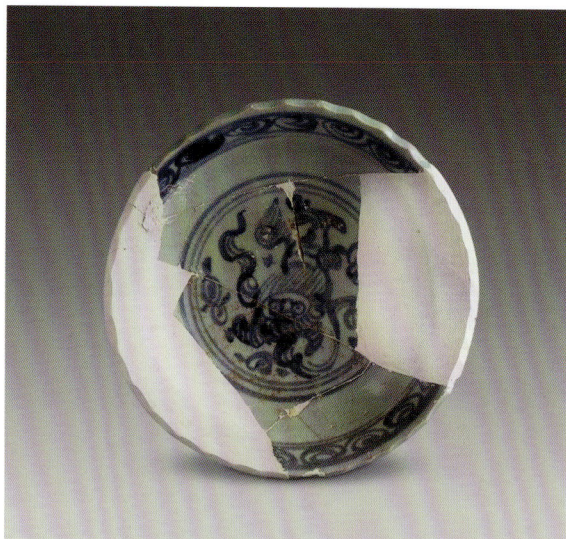

1. 瓷盘（2004CFXCMⅠT1407H4：3）（一）

2. 瓷盘（2004CFXCMⅠT1407H4：3）（二）

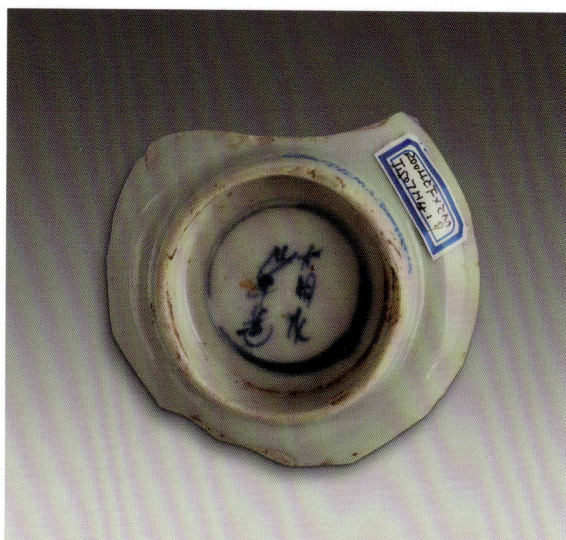

3. 瓷碗残片（2004CFXCMⅠT1507H4：9）（一）

4. 瓷碗残片（2004CFXCMⅠT1507H4：9）（二）

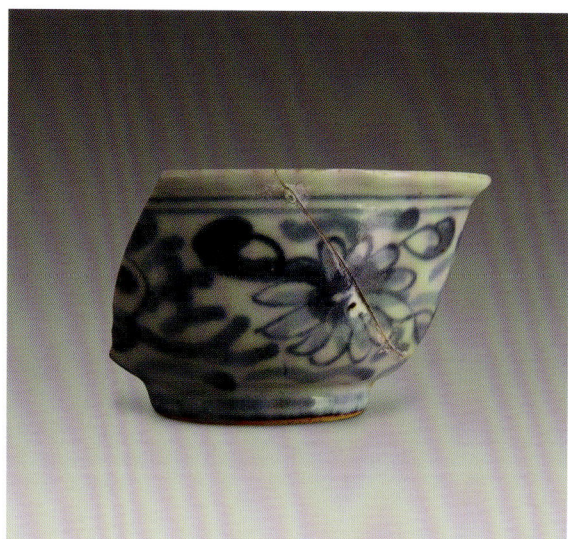

5. 瓷碗残片（2004CFXCMⅠT1407H4：16）

6. 瓷碗残片（2004CFXCMⅠT1507H4：18）

1. 冶炼罐（2004CFXCMⅠT1411ZK2：1）（一）

2. 冶炼罐（2004CFXCMⅠT1411ZK2：1）（二）

3. 冶炼罐（2004CFXCMⅠT1411ZK2：2）（一）

4. 冶炼罐（2004CFXCMⅠT1411ZK2：2）（二）

木屑溪遗址出土遗物（一六）

1. 冶炼罐（2004CFXCMⅠT1413ZK8③：3）（一）

2. 冶炼罐（2004CFXCMⅠT1413ZK8③：3）（二）

3. 冶炼罐（2004CFXCMⅠT1413ZK8③：4）（一）

4. 冶炼罐（2004CFXCMⅠT1413ZK8③：4）（二）

木屑溪遗址出土遗物（一七）

1. 冶炼罐（2004CFXCMⅠT1413ZK8③：5）（一）

2. 冶炼罐（2004CFXCMⅠT1413ZK8③：5）（二）

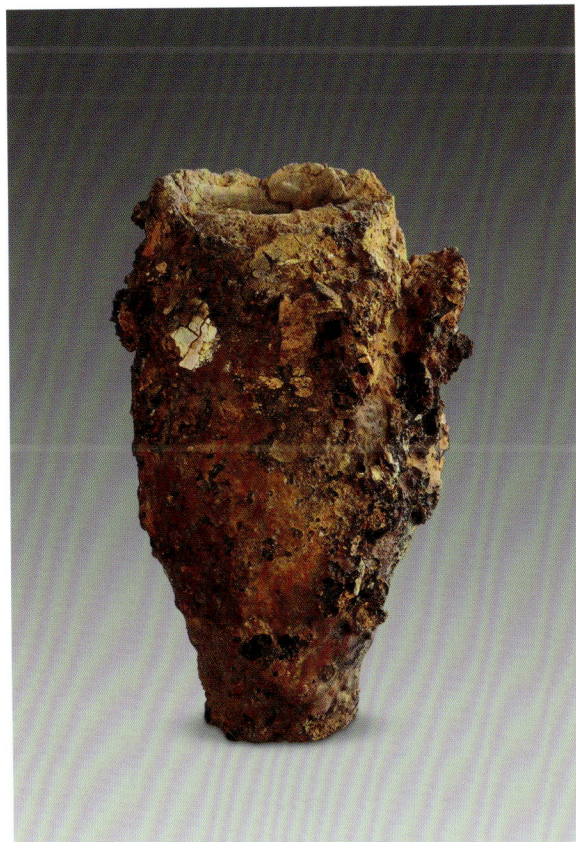

3. 冶炼罐（2004CFXCMⅠT1413ZK8③：6）（一）

4. 冶炼罐（2004CFXCMⅠT1413ZK8③：6）（二）

木屑溪遗址出土遗物（一八）

1. 冶炼罐（2004CFXCM Ⅰ T1413ZK8③：8）（一）

2. 冶炼罐（2004CFXCM Ⅰ T1413ZK8③：8）（二）

3. 冶炼罐（2004CFXCM Ⅰ T1413ZK8③：9）（一）

4. 冶炼罐（2004CFXCM Ⅰ T1413ZK8③：9）（二）

木屑溪遗址出土遗物（一九）

1. 冶炼罐（2004CFXCMⅠT1413ZK8③：2）

2. 冶炼罐（2004CFXCMⅠT1413ZK8③：7）（一）

3. 冶炼罐（2004CFXCMⅠT1413ZK8③：7）（二）

4. 冶炼罐（2004CFXCMⅠT1413ZK8③：7）（三）

木屑溪遗址出土遗物（二〇）

1. 冶炼罐（2004CFXCMⅠ采集：2）

2. 冶炼罐（2004CFXCMⅠ采集：3）

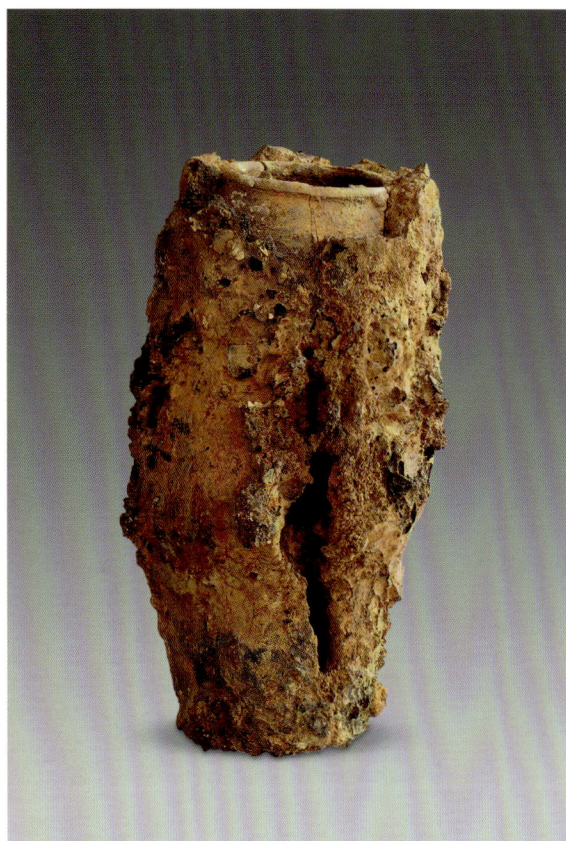

3. 冶炼罐（2004CFXCMⅠ采集：4）

4. 冶炼罐（2004CFXCMⅠ采集：5）

木屑溪遗址采集遗物（一）

1. 冶炼罐（2004CFXCMⅠ采集：6）

2. 冶炼罐（2004CFXCMⅠ采集：8）

3. 冶炼罐（2004CFXCMⅠ采集：9）

4. 冶炼罐（2004CFXCMⅠ采集：10）

木屑溪遗址采集遗物（二）

1. 冶炼罐（2004CFXCMⅠ采集：1）（一）

2. 冶炼罐（2004CFXCMⅠ采集：1）（二）

3. 冶炼罐（2004CFXCMⅠ采集：7）（一）

4. 冶炼罐（2004CFXCMⅠ采集：7）（二）

5. 鼓风管（2004CFXCMⅠ采集：11）（一）

6. 鼓风管（2004CFXCMⅠ采集：11）（二）

木屑溪遗址采集遗物（三）

www.sciencep.com

(K-3773.01)

ISBN 978-7-03-074235-3